永 贞 周 易

陶思殷 周 礼 著

西北大学出版社
·西安·

图书在版编目(CIP)数据

永贞周易／陶思殷,周礼著. —西安:西北大学出版社,2022.12
ISBN 978-7-5604-5074-2

Ⅰ.①永… Ⅱ.①陶…②周… Ⅲ.①《周易》—研究 Ⅳ.①B221.5

中国版本图书馆 CIP 数据核字(2022)第 239554 号

永贞周易
YONGZHEN ZHOUYI　　陶思殷　周　礼　著

责任编辑	马　平
出版发行	西北大学出版社
地　　址	西安市太白北路 229 号　　邮　编　710069
网　　址	http://nwupress.nwu.edu.cn　　E-mail　xdpress@nwu.edu.cn
电　　话	029-88303843
经　　销	全国新华书店
印　　装	陕西向阳印务有限公司
开　　本	710 毫米×1020 毫米　1/16
印　　张	24.75
字　　数	320 千字
版　　次	2022 年 12 月第 1 版　2022 年 12 月第 1 次印刷
书　　号	ISBN 978-7-5604-5074-2
定　　价	108.00 元

如有印装质量问题,请与本社联系调换,电话 029-88302966。

自 序

对《周易》的兴趣,源于自己对历史知识的爱好,尤其是对西周史并不专业的思考。很久一段时间,文献记载和流传了三千多年的"牧野之战",使人甚是疑惑,主要有以下纠结。首先,周武王战车三百乘、三千虎贲何以不被殷商觉察,突然出现在朝歌。要知道在那个年代,如此规模的队伍,考虑后勤保障人员,那也比较庞大了。其次,作为征战经验丰富的殷商君主帝辛及其臣子,在朝歌城内全无战争应急准备的情况下,匆忙之间,竟能组织起以奴隶为主的十七万大军,于牧野迎战,这极不符合军事常规,让人难以想象。再者,武庚作为帝辛长子,尽管已被废黜,但在危急关头不知所做,不知踪迹,待奴隶倒戈、殷商战败、帝辛自焚后,武庚不思报仇雪耻,却心安理得地实现了——让史学家称之为"武庚禄父"的"功业"。何谓"武庚禄父"?就是武庚继承了帝位,后人以"禄父"说法,只是隐而晦之。

笔者学习《周易》多年,尤其是近三年来,受王阳明"五经亦史"和黄凡教授编写的《周易——商周之交史事录》的启发,把《周易》文字从象形文字起源、甲骨文运用、现代演变和地方口语相联系,力求精准把握文辞本义。尤其是《周易》里有不少陕西关中地方倒装口语,像"月幾望"是"望月幾","有求得"是"得有求","尚德载"是"得尚载",等等,类似于"肉夹馍"的口语;还把每一卦的卦辞、爻辞之间的层次顺序、逻辑关系系统对比,尽可能地使卦辞和爻辞的意义表达更加顺畅;还把六十四卦所指事义、历史背景和环境条件统筹考虑,使其内容思想更加真实、科学。除此,还浏览了《尚书》《礼经》《诗经》和《王阳明全集》等经典,翻阅了团结出版社出版的《周易全书》等,了解了《商代史》《西周史》及相关研究,力图廓清《周易》筮、占辞记录下的"牧野之战"前后经过。约公元前1060年,年过花甲的帝辛在前期文治武功光环的麻痹下,受奸佞蛊惑,逐渐变得昏庸起来。首先,废黜太子武庚,打击、残害废太子一党重臣,使朝纲不振、君臣离心离德,造成政权不稳的危险局面。其次,穷兵黩武,不断向东夷用兵,致使后方空虚,尤其在西北方向,授权西伯侯姬昌、姬发父子征伐异己方国,使其不断坐大,野心膨胀。再者,将大量东夷战俘、奴隶迁入朝歌周边,又疏于管控,养虎为患,被诸侯方国离间利用。到了公元前1047年,帝辛将近八十,帝位继承权之争更加激烈,废太子武庚及同党处境极其危险,武庚便与姬周联手,谋划军事政变,这些在《周易》中以大量的筮辞露骨地呈现出来。《贲》卦"六四:贲如皤如,白马翰如,匪寇,婚媾",是筮占"三千虎贲把旌旗、战马按殷商白色装扮,表明不是征战,而是联姻队伍"。"上九:白贲?无咎",是筮占"所有军队全部装扮成殷商白色,不会有过失"。《坎》卦"六四:樽酒、簋二,用缶,纳约自牖,终?无咎",是筮占"与奴隶结盟仪式要简而快,没有过失"。其中"纳约自牖"是指"对周人崇拜的月亮神盟誓"。《离》卦"六二:黄离?元吉",是筮占"周武王用殷商的鸟图腾换下周人的龙图腾,最为美好","九四:突如、其来如、焚如、死如、弃如",是筮占"军事政变会发生以下意外:帝辛援军到来、帝辛自焚、战死或逃跑"。螳螂捕蝉,黄雀在后,废太子武庚既没有其先祖"恒秉季德"之天命,更没有三百年后被周幽王废黜的太子姬宜臼(周平王)的德行,周武王姬发牢记殷商杀祖害兄之仇,利用了政变,夺取了天下。

《周易》六十四卦,是商衰周兴六十四件重大史事的筮占记录。从周文王谋划东出迁国开始,以封建诸侯、两次攻打崇国、文王病逝、武王孟津观兵、与奴隶结盟、突袭朝歌、箕子去朝鲜、武王瞑疾而梦、成王守孝、三监叛乱、岐山大地震、周公平叛和开始东征为历史脉络和轴向,前后不到九年时间。

《周易》以筮辞文体记叙,具有极强的历史真实性。在那个时代,筮占是人有疑而祈问天地神灵,祷告列祖列宗,自然来不得半点虚假,为什么被正统观点所争议,主要是没有弄清"卦"和"筮占"的基本原理和本来面目。其实,六十四卦、三百八十四爻就是个涵盖万事万物的"事典",作用如同字典。卦辞和爻辞是对"事典"中对应"事物"总体及其阶段性的"分析和规律性把握","筮占"就是查找现实即时"具体事物"和"事典"中对应"抽象事物"的相互关系,并得出判断和借鉴。就像人们遇到"生字",去查字典一样,只是"事典"中所表达的"事物"更抽象。

　　书名《永贞周易》何谓?"永"是商周之交时期周王室著名的"筮官",《比》卦:"吉。原筮:元,永贞:无咎。"《贲》卦:"贲如濡如?利。永贞。"《益》卦:"或益之十朋之龟,弗克违,永贞:吉?王用享于帝?吉。"《艮》卦:"初六:艮其趾?无咎;利。永贞。"《小过》卦:"无咎。弗过,遇之?往,厉、必戒?勿用。永贞。"《永贞周易》,指筮官"永"筮占所用之《周易》。

　　《周易》涵盖万有,纲纪群伦,广大精微,包罗万象,是中国传统文化的杰出代表,亦是中华文明的源头活水。本书以还原本来、通俗易懂的方式,向读者展现《周易》的易简、易变和不变思想。

2022 年 6 月 11 日

目 录

自序 ·· (1)

上篇　卦文字、周易和筮占

第一章　关于卦文字 ·· (3)
一、卦文字三代史 ·· (3)
二、卦文字与预测 ·· (8)
三、卦文字预测及其发展 ···································· (15)

第二章　关于《周易》 ······································ (17)
一、三易的产生 ··· (17)
二、《周易》的发展 ·· (21)
三、《乾》卦的历史背景 ······································ (29)
四、六十四卦之史事 ··· (35)

第三章　关于筮占 ·· (40)
一、大衍筮法及其发展、变化 ······························ (40)
二、用九、用六探析 ··· (45)
三、三才筮数法 ··· (48)

下篇　《周易》六十四卦

第一章　上经(三十) ·· (63)
第一《乾》卦 ··· (63)

第二《坤》卦 …………………………………………… (75)

第三水雷《屯》卦 ……………………………………… (85)

第四山水《蒙》卦 ……………………………………… (93)

第五水天《需》卦 ……………………………………… (100)

第六天水《讼》卦 ……………………………………… (105)

第七地水《师》卦 ……………………………………… (110)

第八水地《比》卦 ……………………………………… (117)

第九风天《小畜》卦 …………………………………… (122)

第十天泽《履》卦 ……………………………………… (128)

第十一地天《泰》卦 …………………………………… (133)

第十二天地《否》卦 …………………………………… (141)

第十三天火《同人》卦 ………………………………… (145)

第十四火天《大有》卦 ………………………………… (151)

第十五地山《谦》卦 …………………………………… (154)

第十六雷地《豫》卦 …………………………………… (159)

第十七泽雷《随》卦 …………………………………… (165)

第十八山风《蛊》卦 …………………………………… (171)

第十九地泽《临》卦 …………………………………… (177)

第二十风地《观》卦 …………………………………… (180)

第二十一火雷《噬嗑》卦 ……………………………… (184)

第二十二山火《贲》卦 ………………………………… (188)

第二十三山地《剥》卦 ………………………………… (193)

第二十四地雷《复》卦 ………………………………… (198)

第二十五天雷《无妄》卦 ……………………………… (201)

第二十六山天《大畜》卦 ……………………………… (205)

第二十七山雷《颐》卦 ………………………………… (208)

第二十八泽风《大过》卦 ……………………………… (213)

第二十九习《坎》卦 …………………………………… (217)

  第三十《离》卦························(222)

第二章　下经(三十四)····················(230)

  第三十一泽山《咸》卦··················(230)

  第三十二雷风《恒》卦··················(235)

  第三十三天山《遁》卦··················(241)

  第三十四雷天《大壮》卦················(245)

  第三十五火地《晋》卦··················(248)

  第三十六地火《明夷》卦················(256)

  第三十七风火《家人》卦················(260)

  第三十八火泽《睽》卦··················(263)

  第三十九水山《蹇》卦··················(268)

  第四十雷水《解》卦····················(271)

  第四十一山泽《损》卦··················(275)

  第四十二风雷《益》卦··················(279)

  第四十三泽天《夬》卦··················(285)

  第四十四天风《姤》卦··················(290)

  第四十五泽地《萃》卦··················(300)

  第四十六地风《升》卦··················(304)

  第四十七泽水《困》卦··················(307)

  第四十八水风《井》卦··················(313)

  第四十九泽火《革》卦··················(319)

  第五十火风《鼎》卦····················(324)

  第五十一《震》卦······················(328)

  第五十二《艮》卦······················(332)

  第五十三风山《渐》卦··················(336)

  第五十四雷泽《归妹》卦················(340)

  第五十五雷火《丰》卦··················(346)

  第五十六火山《旅》卦··················(350)

第五十七《巽》卦…………………………………（354）

第五十八《兑》卦…………………………………（358）

第五十九风水《涣》卦……………………………（361）

第六十水泽《节》卦………………………………（363）

第六十一风泽《中孚》卦…………………………（365）

第六十二雷山《小过》卦…………………………（368）

第六十三水火《既济》卦…………………………（373）

第六十四火水《未济》卦…………………………（377）

主要参考文献……………………………………（382）

后　记……………………………………………（385）

上篇

卦文字、周易和筮占

第一章 关于卦文字

一、卦文字三代史

传说包牺氏常盘坐在渭河边的卦台山上,仰观日月星辰,俯察山川风物,苦思宇宙的奥秘,不断地反省思考自己所处苍茫世界的变化。历史上第一位包牺氏,传说是天皇燧人氏之子,风姓,生于6300多年前的成纪(一说甘肃天水,也说甘肃静宁),据考证,包牺氏传承约1600年,这大约是在公元前4300年至公元前2700年。《尚书·序》中记载道:"古者包牺之王天下也,始画八卦,以代结绳之政,由是文籍生焉。"这段话是说,文籍生,是源于八卦出,八卦就是文籍,而且是唯一的文籍,至于是哪代包牺氏始画八卦,却无从得知。包牺氏一画开天,创造了历法,而且依据事物的不同形状造文字、刻书契,如日、月、山、水等,利用乾、坤、坎、离、艮、震、巽、兑八种符号来对应自然界的八种变化——天、地、水、火、山、雷、风、泽,称之先天八卦。可能是包牺氏时期或者是神农氏时代某个阶段,又八卦两两相覆,成六十四卦。

卦是什么?现代解释是:卦是用来预测的工具,是用构成万事万物的爻"—"(代表阳)和"- -"(代表阴)组合而成。卦有一爻卦,即阴、阳爻,共两卦,也称"两仪";两爻卦,即阴阳相覆,共四卦,也称"四象";三爻卦,即传统八经卦;八经卦两两相覆,成六十四卦。卦用来表达人和人、人与事、人与自然的存在关系及变化规律。由"—"(阳爻)和"- -"(阴爻)上下叠加组合而成的卦,从其功能及运用来看,就是一种文字。在上古时代、包牺氏上古部落,创造了卦文字,用来书写记事,华夏文明因此诞生。

人类长期只有口语传递信息,用文字记事、传递信息并形成书面文字历史较短,语言成为人和禽兽分离的重要标志,文字使人类进入了能够记录历史的文明社会。包牺氏创设卦文字,把时空的影像变化转成码视觉可见的符号系统,使人能间接地通过文字想象出画面,了解历史和学习经验,成为文化传播的主要载体。

神农氏时代是原始社会由母系氏族社会向父系氏族社会过渡的时代,是人类社会文明初创的时代。根据考古发现,并按照原始社会生产力发展速度进行推断,这个时代在约公元前4700年至公元前2400年左右。

《神农之禁》:春夏之所生,不伤不害。《神农之数》:一谷不登,减一谷,谷之法什倍。二谷不登,减二谷,谷之法再什倍。夷疏满之,无食者予之陈,无种者贷之新。《神农之法》:丈夫丁壮不耕,天下有受其饥者。妇人当年不织,天下有受其寒者。《神农之教》:有石城十仞,有汤池百步,带甲百万,而亡粟,弗能守也。《神农占》:正月上朔,有风雨。三月谷贵,石五百钱。八月有三卯,旱,麦大善。无三卯,麦不善。凡虫食李,则黍贵。食枣,粟贵。食杏,麦贵。食荆,麻贵。食桑,丝贵。正月上朔日,风从东来,植禾善。从南来,植黍善。从北来,稚禾善。四月四日,风从东来,植豆善。西来,四日至七日,中豆善。七日至十日,稚豆善。十四日无风,不种豆。从冬至日到来年,满六十日,有大风雨折树木,麦大善。从平朔至食时,植麦善。至日中,中麦善。至日入,稚麦善。常以夏至后九十日可种。四月朔日,风从东来,从平明至辰时,植黍善。至日中,中黍善。至日入,稚黍善。月朔日入,清明蚕善。正月有甲子,籴初贵后贱。正月上辛,温者善,风寒者不好。

又《庄子·盗跖》记载:"神农之世,卧则民居,起则于于,民知其母,不知其父,与麋鹿共处,耕而食,织而衣,无有相害之心,此至德之隆也。"据此而言,神农氏生活于"民知其母,不知其父"的原始社会母系氏族公社阶段。《吕氏春秋·爱类》又言:"神农之教曰:士有当年而不耕者,则天下或受其饥矣;女有当年而不绩者,则天下或受其寒矣。"故身亲耕,妻亲绩,所以见致民利也。这说明炎帝神农氏时代已出现"身亲耕,妻亲绩"的家庭形式,这又是父系氏族社会产生的标志。

轩辕氏原始部落起源于约公元前4500年,经黄帝、舜至大禹,约是公元前2000年。黄帝时,委托仓颉造字,仓颉按照日、月、星、云、山、河、湖、海,以及各种飞禽走兽、应用器物,并按其特征,画出图形,造出许多象形文字,再发展成熟,成为后来的殷商甲骨文。《吕氏春秋》记载:"奚仲作车,仓颉作书。"《荀子》《河图玉版》《策海》《史记》《路史》《述异记》《辞海》《中国通史》等文献史料对仓颉作书均有翔实记载。公元前2400年前后,轩辕氏部落替代神农氏部落。《史记》记载:黄帝与炎帝战于阪泉之野,三战,然后得其志。蚩尤作乱,不用帝命,于是黄帝乃征师诸侯,与蚩尤战于涿鹿之野,遂擒杀蚩尤。至此,诸侯咸尊轩辕氏黄帝为天子,代神农氏炎帝。

依阪泉之战、黄帝与炎帝结盟、发动涿鹿之战的几个时间点推算,神农氏原始部落衰败时期的炎帝和轩辕氏原始部落走向辉煌时期的黄帝是在公元前2400年左右,与包牺氏前2700年衰亡时间仅差300年。可见,包牺氏原始部落、神农氏原始部落和轩辕氏原始部落是同期而不同地域、各自独立存在于华夏大地,上演着原始版的三国演义。

孔子《系辞》:

古者包牺氏之王天下也,仰则观象于天,俯则观法于地,观鸟兽之文与地之宜,近取诸身,远取诸物,于是始作八卦,以通神明之德,以类万物之情。作结绳而为网罟,以佃以渔,盖取诸《离》。包牺氏没,神农氏作,斫木为耜,揉木为耒,耒耨之利,以教天下,盖取诸《益》。日中为市,致天下之民,聚天下之货,交易而退,各得其所,盖取诸《噬嗑》。神农氏没,黄帝、尧、舜氏作,通其变,使民不倦,神而化之,使民宜之。易穷则变,变则通,通则久。

从《系辞》"作结绳而为网罟,以佃以渔,盖取诸《离》"的生产方式来看,包牺氏原始部落时期是以渔猎为主要生产方式。想必在那个时期,包牺氏原始部落地域降雨量大,河道、湖泊水系丰沛,形成了气候湿润、森林茂密的自然环境,这是新石器晚期。从《系辞》"斫木为耜,揉木为耒,耒耨之利,以教天下,盖取诸《益》。日中为市,致天下之民,聚天下之货,交易而退,各得其所,盖取诸《噬嗑》"的生产方式来看,神农氏原始部落时期是以农业和贸易为主要生产方式,说明其地域气候有明显季节变化,人与人的合作和交流非常有序,是农耕文明的起源。

黄帝在位期间,播百谷草木,大力发展生产,始制衣冠、造舟车、制音律、创医学等。至大禹,这是在约公元前2400年至公元前2000年,是"礼乐"制度的启蒙时期,也奠定了农耕文化的基础。

在生产力十分低下的原始社会,部落之间的残酷掠夺是部落生存乃至融合的重要方式,部落替代和发展伴随着血腥的屠杀,甚至是灭绝。包牺氏原始部落、神农氏原始部落和轩辕氏原始部落的替代发展依然如此,也必然会带来文化的替代发展。文化替代发展的核心是文字的替代发展,即使到了公元前200多年的文明时代,文字统一也是秦灭六国后的必然行为。从这个角度讲,卦文字随着历史进程,被黄帝部落象形文字所替代也是必然。

《系辞》等文献论断,阐明了以下观点:一是包牺氏原始部落创造了卦文字,预测是其基础功能。二是包牺氏"没",神农氏"作",是说神农氏部落替代了包牺氏部落,实现了对包牺氏部落土地、人口等一切资源的控制和拥有,并继承、发展了卦文字文籍及其预测功能。三是神农氏部落的"没",同样又是被轩辕氏部落的兴起所替代,黄帝后人至尧,尧再传舜。如果将包牺"始画八卦,以代结绳之政,由是文籍生焉"的记载,与仓颉"始作书契,以代结绳"的记载对比,可以认为:包牺氏部落、神农氏部落和轩辕氏部落的历史文化,都源于"结绳之政",各自创造了不同的文字,随着部落的兴衰替代,最终轩辕氏部落黄帝在"仓颉之字"的基础上,丰富发展了卦文字的预测运用,并被独立地传承下来,其文籍功能被象形文字所替代。尽管如此,象形文字也吸纳了一些卦文字。梁启超是持这一观点的知名人物,他研究后说:"卦象是古代的文字,很可信。"比如,古文"坤"字作"巛",是"坤卦之倒形"。阴爻符号不仅可以写成"- -"的样子,还可以写成∧形,坤卦的卦象如果用三个∧形的阴爻画出,正好就是一个翻转了90度的"巛"。还有甲骨文""(水),就是坎卦"☵"90度的翻转。最典型的甲骨文数字文字"一、二、三",是完全由阳爻组成的"一爻卦文字(阳爻)、二爻卦文字(老阳)、三爻卦文字(乾)和四阳爻卦文字"的翻版。二者不仅"字"形相同,其字义"道立于一,一生二,二生三,三生万物"的核心思想如出一辙,完全是传承关系的体现。再如,数字"四"的甲骨文"亖"就是四爻卦文字的直接移植。在浙江义乌,考古发现距今约9000年彩陶上六条横线刻痕(见下图),也许是某种记事符号,也许和最初的爻卦产生有一定的关联。

二、卦文字与预测

由于时间久远,文籍亡佚,卦文字文法运用难以考究,但可以肯定的是,在包牺氏某个阶段或随后神农氏的某个时间点,一爻卦、二爻卦、三爻卦、六爻卦就是文字。再以此推断,那是不是还有四爻卦文字、五爻卦文字呢?如果没有,那么,其他卦文字的存在和运用则毫无逻辑性、科学性可言。这不符合事物的发展从简到繁、从易到难的客观规律,从逻辑上难以圆通。现代人占卜解卦,都会把六爻卦的下卦、上卦,连两个互卦(二、三、四爻和三、四、五爻组成的三爻卦)统筹来解,用互卦解卦也佐证了四爻卦、五爻卦的存在。四爻卦有两互卦,分别是由初、二、三爻和二、三、上爻组成的三爻卦。五爻卦有三个互卦,分别是由初、二、三爻,二、三、四爻和三、四、上爻组成的三爻卦。所以,在包牺氏部落,创造了用"—"和"− −"的一爻卦文字到六爻卦文字,共有一百二十六个卦文字,为"指事字",是包牺氏、神农氏时代的"事字典",如下各表:

一爻卦文字(二仪)

—	− −

二爻卦文字(四象)

	—	− −
—	⚏	⚎
− −	⚍	⚌

三爻卦文字(八经卦)

	☰	☱	☲	☳
—	☰	☱	☲	☳
− −	☴	☵	☶	☷

四爻卦文字（十六）

五爻卦文字（三十二）

六爻卦文字（六十四卦、三百八十四爻）

《说文解字·叙》注云："指事之别与象形者，形谓一物，事众物，专博斯分。"按照指事字造字原则及分类，一爻卦、二爻卦，就是在形体上没有经过增减或变更,用来表示抽象事类的独体指事字。这类独体的文字,通常都是以线条符号来指明抽象事物的意象。

比如,"—""- -"就是把世界上所有事物分为两大类,其事义性质是完全对立的。像男和女、生和死、大和小、白天和黑夜,等等。

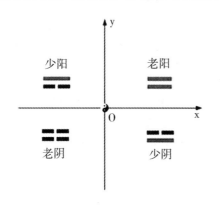

二爻卦文字就是《易传》中少阳、老阳、少阴、老阴四象。其字义从数学角度论:七、九、八、六。从方位角度论:东、南、西、北。从一年季节论:春、夏、秋、冬。从飞禽走兽论:青龙、朱雀、白虎、玄武。如再把二爻卦文字按两个一爻卦文字"—"和"- -"的组合事义来看,其事义不仅仅是上述内容了。

三爻卦文字、四爻卦文字,是在已有的文字形象(一爻卦、二爻卦)不足以表达抽象概念时,就在这成文(一爻卦、二爻卦)的形象上增加些点画以引出概念的方法。亦即以一个文为主体,附加不成文或成文的符号,二者相合而成的文字,为合体指事字。如三爻卦文字就是在二爻卦的基础上,增加"—""- -"一爻卦文字符号,形成三爻卦文字,即合体指事字。春秋时,孔子及后人按照《周易》六十四卦卦辞和爻辞指向,对应上卦、下卦和两个互卦的时序位置,结合上古传承下来的筮占工具书,反推出三爻卦文字(八经卦)抽象事义,著《说卦》传,把三爻卦文字抽象事义概之,把亡佚已久的三爻卦文字基本事义找了回来。再往后,易学家焦延寿、邵雍等不断充实,其事义内容较之包牺氏时代丰富了许多。

三爻卦文字主要事义见下表:

事义＼八卦	方位	时间天干地支	事性	动物	身体	人伦	其他	其他
震☳	正东	春分 甲乙卯	动 雷	龙善鸣马、馵足马、颡马。	足	长男	为玄黄、为敷、为大涂、为决躁、为苍筤竹、为萑苇	于稼也，为反生。其究为健，为蕃鲜
巽☴	东南	立夏 辰巳	散齐入	鸡	股	长女	为木、为绳直、为工、为白、为长、为高、为进退、为不果、为臭	于人也，为寡发、为广颡、为多白眼、为近利市三倍。为躁卦
离☲	正南	夏至 丙丁午	烜火电日丽	雉	目	中女	为甲胄、为戈兵。其于人也，为大腹	为鳖、为蟹、为蠃、为蚌、为龟。其于木也，为科上槁
坤☷	西南	立秋 戊未申	藏役顺地	牛	腹	母	为布、为釜、为吝啬、为均、为子母牛	为大舆、为文、为众、为柄、于地也黑

续表

事义\八卦	方位	时间天干地支	事性	动物	身体	人伦	其他	其他
兑☱	正西	秋分 庚辛 酉	悦 秋 泽	羊	口	少女	为巫、为口舌、为毁折、为附决。其于地也，刚卤。为妾	
乾☰	西北	立冬 戌亥	君战健天	马	首	父	玉、金、寒、冰园、木果。	为大赤、为瘠马、为驳马
坎☵	正北	冬至 壬癸 子	润水劳陷	豕	耳	中男	为沟渎、为隐伏、为矫輮、为弓轮。其于人也，为加忧、为心病、为耳痛、为血卦、为赤	其于马也，为美脊、为亟心、为下首、为薄蹄、为曳。其于舆也，为多眚为通、为月、为盗。其于木也，为坚多心

续表

事义\八卦	方位	时间天干地支	事性	动物	身体	人伦	其他	其他
艮☶	东北	立春 己 丑 寅	止成	狗	手	少男	为山、为径路、为小石、为门阙、为果蓏、为阍寺	为鼠、为黔喙之属。其于木也，为坚多节

四爻卦文字在二爻卦文字的基础上，使其两两相覆（或三爻卦文字与一爻卦文字相覆），形成了十六个四爻卦文字。

五爻卦文字、六爻卦文字，就是为了表达抽象的意念，往往把两个成文的形象加以组合，透过这种变化，使人领悟到另一层相关的概念。这种变易，通常是指位置上下相倒。如六爻组成的六十四个卦（乾卦—未济卦）文字，便是变体指事字。其抽象事义较一到五爻卦文字的抽象字义的概念内涵更加具体，运用更加明确。

作为指事字的某一卦文字，抽象同类性质的众多事物，通过爻位次序的变化，展示事物总体及发展阶段的变化规律，这与甲骨文字有许多相似之处。甲骨文指事字，习惯上把事物发展的过程分为五个阶段，分别是：第一，萌生阶段，指事物发生的开始状态，亦称源头、根本、存在的初始样态，其特征为启动、诞生、新始、发起等。第二，成长阶段，指事物向更高形态发展的时期，其特征为虽然弱小，却生机盎然。第三，鼎盛阶段，指事物发展所达到最强盛的时期，其特征为结构稳固，功能达到极限，运行持续正常。第四，衰退阶段，指事物发展呈现逐渐衰弱的时期，其特征为结构开始松动，功能依次递减，动力每况愈下。第五，消亡阶段，指事物发展停止归于消亡的时期，其特征为从有化为无，从动转为静，从生转为死。甲骨文指事字虽然从事义上分为五个阶段，也具有一定的预测功能，就像现今流行的测字，但甲骨文指事字仅有事义特征,从字形上没有明显的阶段特征。

我们再看看易经六十四卦的六爻卦文字,由"—"和"--"阴阳六爻按上下方向和一定顺序叠加组成,很形象地展现出规律性的次序关系。自然的,古人就把一个六爻卦文字,按照不同性质的爻位次序,表示同一事物的不同阶段和不同状态。在六爻卦文字中,从初爻到上爻,对应于事物的开始→显现→通畅→运动→成功→衰败的全过程。初爻为"开始",代表事物产生的起始阶段,此时难以判断其未来。二爻为"显现",代表事物有了明显的变化,能与其他事物区分开。三爻为"通畅",代表事物进入顺畅的阶段,脉络清楚,可以行动。四爻为"运动",代表事物有了大转变,可以展开决定性的大动作。五爻为"成功",代表事物发展到成功完满的阶段,但也快结束了。上爻为"衰败",代表事物发展到最终阶段,已经回到最后的归宿。通过以上对比,六爻卦文字对事义六个阶段的划分和定义,比起甲骨文事义按五个阶段划分、定义更直观、更清晰、更精准。

我们还可以大胆地推测,六爻卦文字事义是以六个阶段来划分和定义的,那么,二爻卦文字事义就是按两个阶段来划分和定义的,三爻卦文字事义就是按三个阶段来划分和定义的,四爻卦文字事义就是按四个阶段来划分和定义的,五爻卦文字事义就是按五个阶段来划分和定义的。由于六爻卦文字事义阶段的划分和定义比一至五爻卦文字更易于表达,涵盖事义更具体,所以,在事物预测发展的进程中,人们自然地把四爻卦文字和五爻卦文字的预测地位予以淘汰,把以六爻卦文字作为预测的主体确立下来,以一、二、三爻卦文字事义为预测辅助。

不过,就《周易》六十四卦而言,曾经是周文王、周公旦针对具体事件而筮占,卦辞和爻辞都是对应到具体事件及其相应事件节点。后来,包括孔子、郑玄、朱熹等众多易学家,将针对具体事件的六十四卦卦辞、爻辞内涵予以充实,外延极力拓展,模糊了本来,又使六十四个六爻卦文字回归到卦文字的本体——抽象指事字事义上,卦辞和爻辞便成了诠释六爻卦文字抽象事义的文字代码。日复一日,年复一年,在岁月流逝中,人们反而忘却了《周易》六十四卦是所对应具体事件的筮占。当然,已亡佚的四爻卦文字和五爻卦文字的事义没有三爻卦文字那么幸运,其事义不得而知,有待研究认识,但在包牺氏、神农氏那个时期,却是十分明确的。

这就是我们今天的《易经》是以"阴、阳爻(两仪)、四象、八经卦和六十四卦"为预测解卦体系的原因。这是由于四爻卦文字、五爻卦文字缺乏实践运用,这也是其事义亡佚的根本原因。六十四个六爻卦文字就是本"事典",卦辞和爻辞是对"事典"中相对应的"抽象事件"及其阶段的"注解"和规律性把握,"筮和卜"就是即时"具体事件"和"事典"中"抽象事件"的对应过程,"占"是解卦、预测。

三、卦文字预测及其发展

也许是包牺氏对卦文字自我改进,或者是从神农氏时期不断完善,到了黄帝时期,甲骨文字及其文法成为主流,卦文字仅保留其预测功能。当人们对某一具体事件的认知有些模糊、发展变化心存疑惑、最终结果难以确定、自己的应对行为是否得当难以判断时,就会通过一种"唯心"的方式,如揲蓍求卦、烤灼龟甲等方式,把这具体事件和同类性质的六十四卦中某一卦关联起来。通过其卦文字的指事特性、六个阶段的划分和定义,找到某具体事件的发展阶段、变化规律和最终结果。夏、商、周时,这一行为无处不在,无事不用。由于物质紧缺,包牺氏、神农氏及五帝时期,通常只会对部落祭祀、征战、农耕、狩猎及婚丧嫁娶等重大事件进行占卜。那时生产力还很原始,其预测的方式方法比较简单,远没有夏、商、周时期那么系统、那么具体、那么复杂。

既然包牺氏创造并有预测功能的卦是一种文字,那么,其形、音、义三要素是必须具备的。什么是要素?是指构成客观事物的存在并维持其运动的必要的最小单位,是构成事物必不可少的现象,又是组成系统的基本单元,是系统产生、变化、发展的动因。所谓"形"就是指文字的形状,它是文字的"骨架"和"基础"。"音"是文字的"姓名"与"代号",是区分和识别不同文字的重要手段。"义"是文字的"灵魂",它是信息的载体和"显示器"。

  我们回头再看卦文字,文字三要素在卦文字里缺失了"音"元素。无论是八经卦还是六十四卦,本来的发音或者读声已完全消失,取而代之的是用现代文字的注音。比如,由六个"—"阳爻上下叠加组成的卦文字䷀是其"形",以甲骨文并发展为现代文字的"乾"为其注音,卦辞"元亨利贞"为其义,初爻至上爻各爻辞为事物六个阶段特征的划分和定义。对此,笔者认为,文字三要素中,六十四卦文字"形"要素非常形象直观,"义"要素对同类性质事物事义也非常具体,唯独"音"要素与环境条件、宗族信仰、个体形态紧密关联。到黄帝时,则用甲骨文字为其注音,也不能排除人为地将"音"要素予以变化,自然地形成文字消灭。当然,六个阳爻"—"叠加而成的卦文字——乾"䷀",不仅仅是注音,也是对该卦文字的三要素(形、音、义)最接近的对应和最直接的翻译。这也说明,从包牺氏部落、神农氏部落,再到五帝时期,这2000多年文化历史的长河里,对卦文字预测功能的传承,人类科学地选择了改进、改良,而非简单地、一成不变地拿来继承。

第二章　关于《周易》

一、三易的产生

据《周礼》等古籍记载，在包牺氏用卦文字预测的基础上，神农氏继承发展、黄帝融合发展，但其后派生出《连山易》《归藏易》和《周易》，在周时"三易"并行。《周礼》：大卜……掌三易之法，一曰连山，二曰归藏，三曰周易（今称之《易经》）。其经卦皆八，其别皆六十有四。东汉学者桓谭在《新论·正经》中说："《连山》八万言，藏于兰台。《归藏》四千三百言，藏于太卜。"相传，《连山易》流行于夏，以艮卦为首，"象山之出云连连不绝"。《归藏易》流行于商，以坤卦为主，"万物莫不归藏于其中"。《周易》五千字，流行于周，以乾卦开始。《连山易》与《归藏易》早佚，只有《周易》流传下来。

为什么自舜后派生出"三易"，又分别流行于夏、商、周呢？这还要从黄帝的五世孙大禹、契和后稷三人说起。

《史记·五帝本纪》：

> 黄帝居轩辕之丘，而娶于西陵之女，是为嫘祖。嫘祖为黄帝正妃，生二子，其后皆有天下。其一曰玄嚣，是为青阳，青阳降居江水；其二曰昌意，降居若水。昌意娶蜀山氏女，曰昌仆，生高阳，高阳有圣德焉。黄帝崩，葬桥山，其孙昌意之子高阳立，是为帝颛顼也……颛顼崩，而玄嚣之孙高辛立，是为帝喾。帝喾高辛者，黄帝之曾孙也。高辛父曰蟜极，蟜极父曰玄嚣，玄嚣父曰黄帝。自玄嚣与蟜极皆不得在位，至高辛，即帝位。高辛于颛顼为族子，帝喾溉执中而遍天下，日月所照，风雨所至，莫不从服。帝喾娶陈锋氏女，生放勋。娶娵訾氏女，生挚。帝喾崩，而挚代立。帝挚立，不

善,而弟放勋立,是为帝尧……"嗟,四岳,汤汤洪水滔天,浩浩怀山襄陵,下民其忧,有能使治者?"皆曰鲧可。尧曰:"鲧负命毁族,不可。"岳曰:"异哉,试不可用而已。"尧于是听岳用鲧,九岁,功用不成……于是舜归而言于帝,请流共工于幽陵,以变北狄;放驩兜于崇山,以变南蛮;迁三苗于三危,以变西戎;殛鲧于羽山,以变东夷,四罪而天下咸服。虞舜者,名曰重华。重华父曰瞽叟,瞽叟父曰桥牛,桥牛父曰句望,句望父曰敬康,敬康父曰穷蝉,穷蝉父曰帝颛顼,颛顼父曰昌意,以至舜七世矣。自从穷蝉以至帝舜,皆微为庶人。

《史记·夏本纪》:

夏禹,名曰文命。禹之父曰鲧,鲧之父曰帝颛顼,颛顼之父曰昌意,昌意之父曰黄帝。禹者,黄帝之玄孙而帝颛顼之孙也。

文献记载,禹百岁,巡狩江南,死于会稽,就地埋葬。其子夏启"大飨诸侯于钧台",就是现在的禹州。四方诸侯都拥护夏启继禹之位,是所谓"父传子,家天下"的开始。钧台,又名夏台,《左传·昭公四年》载"夏启有钧台之享",是指夏启在袭位以后,召集各路诸侯或部落首领在钧台举行大型宴会,表示自己正式继承王位。《竹书纪年》载:"夏禹之子夏启,即位夏邑,大享诸侯于钧台,诸侯从之。"自钧台以后,禹州曾叫过夏邑、历邑、栎邑,直到周襄王十六年改为阳翟以后,地名稳定下来。此后2000年左右,基本上都是叫作阳翟。

《史记·殷本纪》:

殷契,母曰简狄,有娀氏之女,为帝喾次妃。三人行浴,见玄鸟堕其卵,简狄取吞之,因孕生契。契长而佐禹治水有功。帝舜乃命契曰:"百姓不亲,五品不训,汝为司徒而敬敷五教,五教在宽。"封于商,赐姓子氏。契兴于唐、虞、大禹之际,功业著于百姓,百姓以平。

"商"最初是个地名,现商丘,帝喾的儿子契被封在这里。之后,逐渐形成了一支以契及其后代为核心的族群,被称为"商人"。直到契的后代汤取夏而代之,建立了一个新的政权,便以这个地方为都城。只是到汤的时候,迁徙到"亳"了,亳位于今山东的曹县。汤建立的这个政权,或者说汤开启的这个时代,也以他的先祖们所统治的族群来命名,叫作"商"。在地理上,是今天的商丘至曹县一带,是商朝的发祥地。

《史记·周本纪》:

> 周后稷,名弃。其母有邰氏女,曰姜原。姜原为帝喾元妃。姜原出野,见巨人迹,心忻然说,欲践之,践之而身动如孕者。居期而生子,……因名曰弃。……(帝舜)封弃于邰,号曰后稷,别姓姬氏。……后稷卒,子不窋立。不窋末年,夏后氏政衰,去稷不务。不窋以失其官而奔戎狄之间。不窋卒,子鞠立。鞠卒,子公刘立。……公刘卒,子庆节立,国于豳。庆节卒,子皇仆立。皇仆卒,子差弗立。差弗卒,子毁隃立。毁隃卒,子公非立。公非卒,子高圉立。高圉卒,子亚圉立。亚圉卒,子公叔祖类立。公叔祖类卒,子古公亶父立。古公亶父复修后稷、公刘之业……乃与私属遂去豳,度漆、沮,逾梁山,止于岐下。

周始祖后稷所封的邰在今陕西省咸阳市武功县。《史记·周本纪·正义》引《括地志》云:"故邰城一名武功城,在雍州武功县西南二十二里,古邰国,后稷所封也,有后稷及姜原祠。"与《水经·渭水注》及《武功县志》所记略同。目前一般的通史著作,如朱绍侯主编和刘泽华等编著的《中国古代史》都采用这种说法,认为周族祖先的最早活动地区就在今陕西西部渭河北岸的膏壤沃野之中。近年来,考古工作者在武功郑家坡遗址发掘得许多先周文化的遗物。据分析,这里出土的各种陶器分别是西周同型陶器的祖型,出土的铜鼎和生产工具也与西周初期的有着明显的承袭关系。

可见,夏、商、周的始祖大禹、契、后稷同为黄帝之玄孙,三人共同辅佐过帝舜。他们不仅是相继统治华夏大地的王朝,也是三脉同源的部落族群,以不同文化、不同文明形态长期共存。不过,当尧把王位传给舜,舜再传给大禹,禹率先在阳城(今河南省郑州市登封市一带)建立了夏朝,后来传位给儿子启。在夏朝存在的时间里,契的后人和后稷的后人分别在各自的封地上生活发展,上演着上古版"三国演义"。

下图为夏、商、周先民生活发展区域示意图。

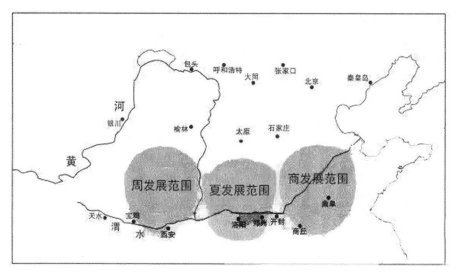

按《史记》记载的帝位承袭脉络,再结合《竹书纪年》记载"舜囚禁尧,夺取帝位"等惊人内容来看,从帝颛顼至成汤期间的政权更迭,是黄帝之子——玄嚣和昌意两脉之间政治纷争的结果。随着帝喾一脉又分化出契、稷两族,也就是商、周两脉,则是帝喾元妃和次妃后嗣的内斗。

夏、商、周的始祖大禹、契、后稷同出帝舜之政,继承了黄帝以来的政治思想和文化衣钵,也包括自包牺氏所创、经神农氏发展,承黄帝、舜融合创新的卦文字预测。后来,大禹、契、后稷及其后人在黄帝统一的六十四卦预测功能的基础上,按照各自封地自然条件、政治经济需求、文化信仰和社会现实情况等因素,不断研究发展,不断充实丰富,分别建立起符合各自实际的《连山易》《归藏易》和《周易》,在夏时各自为用,三易并行,直到商、周,甚至秦、汉。

姬昌是商末周族领袖,他广施仁政,引起殷商君主帝辛猜忌,被囚于羑里。姬昌被囚七年,系统、全面地推演六十四卦,在包牺氏先天八卦原理的基础上,又创建后天八卦理论,建立了起卦依先天八卦、解卦循后天八卦的筮占体系,成《周易》一书。其子周公旦又结合周兴商衰、东出伐商的历史背景和大量史实,对《周易》进行了科学的编撰、调整,卦辞和爻辞即史实筮占记录,不仅使筮、占易于运用、更赋予其深邃的哲学思想,形成了流传至今的《周易》版本。《连山》与《归藏》早佚,《周易》能流传下来,既是其强大生命力的佐证,也符合合久必分,分久必合的事物发展规律。

二、《周易》的发展

(一)孔子与易

《周易》原本是一部商周之交史事的筮占书,春秋时代,孔子刻意对《周易》包括六十四卦进行了本质性地修订和注解,赋予其"德、义"思想。孔子《周易》非周礼所载《周易》,两千五百年来,易学研究无出其右。

《尚书》序:先君孔子,生于周末,睹史籍之烦文,惧览之者不一,遂乃定礼乐,明旧章,删《诗》为三百篇,约史记而修《春秋》,赞《易》道以黜《八索》,述《职方》以除《九丘》。《序》中"赞易"即指孔子删定《周易》、著《易传》。《易传》也称《十翼》,著作内容包括《系辞》上下、《说卦》《序卦》《杂卦》《文言》《彖》上下、《象》大小,共有十篇。《周易》原本是一部史事的占筮书,由于孔子模糊其本来历史面目,弱化其预测功能,使其转化并赋予人文历史明确、德义思想丰富的哲学经典,被尊为群经之首。

《系辞》中"一阴一阳之谓道"的观点,已经成为《易传》宇宙观的表达。《系辞》解释了卦、爻辞的意义及卦象爻位,所用的方法有取义说、取象说、爻位说；又论述了揲蓍求卦的过程,用数学方法解释了《周易》筮法和卦画的产生和形成。《系辞》认为,《周易》是一部讲圣人之道的典籍,察言、观变、制器和筮占为其四项主要功能。《孔颖达·疏》:"系属其辞于爻卦之下。"为《易经》经文之外全书原理的通论,说明任何事物都具有两重性和相反事物的相互作用是事物变化的普遍规律,是万物化生的根本。

《说卦》是所有《易传》中产生最为古老的篇章,是先秦甚至更早时期《周易》的配套工具书,是筮法书篇。《周易》本是卜筮之书,其占断吉凶的主要根据之一就是卦象,乾、坤、震、巽、坎、离、艮、兑八卦分别代表不同的事物,又要根据事物的不同特性及相关因素来判断所得卦的吉凶。所以,《系辞下》里很明确地说"是故易者,象也;象也者,像也。"说"易占"就是一门"象"的学问,"象"就是法像万物的意思。唐代孔颖达《周易正义》也说:"《说卦》者,陈说八卦之德业变化及法象所为也。"因此古代掌管卜筮的巫史在编撰、创作了一些作为卦爻占卜参考底本的易书之外,又有专门记述、解说卦位、卦序、卦象的工具书并行使用。就是《说卦》之类的作品,也并非是为了解释《周易》作的"传"。

《序卦》是说明《易经》六十四卦排列的次序,从天地万物说起,以"有天地,然后万物生焉。盈天地之间者,唯万物"来说明乾坤两卦居于首位。然后以万物生长的过程、事物变化的因果关系及物极必反、相反相生的运动规律等解释其他各卦的相互关系,说明六十四卦排列的次序,以"物不可穷,故受之以未济终焉"来解释最后一卦"未济"卦。

《杂卦》说明各卦之间的错综关系,晋韩康伯注:"杂卦者杂糅众卦,错综其义,或以同相类,或以异相明也。"以相反相成观点把"六十四卦"分为三十二对,两两一组,一正一反,用几个字解释其卦义和相互关系。

文言亦称《文言传》,是专门对乾、坤两卦所做的解释。孔颖达

《周易正义》引庄氏云:"文谓文饰,以乾坤德大,故特文饰以为文言。"

《象》上(上三十卦)、《象》下(下三十四卦),是解释《易经》六十四卦卦义的文字,也是说明《易经》各卦之义,专门解释卦名、卦象、卦辞,而不涉及爻辞。

《象》亦称《象传》。分为《大象》和《小象》两部分。是说明《易经》各卦的卦象、爻象。说明卦象的称为"大象",说明爻象的称为"小象"。多举天地万物之象,以比喻人事,认为《周易》卦、爻皆是一种"象"。"大象"将六爻组成的别卦,还原成三爻组成的经卦,以八经卦所象征的天、地、风、雷、水、火、山、泽等卦文字事义来解释卦象、卦名的含义。"小象"主要以各爻位置的不同来解释爻辞。

《周易》借《易传》,"道德仁义"思想就此诞生,后随"四书五经"系统典籍的确立,宋时发展为儒家一整套全面系统的思想体系,周文王、周公旦父子也一跃而为儒家的开山鼻祖。子贡曾问孔子说:老师曾经说过,那些德行不好的人才跑到神灵哪里去,那些没有智谋的人才去占卜算卦,怎么今天你却看算卦的书?这与过去所说的不是矛盾了吗?孔子回答他说:"易,我后其祝卜矣,我观其德义耳。"他说在《周易》这方面你要说算卦,我当然比不了那些专门算卦的,"我观其德义耳",我看的是《周易》书里面的德义。孔子认为广泛循道积德者,没有必要通过祭祀以求福祉;躬行仁义者,没有必要通过卜筮以求吉祥。

孔子为什么要修易?一般认为孔子便于后人研习《周易》,注《易传》,作为解释《周易》的工具书,这个认识是非常肤浅的。孔子后2000年,王阳明对孔子修《易》做了说明。

《传习录》:

爱曰:"著述亦有不可缺者,如《春秋》一经,若无《左传》,恐亦难晓。"

先生曰:"《春秋》必待《传》而后明,是歇后谜语矣。圣人何苦为此艰深隐晦之词?《左传》多是《鲁史》旧文,若

《春秋》须此而后明,孔子何必削之?"

爱曰:"伊川亦云:'《传》是案,《经》是断。'如书弑某君,伐某国,若不明其事,恐亦难断。"

先生曰:"伊川此言,恐亦是相沿世儒之说,未得圣人作经之意。如书'弑君',即弑君便是罪,何必更问其弑君之详?征伐当自天子出,书'伐国',即伐国便是罪,何必要问其伐国之详?圣人述六经,只是要正人心,只是要存天理、去人欲……若是一切纵人欲、灭天理的事?又安肯详以示人,是长乱导奸也。"

先生曰:"子以明道者,使其反朴还淳而见诸行事之实乎?抑将美其言辞而徒诧诧以于世也?天下之大乱,由虚文胜而实行衰也。使道明于天下,则《六经》不必述。删述《六经》,孔子不得已也。自伏羲画卦,至于文王、周公,其间言《易》,如《连山》《归藏》之属,纷纷籍籍,不知其几,《易》道大乱。孔子以天下好文之风日盛,知其说之将无纪极,于是取文王、周公之说而赞之,以为惟此为得其宗。于是纷纷之说尽废,而天下之言《易》者始一。"

文中"圣人"指"著经"之人,"子"指"孔子",伊川是程颐,爱是王阳明的学生徐爱,先生就是王阳明。上文意思说:圣人作"经",自然是让人们易学、易懂、易用,倘若要他人做解而习,那所作之"经"岂不成了"歇后语"了?自从伏羲画卦,到文公、周公,《易》道乱作一团,"五经"亦是。《周易》六十四卦是商周之交史事的记录,写"弑君",弑君是罪过,为什么还要问弑君的理由呢?讨伐的命令该天子发布,写"伐国",就是说讨伐某国便是罪过,为什么还要问伐国的经过呢?如此传承只会目无纲纪。孔子无奈之下,注《易传》,对《周易》从正面予以赞扬,这才是孔子的本意。

可见,王阳明对孔子修订《周易》的理解是颠覆性的。

(二)焦延寿、邵雍和朱熹与易

西汉焦延寿,著名易学家,是易学家京房的老师,撰《焦氏易林》,似源于《周易》,然与之有迥异独特之处。《周易》共有卦、爻辞448条,《焦氏易林》有4096占卦变之辞,较之《周易》,卦、爻辞近乎10倍,从而极大地丰富了信息内容。

《焦氏易林》在六十四卦基础上,一卦变六十四卦,六十四卦变四千零九十六卦。这样,六十四卦中的一卦变为另一卦称之为"之卦",然后在"之卦"后配以相应的四言诗筮占辞,皆为统一的四言诗格式(偶见三言诗),而《周易》则无此统一格式。《焦氏易林》如,乾之讼:龙马上山,绝无水泉,喉焦唇干,舌不能言。讼之比:水流趋下,欲至东海。求我所有,买鲂与鲤。讼之小畜:獐鹿逐牧,安饱其居。反返次舍,无有疾故。谦之鼎:狗无前足,阴谋叛背,为身害贼。从以上定性占辞可知,《焦氏易林》就是一部筮占书,但不能肯定其源于《周易》,其篇幅颇似《周礼》中记载的八万言《连山易》。

据传北宋邵雍,在《周易》的基础上,将八经卦和五行(金、木、水、火、土)、十天干(甲、乙、丙、丁、戊、己、庚、辛、壬、癸)和十二地支(子、丑、寅、卯、辰、巳、午、未、申、酉、戌、亥)相互关联对应,按照五行相生相克的关系,来感知声音、方位、时间、动静、地理、天时、人物、颜色、动植物等自然界或人类社会中一切事物异相,作为预测其发展趋势的方法,称为《梅花易数》。《梅花易数》使传统卜筮发展得更为通俗、易学、易用,从而使其流行非常广泛,普通老百姓家无事不问,哪怕是猪、狗丢了,都要测算,以便寻找。

清黄宗羲《梅花易数》序:

宋庆历中,康节邵先生隐处山林,冬不炉,夏不扇,盖心在于《易》。忘乎其为寒暑也,犹以为未至,糊《易》于壁,心致而目玩焉。遂于《易》理,欲造《易》之数而未又征也。一日午睡,有鼠走而前,以所枕瓦枕投击之,鼠走而枕破。觉中有字,取视之:"此枕卖与贤人康节,某年月日某时,击鼠枕破。"先生怪而询之陶家,其陶枕者曰:"昔一人手执《周易》憩坐,举枕其书,必此老也。今不至久矣。吾能识其家。"先生偕陶往访焉,及门,则已不存矣,但遗书一册谓其家人曰:"某年某月某时,有一秀士至吾家,可以此书授之,能终吾身后事矣。"其家以书授先生,先生阅之,乃《易》之文,并有诀例。推例演数,谓其人曰:"汝父存日,有白金置睡床西北窖中,可以营葬事。"其家如言,果得金。先生受书以归,后观梅,以雀争胜,布算,知次晚有邻人女折花,堕伤其股。其卜盖始于此,后世相传,遂名《观梅数》。又后算落花之日,午时为马所践毁;又算西林寺额,知有阴人之祸。凡此,皆所谓先天之数也,盖未得卦先得数也,以数起卦,故曰后天。若夫见老人有忧色,卜而知老人有食鱼之祸;见少年有喜色,卜而知有婚聘之喜;闻鸡鸣,知鸡必烹;听牛鸣,知牛当杀。凡此,皆后天之数也。盖未得数先得卦也。以卦起数,故曰后天。一日,置一椅,以数推之,书椅底曰:"某年月日,当为仙客坐破。"之期,果有道者来访,坐破其椅。仙客愧谢,先生曰:"物之成毁有数,岂足介意,且公神仙也,幸坐以示教。"因举椅下所书以验,道者愕然趋起出,忽不见,乃知数之妙,虽鬼神莫逃,而况于人乎?况于物乎?

由于邵雍对《周易》的独到理解,其所作《皇极经世书》的基本精神是质诸天道而本于人事,其对"道"的概念在形而之上的理解超越了以往历代儒家,对于宋代理学的形成与发展起到了至关重要的作用。

南宋大儒朱熹对前人解易极为不满,认为一是"生出许多象数来";二是"硬要从中讲出许多道理来"。也就是说,从汉代始,以其是圣人本义,至今使人误认为那是圣人本义,岂不是要误人子弟,甚至祸国殃民?所以朱熹要一改前人之说,去探求《周易》的本义。朱熹所探求出的《周易本义》思想,第一是"易本卜筮之书",其中没有那么多的象数说法,也没有那么多的义理。第二是"伏羲(包牺)易,自作伏羲易看,是时未有一辞也。文王易,自作文王易;周公易,自作周公易;孔子易,自作孔子易看,必欲牵合作一易看?不得"。

(三)王阳明与易

若论解易,必须要提明代王阳明。论易,王阳明虽无具体大作,但其所著《传习录》,被认为是易学形而之上的至高、至深理论,他本人也被尊为论解《周易》的至上之王。《传习录·答陆静原书》:"未发之中,即良知也,无前后内外,而浑然一体者也。有事、无事可以言动、静,而良知无分于有事、无事也。寂然、感通可以言动、静,而良知无分于寂然、感通也。动静者,所遇之时,心之本体,固无分于动静也,理无动者也,动即为欲。"这段话,就是王阳明对"一阴一阳谓之道"的精辟解读。

王阳明说:循理则虽酬酢万变,而未尝动也;从欲则虽槁心一念,而未尝静也。动中有静,静中有动,又何疑乎?有事而感通,固可以言动,然而寂然者未尝有增也。无事而寂然,固可以言静,然而感通者未尝有减也。动而无动,静而无静,又何疑乎?这是对《周易》易简、易变和不变的至深说教。

王阳明说:"未发在已发之中,而已发之中未尝别有未发者在,已发在未发之中,而未发之中未尝别有已发者存。是未尝无动、静,而不可以动、静分者也。"盖其意从太极"动而生阳,静而生阴"说来。太极生生之理,妙用无息,而常体不易。王阳明继续讲:"太极之生生,即阴阳之生生……阴阳一气也,一气屈伸而为阴阳。动静一理也,一理隐显而为动静。春夏可以为阳为动,而未尝无阴与静也;秋冬可以为阴为静,而未尝无阳与动也。春夏此不息,秋冬此不息,皆可谓之阳、谓之动也。春夏此常体,秋冬此常体,皆可谓之阴、谓之静也。"这段论述,王阳明把《周易》阴、阳之道,静、动至理论述得透彻洞天。

明武宗正德三年(1508),王阳明贬官至贵州龙场,谪居读《易》,智慧开悟,因撰文《玩易窝记》云:"阳明子之居夷也,穴山麓之窝而读《易》其间。始其未得也,仰而思焉,俯而疑焉,函六合,入无微,茫乎其无所指,孑乎其若株。其或得之也,沛兮其若决,联兮其若彻,菹淤出焉,精华入焉,若有相者而莫知其所以然。其得而玩之也,优然其休焉,充然其喜焉,油然其春生焉;精粗一,外内翕,视险若夷,而不知其夷之为厄也。于是阳明子抚几而叹曰:'嗟乎!此古之君子所以甘囚奴,忘拘幽,而不知其老之将至也夫!吾知所以终吾身矣。'"

所著《传习录上》云,学生徐爱曰:"先儒论六经,以《春秋》为史,史专记事,恐与五经事体终或稍异。"先生曰:"以事言谓之史,以道言谓之经。事即道,道即事。《春秋》亦经,五经亦史,《易》是包牺氏之史,《书》是尧舜以下史,《礼》《乐》是三代史。其事同,其道同,安有所谓异?"王阳明与徐爱这段对话,明确指出"史与经"的辩证关系,这自然包括《易经》与上古史。《传习录》又云,有人问:"《易》,朱子主卜筮,程《传》主理,何如?先生曰:'卜筮是理,理亦是卜筮。天下之理孰有大于卜筮者乎?只为后世将卜筮专主在占卦上看了,所以看得卜筮似小艺。不知今之师友问答,博学、审问、慎思、明辨、笃行之类,皆是卜筮。卜筮者,不过求决狐疑,神明吾心而已。《易》是问诸天;人有疑,自信不及,故以《易》问天,谓人心尚有所涉,唯天不容伪耳。'"

阳明先生与易,不得不提在他34岁的时候,使其人生轨迹发生翻天覆地的一件事,这在浙江余姚民间还有传说。这一年是公元1507年,辅助朝政的内阁大臣刘健、谢迁、李东阳等人与掌管司礼监的太监王岳联手,坚决主张杀掉刘瑾等人,但最终的结果却是刘瑾利用和武宗亲近的便利关系,反倒将刘健、谢迁赶出了朝廷。之后,南京户科给事中戴铣、监察御史薄彦徽等人仍然坚持上书,要求除掉刘瑾等人,将刘健、谢迁等人请回来,其结果是他们也被立即逮捕,投进大牢。就在这个时候,大明状元,时礼部左侍郎王华的儿子王阳明等出场了。他当时仅是个六品官,给武宗上书要求释放戴铣、薄彦徽。最终他被廷杖四十,关进大牢半年之久,所幸没死。后将王阳明贬为龙场驿驿丞,也有人对这件事提出了看法。首先,上书弹劾刘瑾,如同上阵杀敌,王阳明没向父亲请成,是不符合纲常之纪。其次,如此大事,他们必筮占,从众大臣首次弹劾、第二次上书,王阳明没参与的现象看,说明他对弹劾刘瑾这件事进行了筮占,结果甚为凶险。最后他为什么还是去上书?除过正义感和激情的驱使之外,也许是阳明先生对《周易》"事不过三"这一说法的好奇使然。《周易·蒙卦》:"初筮告,再三渎,渎则不告,利贞。"

由于现代科学的发展和考古的发现,人们认识《周易》的手段和方法空前增多,发生了质的变化,《周易》研究的成果累累,出现了现代易学家尚秉和(1870—1950)、冯友兰(1895—1990)、李镜池、高亨(1900—1986)等人物。冯友兰说:《周易》都是一些空套子,可以套入各种不同的内容。其实,所有被称为"经"的东西都是如此,后人也总是不断填入各种各样原来没有的内容,对于《周易》,这种情况显得特别突出罢了。其原因是《周易》中的符号给了后人的解释以更大的自由度。然而这些符号起初也并非毫无内容的空套子,它们本有自己的含义,只是这些含义不易弄清罢了。加之后人对这些符号的随意解释,就更增加了弄清这些符号本义的难度。现存《易传》,可说是给《周易》填入的第一批新内容。在《易传》看来,《周易》是"弥纶天地之道"的书。而这个"道"的内容,又归结为"一阴一阳"。很明显,冯友兰先生把矛头直指孔子及孔子以来的众多易学家。

三、《乾》卦的历史背景

子曰:"《易》之兴也,其当殷之末世,周之盛德耶?当文王与纣之事耶?是故其辞危。危者使平,易者使倾。其道甚大,百物不废。惧以终始,其要无咎,此之谓《易》之道也。"《周易》到底是什么?为什么从《乾》卦开始?

黄凡教授认为：《周易》实际是一部从商末"受命"七年（公元前1058年）五月丁未日起，到周初成王继位，周公摄政三年（公元前1050年）四月丙午日止，共2880天的周王室编年日记体大事筮占记录。记录中包括的主要历史如周国干旱，周文王伐崇侯虎，周国实行五家为一比，按家户征用人丁车马的"比"法，周文王崩，祭文王墓于岐山，观兵盟津，移师伐纣，斩纣首级，祭庙社，大封诸侯，武王巡狩东隅，箕子去朝鲜，周公为武王祷病，伐蒲姑，迁九鼎于洛邑，箕子等来朝，武王崩，成王继位，葬武王，改善井田，大雷电及大风，武庚等叛乱，周公振兵旅准备伐叛商等，封卫康叔及毛叔郑等事件。这段时期是商周易代的重要时期，流传下来的筮辞是最重要的历史资料，也是最真实的资料。

黄凡教授更惊人地认为：八卦是远古用来记年的符号。阳爻"—"代表九天，阴爻"- -"代表六天。保存在《周易》中的六十四个八卦符号，是远古记年符号的遗存，《周易》借用了远古记年符号作为筮占记录的日期标记。《乾》卦的卦号"☰"表示这段时间包括六个九天，"初九"是起初的九天，或第一个九天，即卦号"☰"最底下的一画；"九二"是第二个九天，即卦号"☰"从下往上排列的第二画。其他依次类推："九三"是第三画，即"☰"第三个九天；"九四"是第四画，即"☰"第四个九天；"九五"是第五画，即"☰"第五个九天；最上面的一画叫作"上九"，即第六画，为"☰"第六个九天。《坤》卦的卦号是"☷"，表示这段时间包括六个六天，"初六"是开始的六天，第一个六天，即卦号"☷"最下面的"- -"，其他如上依次类推。不论哪一卦，凡有"—"，即表示是九天，有"- -"则为六天。例如，《巽》卦的卦号是"☴"，六爻依次为初六、九二、九三、六四、九五、上九，即表示这段时间里，起初是六天，接下去是九天、九天、六天、九天、九天。

看上去，商周之交六十四卦史事，共2880天，按周王室编年日记体大事筮占记录时间，与《周易》借用的远古记年符号作为六十四卦筮占日期标记总天数似乎一致，这是巧合？还是事实如此？或者说，先不说九天或六天的爻次,六十四卦是一件事与随后一件事首尾相接,绝对紧凑?

鉴于此,笔者反复研究,对"牧野之战"前后时间做进一步逻辑推敲,按照六十四卦卦辞、爻辞对应史事,进一步定义六十四卦内容和史实。在《周易》六十四卦筮占记录中,有几个十分重要的历史节点,发生了十分重要的大事,奠定了周王室八百多年的国祚。关于首卦《乾》卦,为什么是从周文王大旱祈雨开始?明确这一点,这对揭开《周易》的本来面目十分重要,这还要从商王成汤祈雨和盘庚"迁都于殷"说起。

《吕氏春秋·顺民》篇说:

"昔者汤克夏而正天下,天大旱,五年不收,汤乃以身祷于桑林,曰:'余一人有罪,无及万夫。万夫有罪,在余一人。无以一人之不敏,使上帝鬼神伤民之命。'于是剪其发,磨其手,以身为牺牲,用祈福于上帝,民乃甚悦,雨乃大至。"

《尚书·盘庚上》:

"盘庚迁于殷,民不适有居,率吁众戚出,矢言曰:我王来,即爱宅于兹,重我民,无尽刘。不能胥匡以生,卜稽,曰其如台?先王有服,恪谨天命,兹犹不常宁;不常厥邑,于今五邦。今不承于古,罔知天之断命,矧曰其克从先王之烈?若颠木之有由蘖,天其永我命于兹新邑,绍复先王之大业,厎绥四方。"

《史记·殷本纪》:

帝阳甲崩,弟盘庚立,是为帝盘庚。帝盘庚之时,殷已都河北,盘庚渡河南,复居成汤之故居,乃五迁,无定处,殷民咨胥皆怨,不欲徙。盘庚乃告谕诸侯大臣曰:昔高后成汤与尔之先祖俱定天下,法则可修,舍而弗勉,何以成德!乃遂涉河南,治亳,行汤之政,然后百姓由宁,殷道复兴,诸侯来朝,以其遵成汤之德也。

《尚书》《史记》都记载了盘庚迁殷的历史事件,其原因可以说是天灾加人祸。在中国古代,定都和迁都都是国家大事,为了稳定政权,历代统治者都非常注意保持都城的稳定。但也有许多王朝曾迁移都城,以适应生态环境的改变和政治经济形势的变化,商王朝就是一个典型的例子。商族在盘庚以前,是经常迁徙流动的,自契至汤,十四代,有八次迁徙;自汤至盘庚,十代,有五次迁徙。商族的迁徙,见于记载的前后达十三次。《尚书·盘庚》篇说:"视民利用迁""今其有今罔后,汝何生在上?""失于政,陈于兹,高后丕乃崇降罪疾""今我民用荡析离居,罔有定极",等等。说明迁徙的原因是为了民众躲避自然灾害频繁发生的。其实,在自然灾害频繁发生的同时,商朝内部也是"王位纷争"不断。根据《史记·殷本纪》记载:"自中丁以来,废适而更立诸弟子,弟子或争相代立,比九世乱,于是诸侯莫朝。"从中丁至阳甲正好九王,先秦典籍中"几世"即指"几王",这"九世之乱"与商都屡迁,在时间上符契,它应是促使商都屡迁的现实原因。而在《尚书·盘庚》篇里也有记载。盘庚追述先王迁都原因时说:殷降大虐,先王不怀厥攸作,视民利用迁。《孔疏》认为"大虐"不是天灾而是人祸,就是指以王位纷争为核心矛盾的"九世之乱"。政治上的动乱和纷争,给人民带来无穷灾祸,先王并不怀恋他们手造的基业,为老百姓的利益来迁徙。正是这样,盘庚经过一段时间的斗争,采用软硬兼施的手段,终于完成了迁都的计划。可是斗争并没有结束,老百姓到了一个新地方,好多方面不适应,各部落族长纷纷要求迁回老家,趁机捣乱,煽动大家要求迁回老家去。当时盘庚针对时局发表了一篇训话,再次用强硬的态度,警告奴隶主贵族不要捣乱,否则必遭严惩。就这样,局面才安定下来。

　　前文提到,商祖契和周祖后稷同属帝喾一脉,周塬考古发现的甲骨文可证。周较商发展缓慢,商强大时,周尚是西部边陲方国,比较弱小,自然听命于商,效仿于商,这也是周、商同根同源的心理必然。后稷去世后,子不窋立,出邰,至庆城、黄陵一带,奋发图强,逐步壮大。《史记·周本纪》：公刘立，"虽在戎狄之间，复修后稷之业，务耕种，行地宜，自漆、沮度渭，取材用，行者有资，居者有畜积，民赖其庆，百姓怀之，多徙而保归焉。周道之兴自此始，故诗人歌乐思其德。公刘卒，子庆节立，国于豳。"后人"古公亶父复修后稷、公刘之业，积德行义，国人皆戴之。薰育戎狄攻之，欲得财物，予之。已复攻，欲得地与民。民皆怒，欲战。古公曰：'有民立君，将以利之。今戎狄所为攻战，以吾地与民。民之在我，与其在彼，何异。民欲以我故战，杀人父子而君之，予不忍为。'乃与私属遂去豳，度漆、沮，逾梁山，止于岐下。豳人举国扶老携弱，尽复归古公于岐下。及他旁国闻古公仁，亦多归之。"至此，周人将庆、豳和岐三地连片，疆域骤然广阔，国力空前壮大。于是，古公乃贬戎狄之俗，而营筑城郭室屋，而邑别居之。作五官有司，民皆歌乐之，颂其德。"古公有长子曰太伯，次曰虞仲。太姜生少子季历，季历娶太任，皆贤妇人，生昌，有圣瑞。古公曰：'我世当有兴者，其在昌乎？'长子太伯、虞仲知古公欲立季历以传昌，乃二人亡如荆蛮，文身断发，以让季历。古公卒，季历立，是为公季。公季修古公遗道，笃于行义，诸侯顺之。公季卒，子昌立，是为西伯。"崇侯虎谮西伯于殷曰："西伯积善累德，诸侯皆向之，将不利于帝。"帝纣乃囚西伯在羑里。

其实，季历、姬昌和伯邑考祖孙三人命运何其相似，均遭商王囚禁，为什么是"君"成为人质，而非"子"呢？咋看都像政治阴谋。季历虽被商帝文丁封为"牧师"，成为西方诸侯之长，也因实力较大而遭疑，被软禁。周王室似乎营救不力，季历落得绝食而死的下场。伯邑考则更悲惨，其父姬昌已被软禁，且明确告诉伯邑考，自己有七年牢狱之灾，时间到了就会回到西岐，周王室又让他来朝歌作甚？结果，帝辛杀了伯邑考，还将他做成了肉羹赐给周文王食用，预谋再杀姬昌。后来，姬昌属下臣子极力营救："闳夭之徒患之。乃求有莘氏美女，骊戎之文马，有熊九驷，他奇怪物，因殷嬖臣费仲而献之纣。纣大说，曰：'此一物足以释西伯，况其多乎！'乃赦西伯，赐之弓矢斧钺，使西伯得征伐。"

对比前后,季历与商帝盘庚之境遇如出一辙,季历与盘庚都是"弟及兄业",季历更是在"长子太伯、虞仲知古公欲立季历以传昌,乃二人亡如荆蛮,文身断发,以让季历"上位,因有古公亶父支持,王权矛盾并不尖锐。古公亶父去世、姬昌在位,因季历而起的"弟及兄业"王权纷争不仅不可能消除,而且面临激化。《蛊》卦"干父之蛊、干母之蛊"的爻辞,就是文王去世后,周武王与姬周宗族男、女尊者因政见不同,进行激烈斗争的筮占记录。初六"有子,考无咎"的爻辞,恰恰说明在周文王时期,王权之争就已存在。加之岐山一带时逢大旱,百姓艰难困苦。《竹书纪年》载纣时"周大饥"。《泰》及《否》皆有"拔茅茹,以其汇"的筮占记录,就是饥荒时民众拔茅草、树根等充饥的情况。周文王急于摆脱王权纷争和自然灾害双重困境,便效仿殷商成汤、盘庚及其先祖公刘、庆节、古公亶父之举,东出迁国,《泰》卦即是东出迁国的筮占记录。姬昌借《乾》卦"上乾下乾、骄阳无际,神龙当现,天降雨霖"的本义,以"君子乾乾、以正天命,祈雨于龙,民悦心归",谋划东出迁国战略,这是周王室未来和文王人生第一大事。

周人迁徙示意图如下:

四、六十四卦之史事

《乾》卦"☰"之后是《坤》卦"☷",该卦记录了周王室繁殖、驯养战马和血祭北方之神的历史事件。在那个时代,马匹是十分珍贵的战争装备,君王要亲自负责,并掌握繁殖、驯养马匹的技术。《坤》卦之后是《屯》卦"☳☵",该卦记录了周王室开疆拓土、封建诸侯、休养生息的历史事件。《屯》卦之后是《蒙》卦"☶☵",该卦记录了周王室促进诸侯、部落建立良好的政治及法治社会秩序,推行周礼文化的历史事件。《蒙》卦之后是《需》卦"☵☰",该卦记录了周王室在大败北方犬戎之后,继续攻打西北密须方国(今甘肃灵台县)的历史事件。消除了安全隐患,巩固了西北后方,确保东出迁国顺利。《需》卦之后是《讼》卦"☰☵",该卦记录了周文王讼断虞芮之争的历史事件。《讼》卦之后是《师》卦"☷☵",该卦记录了姜太公统帅军队,从岐山出发,沿着秦岭北麓的眉县、周至行军,到达今鄠邑区,攻打崇国,遭遇惨重失败的历史事件。《师》卦之后是《比》卦"☵☷",该卦记录了周王室大力推行"五家比法",有效地实施百姓自治的历史事件。《比》卦之后是《小畜》卦"☰☴",该卦记录了周王室在首次攻打崇国失败后,进行了认真的总结,决定补充战车及易耗部件(轮、辐)、扩充兵力、增强作战力量的历史事件。《小畜》卦之后是《履》卦"☱☰",该卦记录了周王室派出前哨,去虎地及沿途部落踏勘的历史事件。目的是开辟北部东进线路,为大军绕至今西安长安,从东边包抄攻打崇国做好准备。《履》卦之后是《泰》卦"☰☷",该卦记录了周文王沿着泾河与渭河之间廊道、举国东进的历史事件。《泰》卦之后是《否》卦"☷☰",该卦记录了东进途中,周王室重要成员之妻生子(应是武王姬发之妻生产成王姬诵之弟唐叔虞)的历史事件。《否》卦之后是《同人》卦"☰☲",该卦记录了周文王与姜太公东西夹击,二次攻打崇国,取得全胜的历史事件。《同人》卦之后是《大有》卦"☲☰",该卦记录了战胜崇国后,周王室举行盛大庆祝仪式,各参战公、侯、宗族首领进献战利品和战俘的历史事件。

《大有》卦之后是《谦》卦"☷☶",该卦记录了周文王即时研究当时形势,坚定灭商战略目标,在芮、虞两国的支持下,进行勘黎、伐邘的历史事件。《谦》卦之后是《豫》卦"☳☷",该卦记录了周文王病情严重,周王室隐匿病情并为文王准备后事的历史事件。《豫》卦之后是《随》卦"☱☳",该卦记录了周文王去世,以宗族和奴隶殉葬的历史事件。《随》卦之后是《蛊》卦"☶☴",该卦记录了武王继承王权后,整肃王室风纪,巩固执政地位,与宗族长者进行了成功的斗争,坚定伐商大业信心的历史事件。《蛊》卦之后是《临》卦"☷☱",该卦记录了周武王"君临天下",巡视各诸侯并在孟津会盟的历史事件。《临》卦之后是《观》卦"☴☷",该卦记录了周武王举行盛大"祭祀",向会盟诸侯展示周王室强大军事力量和先进文化的历史事件。《观》卦之后是《噬嗑》卦"☲☳",该卦记录了周王室针对诸侯方国人员,大兴刑狱,并用"赎刑",打击、收缴其财产的历史事件。《噬嗑》卦之后是《贲》卦"☶☲",该卦记录了周武王在孟津观兵后,为将士装备保养器具,并将马、车、旗、服饰等按殷商崇拜的白色装扮,以麻痹殷商,不加防范的历史事件。《贲》卦之后是《剥》卦"☶☷",该卦记录了武王在东进途中,对亲附殷商方国的宫廷予以拆除,土地予以剥夺,并用宫人喂食大蟒的历史事件。《剥》卦之后是《复》卦"☷☳",该卦记录了周王室认为伐商时机不成熟,部署诸侯军队撤兵返回的历史事件。周武王认为,帝辛统帅的殷商主力远在东夷,若攻打殷商都城,会遭到帝辛猛烈的反扑,危险极大。《复》卦之后是《无妄》卦"☰☳",该卦记录了周王室为防止女奴隶逃跑,减轻了女奴隶劳作负担,给予女奴隶一定的自由空间及良好待遇的历史事件。《无妄》卦之后是《大畜》卦"☶☰",该卦记录了周武王为攻打帝辛,整修武备、操练车马、驯养猪牛,进行全面战争准备的历史事件。《大畜》卦之后是《颐》卦"☶☳",该卦记录了祈问上天,卜占周武王天年寿命和身体状况,能否坚持伐商大业的历史事件。《颐》卦之后是《大过》卦"☱☴",该卦记录了周王室攻打殷商前,为安定军心,对全部出征将士家的房屋进行整修,支持将士家里孤寡老人和年轻异性结为伴侣的历史事件。《大过》卦之后是《坎》卦"☵",该卦记录了周王室为分化瓦解帝辛力量,深入坎窨,殷商奴隶结盟,使其叛商倒戈的历史事件。《坎》卦之后是《离》卦"☲",该卦记录了周武王统帅诸侯,里应外合、突袭朝歌、帝辛自焚和攻打牧野的历史事件。《离》卦之后是《咸》卦"☶",该卦记录了周武王斩杀妲己等,并以殷商王士、贵族献祭先祖的历史事件。《咸》卦之后是《恒》卦"☳",该卦记录了周武王效仿殷商先祖王亥在有易被杀,由其弟王恒继承爵禄的史例,推帝辛长子武庚继承帝位并以管叔鲜、蔡叔度为相的历史事件。《恒》卦之后是《遁》卦"☰",该卦记录了周王室为稳定时局,令诸侯大军撤离殷都,督促他们荣归领地的历史事件。《遁》卦之后是《大壮》卦"☱",该卦记录了周武王对抓获的十三万多殷商贵族和俘虏施行身体伤残,使其失去逃跑或反抗能力,确保西归途中和以后安全的历史事件。《大壮》卦之后是《晋》卦"☴",该卦记录了周武王大封功臣、宗室以及上古先君后代,并将康叔封于殷商畿内康地(今河南禹州西北),建立卫国的历史事件。《晋》卦之后是《明夷》卦"☷",该卦记录了帝辛叔父箕子痛深革殷,志坚罔仆,率部东出朝鲜,都平壤,变夷为夏的历史事件。《明夷》卦之后是《家人》卦"☲",该卦记录了武王吸取帝辛幸宠妲己、喜妹的惨痛教训,制定百姓家庭、王室后宫行为礼仪及规范的历史事件。《家人》卦之后是《睽》卦"☲",该卦记录了周武王身患"睽"疾,病情危重,出现幻觉,常做"恶"梦的历史事件。《睽》卦之后是《蹇》卦"☵",该卦记录了武王病重,周公旦作《金縢》,祈告神灵、先祖,愿以身赴难、以命替王的历史事件。《蹇》卦之后是《解》卦"☳",该卦记录了武王病情缓解后,进行田猎御乘、猜拳行令、射隼竞技等一系列活动的历史事件。《解》卦之后是《损》卦"☶",该卦记录了武王去世,周公旦要求诸侯、各级官员减少饮酒及丧事用度的历史事件。武王治丧期间,周公旦担心人们借武王丧事酗酒失控,以致"大乱丧德",也诫勉在武王丧事祭祀上要厉行节约、减少祭品。《损》卦之后是《益》卦"☴",该卦记录了周王室大规模营建武王陵墓、增加人牲、丧事占卜所用大龟的历史事件。《益》卦之后是《夬》卦"䷪"，该卦记录了武王去世后，"三监"疑周公旦篡权，在武庚的煽动下，发动叛乱的历史事件。对此，周王室作《大诰》，昭告天下，迅速、坚决地回击了管叔、蔡叔、霍叔及武庚的叛乱行为。《夬》卦之后是《姤》卦"䷫"，该卦记录了武王去世、周王室举行系列祭祀，首先举行"以神为宾，立尸而祭"的宾祭，祭祀周人母祖——姜原的历史事件。《姤》卦之后是《萃》卦"䷬"，该卦记录了成王设立考庙，组织、举行大型悼会，献供男、女人牲来祭祀武王的历史事件。《萃》卦之后是《升》卦"䷭"，该卦记录了掩土封陵，安葬武王，并在岐山举行祭祀的历史事件。《升》卦之后是《困》卦"䷮"，该卦记录了周成王遵循"丧服四制，守孝三年"的历史事件。《困》卦之后是《井》卦"䷯"，该卦记录了周灭商后，对城邑生活用"井"进行维护和修缮的历史事件。《井》卦之后是《革》卦"䷰"，该卦记录了周王室用黄牛皮、少量虎皮和豹皮制作甲胄，为平定三监之乱打造装备的历史事件。《革》卦之后是《鼎》卦"䷱"，该卦记录了周公旦铸作大鼎，用以纪念小妾生产儿子的历史事件。《鼎》卦之后是《震》卦"䷲"，该卦记录了关中(岐山)发生大地震，周王室制定有力措施，应对地震灾害的历史事件。《震》卦之后是《艮》卦"䷳"，该卦是"三监"利用大地震灾害，散布谣言，蛊惑人心。一些诸侯、官员及殷顽蠢蠢欲动，图谋背叛周王室。鉴于此，周公旦决定对这类人员采取严厉打击或严格限制其人身自由的历史事件。《艮》卦之后是《渐》卦"䷴"，该卦记录了大地震之后洪水成灾，周王室组织力量，治水防洪，并针对治水期间普遍发生的社会和家庭问题进行治理的历史事件。《渐》卦之后是《归妹》卦"䷵"，该卦记录了周王室按仪礼约定，希望与武庚相互完成联姻婚约的历史事件。《归妹》卦之后是《丰》卦"䷶"，该卦记录了周公旦扩建丰京，整修宗庙，祭祀先祖，永续国祚的历史事件。《丰》卦之后是《旅》卦"䷷"，该卦记录了周王室分封天下不久，各诸侯在其封地难以施政和有效管理，便效仿"王亥托于有易、河伯仆牛"

之史例,使诸侯先旅居封地,与部落通婚,加快融合,并对可能发生的风险予以防范的历史事件。《旅》卦之后是《巽》卦"☴",该卦记录了周王室平叛出征前夕,大量选拔"武人、史、巫"等人才,并为他们配发武器、薪资的历史事件。《巽》卦之后是《兑》卦"☱",该卦记录了周公旦开展外交攻势,希望说服、劝降"三监"及武庚的历史事件。事实上,周王室更不愿同室操戈,被武庚利用。《兑》卦之后是《涣》卦"☴",该卦记录了周公旦率军平叛,身先士卒,激励将士,抢占军事战略要地,更改、颁布周成王新年号的历史事件。《涣》卦之后是《节》卦"☵",该卦记录了周公旦防止叛乱者互相串通,实施"军事管制"的历史事件。《节》卦之后是《中孚》卦"☴",该卦记录了周公旦与"三监"、武庚叛军进行军事决战的历史事件。《中孚》卦之后是《小过》卦"☶",该卦记录了周公旦打败"三监"和武庚叛军后,没有大范围株连,只对与三监、武庚亲近的少数人员予以追究惩处的历史事件。《小过》卦之后是《既济》卦"☵",该卦记录了周公旦为彻底肃清殷遗势力和征伐东夷诸蛮,挟打败"三监"和武庚之势,率领大军东渡北济、展开为期三年东征的历史事件。《既济》卦之后是《未济》卦"☵",该卦记录了周公旦于"未时"从水流较浅的"狐"地渡越南济,同时,使微子启率其部族于商丘一带招抚殷遗民的历史事件。

第三章　关于筮占

一、大衍筮法及其发展、变化

筮，指大衍筮法起卦，是前文中"即时具体事件"和"卦文字事典"中"抽象事件"的对应过程；占，指解卦，也是前文中"按照事典中卦文字的卦辞和爻辞"对"即时事件"其总体和阶段性的"注解"和规律性把握。筮，从竹从巫。"竹"为竹条，代表草木，"巫"表占卜者，因此，筮是用草木预测，有（普通）草筮、枚（木）筮、竹筮、蓍筮。枚筮，王家台秦简《易占》归妹卦辞说"昔者恒娥窃不死之药以奔月，将往而枚筮之于有黄"。筮具比较高级的是竹条，最高的是蓍草，周代贵族阶层有能力用蓍草。《说文》曰"筮，易卦用蓍也"，反映了他当时所知周代蓍筮文化的流行，其释只反映狭义筮字的一种方面。广义的筮即起卦手段，也包括非草木类型的起卦手段，如数字、方位等，因为数字起卦或方位起卦也属于筮法类型。占，会意字，商代甲骨文有繁简二体：简体的"占"从卜从口，卜象卜兆纵横，口以表卜问。繁体的"占"于占字外加盛放卜具的袋子，表示卜人正在围坛（即外面的大方框）里用"口"去解释"卜（把龟壳在火上炙灼得出的纵横裂纹的象形）"的结果。自战国开始，繁体被淘汰，简体成为主流。发展到秦代小篆阶段，篆文整齐化，《说文》从商代以来的简体整理为从卜从口，隶变楷书后笔势化作"占"。

（一）大衍筮法

流传最早的筮法出自孔子所撰《系辞》：天一地二，天三地四，天五地六，天七地八，天九地十。天数五，地数五，五位相得而各有合。天数二十有五，地数三十，凡天地之数，五十有五，此所以成变化而行鬼神也。大衍之数五十，其用四十有九。分而为二以象两，挂一以象三，揲之以四以象四时，归奇于扐以象闰。五岁再闰，故再扐而后挂。乾之策，二百一十有六，坤之策，百四十有四，凡三百有六十，当期之日。二篇之策，万有一千五百二十，当万物之数也。是故四营而成易，十有八变而成卦。以下用实例说明此筮法。

第一变：第一步，在五十根蓍策中取出一根，剩四十九根，"分而二以象两"：任意分49为左右两部分，我们假定为17与32。第二步，"挂一以象三"：（取左首之一策，置于左手小指无名指之间）17-1，余16。第三步，"（前半）揲之以四以象四时"：（四分左首之策以取其余数）16÷4剩4。第四步，"（前半）归奇于扐以象闰"：（将第三步所余之策置于左手无名指与中指之间）。第五步，"（后半）四揲右首之策"：32÷4剩4。将第二、三、五步所余之策累加，1+4+4=9，从49策减去后余40策。

第二变，"再扐而后挂"：再以前法所余的40策。第一步，"分而为二以象两"：任意分40为两部分，我们假定为：10与30。第二步，"挂一以象三"：10-1余9。第三步，"（前半）揲之以四以象四时"：9÷4余1。第四步，"（前半）归奇于扐以象闰（将余数1置于无名指与中指间）"。第五步，"（后半）再四揲右首之策"：30÷4余2。以上五步已毕为第二变，所得策数为（1+1+2=4）。第二变后所余的策数所得为（40-4）36。

第三变再以前法对所余策36。第一步，"分而为二以象两"：此处假设为：16与20。第二步，"挂一以象三"：16-1=15。第三步，"（前半）揲之以四以象四时"：15÷4余3。第四步，"（前半）归奇于扐以象闰"。第五步，"（后半）再四揲右首之策"：20÷4余4。五步已毕，所得策数为8。以上三变所得的策数为（9+4+8）21。从49策中去掉所得之策，这个数一定为4的倍数49-21=28，将这个4的倍数除以4得到初爻之数 28÷4=7。

如此六次上面的步骤总共为十八变，三变得一爻数，十八变得出六个爻的数,或六或七、或八、或九,即为所得之卦,六、八为偶为阴,七、九为奇为阳。

根据一定的数字规律,下表为三变成爻的计算结果和出现六、七、八、九四种情况的概率。

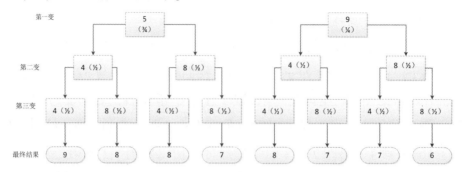

可以看出,每爻第一变所余策数不是五,就是九;每爻第二变所余策数不是四,就是八;每爻第三变所余策数依然是四或八。

下表为每爻三变所余策数的数字组合和概率。

出现结果	6	7	8	9
三变所余策数的数字组合	(9,8,8)	(5,8,8) (9,4,8) (9,8,4)	(5,4,8) (5,8,4) (9,4,4)	(5,4,4)
出现概率	1/16	5/16	7/16	3/16

黄凡教授对《系辞传》中的筮法颇有异议,他引经据典、用例说明,提出了颠覆性看法,呼应自己的观点。他认为,一直流行的《系辞》筮法是经过后代加工了的,并非全是原始筮法。《周易——商周之交史事录》:"大衍之数五十,其用四十有九,旧说筮占时取蓍草四十九茎。"黄凡教授认为,结合蓍草的实际形状,取一根蓍草便足够了。取蓍草筮占,要求无非是蓍草本身有数可算,如果是取其茎干,又何必非取蓍草不可。蓍草上面的叶子,其特殊的裂片便是可供点数的东西。所谓"分而为二以象两,挂一以象三",正符合蓍草分两边及叶上裂片也分两边的形状。裂片分成两边,叶尖还有一片不属于

那一边,叶的裂片,再数蓍草上由本至末顺次的第二叶上的裂片,接着是第三叶、第四叶、第五叶、第六叶。数完六叶后,便得出六个裂片余数的数字,或五,或六,或七,或八,或九,这六个数字便组成一个卦符号。

如要将五、六、七、八、九共六个数字化成《周易》中的卦符号,还必须按奇偶数的不同。凡是奇数,便得出阳爻"—";凡是偶数,便得出阴爻"– –"。这种按奇偶数得出阳爻和阴爻的方法,可能便是《系辞上》所说的"归奇于扐"。像上面数蓍草的过程,只要数了六片叶上的裂片,便可得出六爻,构成一卦符号,"故再扐而后卦"。数蓍叶裂片是四片四片地数,"是故四营而成易"。数裂片时先数一边,再数另一边,最后数余数,每叶数三类数,六叶便有十八数,十有八变而成卦。

《史记·龟策列传》:"上有捣蓍,下有神龟……闻蓍生满百茎者,其下必有神龟守之,其上常有青云覆之。传曰:'天下和平,王道得,而蓍茎长丈,其丛生满百茎。'方今世取蓍者,不能中古法度,不能得满百茎长丈者,取八十茎已上,蓍长八尺,即难得也。人民好用卦者,取满六十茎已上,长满六尺者,既可用矣……能得百茎蓍,并得其下龟以卜者,百言百当,足以决吉凶。"太史公对蓍草的描述和筮占要求,似乎验证了黄凡教授的观点。

(二)金钱占筮法

汉代的京房在总结了蓍草筮占法的基础上,创立了一种全新的金钱占筮法,即用三枚铜钱摇卦的方法。其法简便易行,后又发展、完善为"火珠林占法",又叫六爻。

就起卦方法而言,京房一反烦琐的揲蓍法,而改为铜钱起卦法,应该说这是京房对象数易学的一大贡献。今天我们看到的街头算命先生用三个铜钱摇六次即成一卦的方法就是京房创立的"火珠林占法",也称"金钱筮法"。具体如下:

准备三枚铜钱。铜钱有字的一面为正面,另一面为反面。左手在上(象征天),右手在下(象征地),双手合捧着三枚铜钱,静思一分钟后,虔诚地说出要卜的问题,摇晃几下,抛掷在桌面上。

这时,三枚铜钱的正反面会有四种组合,即:三个正面,三个反面,两正一反,一正两反。正面为3,为奇,为阳;反面为2,为偶,为阴。

三个反面为老阴(2+2+2=6),相当于揲蓍起卦法的"六"。

三个正面为老阳(3+3+3=9),相当于揲蓍起卦法的"九"。

两正一反为少阴(3+3+2=8),相当于揲蓍起卦法的"八"。

一正两反为少阳(3+2+2=7),相当于揲蓍起卦法的"七"。

抛掷六次,每次成为一爻,摇六次而成卦。第一次抛掷铜钱所成的爻为初爻,第二次为二爻,依次为三爻、四爻、五爻、上爻。

(三)梅花易数筮法

邵雍梅花易数常用筮法是周易卦数:乾,一;兑,二;离,三;震,四;巽,五;坎,六;艮,七;坤,八。五行生克金生水,水生木,木生火,火生土,土生金;金克木,木克土,土克水,水克火,火克金。八宫所属五行乾、兑,金;坤、艮,土;震、巽,木;坎,水;离,火。卦气震、巽木旺于春,离火旺于夏,乾、兑金旺于秋,坎水旺于冬,坤、艮土旺于辰戌丑未月。十天干甲乙东方木,丙丁南方火,戊己中央土,庚辛西方金,壬癸北方水。

按年月日时起卦:以农历之年月日总和除以八,以余数为卦数求上卦;以年月日时总和除以八,以余数为卦数求下卦,再以年月日时总和除以六,以余数为动爻。

例:农历壬申年四月十一日巳时起卦:申年9数,巳时6数。上卦为:(年+月+日)÷8,取余数。即:(9+4+11)÷8,此处无余数。下卦为:(年+月+日+时)÷8,取余数。即:(9+4+11+6)÷8,余数为6为坎卦。动爻数为:(年+月+日+时)÷6,取余数。即:(9+4+11+6)除以6,此处无余数。如此,上卦为坤,下卦为坎,动爻为上爻,此卦为《师》卦,动爻为上六。

二、用九、用六探析

无论是用蓍草或铜钱起卦，普遍认可的老阳、老阴是"动爻"，继而形成之卦（变卦）的观点，就孔子《周易》本身而言，并没有明确的说法，只是在春秋及以后筮占有所运用，倒是焦延寿的《焦氏易林》完全按照"变爻"观点作为支撑。

《周易》古经共有六十四卦，每卦系有卦辞和六爻爻辞，唯独在乾、坤两卦之后，多出"用九，见群龙无首，吉"和"用六，利，永贞"两句。由于《周易》经传没有做出"用九、用六"的解释，加之受"变爻"观点的影响，遂使后人对此众说纷纭。

易学诸家观点：春秋左丘明一定看过孔子晚年的大作《易传》，后人说《易传》筮法之不足，《左传》《国语》二十二个筮例正可弥补之。《左传》《国语》筮例是研究《周易》的范例。《左传·昭公二十九年》引蔡墨曰：《周易》有之，在《乾》之《姤》曰："潜龙勿用。"其《同人》曰："见龙在田。"其《大有》曰："飞龙在天。"其《夬》曰："亢龙有悔。"其《坤》曰："见群龙无首，吉。"《坤》之《剥》曰："龙战于野。""其"，为"《乾》之"代称。《左传》明言《乾》之《坤》曰"见群龙无首，吉"。《左传》《国语》筮例言某卦之某卦，之某卦即变为某卦，可见"用九"即乾之坤，即乾卦六个阳爻全变为阴爻。东汉魏伯阳《周易参同契》说：二用无爻位，周流行六虚。"二用"，即"用九""用六"。"周流行六虚"，可知"用"是指全部六爻。西晋杜预注：《乾》六爻皆变。隋刘炫云：爻用九全变则成《坤》卦，故谓用九为《坤》。唐孔颖达曰：《乾》之六爻皆阳，《坤》之六爻皆阴，以二卦其爻既纯，故别总其用而为之辞。故《乾》有用九，《坤》有用六，余卦其爻不纯，无总用也。六爻皆变，乃得总用。《乾》之六爻皆变则成《坤》卦，故谓用九之辞为其《坤》也。宋朱熹《周易本义》：圣人因系之辞，使遇此卦而六爻皆变者，即此占之。盖六阳皆变，刚而能柔，吉之道也。故为"群龙无首"之象，而其占为如是则吉也。《春秋传》曰,乾之坤曰"见群龙无首,吉",盖即纯坤卦辞"牝马之贞""先迷后得""东北丧朋"之意。明林希元《易经存疑》曰:用九本是阳爻之通例,然于乾卦六爻之后发之,便是指乾卦六爻用九。清陈梦雷《周易浅述》曰:九变而七不变。凡筮得阳爻皆用九,而独乾称用九,盖他卦不纯阳,独乾之六爻皆变,则纯阳为阴,所用皆九矣。人为势位所移,为才气所使,是为九所用,非能用九者。因时变化,无适无莫,故独称用九。坤之用六仿此。六爻皆动,有群龙象。阳皆变阴,不以刚为物。先刚而能柔,有群龙无首象。龙未尝无首而首不可见,善藏其用者,吉之道也。六爻皆不言吉,独此言吉,圣人不恃刚也如此。可见自春秋以至于汉、晋、隋、唐、宋、明、清,先儒对"用九""用六"的认识是基本一致的。《周易》"用九""用六"也有另说,近代大儒尚秉和先生对"用九""用六"的传统解读提出了质疑。尚秉和在《周易古筮考·用九用六解》说:《易》于《乾》《坤》二卦之后,独赘曰:"用九,见群龙无首,吉",曰:"用六,利,永贞。"何也?曰:"此圣人教人知筮例也,非占辞也。且专就筮时所遇之一爻言,非论六爻之重卦也。"……墨于《姤》、于《同人》、于《大有》《夬》,皆指一爻言,于《坤》亦指一爻可知。应该说,尚秉和的观点是有道理的,但也有人认为尚秉和的认识是错误的,根源在于,他认为用九、用六是在讲大衍筮法。《周易》古经是经法,从不讲筮法。《易传》大衍筮法的一段文字在帛书《易传》(《系辞》)中都没有。筮法是史官的事,通行本《系辞传》"大衍之数"章是在讲筮法与天文历法的关系,是哲学属性,非筮法属性。《易传》已经不关注筮法了,何况《易经》呢?尚秉和的认识可能源自欧阳修。欧阳修《文忠集·易或问·明用》云,乾卦六爻(之后)"又曰'用九,见群龙无首,吉'者,何谓也?谓以九而名爻也。乾爻七九,九变而七无为,《易》道占其变,故以其所占者名爻。……坤卦六爻之后,又曰'用六,利,永贞'者,何谓也?谓以六而名爻也。坤爻八六,六变而八无为。亦以其占者名爻"。欧阳修《易童子问》:童子问曰:"《乾》曰'用九',《坤》曰'用六',何谓也?"曰:

"释所以不用七八也,《乾》爻七九则变,《坤》爻八六则变,《易》用变以为占,故以名其爻也。阳过乎亢则灾,数至九而必变,故曰'见群龙无首,吉'。物极则反,数穷则变,天道之常也,故曰'天德不可为首也'。阴柔之动,多入于邪,圣人因其变以戒之,故曰'利永贞'。"

现代人通过数学计算,发现《坤》卦六爻皆变出现的概率为一万亿分之十五。同样,《乾》卦六爻皆变出现的概率与前者一样,也是趋近于零。就筮占而言,出现概率趋近于零的筮法,就没有丝毫实践应用价值,也没有讨论的必要。

汕头大学黄凡教授有更独立的看法,他认为《乾》卦的"用九"即采取九天一周期的筮占法,《坤》卦的"用六"即采取六天一周期的筮法。

前人对乾坤两卦中"用九、用六"的观点不一,有以下原因:首先是汉以前,《周易》主导,三易并行,甚至混用。主流当然是针对《周易》说"筮法",也有用"筮法"说《连山易》,更有用"筮法"说《归藏易》,观点纷杂,形成混乱局面。其次是汉以后至明、清,受前期观点的误导,仁者见之谓之仁,智者见之谓之智,各自崇尚是必然。再者就是人们把《周易》经文和筮法予以割裂,认为经文不应有筮法,筮法中更不该有经文,这完全是维护自身观点的强词。笔者认为:"筮"是《周易》的"形","卦、爻辞"是《周易》的"道","占"是《周易》的"器",三者浑然一体,在不同时间、环境、特定事件下,各自发挥相应作用。

所以,《乾》卦后"用九,见群龙无首,吉"和《坤》卦后"用六,利,永贞"的"卦辞"就是筮法,且不为乾、坤两卦独有,而是针对六十四卦,是针对每卦中任何一爻而言。也就是说,六十四卦任何一爻,所筮之数无非是六、七、八、九,凡"六、八"为阴、"七、九"为阳,见"六、九"作占,遇"七、八"不用,爻不动,卦不变。假若要直译此两句筮辞,应如此理解:"见"指"出现","群龙"指"乾卦六阳爻","无首"在问"六爻筮数为七、九,用谁为占"?"用九"指"以筮数为九作占","吉"

指"这样筮占美好"。"用六,利,永贞",解释为:筮数为"六、八",永远以"六"作占,很好。

三、三才筮数法

(一)无论是《大衍筮法》,还是《火珠林占法》,或者是《梅花易数起卦法》,都遵循着一个基本规律,就是阳爻和阴爻出现的结果遵循"随机且均等"的数学原则。随机是指事前不可预言的现象,即在相同条件下重复进行试验,每次结果未必相同,或知道事物过去的状况,但未来的发展却不能完全肯定。如:以同样的方式抛掷硬币,可能出现正面向上,也可能出现反面向上;再如,按大衍筮法,每次筮数可能是6、8,也可能是7、9。概率均等是指虽然不能事先确定出现的现象,但各类现象具有相同的出现概率。如,抛掷硬币,出现正反面的概率各为50%。再如,大衍筮法,每次筮数可能是6、7、8、9中的任何一个数,但出现7、9和6、8,阳、阴爻的概率相等。而现实筮占,都是人们"向天"求证有较大可能性事件是否确定发生;或者是"向天"询问概率较小事件出现的可能。或者人们欲知将要做某件事和人们不得不做某件事所产生的吉、凶、利、害时才去筮占,而非人们与事物尚无基本关联,或者说主观上没有一定倾向、担心而去筮占。王阳明《传习录》说:"卜筮者,不过求决狐疑,神明吾心而已。《易》是问诸天。人有疑,自信不及,故以《易》问天,谓人心尚有所涉,唯天不容伪耳。"既是"天不容伪",所有筮法就不应纠结于"概率均等"。

"三才筮数法"就是规避其他筮法所遵循"概率均等"的数学原则。无论是八经卦、六十四卦和占爻,发生的概率与平均概率相比,偏差均在30%以内,符合人们现实筮占的实情。

(二)"三才筮数法",第一步:认真选定自己所要筮占事件,称为"问辞"。第二步:祷诵问辞(不少于八遍),其间并随机选取三位数(用秒表、计数器从低位向高位选取,见"零"舍弃),低位至高位数字分别代表"天、人、地"。第三步:用确定的三位数除以八,余数为"一、

二、三、四、五、六、七、八"其中之一,按照先天八卦对应卦序数(乾一、兑二、离三、震四、巽五、坎六、艮七、坤八)确定下卦。第四步:重复第二步确定三位数。第五步:重复第三步并确定上卦。第六步:上下两经卦相覆,即得六十四卦中一卦。第七步:祷诵问辞(不少于六遍),并随机选取三位数(用秒表、计数器从低位向高位选取,见"零"舍弃),用确定的三位数除以六,余数为"一、二、三、四、五、六"其中之一,按初爻至上爻对应爻位。第八步:按照先天为体,后天作占原则。依卦辞占事件的整体情况,依爻辞占事件的阶段态势,依后天八卦图,占时间、方位等。

(三)三才筮数法需要随机确定三个三位数,且该三位数在数学意义上应为一个百位数,也就是说"天、人、地"位绝对不能为零。

现按三位数"十位、个位""无零和有零"两种情况予以研究分析。

情况一:用1、2、3、4、5、6、7、8、9随意组成一个三位数且可重复。

情况二:用0、1、2、3、4、5、6、7、8、9随意组成一个三位数且可重复,但0不能在百位上,确保所组成的三位数为一个百位数。

用以上两种不同的情况所得的三位数分别与8、6相除,所得余数的情况,进一步探讨三才筮数法的概率问题。

数学计算:

1.所得三位数与8相除后的余数特征。

(1)情况一:情况一中最小的数为111,最大的数为999,从111到999共有889个数字,其中0在个位的数字有88个,0在十位的数字有72个,故满足情况一的三位数共有729个。

根据与8相除后的余数应为0、1、2、3、4、5、6、7一循环(这里的0对应八卦里面的8),

A.可得111到999共889个数字中,各余数个数出现次数如表格一所示。

表格一

余数	出现次数
8	111
1	111
2	111
3	111
4	111
5	111
6	111
7	112

B.现考虑 0 在个位的 88 个数字的情况(其中包括 0 同时在个位、十位的情况),根据其与 8 相除后的余数为 8、2、4、6 循环,可得表格二。

表格二

余数	出现次数
8	22
2	22
4	22
6	22

C.再考虑 0 在十位的数字(其中不包括 0 同时在个位、十位的情况),视 201 到 209 共 9 个数字为一组数,其中一定存在 8 个数字其相应余数分别为 8、1、2、3、4、5、6、7,现只用考虑剩余的一个数字相应余数为几。但其实我们只要确定其中一个数字的余数即可确定整组数的余数,现列表格三如下:

表格三

数字	与 8 相除所得余数
201	1
301	5
401	1
501	5
601	1
701	5
801	1
901	5

根据表格三发现，每组数中 0 到 7 这 8 个数各出现一次，但其中 1 和 5 两个数会分别出现两次。由此，我们有表格四。

表格四

余数	出现次数
8	8
1	12
2	8
3	8
4	8
5	12
6	8
7	8

D. 满足情况一的三位数应减去 0 在个位的数字和 0 在十位的数字，故情况一最终的结果应如表格五所示(8 即是 0)。

表格五

余数	出现次数
8	81

续表

余数	出现次数
1	99
2	81
3	103
4	81
5	99
6	81
7	104

我们现计算每个余数出现的概率 p，这里用余数 x 表示出现次数，用 n 表示总数(729)。

所得结果如下表所示(p 值保留第三位小数)：

余数	8	1	2	3	4	5	6	7
概率 p	0.111	0.136	0.111	0.141	0.111	0.135	0.111	0.142

(2)情况二：情况二中最小的数为100，最大的数为999，100 到 999 共有 900 个数字，故满足情况二的三位数共有 900 个。根据与 8 相除后的余数应为 0、1、2、3、4、5、6、7 一循环，可直接得到情况二最终结果。

余数	出现次数
8	112
1	112
2	112
3	112
4	113
5	113
6	113
7	113

余数	8	1	2	3	4	5	6	7
概率 p	0.124	0.124	0.124	0.124	0.126	0.126	0.126	0.126

(3)情况一与情况二的比较

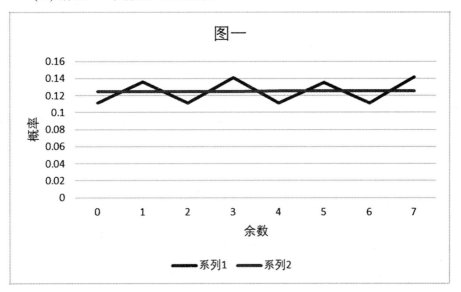

余数	8	1	2	3	4	5	6	7
情况 1	0.111	0.136	0.111	0.141	0.111	0.135	0.111	0.144
情况 2	0.124	0.124	0.124	0.124	0.126	0.126	0.126	0.126

根据以上计算,情况一有波动,八经卦的概率为乾 13.6%、兑 11.1%、离 14.1%、震 11.1%、巽 13.5%、坎 11.1%、艮 14.4%、坤 11.1%。情况二基本无波动,八经卦出现的概率为 12.44%~12.55%。

2.所得三位数与 6 相除后的余数特征

这里用到的计算方法与 8 相除的一致,故有适当省略。

(1)情况一:111 到 999 共 889 个数字中,各余数个数出现次数如表格 A 所示。

表格 A

余数	出现次数
6	148
1	148
2	148
3	149
4	148
5	148

现考虑 0 在个位的 88 个数字的情况(其中包括 0 同时在个位、十位的情况),根据其与 6 相除后的余数为 6、4、2 循环,可得表格 B。

表格 B

余数	出现次数
6	30
2	29
4	29

再考虑 0 在十位的数字(其中不包括 0 同时在个位、十位的情况),视 201 到 209 共 9 个数字为一组数,其中一定存在 6 个数字其相应余数分别为 0、1、2、3、4、5,我们只要确定其中一个数字的余数即可确定整组数的余数,现列表格 C 如下:

表格 C

数字	与 6 相除所得余数
201	3
301	1
401	5
501	3
601	1

续表

数字	与6相除所得余数
701	5
801	3
901	1

根据表格C发现,每组数中6到5这6个数各出现一次,但其中(3、4、5)和(1、2、3)及(5、0、1)三组数会分别出现两次,由此,我们有表格D。

表格 D

余数	出现次数
6	10
1	13
2	11
3	14
4	11
5	13

满足情况一的三位数应减去0在个位的数字和0在十位的数字,故情况一最终的结果应如表格E所示(6即是0)。

表格 E

余数	出现次数
6	108
1	135
2	108
3	135
4	108
5	135

我们现计算每个余数出现的概率p,这里用余数x表示出现次

数,用 n 表示总数(729)。

所得结果如下表所示(p 值保留第三位小数):

余数	6	1	2	3	4	5
概率 p	0.148	0.185	0.148	0.185	0.148	0.185

(2)情况二

余数	出现次数
6	150
1	150
2	150
3	150
4	150
5	150

余数	6	1	2	3	4	5
概率 p	0.167	0.167	0.167	0.167	0.167	0.167

(3)比较

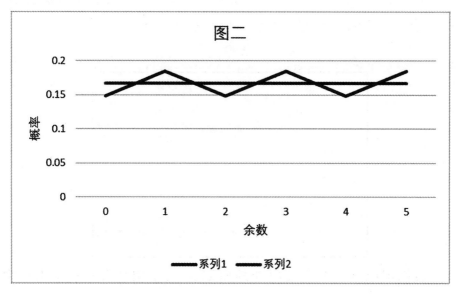

余数	6	1	2	3	4	5
情况一	0.148	0.185	0.148	0.185	0.148	0.185
情况二	0.167	0.167	0.167	0.167	0.167	0.167

由图二及表格所示,情况一波动较大,出现2、4、上位的均为14.8%,出现初、3、5位的均为18.5%。情况二没有波动,出现初~上的概率均为16.7%。

(4)对六十四卦的概率讨论

先天八卦图及各卦对应数位

先天八卦卦序(取数):

乾	兑	离	震	巽	坎	艮	坤
1	2	3	4	5	6	7	8

后天八卦卦序(取向取时):

震1	巽2	离3	坤4	兑5	乾6	坎7	艮8
正东春分	东南立夏	正南夏至	西南立秋	正西秋分	西北立冬	正北冬至	东北立春

概率:通过八经卦出现的概率计算出六十四卦出现的概率(%),(情况一)如下表:

概率	乾(1)	兑(2)	离(3)	震(4)	巽(5)	坎(6)	艮(7)	坤(0)
乾1	1.850	1.510	1.918	1.510	1.836	1.510	1.931	1.510
兑2	1.510	1.232	1.565	1.232	1.499	1.232	1.576	1.232
离3	1.918	1.565	1.988	1.565	1.904	1.565	2.002	1.565
震4	1.510	1.232	1.565	1.232	1.499	1.232	1.576	1.232
巽5	1.836	1.499	1.904	1.499	1.823	1.499	1.917	1.499
坎6	1.510	1.232	1.565	1.232	1.499	1.232	1.576	1.232
艮7	1.931	1.576	2.002	1.576	1.917	1.576	2.016	1.576
坤8	1.510	1.232	1.565	1.232	1.499	1.232	1.576	1.232

注：横行所示为上卦，竖行所示为下卦

再加入爻的考虑，根据上面的概率计算可得，一三五爻概率较大，二四六爻概率较小。可看出上艮下艮的一三五爻是概率最大的。

再另外考虑"8、2、4、6"两两相覆和"1、3、5、7"两两相覆的概率及差异。如下图所示：

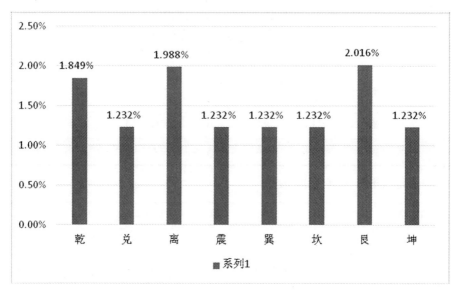

关于情况二，由上面的数学计算即可发现，它们的概率是均等的，故在此不做讨论。

(5) 通过以上计算和分析，按"卜筮者，不过求决狐疑，神明吾心而已。《易》是问诸天,人有疑,自信不及,故以《易》问天。谓人心尚有所涉,唯天不容伪耳"的思想,用1、2、3、4、5、6、7、8、9随意组成一个三位数且可重复,再除以8和6,来确定卦位和爻位的筮法。其中最小的坤卦概率为1.232%,最大的艮卦概率为2.016%。关于爻位,出现2、4、上位的均为14.8%,出现初、3、5位的均为18.5%。以上概率的偏差,均不超过或小于均值30%。其对筮占结果不仅没有影响,且更能体现"天意"。

现实例说明三才筮数法:张xx大学毕业,到多家企业应聘,均不能确定工作,筮占求决狐疑。

第一步:认真选定所要筮占事项,"问辞"是祈问《周易》之神,张xx的工作能找到吗?

第二步:祷诵问辞(不少于八遍),其间并随机选取三位数。启动秒表或计数器随机计数得(01:41:20),从低到高选取(见"零"舍弃)三位数"412",低位至高位数字分别代表"天2、人1、地4"。

第三步:用确定的三位数除以8,412/8=4,按照先天八卦对应 震"☳",为下卦,对应后天八卦"震1"位。

第四步:祷诵问辞(不少于八遍),在(01:41:20)的基础上继续启动秒表或计数器随机计数得(04:29:36),从低到高选取三位数"936"。

第五步:用确定的三位数除以8,936/8=8,按照先天八卦对应坤"☷"卦,为上卦,"8"对应后天八卦"艮8"位。

第六步:上下两经卦相覆,上震下坤即得《复卦》"䷗"。

第七步:祷诵问辞(不少于六遍),其间并随机选取三位数。启动秒表在(04:29:36)的基础上随机计数得(06:26:77),从低到高选取三位数"677",除以6,余数为"5",对应"六五"位爻。

第八步:作后天八卦图。按照"先天为体,后天作占,卦辞是筮占事项的整体状况,爻辞是筮占事项的阶段态势"。

按先天作卦,上坤下震得《复卦》,卦辞:《复》卦卦辞:复?亨。出入,无疾,朋来？无咎。反复,其道七日,来复？利,有攸往。

解卦:总体上会得到企业的青睐,待遇不低,工作单位选择上会有反复,七天左右时间。

得六五爻辞:敦复？无悔。

解卦:没有悔恨,但工作应聘要诚心诚意,不要好高骛远。

下图为后天八卦与方向、天干、地支对应图。

《复》下卦为震,天干为甲、乙,地支为卯。上卦为坤,天干为己、地支为未、申,依天干地支找对应方位、时间。

下篇

《周易》六十四卦

第一章　上经（三十）

第一《乾》卦 ䷀

䷀卦文字抽象事义：炙热。六爻皆阳，为持续晴天；上卦、下卦皆为乾、为天、为大赤，赤火千里。

《乾》卦是周王室"君子乾乾、以正天命，祈雨于龙、民悦心归"，以此谋划东出迁国战略的筮占记录。

献供神龙、祷告先祖，是中国古代国家举行盛大礼仪规格的祈雨活动，也称雩祭。"雩，祈雨之祭也。"《周礼·司巫》："司巫掌群巫之政令。若国大旱，则帅巫而舞雩。"古人有"曝、烄、舞和造土龙"的祈雨方式，"曝、烄"即是曝晒人、焚人的求雨方式。

《管子·轻重》篇说："汤七年旱，民有无粮卖子者。"《汉书·食货志》载："尧、禹有九年之水，汤有七年之旱。"甲骨文及《竹书纪年》等均有这场大旱灾的记载。汤亲自到各地巡访民情，途经濩泽（今山西省晋城市阳城县）一带，在此祷雨。《左传·僖公二十一年》载："夏，大旱，公欲焚巫尪。"郑彦注曰："旱者而向天，天哀而雨之。"意思是说天大旱，鲁僖公将巫人仰面朝天置于木上焚烧以求雨，这就是所谓的"烄"。在古人的心目中，巫是上天的使者，沟通天地是他们的职责，用火焚巫是令其升天亲自向上天禀告人间的旱情，乞天降雨。"曝人"即是将人在烈日下暴晒。更为甚者，古人祈雨、宁雨，亦有将人牲投入深渊，作为敬献，以此感动神龙。

《山海经·大荒东经》："大荒东北隅中，有山名曰凶犁土丘。应龙处南极，杀蚩尤与夸父，不得复上，故下数旱。旱而为应龙之状，乃得大雨。"以上记载是说，在大荒东北隅中，应龙杀蚩尤与夸父，使其不得复上，故下数旱。故下界大旱时，人们模仿为应龙之状，乃得大雨。由此而形成的"万舞",是殷商时期流行的一种乐舞形式。甲骨卜辞中记载的"万舞"主要用于祈雨祭祀活动。参加者手执干戚,列队举龙起舞,达到与神龙交流和请神龙、娱神龙的效果,祈求祖先降雨祛灾。这一求雨活动的隆重反映了商代人们对农事活动的重视。

造土龙祈雨在商代时就已出现,"汤遭旱,作土龙以象龙,云从龙,故致雨也"。汉代王充在《论衡·乱龙》篇中曾说:"董仲舒申《春秋》之雩,设土龙以招雨,其意以云龙相致。《易》曰:'云从龙,风从虎。'以类求之,故设土龙。阴阳从类,云雨自至。"商卜辞中有"又(有)[雨]。其乍龙于田"。乍龙,即作龙、造龙。到了汉代,造土龙祈雨的方式十分盛行,而且方法颇多。

大量文献记载了祈龙求雨,《晋书·僧涉传》:"僧涉者,西域人,不知何姓。少为沙门,苻坚时入长安……能以秘祝下神龙,每旱,坚常使之咒龙请雨。俄而龙下中天辄大雨。"唐李德裕《次柳氏旧闻》:"玄宗曾辛东郡,天大旱烈暑,时圣善寺有天竺僧无畏,号三藏,善召龙致雨之述,上遣力士,疾召无畏……"其中以董仲舒在《春秋繁露》中的叙述最为典型,以仿造龙形来模拟龙的出现而祈雨,是一种模拟巫术的形式。造土龙祈雨的方法一直延续到宋代。《文献通考·郊社十》说:"李邕求雨法,以甲乙日择东方作坛,取土造青龙。长吏斋三日,诣龙所,汲流水,设香案……渎雨足,送龙水中。"

本经:乾,元亨?利。贞:

[译文]筮:大旱,祭祀、祷告列祖列宗(以祈雨)吗?占:顺利。

注释:《乾》卦纯阳刚健,天之生万物,如君之主万民,如父之为家长。子曰:立天之道曰阴与阳,立人之道曰仁与义,立地之道曰柔与刚,兼三才而两之,故"易"六画而成。初九、九二在地,故有"潜龙""见龙在田"之象,九三、九四为"人"位,故有"君子""或"之象,九五、上九是"天"位,故有"在天""亢龙"之象。九二、九五爻辞中的"见大人",指"天、地之贵,亦以人为本"。《乾》卦依次记录了"潜龙""作龙于田""君子乾乾""或跃在渊""飞龙在天""亢龙"的祈雨方式及结果,体现了周人对"龙"的虔诚,诠释了事物从开始→显现→通畅→运动→成功→衰败的全过程。

本经"乾,元亨"为叙、问辞,"贞"指"问","利"为断辞。

字词解释:

1.乾,籀文🐚=🐚("朝"🐚的省略,表示日出)+🔥(火,炎热)+🌫(气,蒸汽),表示烈日里水汽蒸发。有的籀文🐚误将"气"🌫写成"乞"🐚。篆文🐚将籀文的🐚写成🐚。造字本义:烈日如火,水汽蒸发。引申字义:大旱、暴晒。

2.元,甲骨文🐚在人🐚的上端加一横指事符号━━,代表人体之顶,头部。有的甲骨文🐚将一横指事符号━━改成两横二(二,即上),表示人体上端的器官,金文🐚、篆文🐚承续甲骨文字形。在古籍中,"元"和"原"都有时空上起始、最初的意思:"元"侧重于抽象、整体的起始;"原"侧重于个体、具象的起始。造字本义:头、头部、首领。引申字义:开始、最先。本处字义:列祖列宗。

3.亨,甲骨文🐚像祭祖的庙宇。金文🐚、🐚,篆文🐚基本承续甲骨文字形。有的篆文🐚=🐚(庙宇)+🐚(倒写的"向"🐚,表示阴间),强调供奉给阴间祖先受用。隶书🐚将篆文的🐚简化成🐚,将篆文的🐚简化成"了"🐚。造字本义:在祖庙摆放祭品供祖先神灵受用。引申字义:举行祭祀。

4.利,甲骨文🐚=🐚(禾,庄稼)+🐚(刀),像是用刀收割庄稼🐚,镰刀🐚与庄稼🐚之间的两点🐚,表示振落的庄稼籽实。造字本义:用快刀收割庄稼。引申字义:有利、有收获、顺利。"利",其字义更多是抽象的、带有"肯定"性质。

5.贞,本字"贞"。甲骨文🐚=🐚(卜,神杖)+🐚(鼎,祭祀的神器),表示用神鼎占卜。造字本义:在神鼎上祭拜占卜,察看神迹。

关于《周易》中"贞"的定义和解读,从古至今五花八门,不胜其数。清代段玉裁《说文解字注》:贞,问也。国有大疑,问于蓍龟。又有云:贞之为问,问于正者,必先正之,乃从问焉。"筮……贞"是指

"以蓍草筮法来问","卜……贞"是指"以灼烤龟甲来问"。"筮"和"卜"是起卦的方法,"贞"是"问",紧随其后的字、辞即是问辞。如"贞吉",是问:"美好吗?"《师》卦"贞丈人",是《师》卦问:"让丈人统帅军队吗?"筮辞"……贞"就是"贞……"的倒装句。

初九:潜龙？勿用。

[译文]筮:作龙送潜于水下(以祈雨)吗？占:不能。

注释:初九爻辞"潜龙"为问辞,"勿用"为断辞。

字词解释:

6.潜,(潛)古鉌(同"玺")字形 = (水)+(欠,吸气)+(曰,吐气),表示吸气后在水下慢慢吐气。篆文增加一个"欠"(吸气),并将金文字形中的"欠"写成"先",用两个"欠"强调"吸足气"。隶化后楷书潛将篆文字形中的写成,将篆文字形中的写成。俗体楷书潜依据类推简化,将正体楷书字形中的简写成。造字本义:吸足气没入水下,靠憋气和缓缓吐气维持呼吸平衡。引申字义:送潜、藏身水下。

7.龙,《说文解字》:鳞甲动物之王。能变暗,能变亮,能变细,能变大,能变短,能变长(颇似龙卷风和巨蟒的混合体)。"龙"亦被尊为水神,掌管江海云雨,能升天而飞,可于大地爬行,亦会潜行深渊。在后天八卦中,"坎"为"水",在北方,龙亦被尊为"北方之神",大旱时,人们就祈龙求雨。

"龙、龍"的成字过程及其地位:甲骨文 = (辛,施刑,惩罚罪人)+("虹"的竖写),表示像矗立的虹一样的神秘巨兽,它代表神的权威行刑杀伐,张着大口在天地间怒吼横行,吞噬一切有罪之人。这个恐怖的神兽,俗称"龙卷风",现代科学称之为"热带气旋",可在瞬间将人间变地狱。简体甲骨文将矗立的虹简化成。"龙卷风"毕竟极少发生,古人认为"龙卷风"化身为巨蟒,潜行于山、水、林、原。后来便有了"龙、龍"的甲骨文像身披鳞甲、张开大口的吃人(辛,杀人)巨兽。有的甲骨文像深藏洞穴、张开大口的吃人

(辛,杀人)巨蟒。金文将甲骨文字形中的大口写成大口利齿的形状。有的金文误将大口利齿的写成"月";并用"巳"(幼婴)代替扭曲的身躯形状,表示用幼婴献祭洞穴中吃人的神秘大蟒蛇。有的金文加"兄"(即"祝"的本字,祭祀祈祷),强调以活婴献祭,祷告避灾。有的金文用"女"代替"巳",表示用女童作牺牲品献祭。有的金文在"巳"(幼婴)上加"二"(多数),表示同时用多个幼童作牺牲品为天灾或大蛇献祭。篆文用"三巳"代替金文字形中的"二巳",误将金文字形中的"巳"写成了"匕"。造字本义:名词,远古先民用幼童作牺牲品献祭热带气旋灾难或吃人的大蟒蛇。隶化后楷书龍将篆文字形中的写成,将篆文字形中的"三匕"写成明确的"三巳"。简体楷书龙省去正体楷书字形的左边,并依据草书字形的右边部分,将楷书字形右边的(三巳)简化成龙——也就是说,正体楷书"龍"是"辛、口、虫、三、巳"的会意结构;而简体楷书"龙"是"三巳"的会意结构。当"龍"的本义消失后,金文再加"共"另造"龔"代替。

8.勿,甲骨文在刀刃上加两点代表毒液的指事符号,表示用毒液浸泡的利刃进行谋杀。有的甲骨文误将两点写成一撇。有的甲骨文以"弓"代替"刀",表示用毒液浸泡过的箭矢进行谋杀。造字本义:用带毒的利刃或带毒的箭矢进行谋杀。引申字义:不。

9.用,甲骨文像木块箍扎成的木桶,中间的一竖表示桶壁上的提手。造字本义:木块箍扎成的木桶。引申字义:作为、使用、能。

10.勿用,不能。

九二:见龙在田,利。见大人?

[译文]筮:作龙于田野,成年人要前来祷拜(以祈雨)吗?占:祈雨顺利。

注释:九二爻辞"见龙在田,见大人"为叙、问辞,"利"为断辞。

这是仅次于商甲骨文卜辞中"又[雨]乍龙于田"之后的作龙祈

雨记载。

"龙"既是中古时代的祥瑞之兆,又是"作龙祈雨"的工具性存在。西汉董仲舒按商、周风俗,著《春秋繁露·求雨》,详细描写了各个季节的求雨仪式及其中"龙"的颜色和方位,这里的"龙"是一种道具。春季的作龙祈雨仪式"以甲乙日为大苍龙一,长八丈,居中央,为小龙七,各长四丈,于东方,皆东乡(向)";夏季作龙祈雨的仪式"以丙刃日为大赤龙一,长七丈,居中央,又为小龙六,各长三丈五尺,于南方,皆南乡(向)";秋季作龙祈雨的仪式"以庚辛日为大白龙一,长九丈,居中央,为小龙八,各长四丈五尺,于西方。皆西乡(向)";冬季作龙祈雨的仪式"以壬癸日为大黑龙一,长六丈,居中央,又为小龙五,各长三丈,于北方,皆北乡(向)"。

在这种作龙祈雨的仪式中,各个季节求雨的日期、龙的大小规制、颜色、摆放的距离和方向都是确定的。春季土龙的方向朝向东方,夏季朝向南方,秋季朝向西方,冬季朝向北方。这种龙头的朝向,正是每个季节的风向。春季祈雨用苍色,夏季用赤红色,季夏用黄色,秋季用白色,冬季用玄黑色。

字词解释:

11.见,甲骨文 ❼ = ◐(目)+ ㇏(人),表示人眼的动作。造字本义:睁着眼睛看。金文、篆文基本承续甲骨文字形。向前看为"见",回头看为"艮"。本处字义:出现、出来、前来。

12.田,甲骨文田在一大片垄亩囗上画出三横三纵的九个方格,表示阡(竖线代表纵向田埂)陌(横线代表横向田埂)纵横的无数井田。有的甲骨文畾像畸形的地亩。有的甲骨文田将甲骨文字形田中阡陌(无数的纵横田埂)苗简化为一纵一横十。造字本义:阡陌纵横的农耕之地。引申字义:田野。

13.大,甲骨文�像张开双臂双腿、顶天立地的成年人。造字本义:顶天立地的成年人。

14.人,甲骨文是象形字,字形像是垂臂直立的动物形象。金文基本承续甲骨文字形。篆文突出了弯腰垂臂、脸朝黄土背朝天的劳作形象,像是双手采摘或在地里忙活。隶书变形较大,弯腰垂臂的形象完全消失。造字本义:名词,躬身垂臂的劳作者,地球上唯一会创造文明符号、自觉进化的动物。

相关字义:"私"即"厶",是头部朝下、尚未出生的神秘胎儿;"了"是刚出生的、性别确然可辨的幼婴;"子"是挥动两臂、两腿包裹在褟褓中、尚不能独立活动的幼儿;"大"是顶天立地的成年人;"人"是双手采摘或在地里忙活的劳动者。

15.大人,泛指"成年人",通常隐指"成年男性"。

九三:君子终日乾乾,夕惕若?厉;无咎。

[译文]筮:君王和宗族长整个白天一直暴晒在烈日之下,到了晚上,也要小心谨慎吗?占:有担心;没有过失。

注释:九三爻辞"君子终日乾乾,夕惕若"为叙、问辞,"厉;无咎"为两次筮占断辞。

"君子终日乾乾"?因为那时的原始国家是以宗族部落的形式存在,具有宗教组织的性质。宗教是人类社会发展到一定历史阶段出现的一种文化现象,属于社会特殊意识形态。旧时由于人对自然的未知探索,以及表达人渴望不灭解脱的追求,进而相信现实世界之外存在着超自然的神秘力量或实体,使人对该神秘力量或实体产生敬畏及崇拜,从而引申出信仰认知及仪式活动体系,与民间神话一样,其也有自己的神话传说,彼此相互串联,其是一种心灵寄托。那时,原始国家政治上是二元制,君王和宗族长共同管理。君王相当于国主,主政事;宗族长相当于宗主,主血缘宗庙。国主与宗主的地位等同,分工各有侧重,二者可能是一人,也可能是两人。他们宣称具有与天地神灵沟通的超能力和感知先祖旨意的灵性,遇到天灾人祸时,就会挺身而出,以身垂范,这也是他们具有号召能力的核心因素。

字词解释:

16.君,甲骨文=(手执权杖)+(口,命令),表示握权执政,管理事务。金文将甲骨文字形中的手和权杖连写成。篆文承续金文字形。古人称开创缔枝为巢时代的首领为"帝";称手持特大战斧的首领为"王";称文治天下的智慧首领为"君";称头戴金冠的至上王者为"皇"。造字本义:发号施令,执政治国。

17.子,甲骨文像一幅幼儿的线描,画出了幼儿的脑袋、头发、两脚。有的甲骨文简化字形,像幼儿两脚被裹在襁褓里,露出脑袋,挥动两臂。造字本义:名词,包裹在襁褓中挥动两臂、尚不能独立的幼儿。商周时"子"是宗族长,"小子"是宗族内小宗之长。

18.君子,君王及宗族长。

19.终,"冬"是"终"的本字。冬,甲骨文像绳子两端的绳结,表示结绳记事,从始至终。当"冬"的"终结"本义消失后,篆文再加"纟"(结绳)另造"终"代替。造字本义:一个结绳记事主题的完成。引申字义:全部、整个。

20.日,甲骨文在天体形状的圆圈内加一点指事符号,表示发光特性的天体。由于甲骨文刻画得不流畅,有的甲骨文将天体形状的圆圈刻成五边形;有的甲骨文将圆圈刻成菱形。造字本义:在太空运行、发光的天体,专指"太阳"。引申字义:白天。

21.终日,整个白天。

22.乾乾,一直暴晒。

23.惕,金文=(易,浇注金属熔液)+(心,谨慎),造字本义:小心将金属熔液注入模子。引申字义:小心谨慎。

24.厉,繁体字"厲"。金文=(厂,石崖)+(萬,两螯多足的毒蝎),表示石间毒蝎。造字本义:两螯多足的蜘蛛类节肢动物,一种大量分布在山涧石崖的巨毒蝎子。合并字"砺",指"有威力"。砺=石(用石头磨)+厉(有威力),造字本义:把刀具放在石头上磨利。引申字义:恐惧、害怕。

25.无,"無",篆文在(兀,秃头)上加一横,表示,强调"兀"的程度。造字本义:头顶全秃,没有头发。引申字义:没有。"无"的合并字"無",与"舞"同源,甲骨文像一个人两手挥动花枝。有的甲骨文在手挥花枝的人的头上加"口"(歌唱),像祭祀者双手挥着花枝吟唱祝祷。金文将花枝与手分离,并在两束花枝上各加一个"口"。在金文字形基础上,篆文"舞"加双足"舛"写成,强调双足踢踏跳跃;篆文"無"加"亡"写成,加"亡"强调歌舞仪式的目的是祭奠"阵亡"战士。舞,造字本义:动词,祭奠阵亡战士。

隶书无变形较大,省去篆文字形中的"亡",并隐去篆文字形中的"人"形、"口"形、花枝形,并将花枝下端写成"四点底",以致面目全非,本义线索尽失。

26.咎,甲骨文=(倒写的"止",即"各",表示来犯、侵略)+(人),造字本义:入侵者。引申字义:过失、过错、罪过。

27.无咎,没有过失、没有过错。

九四:或跃在渊?无咎。

[译文]筮:有人(牲)跳入深渊(供献神龙以祈雨)吗?占:没有过错。

注释:九四爻辞"或跃在渊"为问辞,"无咎"为断辞。

古时,人们供献深渊里住的神灵,用以祈雨。上海交通大学孙梦迪教授对"渊潭神话、龙王信仰"有深入的研究。古人认为深渊里住着包括颛顼、帝俊等上古大神,关于此,孙梦迪教授在《山海经》里整理出竟有多达十七处叙述。

清乾隆皇帝曾作诗"躬诣黑龙潭祈雨":

五日麦期迫,十日禾期临。连膡虽遍绿,益用愁予心。
乃知春泽佳,犹资夏泽深。不雨已弥月,勃长羁秧针。
迩日云屡作,每为风威侵。细点何嗟及,问夜忧披衾。
凌晨诣灵潭,聊当祷桑林。孜孜藉凤佑,惕惕申今忱。
回辔瞻杲杲,首疾以呻吟。

更为甚者,古时,还有定期以人牲供献,以保风调雨顺。西汉史学家褚少孙《西门豹治邺》记载:"苦为河伯娶妇。"

当其时,巫行视小家女好者,云是当为河伯妇。即娉取,洗沐之,为治新缯绮縠衣,闲居斋戒;为治斋宫河上,张缇绛帷,女居其中,为具牛酒饭食,行十余日。共粉饰之,如嫁女床席,令女居其上,浮之河中。始浮,行数十里乃没。

字词解释:

28.或,是"域""國"的本字。囗,既是声旁也是形旁,是"郭"的省略,表示城郭。或,甲骨文=(戈,武器)+(囗,城郭),表示武力守城。金文将甲骨文的"囗"(城郭)写成,表示四边有护墙的城邑。有的金文将四边护墙省略为一边。篆文承续金文字形。当"或"的"军队守卫的疆域"本义消失后,再加"土"另造"域"代替。当"域"的本义消失后,又加"囗"另造"國"代替。古人称军队守城为"或"。造字本义:军队守卫的一方疆域。引申字义:有人、有些人。

《书·无逸》:"自时厥后,亦罔或克寿,或十年,或七八年,或五六年,或四三年"。《论语·为政》:"或谓孔子曰:'子奚不为政?'"。《史记·秦本纪》:"景公母弟后子针有宠,景公母弟富,或谮之,恐诛,乃奔晋,车重千乘。"

29.跃,本字"躍",篆文躍=(足)+(翟,鸟展羽翅)。造字本义:比喻小鸟拍着翅膀,半飞半跳。隶化后楷书躍将篆文字形中的写成足,将篆文字形中的写成翟。《汉字简化方案》中的楷书跃用字形简单、读音相近的"夭"(妖)代替正体楷书字形中的"翟",表示跳舞献媚。引申字义:投入、跳下。

30.在,甲骨文假借"才"。金文=(才,柱梁、房屋)+(土,田地),表示赖以生存的居所和田地。造字本义:有屋有地,定居生活。引申字义:到达、进入。

31.渊,甲骨文像四岸之内有川流的积水("川"),表示川流冲积的深潭。金文再加(水),并画出川流和潭岸,同时在潭中加施刑的指事符号(是"方"的省略,参见"沈""方"),表示古人在河川最深的地方施行"沉潭"死刑。造字本义:古代执行淹毙死刑的深潭。引申字义:深泽。

九五:飞龙在天,利。见大人?

[译文]筮:作龙舞飞在天空,成年人要前来祷拜(以祈雨)吗?占:祈雨顺利。

注释:九五爻辞"飞龙在天,见大人"为叙、问辞,"利"为断辞。

我国民俗盛行"舞龙"活动,就是从求雨仪式中变化而来的。"舞"是一种在商代广为流行的求雨形式。陈梦家先生在《殷墟卜辞综述》中说,"舞"原为"無"字,而巫觋之"巫",也是"無"字之演变。"巫"舞蹈号以降神求雨,故名其舞者为"巫",名其动作为"舞",名其求雨之祭的行为是"雩"。"雩"从周代起就成为求雨的又一主要形式。《礼记·月令》载:"仲夏,命有司为民祈祀山川百源,大雩帝,用盛乐,乃命百县雩祀百辟卿士有益于人者,以祈谷实。""雩"则一直是官方的主要求雨仪式,带有明显的宫廷气息。尽管"雩"的形式在历代有所不同,但从周到清,绵延3000多年,一直是古代礼制的重要组成部分。在历代正史的《礼制》中,均有"雩"礼的各式各样的详细记录。

现在,全世界华人都把"龙"作为吉祥之物,在节庆、贺喜、祝福、驱邪、祭神、庙会等期间,有舞"龙"的习俗,都源于舞龙祈雨的祭祀活动。

上九:亢龙?有悔。

[译文]筮:极致地供献神龙而不间断吗?占:也有悔恨。

注释:上九爻辞"亢龙"为问辞,"有悔"为断辞。

字词解释:

32.亢,"亢"是"抗"的本字。亢,甲骨文 在人 的腿部位置加一横指事符号▬,表示双腿活动受限制。古代奴隶主或战胜者为防止桀骜不驯、反抗强烈的奴隶或俘虏逃跑,以暴力方式束缚他们的双腿。造字本义:双腿受缚的奴隶或战俘,挣扎反抗,力图逃脱。亢,也指颈的前部,引申指咽喉,由咽喉引申为要害。脖颈在人体中所处的位置较高,故又引申为高,由高引申为抽象意义,表示高傲。还虚化作副词,表示极、很等意思。

33.有,"又"是"有"的本字。又,甲骨文像手张开,有所抓持。当"又"的"持有"本义消失后,金文加"肉"另造"有"代替,突出"手持肉食"的本义。远古时代肉食是生存资料中极为重要的部分,古人因此以"持肉"借代为"持有"。造字本义:手持肉食。本文字义:产生、形成。

34.悔,甲骨文、金文假借"每"。篆文=(心,懊恨)+(每,晦,灰暗),造字本义:懊恨过错,内心灰暗。引申字义:晦气、悔恨。

用九,见群龙无首,吉。

[译文]六爻筮数出现七和九,皆阳,以九作占,美好。

字词解释:

35.九,阳的最大变数,为老阳。字节像事物曲折变化直至穷尽的样子,所有与九相关的字,都采用"九"作偏旁。九,甲骨文是象形字,字形由"厷"(即"肱",大臂)与"又"(抓、掏)混合组成,表示伸出手掏摸、探究,力求确定内部情况。造字本义:动词,伸手往洞里掏摸、试探,以求确定情况。金文承续甲骨文字形。篆文淡化了金文字形中的手形"又"。隶书承续篆文字形。当"九"的"掏摸、力求确定情况"的本义消失后,篆文再加"穴"(未知空间)另造"究"代替。

36.首,甲骨文像动物有发、有眼、有嘴的动物头部。金文突出头部的毛发,将甲骨文字形中的动物头部形状简化成"目"。有的金文突出人类的眉毛特征。篆文将金文字形中的眉毛形象写成。造字本义:名词,人的头部。

37.无首,意指六爻筮数为"七、九,用谁为占"。

38.吉,一说:"吉"甲骨文=(上为箭、矢,下为盒)箭矢放进盒子。二说:有的"吉"甲骨文将斧状的写成"王"(大型战斧),明确"吉"与"王"的关系。有的甲骨文将斧形的写成。有的甲骨文将斧形写成"午",同时将"口"写成"曰",强调"言说"的含义。造字本义:帝王祭祀时对天地神灵的颂赞。引申字义:美好、平安、祥瑞。"吉",其字义更多是抽象的,具有"褒扬"性质。

第二《坤》卦

卦文字抽象事义:繁衍。六爻皆阴,上卦、下卦皆为坤,为地、为腹、为顺,大地滋生万物。

《坤》卦是周王室繁殖和驯养战马的筮占记录。

商王武乙时期,周侯季历开始武力开拓领土,首先花了三年时间征服鬼(戎)方。之后,继续进攻山西地区的戎狄,在攻打燕京戎时受挫,然而接着攻克了余无戎。打败余无戎后,季历被商王文丁任命为牧师(一种相当于方伯的职位)。由于季历将周国的领土大大向东北、西北扩展,受到了文丁的猜忌,终于被文丁所杀。季历死后,其长子继位,是为周文王,他曾被商王册命为西伯。文王先后征服了犬戎、密(密须),之后又灭掉了山西地区的黎,并攻克邗。中间还攻占了崇侯虎所在的崇(今陕西省西安市鄠邑区、长安区一带)。频繁的战争需要大量战马,而那时繁殖和驯养战马的技术还不成熟,周文王决定在今关山牧场一带繁殖和驯养战马。关山牧场从殷商时期直至秦汉,是天然的畜牧场。考古发现,西周初年,秦人先祖非子就在汧渭之会的关山牧场为周王室饲牧养马,"马大蕃息",功绩卓著。当然,周代的马政比商代更为完善和先进,他们把马的用途细化分为六种:专门用作配种的马,参与战斗的马,仪仗用的马,参与运输的马,耕种用的马,以及筛选后不合格的马。马在周代已经被人们用在了各个领域,马种和马的优良选育逐渐制度化,科学化。而在这个时期,华夏文化的主要传承者——周王室开始了历史上最大规模的向外扩张,他们获取土地与征服的人口是殷商的几倍。

由于马匹是十分珍贵的战争装备,君王要亲自负责并掌握繁殖、驯养马匹的技术。《坤》卦卦辞、爻辞，描绘出一幅完整的周人在关山牧场繁殖、驯养马匹和血祭北方之神的情景图。

本经：坤，元亨，利。牝马之？贞：君子有攸往，先迷、后得主？利。西南得朋，东北丧朋，安贞：吉？

[译文] 筮：祭祀、祷告列祖列宗，繁殖、驯养马匹如何？占：顺利。筮官安再筮：君王和宗族长要安心地前往，开始不清楚，后来会有方法吗？占：应该。再筮：在西南方向将收获钱财，在东北方向会损失钱财，是这样吗？

注释：凡卦出，必有所占之事端、所问之吉凶，只是时间久了，加之卦辞、爻辞隐晦，让后人感到无厘头。究其原因，其实只是人们不能洞察当初所占之事由而已。《坤》卦本经里"牝马之"、初六爻辞中"履，霜，坚，冰，至"、六二爻辞中"直，方，大，不习"、六三爻辞中"含，章，可""或从王事"、六四爻辞中"括囊"、六五爻辞中"黄裳"、上六爻辞中"其血玄黄"的卦辞、爻辞连贯起来探究，其均与"马"有关。涉及"马"字，虽然仅出现了"牝马"一次，这正是《周易》的绝妙之处，这也与那个时代"惜字如金"的条件有关。初六爻辞是讲繁殖马匹的季节时间；六二爻辞是讲养育马崽的方法；六三爻辞是讲战马应具备的条件和要求；六四爻辞是决定对公马阉割；六五爻辞是讲装扮、保护战马；上六爻辞是讲繁殖驯养战马成功、血祭北方之神。以《坤》卦或可断，真正意义上的"战马"是在周文王时产生的，尽管数量很少，却是周人军事上战无不胜的重要因素。坤卦纯阴为地，万物滋生于地，马为大地之神。初六、六二在地，故有"霜、方"之象。六三、六四在"人"位，故有"或从王事、无誉"之象。六五、上六是"天"位，故有"黄裳、其血玄黄"之象。

本经"坤，元亨，牝马之"为叙、问辞，"利"为断辞。"君子有攸往，先迷、后得主"为叙、问辞，"利"为断辞。"西南得朋，东北丧朋，吉"为叙、问辞，无断辞。

字词解释：

1. 土，甲骨文像是地平线━━上高耸的立墩。有的甲骨文在立墩上加三点指事符号，表示溅泥灰尘。有的甲骨文将立墩形象简化成一竖。造字本义：耸立在地面的泥墩。金文将甲骨文字形中的立墩形象写成实心的菱形。古陶字形将菱形写成似"十"非"十"的。篆文土则将古陶的字形写成"十"。

2. 申，是"電"和"神"的本字。甲骨文像神秘而令人惊恐的霹雳、朝各个方向开裂的闪电。造字本义：雨天的闪电。金文承续甲骨文字形。有的金文写成双手有所持的形状，一竖指事符号代表一切，表示掌控一切的天神，闪电形象消失。篆文申承续金文字形。隶书基本承续篆文字形。有的隶书申则误将相对的两个"爪"连写成"曰"，至此"申"的字形面目全非。当"申"的"闪电"和"天神"本义消失后，篆文再加"雨"另造"電"、加"示"另造"神"代替。

3. 坤，篆文坤 = 土（土，大地） + 申（申，神），表示地神，坤（地神）位在西南，造字本意：地神或与阳性的上天相对的阴性大地。本处字义：大地上快如闪电的神灵。

4. 牝，甲骨文 = 匕（"妣"，女性） + 牛（牛），"匕牛"表示母牛。甲骨文时代的古人重视对动物的驯养繁殖，因此对动物的性别敏感，定义也相当细致准确，如"匕羊"为母羊；"匕虎"为母虎。造字本义：母兽，雌性的动物、繁殖。

5. 马，本字"馬"，甲骨文是长脸、大眼、鬃毛飞扬、长尾有蹄的动物形象。有的甲骨文用大眼借代口、眼、耳构成的头部。金文简化字形，将甲骨文字形中的大眼与鬃毛的形象写成，将足与尾的形象写成。篆文承续金文字形。籀文将甲骨文的马头、马足变形成，同时强调马鬃形象。造字本义：善跑的力畜。

6. 牝马，繁殖马匹。

7. 之，甲骨文在"止"（脚）下面加一横指事符号━，表示脚踏大地。造字本义：足履平地。引申字义：驯养。

8.攸,甲骨文 = ㇏(人) + ꓩ(卜,杖) + ㇈(又,抓),表示拄杖。金文基本承续甲骨文字形。有的金文加(水,河),表示拄杖小心过河。造字本义:老人拄杖慢行。本处字义:安心、安稳、踏实。

9.往,甲骨文 = ㄩ(之,前行、投奔) + 圭(王,贤君),表示投奔贤君。造字本义:一心一意投奔贤明之君,归附安乐之国。引申字义:前去、前往。

10.有攸往,指"要安心前去"。

11.先,甲骨文 = ㄩ(之,即"趾",表示行走) + ㇏(人,他人)。"之"在上,"人"在下,表示走在他人前面。造字本义:走在他人前面。引申字义:开始、先前、先祖。

12.迷,懋 = 辵(辵,行进) + 米(米,"眯"的省略,半睁眼睛,看不清),造字本义:辨不清前进的方向、没办法。

13.后,"后"是"後"的本字。甲骨文 = 糸(糸,捆绑) + ㇈(倒写的"止",脚,表示行走),表示被绑着行进。造字本义:被捆绑的战俘或奴隶,跟在押送者的后面。引申字义:后来、往后、后辈。

14.得,甲骨文 = ㇈(手,拾) + 貝(贝,最原始货币),表示拾贝。有的甲骨文加"彳"(行进),表示古代中原人长途跋涉到湖海之滨寻觅和拾捡贝壳。造字本义:捡到贝壳,喜获财富。

15.主,"主"是"柱"的本字。主,甲骨文 = ○(较小的方榫○插在较大的方孔○中) + 木(木),表示凿出了方孔、可以榫接横梁的房柱。有的甲骨文将方孔方榫的○简化成○。有的甲骨文则将"木"省略成㇏。金文另造会意字,表示造屋㇈(宀)的柱梁(才)。造字本义:支撑屋架的核心房柱,即顶梁柱。引申字义:主意、方法。

16.朋,甲骨文像两串玉串系在同一根绳子━上,形成更大的一挂玉串。古代货币单位,以五贝为一系,两系为一朋。造字本义:系在一起的两挂玉串。引申字义:财物。

17.丧,甲骨文 = 桑(桑,养蚕的树) + 口(众多"口"),表示桑树上众多蚕虫蚕食桑叶。造字本义:满树蚕虫将桑树的叶子吃光。引申字义:损失、失去、丢失。

初六:履,霜,坚,冰,至?

[译文]筮:尽职尽责地做事,下霜了,还能繁殖马匹,冰冻时节,马匹不发情(不能繁殖)了吗?

注释:初六爻辞"履,霜,坚,冰,至"为叙、问辞,无断辞。

马是季节性多次发情动物,在繁育季节(春夏4—9月),由于马的怀孕时间是大约11个月,只有在春夏怀孕第二年小马才会在温暖的春夏出生,有助于小马活下来。设想在残酷的自然界,没有温暖的马房,小马出生在冬天的雪地里那多半是要冻死了。商周时的四季应该与现在不同,事实上,天气寒冷,若无科学的取暖措施,马匹也不会发情。

字词解释:

18.履,金文 = (足,行走)+(页,头,代表思虑、职责),表示前往就任。籀文字形多样化,字件包括"足"(或"止"或"行",表示前行)、"舟"(或"支",表示船形鞋或木屐)、"页"(或"尸"即"人",表示思虑、职责),造字本义:穿着船形鞋上任。引申字义:尽职尽责。

19.霜,深秋有霜,引喻天气趋冷,繁殖马匹困难。马是一种季节性发情的动物,我国南部马匹的发情季节多在3—8月份,而北部地区多在4—9月份。

20.坚(堅),古钵字形 = (臤,管理、组织)+(土,壁垒、护墙),表示发动和组织群众,加固壁垒或城墙。造字本义:动词,加固壁垒或城堡等防御工事,使敌人攻而不克。篆文调整局部结构。隶化后楷书将篆文字形中的写成。简体楷书坚依据草书字形将正体楷书字形中的"臣"简化成两竖,将正体楷书字形中的"臤"简写成。本文字义:毫不动摇地、继续不断地。

21.冰,金文字形中的"冰"是特殊指事字——竖写的"水"甲骨文像自上而下、在山岩上流泻的山泉;横写的"水"甲骨文(灾)像汹涌泛滥的洪水;冰,金文字形"仌"是汹涌波涛的一半,表示与"波涛汹涌"相反,意即"水凝滞而不流动"。有的金文将波涛状的简写成两点,同时加"水",强调"冰"由液态的"水"凝固而成。篆文"仌"误将金文字形中的两道折笔写成两个"人"形,冰凌形象消失。篆文异体字将金文字形中的写成。造字本义:名词,水因低温而凝结成静态的固体。

22.至,"至"是"到"的本字。至,甲骨文在倒写的"交"下面加一横指事符号,表示地板或床铺,"交"表示站立的人,倒写的"交"表示倒卧的人,所以"至"的整个字形表示一个人倒在床上,叉腿而卧。造字本义:回到家里,躺下休息。本处字义:马匹不发情。

六二:直,方,大,不习? 无不利。

[译文]筮:眼睛盯着马崽,自由放逐,使其成长,不要刻意训练马崽吗?占:没有任何不利。

注释:六二爻辞"直,方,大,不习"为叙、问辞,"无不利"为断辞。

字词解释:

23.直,甲骨文在眼睛上加一竖线,表示目光向正前方看。造字本义:正视,面对而不回避。引申字义:盯着。

24.方,甲骨文在人的颈部位置加一个代表枷械的指事符号,表示披枷的罪人。有的甲骨文在披枷罪人的头部加一横指事符号,表示剃发刺字的罪犯,并加"水"(河,流放)写成"汸",突出将罪犯"流放边疆"的含义。造字本义:将罪犯剃发刺字,流放边疆。引申字义:自由放逐。

25.大,动词,意指"成长、长大"。

26.不,甲骨文=(辛,刀刃)+(一截竹子……参见"支"),像竹端带刃,表示将竹子削出刀锋状。有的甲骨文在"竹"和"辛"上面加一横指事符号,表示武器性质。有的甲骨文字形像是手持(又,抓握)"不"的器具。造字本义:将竹竿斜削出尖锋,作为原始刺杀武器。引申字义:不要。

27.习,甲骨文𦏲 = 羽(羽,翅膀) + ⬚(口,像鸟窝状),表示在鸟窝里振翅。造字本义:幼鸟在鸟巢上振动翅膀演练飞行。引申字义:练习、训练。

六三:含,章,可,贞:或从王事?无成;有终。

[译文]筮:不要发出嘶鸣,呼吸有韵律,似低吟,这样的战马能为君王征战吗?占:不会成功,却有好结果。

注释:六三爻辞"含,章,可,或从王事"为叙、问辞,"无成;有终"为断辞。

字词解释:

28.含,金文𠙭 = 今(今,低吟) + ⬚(口,说),造字本义:话在口中,没有吐露。引申字义:不发出嘶鸣。

29.章,音乐一曲结束叫一章。字形采用"音、十"会意。十,表示十进位数的末尾。本处字义:曲调。引申字义:韵律。

30.可,"可"是"哥"和"歌"的本字。口,既是声旁也是形旁,表示发声。可,甲骨文𠀠 = ㄒ(似竽的乐器) + ⬚(口,发声),表示和着音乐唱歌。造字本义:古代男女以吹笙唱歌方式求偶。本处字义:低吟。

31.成,甲骨文𢦏 = 丅(戌,大刀,战具) + ⬚(口,城邑),戌在城上,表示武力征服。有的甲骨文将城邑"口"⬚写成一点指事符号,表示征战结束。造字本义:武力征服,称霸一方。本处字义:成功、功勋。

六四:括囊?无咎、无誉。

[译文]筮:骟马吗?占:没有过失、也不要称赞。

注释:六四爻辞"括囊"为问辞,"无咎、无誉"为断辞。

字词解释:

32.括,𠯑既是声旁也是形旁,是"刮"字𠯑的省略,表示干净、彻底地收拾。括,篆文𢬸 = 扌(手,抱) + 𠯑("刮"的省略,干净、彻底地收拾),造字本义:完全、彻底地抱在手里。引申字义:刮取。

33.囊,甲骨文𣄰像在木棍上系扎包囊。是"束"的"行囊"本义消失后,篆文𣄰再加"口"⬚(包)另造"橐"代替,⬚表示用来装行李杂物的包。造字本义:古代装行李的布包、布袋。引申字义:阴囊。

34.括囊,意指"骟马"。战马一般是公马,没有经过阉割的话,脾气会比较暴躁、嘶鸣且不易控制。如果上了战场,战马突然发情了,在这种紧急的情况下,很可能就会影响到一场战事的成败。所以古代上战场的马多数都是公的,并且都是已经经过阉割的马匹。最好的证据就是在各种出土的关于马的艺术品中,例如兵马俑里面的陶俑马就是经过阉割了的模样。现代科学研究证明,如果在马青春期的时候将它阉割,通常它会成长得更加的高大,性情更加温顺。阉割之后的马,相对来说的话也更加好驯养,这对于上战场而言是非常重要的。

35.誉,篆文 = 與(輿,众人加入)+言(言,评价),造字本义:民众给予正面评价,称赞。

六五:黄裳? 元吉。

[译文]筮:要给战马披上黄色的马衣吗? 占:最为美好。

注释:六五爻辞"黄裳"为问辞,"元吉"为断辞。

字词解释:

36.黄,黄色。

37.裳,裳即是裙。裙字,从衣从君。君者,夫君、君长之谓也。本处字义:马衣。

38.黄裳,黄色的马衣。马在奔跑征战时,会有出汗受凉和感冒生病的发生,因此不得不将保暖的布料盖在光身的马背上将其保护并不受蚊蝇叮咬。之后人们用布料产品经过改造变成大家俗称的"马衣"。

上六:龙战,于野,其血玄黄?

[译文]筮:在城邑之野,用战马的鲜血配上璜玉,供献北方之神吗?

注释:上六爻辞"龙战,于野,其血玄黄"为叙、问辞,无断辞。

字词解释:

39.战,金文🀄=𓍞(单,弹,射击工具)+🀄(戈,刺杀工具),表示射击、刺杀。造字本义:远古士兵以弹弓、干戈为武器打斗拼杀。引申字义:战争、战斗。

40.龙战,是"战龙的倒装句",指战马。《书·顾命》:"天球,河图,在东序。"孔传:"伏牺王天下,龙马出河。遂则其文,画八卦,谓之河图。"北魏郦道元《水经注·河水一》:"粤在伏羲,受龙马图于河,八卦是也。"明李贽《方竹图卷文》:"宁独是龙马负图,洛龟呈瑞,仪于舜,鸣于文,获于鲁叟,物之爱人,自古而然矣,而其谁能堪之。"《周礼·夏官·廋人》:"马八尺以上为龙。"因以"龙马"指骏马。南朝齐谢朓《送远曲》:"方衢控龙马,平路骋朱轮。"南朝梁简文帝《洛阳道》诗:"金鞍照龙马,罗袂拂春桑。"唐李白《白马篇》:"龙马花雪毛,金鞍五陵豪。"清范必英《诸将》诗:"鹍旗铁阵参云黑,龙马珠江浴日红。"后"龙马"即指"骏马"。

41.野,甲骨文🀄=🀄(山林)+🀄(土,耕地),表示古人在其中开垦田地的山林。金文🀄承续甲骨文字形,将甲骨文的🀄明确为"土"🀄(耕地)。籀文🀄加"予"🀄(通过),表示"野"是耕地与森林之间的"过渡"地带。篆文🀄=🀄(里,田园)+🀄(予,通过),省去"林"🀄增加"田"🀄,表示田园人烟与蛮荒森林之间的过渡。《尔雅》:"邑外谓之郊(耕种的地方),郊外谓之牧(放牧的地方),牧外谓之野(野兽出没的地方),野外谓之林(森林覆盖、人迹罕至的地方)。"按《周礼》,距离百里为郊,百里之外至三百里为牧野。

42.玄,指玄帝颛顼,北方之神。颛顼,中国上古部落联盟首领,五帝之一。《山海经·大荒东经》神话中说少昊育颛顼于东海。史载,颛顼帝号为高阳氏,"东北方部落之宗神","以水德王天下","死为北方水德之帝"。《吕氏春秋·古乐》篇记载:"帝颛顼生自若水,实处空桑,乃登为帝。惟天之合,正风乃行,其音若熙熙凄凄锵锵。帝颛顼好其音,乃令飞龙作,效八风之音,命之曰承云,以祭上帝。"《山海经》中描写颛顼葬地"附禺之山",有多处提到了美玉,颛顼的"颛"。

本义为"圆头胖脑",而"顼"字从"玉"从"页","玉"指"玉胜",即玉制的发饰品,"页"指人头,合起来表示"头戴玉饰品者"。顼其母女枢因感"瑶光"而生。瑶光即琼瑶美玉之光,可知古人记载下的颛顼帝,天生就与玛瑙璜玉有着不解情缘。

43.黄,黄通"璜",本处字义:璜玉。

44.其血玄黄,指血祭北方之神。祭祀是华夏礼典的重要一部分,礼有五经,莫重于祭,是以事神致福。祭祀对象分为三类:天神、地祇、人神。天神称祀,地祇称祭,宗庙称享(亨),后统称祭祀。古代中国"神不歆非类,民不祀非族",祭祀有严格等级。据《史记·封禅书》记载,雍地的祭祀传统可以追溯到黄帝时期,一直到西周晚期在此还有郊祭活动举行。据《史书·封禅书》载:"黄帝郊雍上帝,宿三月。"《周礼》中便有以血祭祭祀社稷的记载,说明在当时,国家存在血祭的祭祀礼仪。周人前期的祭祀遗址虽已消失在历史的长河,但考古发现继承了周人习俗、遵循"周礼"的雍山血池秦汉祭祀遗址。它位于陕西省凤翔县城西,距秦雍城大遗址15公里处,是首次在雍城郊外发现时代最早、规模最大、性质较为明确、持续时间最长的秦汉"皇家祭天台",是秦人血祭遗址数量最多的遗迹。有"车马"祭祀坑,已在各类祭祀坑中出土器物二千一百零九件(组),文物主要有玉器,如玉人、玉璜、玉琮、玉璋、玉璧残片;青铜车马器,如盖弓帽、车軎、车辖、马衔、马镳、铜环、铜泡、铜管、弩机、铜镞以及小型木车马等专门用于祭祀之物。《史记》就曾记载秦德公在建都雍城的第一年用三百牢祭祀鄜畤,三百牢就是牛、羊、猪各三百头。想象一下如果这些牲畜都同时在同一个场地被宰杀,是一种怎样的场景。可以肯定地说,凤翔也是周人的发祥地,秦人"血祭"仪式是继承了周人"血祭"的传统。

用六,利,永贞。

[译文]筮数出现六和八,筮官永以"六"作占,美好。

字词解释:

45.六,"六"是"宀"即"庐"的本字。六,甲骨文**介**像房屋的外形框架,有立墙、斜顶,表示房屋的空间维度:四壁加屋顶地板两面。有的甲骨文突出了屋脊,像屋顶的烟囱。造字本义:庐,由四面墙,以及屋顶、地面两面构成的房屋。在五行中,一水、二火、三木、四金、五土,一+三+五=九,九为老阳。二+四=六,六为老阴。

46.永,"永"是"泳"的本字。永,甲骨文 = (水,河川) + (人) + (彳,行进),表示人在河中,游水代步。有的甲骨文将"水"简化为"两点水"。有的甲骨文省去字形中的"水"或"两点水"。金文将甲骨文中的"两点水"简化成。有的金文加"止"(脚,表示行进),强调"永"是"水上旅途"。造字本义:人行河中,顺流游泳。引申字义:永远、所有、全部。本处字义:筮官永。

第三水雷《屯》卦

卦文字抽象事义:分立。下卦为震、为长兄,上卦为坎、为中男,兄弟先后成家立业。

《屯》卦是周王室开疆拓土、建立诸侯的筮占记录。

从黄帝到清朝,封、建就一直存在。封就是分封,建就是建国,意谓分封土地给诸侯,以让其建国治理。商朝及以前的1500年,是以部落为主导地位的部落联盟制社会,在那个漫长的时期,封建的原则是建立在既有部落及其政治体制上。与此政治体制相对的,便是商朝末期的周人,已经有了"民族一统"的思想观念。之所以这样认为,有两点原因。一是周人崛起后对中国之经营,使得"天下共主"的势力范围较之以前有了太大的增长。真正符合"天下"二字。第二个原因是周人之封建是当时社会之一大进步。周人不封而建诸侯,始于周文王。与以往不同的是,往先之诸侯,其实是各部族之首领,其对于自己的势力范围是有绝对的话语权的。周文王时,周人势力不断发展、不断兼并,疆域越来越大,有实力的诸侯都是由"周王室"所建,对各地有了更牢靠的统治,为周武王统帅八百诸侯攻灭殷商奠定了基础。但要说明的,这时殷商所封周文王的爵位是"侯"爵,并无权力分封"诸侯"。所以,《屯》卦说的是"建侯",而非"封侯"。或者,此"侯"并非真正意义上的等级爵位,而是管理国家的政权机器,这也是周人不图虚名、务求实际所必须面对的现实。

本经:屯,元亨?利。贞:勿用有攸往,利。建侯?

[译文]筮:(推行封建制)休养生息,祭祀、祷告列祖列宗吗?占:需要。再筮:君王不要直接管理地方军政,要采取建立诸侯的方法吗?占:有利。

注释:《屯》卦本经中"建侯"、初九爻辞中"盘桓"、六二爻辞中"乘马班如?匪寇,婚媾"、六三爻辞中"即鹿,无虞"、九五爻辞中"小,贞:吉?大,贞:凶"及上六爻辞"泣血涟如"的文辞,介绍了制定诸侯建立方案,措施有赐予诸侯战车马匹,与诸侯联姻;建立"鹿"而不建立"虞"侯;诸侯要逐步建立,全部建立凶险;还要歃血盟誓,全面地阐明了周王室建立诸侯的方略和步骤。六二爻辞"女子不字,十年乃字",表面上看,出嫁的女子地位很低,其实是防范女子出嫁后飞扬跋扈,导致家庭矛盾,从而影响两国关系,实属无奈之举。

"屯,元亨"为叙、问辞,"利"为断辞。"勿用有攸往,建侯"为叙、问辞,"利"为断辞。

字词解释:

1.屯,甲骨文像一颗种子,上有嫩茎,下有细根;在根部加一撇指事符号,表示种子扎根。有的甲骨文写成与"生"相似的字形,下部(中)像种子刚破土萌发,上部像幼苗的嫩尖。金文将嫩梢变成一点,篆文将实心圆点写成一横。造字本义:种子萌芽,向下扎根。引申字义:休养生息。

2.建,金文=("阜"表示山地,表示墙基)+(不是"聿",表示手持杵棒,夯土筑墙),表示劈山为址,傍山筑屋。为了肥沃的土壤和方便灌溉,古人大多定居于河湖岸边;又为了地基牢靠和防洪防汛,古人常劈山为址,傍山筑屋,面河而居。有的金文将"阜"形的简化成,将写成,加"土"强调"夯土筑墙"。有的金文误将⻊写成"辵"🗚。造字本义：劈山为址，筑墙造屋。篆文遺承续金文字形悫，以"彳"⺅代替院墙⻊。隶化后楷书建将篆文的肃写成聿，将篆文的⻊写成廴。标宋建"走之底"辶省略一点，写成"建字底"廴。"建"指"立朝律"，引申字义：建立。

3.侯，"侯"是"候"的本字。侯，甲骨文𠂤 = 厂（厂，山崖）+ 矢（矢，箭），表示狩猎于山崖。篆文𠂤承续金文字形。俗体隶书侯将篆文字形中的"人"𠂢写成"单人旁"亻，同时误将篆文字形中山崖的形状"厂"「写成"工"工，山崖形象消失。当"侯"的"设伏候猎"本义消失后，篆文再加"人"另造"候"代替。造字本义：带着弓箭埋伏山崖，守候猎物。侯：引申字义：君王分封并管理地方属国的大员，又五等爵（公、侯、伯、子、男）之次曰："侯"。

初九：盘桓？利。居贞：利？建侯。

[译文] 筮：要充分商讨建立诸侯的实施方略吗？占：需要。筮官居再筮：建立诸侯，顺利吗？

注释：初九爻辞"盘桓"为问辞，"利"为断辞。"利？建侯"为问、叙辞，无断辞。

字词解释：

4.盘，甲骨文𠂤 = 𠂢（般，即"搬"，运送）+ 口（口，盛器），表示用来端送碗碟、杯子的宽口平底盛器。金文𠂤 = 𠂢（般，搬运）+ 皿（皿，盛器），用"皿"皿代替甲骨文的"口"口，明确"盘"的"器皿"性质。有的金文𠂤用"金"金代替"皿"皿，表示用金属制成的"铜盘"。籀文𠂤、𠂤承续金文字形。篆文𠂤用"木"木代替籀文字形中的"皿"𠂤或"金"金，表示用木板做成的"木盘"。造字本义：一种方形、宽扁、平底的集装盛器，通常可以同时盛放几个碗碟，托在手掌上为酒筵端送食物菜肴。

5.桓，古代立在城郭、宫殿、官署、陵墓或驿站路边的木柱，后称华表。一是为道路的标志，竖立在通衢大道；二是为测量日影的标志，立于屋前道边；三是为刻画图腾之物；四是为古代君主纳谏的用具。

6.盘桓,本意指"徘徊、逗留"。引申词义:充分商讨。

7.居,"居"与"育"本同源,后分化。居,甲骨文=⺅(人,指妇女)+𠫓(倒写的"子",表示刚降生的婴儿),表示妇女生子。有的甲骨文以"女"代"人",强调女性特征。金文"毓"在倒写的"子"下方加"水",表示生育时的羊水。篆文将"毓"简化成"子"(生育)、"肉"(长肉)会意,表示生子并加以抚养。"居"的金文异体字表示人们站在屋下休歇。有的金文将"宀"写成"广";有的金文将"宀"写成"厂"。古人以在家休歇或生育为"居",体现"生息"之于"安居"目的性意义。造字本义:妇女在家生育,休养生息。本处字义:筮官名。

六二:屯如、邅如,乘马班如?匪寇,婚媾?女子,贞:不字,十年乃字?

[译文]筮:休养生息困难、艰险,要将兵车和马匹分配给诸侯吗?再筮:不能武力掠夺,要用联姻方式交好吗?再筮:女子出嫁后不能称其"表字",(待生育儿女、地位显尊)十年之后,才能称呼她的表字吗?

注释:六二爻辞"屯如、邅如,乘马班如?匪寇,婚媾?女子,不字,十年乃字"为三次叙、问辞,无断辞。

字词解释:

8.邅,邅迹虎:一种极其凶猛的虎。《晋书·周处传》载此事,"白额猛兽",即白额虎。邅,改变方向;邅迹,行踪不定的意思。意指"难行不进、艰险"。

9.乘,甲骨文=大(大,人)+木(木,树杈),像一个人爬上大树,站在树杈上远眺侦察(参见"相")。金文承续甲骨文字形。鄂舟车节上的字形=人(人)+(双脚,左脚和右脚)+几(几,小凳子),像是一个人两脚站在凳子上,强调借着垫脚的凳子,登上大树、车辆或其他高处。籀文基本承续鄂舟车节上的字形。造字本义:爬上大树、车辆或其他高处。引申字义:战车。

10.班,金文班=玨(两块玉王)+刂(刀),表示用刀将玉块切成两半。造字本义:用刀具分割玉石。引申字义:分配。

11.匪,金文匪=林(竹,竹木掩盖)+匕(刀,武力抢劫)+非(非,违法),造字本义:用树枝、竹叶作掩护,非法持刀截路掠货。引申字义:非、不。

12.寇,金文寇=宀(宀,房屋)+元(元,人头)+攴(攴,持械攻击),造字本义:侵入民宅,袭击主人,武力劫掠。引申字义:使用武力。

13.婚,金文婚=木(类似伞的遮盖物)+(像一个人被人牵拉着手,且走且哭)+耳(耳,"取"的省略,代"娶"),表示被百般呵护的新娘,由他人牵拉着离开娘家。有的金文将牵拉着前行的哭泣者形象简写成"口+女"的,表示哭泣的女子。有的金文=昏(昏,既是声旁也是形旁,黄昏)+女(女),表示古代婚嫁仪式多在黄昏傍晚。造字本义:女子出嫁,由他人打伞、牵手,前往夫家,因不舍娘家而号哭。

14.媾,甲骨文"冓"本像两鱼相遇之形,西周金文"媾"或从页冓声。《说文》:"媾,重婚也",本义是重叠交互为婚姻。殳季良父壶:"用言(享)孝于兄弟、婚媾、诸老。"克盨:"进献于师尹、佣友、婚遘(媾)"。叔多父盘:"兄弟诸子婚冓(媾)。"

15.婚媾:联姻。

16.十,从金文开始成为指事字,"十"的甲骨文是象形字,像一根用于记事的垂悬的绳子。古人用结绳记事、计数,一根绳子代表一个记事主题,代表全数。金文承续甲骨文字形。有的金文在绳上加圆点指事符号,表示结绳记事。有的金文将表示结绳的圆点指事符号写成短横指事符号一。造字本义:一根用来打结记事的绳子,代表满数、全数。

17.年,是"迁"的本字,表示迁移。年,甲骨文=禾(禾,代谷物)+人(人,是"千"的省形,迁移),表示农人载谷而归。金文承续甲骨文字形。有的金文将"人"写成形旁兼声旁的"千"(迁移),表示搬运收割好的庄稼。造字本义:将收成的谷物搬运回家。后为计时单位,三百六十五天为一年。

18.十年乃字,意指"待生育儿女、地位显尊,十年之后,才能称呼她的表字"。

19.乃,是"奶"的本字。甲骨文𠄎是象形字典,像女性胸部侧视时突出的乳房。有的甲骨文𠄎像女子胸膛上两个隆起的乳房。造字本义:女子的双乳。引申字义:女性生儿育女。

20.字,人的"表字"。"表字"起源于商朝,盛行于周朝,后来形成了一种制度。《礼记·曲礼》上说:"男子二十冠而字""女子十五笄而字",就是说不管男女,只有到了成年才取字,取字的目的是为了让人尊重他,供他人称呼。一般人尤其是同辈和属下只许称尊长的字,而不能直呼其名。北齐的颜之推认为,人名是区别彼此,字则是体现一个人的德行的。大部分人的名与字在意义上都是有关联的。

古代女子出嫁后不能直呼其名字,要称为"某人妻某氏"。在丈夫姓名后加上女子娘家的姓氏,例如《焦仲卿妻》的序言写道:"庐江府小吏焦仲卿妻刘氏。"《晋书·烈女传》也是这样:"羊耽妻辛氏""杜有妻严氏""王浑妻钟氏"等等。儿子长大后,以儿子姓名加上"母某氏"为称谓。例如"陶侃母湛氏""虞潭母孙氏""周顗母李氏"等。在奴隶、封建时代,这叫"母因子贵"。

六三:即鹿,无虞,惟入于林中,君子几,不如舍,往?吝。

[译文]筮:建立"鹿",不建立"虞",希望通过"林中"去鹿地,君王和宗族长感到了危险,要舍弃,如果前往呢?占:有麻烦。

注释:六三爻辞"即鹿,无虞,惟入于林中,君子几,不如舍,往"为叙、问辞,"吝"为断辞。

字词解释:

21.即,甲骨文𩙿=𩙿(内盛食物的器皿)+𠂉(人),像一个人跪坐在盛有食物的器皿前面。造字本义:靠近食物,就餐,与"既"相反。引申字义:到达。本处字义:封建完成。

22.鹿,商末以鹿为图腾的部落。古代鹿多,今西安市郊周至境内,有"鹿马村",秦赵高"指鹿为马"就发生在此处。上古时代,以动物为图腾的民族部落,与渔猎、农业和家畜饲养业等经济生活有密切关系,具有写实的性质。在半坡、姜寨等仰韶、龙山文化遗址中,都有鹿形纹样出现。半坡鹿纹,笔调简单、长颈、有角、短尾,富有形象化的意味,有的作奔跑状,有的作行走状,有的作停立状,形态栩栩如生。半坡氏族公社时期,是图腾制度最发达的时期,一个氏族或家庭崇拜两个或两个以上的图腾现象也是十分普遍的。从半坡、姜寨的考古资料来看,鱼图腾可能是半坡氏族的共同图腾,蛙和鹿则是他们各自的图腾,是氏族和家庭图腾的标志。

23.虞,是"娱"的本字,表示嬉戏娱乐。虞,金文▨=▨(虍,虎头面具)+▨(吴,即"娱"),表示戴着虎头面具娱乐。有的金文▨将虎头写成▨。在古代,老虎对人身安全是一大威胁,打虎除害,是值得欢庆的快事。造字本义:打虎得胜后,戴着虎面具,表演打虎的歌舞。这里指古国名"虞"。舜之先封于虞,故城在今山西省运城市平陆县,商末周初与古芮国隔黄河东西相望。

24.惟,金文以"隹"代"惟",表示人们渴望像鸟一样自由飞翔。惟,有的金文▨=▨(心,羡慕)+▨(隹,飞翔),造字本义:动词,羡慕、向往飞翔。篆文▨基本承续金文字形。隶书▨将篆文字形中的"心"▨写成▨。《说文解字》:惟,思考的总称。字形采用"心"作偏旁,采用"隹"作声旁。引申字义:愿,希望。《英烈传》:若草庵见毁一节,成功之后,万惟留心。

25.几,合并字"幾"。幾,金文▨=▨(像系弦的弓弩)+▨(人,射击手),表示射手发射弩箭。有的金文▨将"大"▨(人)写成"人"▨。篆文▨承续金文字形。造字本义:射手扣动扳机,将弓弩绷弦上的箭发出。引申字义:感到危险。

26.舍,合并字"捨"。舍既是声旁也是形旁,表示供旅人暂住的简易客店。捨,篆文▨=▨(手,拿)+▨(舍,免费供旅人暂住的简易客店),表示免费给予。造字本义:出手施予。本处字义:舍弃。

27.吝,甲骨文✦=✕(文,远古时代刻在甲骨上的象形字,或刻在岩壁上的岩画)+▫(口,解说),表示解说原始图文。造字本义:艰难地破译、解读甲骨或岩壁上的古老神秘的图文。引申字义:麻烦。

六四:乘马班如,求,婚媾,往?吉;无不利。

[译文]筮:将兵车和马匹分配给诸侯后,还要带上裘皮衣服,作为定礼,与诸侯联姻,往后呢?占:美好;没有不顺利的。

注释:六四爻辞"乘马班如,求,婚媾,往"为叙、问辞,"吉;无不利"为两次筮占断辞。

字词解释:

28.求,金文✦、✦字形与"隶"相似,像一只手✦抓住动物的尾巴✦,造字本义:追逮动物。引申字义:裘衣。

九五:屯,其膏,小,贞:吉?大,贞:凶?

[译文]筮:(建立诸侯)休养生息,会使他们富裕强大,先建立少数诸侯,美好吗?再筮:全部建立,凶险吗?

注释:九五爻辞"屯,其膏,小,吉";"大,凶"为两次筮占叙、问辞,无断辞。

字词解释:

29.其,指"诸侯"。

30.膏,甲骨文✦=✦(高,庙堂)+✦(夕,即"肉",代表动物油脂),造字本义:庙堂中敬神的油脂。引申字义:富裕强大。

31.小,是"沙"和"少"的本字。小,甲骨文✦像众多微粒。造字本义:细微的沙粒。引申字义:少数、部分。

32.大,全部、所有。

上六:乘马班如,泣血涟如?

[译文]筮:将兵车和马匹分配给诸侯,要"歃血盟誓、永远忠诚"吗?

注释:上六爻辞"乘马班如,泣血涟如"为叙、问辞,无断辞。

字词解释：

33.泣,篆文🅰=🅱(水,眼泪)+🅲(立,站着的人),表示站着流泪,即悲而镇定,哀而克制。造字本义:镇定而克制地无声流泪。

34.泣血,意指"歃血"。

35.涟,水上的波纹。本处字义:永远忠诚。

36.泣血涟如:指古时的"歃血盟誓、永远忠诚"。

第四山水《蒙》卦 ䷃

䷃卦文字抽象事义:洗礼。下卦为坎、为流水,上卦为艮、为少男,孩童站在水里。

《蒙》卦是商末周初,周王室推行"礼乐"制度和思想文化的筮占记录。

在夏、商"尊命"和"尊神"文化中,甚至在此之前的五帝时代,礼乐虽已萌生并获得相当程度的发展,但礼乐主要是作为辅助宗教性政治活动的外在形式而存在。就是说,那时的礼乐文化是笼罩在巫术宗教的氛围中发展,周人则"尊礼尚施"。

《礼记·表记》记载,殷人不问苍生问鬼神,崇信鬼神到了无以复加的地步,事无巨细都要请示占卜。礼仪用乐,甚至用多少乐工,也常常要卜问神鬼才能决定,这就是殷墟为何出土的甲骨数量如此庞大的原因。殷人利用宗教维持统治,全然以神鬼的威严来发号施令。礼乐的意义是着眼于处理人与神鬼之间的关系,本质上属于原始宗教文化,而殷商也就是一个原始教国。二十世纪初,考古学者在殷墟发现了一百多座杀人祭祀坑,出土人骨将近六百具,其中的两个坑内还埋有十七具幼童。一起出土的甲骨文显示,他们死于商朝血腥的祭祀典礼。

周公辅政时,礼乐制度完全定型,在保留事神礼仪的同时,扩展了国家、社会礼仪事项,扩充了礼仪的内容,使社会的政治关系、等级秩序、道德伦理、思想感情等内容都体现为礼节仪项,使礼仪充斥于意识形态和社会生活的各个领域。周人将礼分为"吉、凶、军、宾、嘉"五种仪制,其中除吉礼仍为事神礼仪外,其他四种均与现实社会生活相关。这五种仪制又被分为"冠、婚、朝、聘、丧、祭、宾主、乡饮酒、军旅"九种礼事,各种礼事又各有具体的仪项和仪节,以此取代殷人的"尊神"思想和文化。

罗马不是一天建成的,同样,《周礼》从起源、发展到成熟是漫长的过程。周文王时,《周礼》基本形成,并在其控制疆域范围内,大力推行《周礼》启蒙教育,让各宗族、部落及方国接受《周礼》思想和文化,成为运用意识形态武器打击殷商强有力的手段。其目的是要用周人的标准来规范各族的礼乐内容,并通过制度的形式推行到各个不同等级的统治阶级中去。其意义在于扩大周王室的影响,加强周人血亲联系和维护宗法等级秩序。其本质是"经国家,定社稷,序民人,利后嗣"。这同样是一种政治手段,是从意识形态方面对周族小宗和外族实行统治的一种治国方略。

本经:蒙,亨,匪我求童蒙,童蒙求我,初筮告,再,三渎,渎则不告?利。贞:

[译文]筮:推行《周礼》启蒙教育,祭祀、祷告先祖,不是武官要求小孩子,而是小孩子主动接受教育,这是上天的旨意。第一次宣告后,再进行第二次宣告,第三次还有人不遵从,那就亵渎了上天,就不再对这些人宣告吗?占:是。

注释:本经"蒙,亨,匪我求童蒙,童蒙求我,初筮告,再,三渎,渎则不告"为叙、问辞,"利"为断辞。

《蒙》卦本经中"匪我求童蒙,童蒙求我,初筮告,再,三渎,渎则不告"、初六爻辞中"发蒙,说桎梏"、九二爻辞中"包蒙"、六三爻辞中"取女?见金夫,不有躬"、六四爻辞中"困蒙"、六五爻辞中"童蒙"、上九爻辞中"击蒙"的文辞,阐明了启蒙教育从部落首领开始,要有"轻刑弱罚"意识。依次对孕妇保健、妇女儿童权益保护、婚姻制度改革、打击人口贩子展开。必要时,教育要实行封闭管理,尤其重视对儿童的启蒙教育,且君王要亲自督导启蒙教育的立法和执行保障。

字词解释:

1.蒙,甲骨文 = （冃,"冒",将帽子套在头上）+（隹,小鸟）,表示罩住小鸟。篆文以"豕"代替甲骨文字形中的"隹",表示罩住野猪。古人为了驯养刚捕获的鸟兽,特地将它们的眼睛罩住,避免它们因看到陌生环境而挣扎或逃脱,帮助它们安静下来,以利驯养。篆文异体字在"冢"基础上加"草"写成"蒙",表示用草木枝叶遮蔽,使人看不见。造字本义:将动物或人的眼睛罩住,使其失去视野,加以驯化。引申字义:启蒙教育。

2.我,甲骨文像一种有许多利齿的武器,古代也有人把这种锯斧叫作"锜"。是戉的变形,即超级的戉（钺）,无人可敌的威猛战器。有的甲骨文简化齿形。造字本义:手持大戉,呐喊示威。金文承续甲骨文字形。有的金文略有所变形,甲骨文字形中的利齿状被写成了类似的"禾",篆文承续金文字形。当"我"演变成代词后,后人再加"口"另造"哦",表示手持战具呐喊示威。引申字义:武士、武官。

3.童,甲骨文 =（辛,施刑）+（目）+（壬,即"任"）,表示委任瞎奴。金文 =（辛,施刑）+（目）+（东,行囊）,表示古代商旅中受到信任、负责保管行囊的眼盲少年男奴。造字本义:战争中被俘后遭受剃发刺目的少年,他们永远无法逃跑,并且由于涉世不深、心地单纯而值得主人信任。引申字义:小孩子。

4.初,甲骨文 =（大,人）+（衣）,表示"人在衣中",即身上穿着衣服。有的甲骨文以"人"代"大"。有的甲骨文将包围结构调整左右结构。造字本义:原始人制衣穿衣,遮羞保暖,开启人类文明。引申字义:第一次。

5.告,甲骨文 =（牛,牺牲品）+（口,祝祷）,表示献牛祝祷。造字本义:用牛羊牺牲祭祀,祝祷求福。引申字义:宣告。

6.渎,篆文 =（水）+（賣,交易,比喻流通）,表示疏通污水的水沟。造字本义:住宅区的排污水沟。引申字义:亵渎、弄脏、轻慢。

7.则,金文𩇠=鼎(鼎,经久的青铜器)+刂(刀,刻镂),表示用刀在金属器皿上刻镂。造字本义:古人将法律条文及其他重要记录刻铸在青铜钟鼎上,以便久存流传。引申字义:上天的旨意。

初六:发蒙？利。用刑人、用说桎梏,以往？吝。

[译文]筮:针对施用刑罚,并解除百姓手铐、脚镣和刑具的规定要求,对部落首领启蒙教育吗？占:有利。再筮:往后呢？占:担心。

注释:初六爻辞"发蒙？用刑人、用说桎梏"为问、叙辞,"利"为断辞。"以往"为问辞,"吝"为断辞。

成语"画地为牢",就是周文王宽刑典故,指的是在地上画个圆圈当作监狱。相传,武吉打死了王相,理应一命抵一命,周文王于是在南门的大街上画地为牢,竖木为监,将武吉囚禁于街中。武吉被在街中禁了三日,不禁放声痛哭,引来路人围观,又恰好遇到散宜生从旁边路过,在文王面前为他求情,武吉才得以离开,回到家中安顿好老母亲,再回来抵命。可见,周文王时,周人刑律宽缓,还没有设置惩罚犯人的监狱,老百姓都很自觉和自律。如果谁犯了错误,人们就会在地上画个圆圈,让犯错的人站在里面,即使圆圈外空无一人,犯错的人都不能离开圈子半步。可见,周文王是个品德高尚的人,在他的勤政爱民、广济苍生的仁德感召下,各诸侯、部落百姓自然会拥戴他,也都会自觉遵守法律,以致百姓们"夜不闭户"。

字词解释:

8.发,本字"髮",金文𦰩=犬(犬,猎物、野兽)+首(首,人的头部),表示人或动物的头部。篆文将金文的犬写成犮,将金文的首写成頁。有的篆文将"首"頁(头部)改成"髟"髟(长毛),强调较长的毛发彡。造字本义:人或动物头上的长毛。引申字义:部落首领。

9.刑,金文𠛚=井("井"中加一点,表示套在头上的木枷)+刂(刀,刑具),造字本义:用刀砍杀披枷戴锁的罪人。

10.刑人,意思是"加刑于人"。《礼记·王制》:"刑人于市,与众弃之。"《旧唐书·刑法志》:"自今已后,令与尚食相知,刑人日勿进酒肉。"宋王键《刑书释名》："刑人于车,弃之于市。"清黄六鸿《福惠全书·刑名·用刑》："刑人不用荆条。"《周礼·地官·司市》："国君过市,则刑人赦。"汉桓宽《盐铁论·周秦》："春秋罪人无名号,谓之云盗,所以贱刑人而绝之人伦也。"

11.桎梏,中国古代的刑具,在足曰桎,在手曰梏,类似于现代的手铐、脚镣。

12.以,甲骨文✶像连在婴儿脐眼上的脐带。有的甲骨文✶将婴儿✶(脐眼与脐带)与母体✶(人)连写,表示婴儿出生时与母体的相连关系。造字先人发现,母子间之所以有遗传学上的精确相似,是因为连接母子的脐带发挥神秘作用。造字本义:母子脐带相连,形神特征相传。引申字义:如此。

13.以往,如此往后。

九二:包蒙?吉。纳妇,吉。子克家?

[译文]筮:对孕妇进行生育知识教育吗?占:美好。再筮:纳妇为妾,她带的儿子能继承家业吗?占:允许。

注释:九二爻辞"包蒙"为问辞,"吉"为断辞;"纳妇,子克家"为叙、问辞,"吉"为断辞。

字词解释:

14.包,甲骨文✶=✶(胎膜)+✶(人),像胎膜✶里有个小人儿✶。金文✶像胎膜✶里的胎儿✶。有的金文✶将胎儿"巳"✶写成"子"✶。篆文✶将金文字形中的胎膜形象✶写成"勹"✶。造字本义:裹着胎儿的胞衣。引申字义:孕妇。

15.纳,"衲"是"纳"的异体字。内,既是声旁也是形旁,表示里面。纳,金文✶=✶(糸,缝)+✶(内,里面),表示缝在里面。造字本义:将布料缝在里面。引申字义:纳娶。

16.妇,甲骨文✶=✶(帚,扫帚,家庭洁具)+✶(女),表示女子在家做扫地等家务。造字本义:在家扫地做家务的女主人。

17.克,"克"是"尅"的本字。甲骨文✶=✶(张着大口惨叫)+✶(是

"人"✸的变形,像身体蜷缩的人),表示人因遭受剐肉酷刑而惨叫。有的甲骨文✸在蜷缩的人形✸上方加血滴✸,强调酷刑的血腥。有的甲骨文✸将人形✸写成一人手持✸戈器✸。远古人类将天灾理解成神对人类的惩罚,并以牺牲个体活人的残酷祭天方式,表示对天神的妥协。造字本义:古人杀人剐肉祭天,以消除巨大的天灾。引申字义:继承。

18.家,甲骨文✸=✸(宀,房屋)+✸(豕,猪),像屋里养着一头大腹便便的猪。造字本义:蓄养生猪的稳定居所。由配偶或血亲关系的成员构成的最小社会组织。引申字义:家业。

六三:勿用。取女？见金夫,不有躬,无攸利？

[译文]筮:有暴力妇女吗？占:不能。再筮:人口贩子,会使妇女失去人身自由,这没有任何好处吗？

注释:六三爻辞"取女"为问辞,"勿用"为断辞。"见金夫,不有躬,无攸利"为问辞,无断辞。

字词解释:

19.取,甲骨文✸=✸(耳朵)+✸(用手抓),表示手持割下的耳朵。造字本义:割下死敌的耳朵,以示战功。引申字义:暴力。

20.金,金文✸=✸(沙粒)+✸(即"今"✸的变形,是"含"的本字)+✸(土,地矿),表示包含在泥沙中的矿粒。有的金文✸写成混合结构,形象地表明颗粒形状的贵重矿物✸包含✸在泥沙✸中。有的金文✸将表示矿物颗粒的两点✸写成四点✸,突出了金沙的"颗粒"形象。金文字形表明,造字时代的古人已经开始了在河床上淘金。这种耐高温、抗腐蚀、具有最佳延展性的黄色矿物质,最终成为全球通行的货币标准。造字本义:一种藏于泥沙和冲积层中的粒状赤黄色贵重矿物,古专指"青铜"。

21.夫,甲骨文✸在✸(大,成人)的头部加一横指事符号一,代表发簪。造字本义:成年男子束发,并用发簪固定。

22.金夫,本处特指"人口贩子"。

23.躬,是形声兼会意字,由"身"和"弓"(像弯曲的身体)两部分组成,躬也表声。躬的本意指身体,多指自身。

24.不有躬,指"没有人身自由"。

六四:困蒙? 吝。

[译文]筮:启蒙教育要实行封闭管理吗? 占:麻烦。

注释:六四爻辞"困蒙"为问辞,"吝"为断辞。

字词解释:

25.困,甲骨文 囷 = 囗(囗,石砌的花池)+ 木(木,树),表示接近根部的树干被地面上石砌的池子限制,生长受阻。造字本义:树干被砌石圈死,生长受阻。引申字义:封闭。

六五:童蒙? 吉。

[译文]筮:启蒙教育从小孩抓起吗? 占:美好。

注释:六五爻辞"童蒙"为问辞,"吉"为断辞。

上九:击蒙,不利,为寇,利。御寇?

[译文]筮:督促启蒙教育,还不能顺利推进,寇官要按"三法五刑"来惩处,君王要亲自掌管吗? 占:有利。

注释:上九爻辞"击蒙,不利,为寇,御寇"为叙、问辞,"利"为断辞。

字词解释:

26.击,"毃"是"擊"的本字。毃,毃 = 車(車,战车)+ 囗(圆圈,表示旋转)+ 殳(殳,持械击打),造字本义:两军对垒,用战车、军械互相进攻厮杀。引申字义:督促。

27.御,甲骨文或作"_御",从卩、午声。卩(卩)像人跽跪之形,午为"杵"的初文,二者相合正像人跪坐持杵操作之形,故有治用的意思。甲骨文又或从示、或从攴。"示(丅)"像筹算竹片纵横的样子,本义为筹策,于此亦表示操作计算之意;从攴也有操作之意,二者当是重形繁文。金文仍有作从卩、午声的字形,也有增"辵"形者,则表示驱驰行走的意思。战国文字仍作从辵、卸声的字形,只是将「辵」字下的"止"移于"午"下,而有结合的现象。至篆文,则将"辵"字的"止"

与"午"相合作"𢆉",而"彳""卩"置于两旁,整个字形成为从彳、卸声的"𢕊",已不易看出"辵"字了。《说文》另收有古文"𩢲",驭的金文作"𩢲""𩢲",战国文字作"𩢲""𩢲",都像以手持策驱马的样子。引申字义:君王亲自管理。

28.寇,掌管三法五刑的司寇。

第五水天《需》卦䷄

䷄卦文字抽象事义:等待。下卦为乾、为天,上卦为坎、为云,云在天上不雨。

《需》卦是周王室在大败犬戎之后,攻打密须国(今甘肃省平凉市灵台县)的筮占记录。

密须国之姓和其地望,文献多有记载。《左传·定公四年》云:"分唐叔以大路、密须之鼓。"杜预注:"密须,国名。"《左传·昭公十五年》云:"密须之鼓与其大路,文所以大搜也。"杜预注:"密须,姞姓国,在安定阴密县,周文王伐之,得其鼓、路以搜。"《国语·周语中》云:"昔鄢之亡也由仲任,密须由伯姞。"韦昭注:"伯姞,密须之女也。……《世本》云:'密须,姞姓'。"《史记·周本纪》云:文王"明年伐密须"。集解:"应劭曰:'密须氏,姞姓之国'。瓒曰:'安定阴密县是。'"正义:"《括地志》云:'阴密故城在泾州鹑觚县西,其东接县城,即古密国'。杜预云姞姓国,在安定阴密县也。"

古密须国在灵台县城西50华里之百里镇,在周人西北。密须国在商末时为周原西北部的一个强悍部族,具有一定实力与野心,为向外扩展,攻打周的属国阮、共(皆在今甘肃省平凉市泾川县附近)。文王以吊民伐罪名义整军誓师出征,一举攻灭密须,并将密人迁于程邑(今陕西省咸阳市渭城区韩家湾乡白庙村),加强了对密人的监视与统治。《资治通鉴外纪》有文王受命"三年伐密须",问太公:'吾用兵熟可?'曰:'密须氏疑于可,我先伐之'。管叔曰:'其君天下之明君,伐之不义'。太公曰:'先王伐逆不伐顺;伐险不伐易'。西伯曰:

'善。'(如何对待密须,表现出管叔与太公认识上有分歧,暴露出后来管叔相武庚而叛乱的端倪)。《吕氏春秋·用民》篇云:密须之民自缚其主而与文王。

本经:需,有孚,光,亨,贞:吉? 利。涉大川?

[译文]筮:准备(攻打密须),全用(密须)奴隶人牲,祭祀、祷告先祖,祥瑞吗? 能渡越大河吗? 占:顺利。

注释:《需》卦本经中"涉大川"、初九爻辞中"需于郊"、九二爻辞中"需于沙"、九三爻辞中"需于泥"、六四爻辞中"需于血"、九五爻辞中"需于酒,食"、上六爻辞中"入于穴"的文辞,清楚地阐明了周文王攻打密须,征途在"郊、沙、泥、血"四地进行休整,随后举行酒祭,大军悄无声息地接近密须,在其毫无应战准备的情况下,迫使密须不战而降。

经文里的"大川",到底是指哪条河? 有说是渭河,也有说是泾河,更有说都不是,是两河之间的某条支流。从"公刘自漆、沮度渭,取材用"与"古公亶父乃与私属遂去豳,度漆、沮,逾梁山,止于岐下"两者的记载来看,前者是说周人渡渭在南山砍伐木材盖房子,后者是说周人在岐建国,但东北有漆、沮二条河流。据此,姬周应在渭河以北。密须古国在今甘肃省平凉市灵台县,在泾河以南。县内有达溪河、蒲河、黑河,古称三水县,再综合爻辞"九二:需于沙""九三:需于泥"来分析,可能是一条河流沙多,一条河流泥大。经文里的"大川"可能指泾、渭两条河的不同支流。

本经"需,有孚,光,亨,吉"为叙、问辞,无断辞;"涉大川"为问辞,"利"为断辞。

字词解释:

1.需,甲骨文 = 大(大,人)+ (水),像一个人大两腋之下汗水淋漓 ,表示体虚发汗。有的甲骨文 在两腋、两腿之下都加"水" 。造字本义:体弱身虚,严重盗汗。金文字形 更加突出了两腋大发汗 的形象特征。有的金文 误将早期金文字形中上部的人头、两臂 和汗水写成"雨"。篆文则误将金文中的"天"写成"而"。"需"的"体虚盗汗"本义消失后,引申义为遇雨无法前进,停下等待。字形采用"雨"作部首,采用"而"作声旁。引申字义:准备、等待、休整。

2.孚,甲骨文=（爪,抓）+（子,男孩,壮丁）+（彳,行进）,造字本义:在人口决定部落强弱的远古时代,部落间劫捕男童和壮丁。"孚"的"劫捕男丁"本义消失后,篆文再加"人",另造"俘"代替。

3.有孚,奴隶人牲。

4.光,甲骨文=（火炬）+（人）,字形像蹲跪着的人擎着火炬,高过头顶。造字本义:古代提供照明的、由奴隶手举的火把。商周两代的金文阶段,上部的"火"又进一步讹变,人头上的"火"不仅有三道火苗,而且还迸出了两点火星来。西周晚期"毛公鼎"的"光",边上的两道火苗已拉平近于横线,人也不是跪姿了。引申字义:全部、一点儿不剩、全没有了、完了、精光、用光。

5.涉,甲骨文=（步,行走）+（川,河）,表示徒步蹚水过河。有的甲骨文将"川"简化成或。造字本义:徒步蹚水过河。金文在甲骨文字形的基础上再加"水",强调"涉"是渡河。引申字义:渡越。

6.川,甲骨文与"水"字形相似而结构相反。两道折线表示岩壁耸立的两岸,中间的虚线表示急湍的水流。造字本义:山谷间由山涧、溪流汇成的湍急小河。

7.涉大川,意指"渡越大河"。

初九:需于郊？利。用恒？无咎。

[译文]筮:大军于城郊(百里左右)休整吗？占:有利;再筮:要激励全军、坚定意志吗？占:没有过错。

注释:初九爻辞"需于郊"为问辞,"利"为断辞;"用恒"为问辞,"无咎"为断辞。

字词解释:

8.恒:"亘"是"恒"的本字。亘,甲骨文⫯=⫯(二,代表天地两极)+⫯(夕,即"月",借代天体星辰),表示天地宇宙,日月星辰,千古如斯,永续恒久。当"亘"的"永恒"本义消失后,金文⫯加"心"⫯另造"恒"代替,表示心志的永久稳定。造字本义:心志如日月一般永久不变。

9.用恒,激励全军,坚定意志。

九二:需于沙,小有言,终? 吉。

[译文]筮:大军要在"沙"地休整,少数人有意见,结果呢?占:美好。

注释:九二爻辞"需于沙,小有言,终"为叙、问辞,"吉"为断辞。

字词解释:

10.沙,"小"是"沙"的本字。小,甲骨文⫯像众多(三)沙粒。金文⫯承续甲骨文字形。当"小"的"沙粒"本义消失后,金文⫯在细颗粒形象⫯基础上再加"水"⫯另造"沙"代替,表示水边的细沙。造字本义:水边极细微的石粒。本处"沙"是地名。

11.言,甲骨文⫯在舌⫯的舌尖位置加一短横指事符号⫯,表示舌头发出的动作。造字本义:鼓舌说话。引申字义:意见、议论、怨言。

九三:需于泥,致寇至?

[译文]筮:大军要在"泥"地休整,司寇要施行军规吗?

注释:九三爻辞"需于泥,致寇至"为叙、问辞,无断辞。

字词解释:

12.泥,"泥"为地名。

13.致,施行、施加。

14.至,本处指"军规"。

15.致寇至,是"寇致至"的倒装句。

六四:需于血,出自穴?

[译文]筮:大军在"血"地休整后,再向"穴国"进发吗?

注释:六四爻辞"需于血,出自穴"为叙、问辞,无断辞。

密须古国地属陇东黄土高原残塬区,这里的黄土属老黄土,土层厚,孔状结构,有垂直节理而湿陷性较小,加之黄土中少含砂石,十分利于掏穴钻洞。《灵台县志》记载:"灵民野处者依崖掏穴,城居者土墙瓦盖,并无砌砖粉饰之壁。"自然条件和传统因素,使土窑洞成为当地最有特色的民居民宅。有研究者认为,密须人普遍采用窑洞作为居住建筑,所以,周人称密须为"穴国"。

字词解释:

16.出,甲骨文 ❍=❍(彳,行军)+❍(止,脚)+❍(口,城邑),表示离邑行军。造字本义:离开城邑,行军远征。引申字义:大军启程。

17.自,是"鼻"的本字。甲骨文 ❍像人的鼻子,有鼻梁、鼻翼。造字本义:鼻子,位于脸部中央的呼吸器官。本处字义:大军。

18.穴,甲骨文 ❍=❍(石)+❍(石),表示巨石相向成拱。造字本义:两块相向的石崖所构成的石洞,即巨岩中的洞窟。本处"穴"为密须方国"别名",带有轻蔑称谓,其民众主要以窑洞为住处。

九五:需于酒,食,贞:吉?

[译文]筮:准备酒祭,大军饱餐,美好吗?

注释:"需于酒,食,吉"为叙、问辞,无断辞。

字词解释:

19.酒:酒祭。"酉"是"酒"的本字。酉,甲骨文 ❍像是有酒篓伸进大缸的酒坛。"酉"的"酒坛"本义消失后,甲骨文 ❍、❍再加"水"❍、❍,强调坛中饮料的液态性质。造字本义:用粮食的淀粉糖发酵制成的香甜兴奋饮料。

20.食,甲骨文 ❍=❍(朝下的"口",表示低头吃东西;两点指事符号 ❍,表示唾星)+❍(有脚的盛器),低头吃东西。造字本义:津津有味地进餐。

上六:入于穴,有不速之客三人来,敬之,终?吉。

[译文]筮:攻入穴国,有三人主动前来归顺,要礼貌地对待他们,结果呢? 占:美好。

注释:上六爻辞"入于穴,有不速之客三人来,敬之,终"为叙、问辞,"吉"为断辞。

字词解释:

21.入,甲骨文∧像盒盖向下,表示收存物品,加盖封藏,金文∧承续甲骨文字形。造字本义:收存物品,加盖封藏。本处字义:攻入。

22.速,金文=彳止(辵,行进)+束(东,行囊),造字本义:背负行囊远行。

23.不速,谓未受邀请而突然来临。

24.来,来是"麦"的本字。来,甲骨文像叶子对生的麦子,顶部的一撇像麦穗。有的甲骨文略有变形,误将表示麦茎的中间一竖穿透表示麦穗的一横。金文承续甲骨文字形。有的金文加"彳"(行,迁移)、(止,"趾"),强调麦子由异域"引进"中原。麦子是从南欧及西亚引进的作物品种,产量大大高于黍、粟等本土作物。古人将这种优良作物命名为"来",外来的。造字本义:麦子,从外域引进的作物。引申字义:到来。

25.客,甲骨文=∩(宀,居住)+(夊,是"止"的倒写,与"到家"相反,即进入他乡)+(人,旅人),表示进入他乡,暂居他乡。金文将甲骨文字形中的"夊人"写成"各",明确"客"为"外来人"的含义。造字本义:旅居他乡。

第六天水《讼》卦 ䷅

䷅卦文字抽象事义:分明。下卦为坎、为盗,上卦为乾、为君子,邪不压正。

《讼》卦是周文王讼断虞、芮之争的筮占记录。

《史记·周本纪》:

> 帝纣"乃赦西伯,赐之弓矢斧钺,使西伯得征伐……西伯阴行善,诸侯皆来决平。于是虞、芮之人有狱不能决,乃如周。入界,耕者皆让畔,民俗皆让长。虞、芮之人未见西伯,皆惭,相谓曰:'吾所争,周人所耻,何往为,祇取辱耳。'

遂还,俱让而去。诸侯闻之,曰'西伯盖受命之君'。"

以上文献一是说帝辛赦西伯,并授权征伐,大多认为"文王受命"从这时起。二是说虞、芮之人如周甚惭,遂还俱让。按《史记》记载,西伯五年伐犬戎、密须、耆、邘、崇侯虎五国的时间过程,还有待商榷。从政治逻辑上看,虞、芮如周,表现出攀附姿态,是因为西伯有征伐大权。《屯》卦"六三:即鹿,无虞",也就是说此前周王室封了"鹿"国,并没有封"虞"国,其国君必心怀不安,似乎也印证了以上观点。但是,这种政治逻辑与现实时序相互矛盾。虞、芮攀附西伯,是在西伯伐五国之前。西伯尚未征伐,胜负未卜,虞、芮的态度难免鲁莽,即是铁了心要亲周,时机把握上也不是最佳。那么,最佳的时间呢?按照犬戎、密须在西北,耆、邘在东北,崇侯虎在中的地理战略格局,虞、芮如周,当在西伯伐密须之后,伐崇侯虎之前。再者,如此重大事件,西伯不会不筮占,更不会对筮占不做记录。对此,《周易》给出了答案,《讼》卦就是虞、芮如周的史事筮占记录。只不过《讼》卦记录的是虞、芮因奴隶所有权之争,并非传说的土地争执,也可能是土地争执自然会涉及土地上人口所属。由此看来,"文王受命"不在"虞芮之断"时,应在"文王伐犬戎"之前。

本经:讼,有孚窒惕,中吉,终凶,利。见大人?不利。涉大川?

[译文]筮:讼争,因奴隶所有权有争议,讼争适可而止美好,争到底则凶险,让成年人都来现场旁听讼断吗?占:可以。再筮:人口和土地权属能越过大河吗?占:不可以。

注释:《讼》卦本经中"有孚窒惕,中吉,终凶,见大人""涉大川"、初六爻辞中"不永所事"、九二爻辞中"不克讼,归而逋"、六三爻辞中"食旧德"、九四爻辞中"复即,命渝"、九五爻辞中"讼"、上九爻辞中"朝三褫之"的文辞,阐明了虞、芮讼断过程甚为激烈,发生了不服从讼断、拖延执行时间、上诉改判、维护讼断等现象。尤其是"朝三褫之",说明得到了不该得到的终究会失去。看来,《周本纪》所载的"吾所争,周人所耻,何往为,祇取辱耳"并不真实,虞、芮二位国君品德没有太史公笔下那么高尚。《讼》卦卦辞和爻辞,丝毫看不出讼争指向的原告和被告双方,这恰是文王的高明之处,或是周公在编撰时刻意删除,维护虞、芮二位国君及后人形象。

卦辞中的"大川"指哪条河?古虞国在今山西省运城市一带,古芮国在今陕西省韩城市一带。两国以黄河为界,为什么还有土地、人口所属纠纷?只有一种可能,就是黄河经常向东或向西改道,自然就发生土地和人口的权属变化。"三十年河东,三十年河西",就是针对这段黄河而言。

本经"讼,有孚窒惕,中吉,终凶,见大人"为叙、问辞,"利"为断辞。"涉大川"为问辞,"不利"为断辞。

字词解释:

1.讼,由"言"与"公"构成,言,甲骨文在舌的舌尖位置加一短横指事符号,表示舌头发出的动作。造字本义:鼓舌说话。公,甲骨文=(八,是"分"的本字,表示分配)+(口,吃,进食),表示平均分配食物。金文承续甲骨文字形。有的金文将甲骨文的"口"写成,在"口"(吃)上加一竖指事符号,表示与"吃"相关的某种生活方式。公,造字本义:生产力水平低下、食物匮乏的远古时代,人们平均分配赖以生存的食物。讼,本义指争论实物分配不公,引申字义:在法庭上公平公正地争辩是非曲直。

2.窒,古钵=(穴)+(至,即"到""倒",卧床而睡),造字本义:睡在不通风的地穴中,因缺氧而呼吸不畅。引申字义:有争议、不顺。

初六:不永所事,小有言,终?吉。

[译文]筮:不讼争到底,少数人会有议论,最终呢?占:美好。

注释:初六爻辞"不永所事,小有言,终"为叙、问辞,"吉"为断辞。

字词解释:

3.所,金文=(户,门窗,借代房屋)+(斤,"斫"的省略,用刀斧砍、削),造字本义:木匠拉锯挥斧,筑屋造门。后引申为助词,与动词"事"合成名词性短语"所事",意指"讼争"。

九二:不克讼,归而逋,其邑人三百户,无眚?

[译文]筮:败诉,回到家里拖延执行,不移交采邑内三百户给胜诉方,对这些人也不会施加祸患吗?

注释:九二爻辞"不克讼,归而逋,其邑人三百户,无眚"为叙、问辞,无断辞。

字词解释:

4.不克,败诉。

5.归,甲骨文 = (兵符,代军权,代战争)+(止,终结)+(方,边远势力),造字本义:异域远疆停止敌对与战争状态,顺服于中央朝廷。有的甲骨文误将中"止"与"方"组成的写成了"帚"。金文承续甲骨文,并加"辵"(行进),强调前往中央朝拜。籀文省去。篆文基本承续金文字形。引申字义:讼断结束,回到家里。

6.逋,(形声。从辵),甫声。逋的原始意义是奴隶逃亡。本义:逃亡,逃跑,引申字义有"拖欠(债务)、拖延"的意思。

7.眚,人为祸难。

六三:食旧德,贞:厉?终吉。或从王事,无成?

[译文]筮:讼断要按祖上传承为原则,危险吗?占:结果美好。再筮:这些人愿为君王做事,但不会有成就吗?

注释:"食旧德""厉"为叙、问辞,"终吉"为断辞。"或从王事,无成"为叙、问辞,无断辞。

字词解释:

8.食,意指"继承"。

9.旧,甲骨文 = (高冠的鸟)+(凵,地面凹洞),像一个有冠羽的猫头鹰栖息在巢穴凵中。有些鸟类不筑巢,选择土墙或土壁上原有小洞空为巢。造字本义:不筑巢的鸟类栖息在原本存在的土洞中。引申字义:祖上。

10.德,通"得"。

11.食旧德,是"德食旧"的倒装句,意指"继承祖上"。

九四:不克讼,复即,命渝,安贞:吉?

[译文]筮官安筮:讼败,立即上诉,改判裁决,美好吗?

注释:九四爻辞"不克讼,复即,命渝,吉"为叙、问辞,安为筮官名,无断辞。

字词解释:

12.复,甲骨文 = (郭,像城邑两头各有出口)+ (倒写的"止",行走),表示往返城门。造字本义:出城门后返回。引申字义:上诉。

13.即,甲骨文 = (内盛食物的器皿)+ (人),像一个人跪坐在盛有食物的器皿前面。造字本义:靠近食物,就餐,与"既"相反。金文 承续甲骨文字形。篆文 略有变形,把装满食物的器皿 写成 。隶书 将篆文的 写成 ,将篆文的"人" 写成"单耳旁" 。近食就餐为"即";餐毕离席为"既"。

14.复即,是"即复"的倒装,意指"立即上诉"。

15.命,"令"是"命"的本字。令,甲骨文 = (朝下的"口")+ (人,等候指示的下级),表示上级指示下级。当"令"成为常规名词后,金文 再加"口" 另造"命",代替"令"的本义动词功能,强调"开口发令"。造字本义:上级向下级开口发话,做出权威性指示。本处字义:裁决。

16.渝,改判。

17.命渝,是"渝命"的倒装,意指"改判裁决"。

九五:讼?元吉。

[译文]筮:按讼断执行吗?占:最为美好。

注释:九五爻辞"讼"为问辞,"元吉"为断辞。

上九:或锡之鞶带,终,朝三褫之?

[译文]筮:有些人会被封职、赐他鞶带,后来,在他第三次上朝时予以剥夺吗?

注释:上九爻辞"或锡之鞶带,终,朝三褫之"为叙、问辞,无断辞。

字词解释：

18.锡，同"赐"，金文𧶠=貝(贝，钱财)+易(易，转手)，造字本义：将自家财宝转赠他人。

19.带，甲骨文像是前巾与后巾之间有扣结的布条。造字本义：扎在腰间用以系裙的扁长的布条。赵孟頫临写的籀文像穿在一排扣孔里的绳子。有的籀文综合甲骨文字形与籀文字形，将甲骨文字形中的前巾与后巾重叠。篆文基本承续籀文字形。古代饰物，佩在身上叫"带"，别在头上叫"戴"。

20.鞶带：皮制的大带，为古代官员的服饰。

21.朝，甲骨文𦥑=𣎆("早"的异体字)+)(夕，晓月)，表示太阳刚刚升起，月亮尚未落尽。有的甲骨文𦥑将"早"的异体字写成𣎆。金文𦥑误将甲骨文字形中的"夕")当作"水"而写成类似"川"的川。有的金文𦥑将不明确的字形川写成明确的"川"川。篆文𦥑则误将金文字形中的"早"𣎆写成"倝"倝；同时误将金文字形中的"川"川写成"舟"舟。造字本义：名词，月落将尽、红日初升的大清早。隶书朝恢复甲骨文字形𦥑的结构，将甲骨文字形中的"早"𣎆写成倝；将甲骨文字形中的"夕")写成"月"月。引申字义：皇帝主持商议政事的朝会。

太阳西沉为"昏"，太阳落山为"暮"，月亮初升为"夕"，月高人静为"夜"，安定入宿为"冥"，晨光微露为"曙"，太阳升高为"晓"，月尽日出为"朝"，日浴草木为"早"，荷锄出工为"晨"。

22.褫：剥夺。

第七地水《师》卦☷☵

☷☵卦文字抽象事义：交战。下卦为坎，为弓，上卦为坤、为众，众人持弓射箭。

《师》卦是周王室以姜太公为统帅，首次攻打崇国的筮占记录。

崇国，古地名。夏、商都有崇国。唐虞时期因为夏禹之父鲧建造城郭有功，尧把崇地(今河南省登封市嵩山周围)封给了鲧，并让他负责管理那里的土地和人民,称"崇伯鲧"。古时,嵩山名为"外方",夏商时称"崇高"。《国语·周语》称禹之父鲧为"崇伯鲧","崇高"之名缘于此。商代的崇国,是商灭夏之后,登封崇国部落西迁至关中地区丰、镐之间,位在今陕西省西安市长安、鄠邑区一带,是一个很古老的国家。关于文王伐崇,有以下观点。

观点一:《说苑·指武》篇记:

文王将欲伐崇,先宣言曰:"余闻崇侯虎蔑侮父兄,不敬长老,听狱不中,分财不均。百姓力尽,不得衣食,余将来征之,唯为民。"乃伐崇,令"毋杀人,毋坏室,毋填井,毋伐树木,毋动六畜,有不如令者,死无赦"。崇人闻之,因请降。

观点二:崇侯虎曾在商纣王面前陷害过周文王,是周的"仇方",同时也是商朝西方唯一可以与周抗衡的势力。周文王团结兄弟盟邦,倾全部兵力,用钩援、临冲等攻城武器,终于攻陷崇城。

观点三:说崇国不在今陕西省西安市长安、鄠邑区一带,而在今河南省洛阳市嵩县西,为殷商西部重镇,以筑有高城著称。文王率师攻城,三旬而崇军不降。文王退兵,重修教化,操练士卒,借助先前所构的战垒,重新组织攻城,崇陷军降。文王得崇后,便使周有了"三分天下而有二"之大势。

分析下,西汉刘向《说苑·指武》篇所载伐崇,是受儒家影响、美化周文王的颂赞,基本上不可信。关于传说二的情况,进攻与防守双方势均力敌,攻城之战十分惨烈,但并非首战即胜。关于传说三,最接近《周易》中《师》卦和《同人》卦文王两次伐崇的记载,但却将"崇国"地址说成是河南省洛阳市嵩县西,而非陕西省关中鄠邑区及周边。

崇国到底在哪?按《周易》事件筮占次序,《师》卦记录了第一次攻打崇国,《同人》卦记录了第二次攻打崇国,《谦》卦记录了文王"勘黎伐邘"。《史记·周本纪》:"明年,伐犬戎。明年,伐密须。明年,败黎国。殷之祖伊闻之,惧,以告帝纣。纣曰:'不有天命乎?是何能为!'明年,伐邘。明年,伐崇侯虎。"以上《史记》史事顺序或是记载、编撰有误,文王伐崇应在"勘黎伐邘"之前,这样,才与《周易》记载吻合。

本经:师、贞:丈人?吉;无咎。

[译文]筮:军队由丈人(姜太公)统帅吗?占:美好;没有过失。

注释:《师》卦本经中"师、丈人"、初六爻辞中"师出以律,否臧"、九二爻辞中"在师中""王三锡命"、六三爻辞中"师,或舆尸"、六四爻辞中"师左,次"、六五爻辞中"长子帅师,弟子舆尸"、上六爻辞中"开国承家,小人勿用"的文辞,首先强调统帅部有令必出、令出必行。在两军阵前,周文王亲自指挥,战事之惨烈、伤亡之严重,不得不退守险要。面对不利战局,周文王果断调整军队的指挥统帅和分工,总结出"伟大君王(古公亶父)奉天承运、开疆建国、传承家族事业、人少了是不能实现的"的教训。当然,这也是周文王委婉地给自己找个失败的理由。

本经"师,丈人"为问辞,"吉;无咎"为两次筮占断辞。

字词解释:

1.师,甲骨文像古代兵符,像是圆块○中的一部分。朝廷将刻有虎、狮等图案的圆形玉块○,切割成裂纹不规则的两块或几块,部分留在朝廷,部分放在地方或军队。朝廷和军队均以所持兵符能否吻合来检验兵权和调动权的真伪。这种有图案的残块是最早的"兵符"。有的甲骨文将圆块中残块形状写成,并加,表义不明。有的甲骨文将写成。造字本义:古代检验军权的兵符。引申字义:军队、出征打仗、战事、双方交战。

2.丈,篆文=十(午即"杵"的变形)+(又,抓),造字本义:扙,手持棍杖。隶书丈将篆文的"十"十与"又"连写,严重变形,字形的"持杖"线索消失。当"丈"的"手持棍杖"本义消失后,再加"人"另造"仗";加"木"另造"杖";加"手"另造"扙"代替。引申字义:成年男子、年长者。

3.丈人：从古到今，女婿称妻子的父亲为"丈人"。这里指"姜尚、太公望"。望，本字"朢"。在上古时期，祭拜日月、山川的活动称作朢祭或朢拜；祭拜祖先的活动称作朢祭或朢拜，由专职祭司在指定时间操持举行，后逐渐统一称为"望"。在典籍《尚书·舜典》中记载："望，于山川。皆一时望祭之。"在史籍《春秋公羊传》中记载："望者何，望祭也。"后来，随着人类对自然与社会事物、规律的逐渐了解和掌握，"望"字渐渐失去了其原义，仅成为"有距离的瞻视"之意义。

据说，"望"源于姜姓，出自商末周初西周开国功臣姜尚，属于以先祖名号为氏。西周初期诸侯大国齐国的开国之祖姜尚，其大半生在穷困潦倒中度过，年老而穷困，终日在江边钓鱼。借垂钓之名来观望时局，使自己的才华得以施展。故其钓鱼用直钩且不放鱼饵，别人问其缘由，他说"愿者上钩"。其实，姜尚钓鱼是假，以怪异举动等待周文王姬昌的赏识是真。其后，"太公钓鱼，愿者上钩"成为妇孺皆知的事。西伯侯将外出打猎，命太史编占卜出行的地点及吉凶征兆，太史编经过占卜，对周文王说："所获非龙非螭，非虎非罴，所获霸王之辅。"于是周文王出猎，路经渭水之滨，果然遇见姜尚于钓鱼台垂钓。两人一见如故，交谈后周文王大悦，说："自从我的先君太公曰：'当有圣人适周，周以兴'。果真是你啊？我的太公望之久矣。"于是二人一同坐车回城，周文王立姜尚为国师，统管军国大事祭祀，称"太公望"。由于文王在攻打密须时，采纳了姜太公的建议，兵不血刃，大获全胜，姜太公取得了周文王一定的信任，伐崇时委以统帅。又文献记载：邑姜，周太公望之女，周武王姬发的王后，周成王姬诵、唐叔虞的母亲，这个联姻足见周文王对姜尚的信任和重视。

初六：师出以律，否臧？凶。

[译文]筮：统帅军队依靠严明的军纪，若军令不通、执纪不明呢？占：凶险。

注释：初六爻辞"师出以律，否臧"为叙、问辞，"凶"为断辞。

字词解释：

4.出,本处字义:依靠。

5.律,意为法律、规则、约束。引申字义:军纪。

6.否,是"呸"的本字。金文 ≡ (不,反对、拒绝)+ (口,唾弃),表示大声吐口水,以示反对与唾弃。造字本义:唾弃,行不通。引申字义:不通。

7.臧,表示躲避抓壮丁。当"臧"的"躲避"本义消失后,古钵字形藏加"艹"(草,隐蔽)另造"藏"代替,造字本义:隐匿,躲避。引申字义:不明。

九二:在师中,吉;无咎。王三锡命?

[译文]筮:列阵,与敌军对垒,君王要三次下达作战命令吗?占:美好;没有过失。

注释:九二爻辞"在师中,王三锡命"为叙、问辞,"吉;无咎"为两次筮占断辞。

"王三锡命",就令人疑惑了,既然是姜太公为统帅,阵前为什么还要等"王命"?难道周文王随大军一起出征了?以上六爻辞总结的"小人勿用"失败理由、推卸责任来看,周王室军队统帅部是混乱的,周文王是实质上的统帅,姜太公也许是"有名无实"。再从"六五:田有禽,利执言?无咎。长子帅师,弟子舆尸"的作战分工调整来分析,可能由于前期作战不顺、损失较大,周文王返回岐下,将指挥权移交给长子姬发了,姜太公并未掌握军权。

字词解释:

8.锡:下达。

9.命,命令。

六三:师,或舆尸?凶。

[译文]筮:双方交战的同时,有人用车拉走战死将士的尸体吗?占:凶险。

注释:六三爻辞"师,或舆尸"为叙、问辞,"凶"为断辞。

依爻辞"师,或舆尸?凶"判断,姜太公欲改变战场规则。那时应是两军交战,边厮杀,边拉运各自战死者尸体,而非现在战斗结束后再打扫战场。

字词解释:

10.或,有人。

11.舆,甲骨文像四(众多)只手合力推动有轮子的车。金文将车子写成明确的"车"。造字本义:众人用手推车。本处字义:用车拉。

六四:师左,次? 无咎。

[译文]筮:大军退却,扼守险要吗? 占:没有过失。

注释:六四爻辞"师左,次"为叙、问辞,"无咎"为断辞。

字词解释:

12.左,甲骨文为象形字,字形与"右"相反,像一只手伸向右边,表示"左手",即面朝南方时身体东边一侧的那只手。由于古人常用左、右两手的某些动作表示呼求、祷告,从原有的方位名词又演变出了相关的动词含义。于是金文在名词的基础再加"言"(祷告呼求)另造代替,表示呼求神助;或在名词的基础上再加"工"(巧具、事工)另造代替,表示呼求神赐巧具,助事成功。造字本义:拱手祷告,呼求神助。引申字义:退却。

13.次,旅途所居之处所。引申字义:扼守险要之地。

六五:田有禽,利执言? 无咎。长子帅师,弟子舆尸,贞:凶?

[译文]筮:打猎收获鸟兽,有利于施行军令吗? 占:没有过失。再筮:由兄长及宗族长统帅军队作战,由弟弟及宗族长把阵亡将士的尸体用车拉回,凶险吗?

注释:六五爻辞"田有禽,利执言"为叙、问辞,"无咎"为断辞。"长子帅师,弟子舆尸,凶"为叙、问辞,无断辞。

字词解释:

14.禽,"禽"是"擒"的本字。禽,甲骨文是倒写的"网"。网口朝下表示在地面狩捕鸟类或小动物,网口朝上表示用网罩在空中追扑飞行的鸟雀。有的甲骨文=（开口向上的"网"，捕鸟工具）+（"十"是"又"的变形，抓持），表示持网捕鸟。金文在网罩上方加一个盖子，表示将抓捕的鸟雀放在封闭空间里。造字本义：持网捕鸟。引申字义：鸟兽。

15.执，甲骨文=（拷手的枷锁）+（一个人伸出双手），字形像一个人的双手被锁在木枷里。造字本义：用木枷锁住嫌犯双手，正式逮捕拘押。引申字义：操作、施行。

16.长，甲骨文是象形字，像一个人头发飘散的样子。有的甲骨文像头发飘散、拄着拐杖的老年人，一横指事符号表示发簪。有的甲骨文在头发飘散形象的基础上加"又"（抓），表示拄杖的老人。古代中国人认为须发是父母所赐，不能随意剃剪，因此年龄越大，须发越显眼，成为年老的象征。造字本义：头发飘飘的拄杖老人。引申字义：同辈中排行第一的、最大的兄长。

17.弟，"弟"是"第"的本字。弟，甲骨文=（倒写的"弋"，木柄武器）+（己，纪、绑），表示缠束戈戟木柄，以增强其韧性。造字本义：用绳带一道道渐次缠绕戈戟的木柄。金文将甲骨文的倒"弋"重新倒转回来。篆文承续金文字形。隶书严重变形，不见"弋"形。当"弟"的"渐次缠绕"本义消失后，篆文再加"竹"另造"第"代替，表示依次将竹简的简条缠系成册。引申字义：同辈里排行小的男子、弟弟。

上六：大君有命，开国承家，小人勿用？

[译文]筮：伟大君王（古公亶父）奉天承运，开疆建国、传承家族事业，人少了就不能实现吗？

注释：上六爻辞"大君有命，开国承家，小人勿用"为叙、问辞，无断辞。

字词解释：

18.大君，指"周文王的祖父古公亶父"。

19.有命，指"奉天承运"。

20.开,本字"開",金文🀄=🀄(门)+🀄(开,双手🀄抽拉门闩🀄),表示一双手将门闩抽出闩孔。造字本义:抽掉门闩,启动关闭的门。引申字义:开创、创立。

21.国,表示为古代诸侯封地而建的、有武力守卫的城邦。有的金文🀄=🀄(或,即"域",领地)+🀄(王),强调"国"是"王的领地"。造字本义:武力守卫的一方疆域。篆文🀄承续金文字形。俗体楷书国综合金文字形🀄和🀄,在"囗"(四境)内的"王"(拥有最高军权者)字上加一点(不是"玉"),写成指事字,表示"四境之内皆为王土"。

22.承,继承、传承、发扬光大。

第八水地《比》卦 ䷇

䷇卦文字抽象事义:亲近。下卦为坤、为地,上卦为坎、为河,河水流淌地上。

《比》卦是周王室为了对户籍人口有效管理、大力推行"五家比法"的筮占记录。

在夏商时期,就曾有过编制户口的办法。《通典·食货三》载:"使八家为井……故井一为邻,邻三为朋,朋三为里,里五为邑,邑十为都,都十为师,师十为州",这就是户口、户籍及其管理的编制。《周礼·地官司徒》:"令五家为比,使之相保;五比为闾,使之相受;四闾为族,使之相葬;五族为党,使之相救;五党为州,使之相赒;五州为乡,使之相宾。"

《师》卦"上六:大君有命,开国承家,小人勿用",这是对周王室首次攻打崇国失利的总结,主要原因是兵力不足。周文王急于改变这一现状,大力推行"五家比法",加强人口和户籍管理,以保障兵员。

本经:比?吉。原筮:元,永贞:无咎?不宁方来,后夫?凶。

[译文]筮官原筮:在所有诸侯方国、宗族部落推行"比"法制度吗?占:美好。筮官永再卜,这样没有过失吗?再卜:有些方国等待百姓不能安居乐业时,才推行"比"法,如何对待最后加入"比"法组织

的人呢？占:使其有危险意识。

注释:本经中"不宁方来,后夫"、初六爻辞中"有孚比之""有孚盈缶,终来有它"、六二爻辞中"比之自内"、六三爻辞中"比之匪人"、六四爻辞中"外比之"、九五爻辞中"显比"、上六爻辞中"比之无首"的文辞,阐明了周王室首先在奴隶中推行"五家比法"。随后,依次在本宗族、宗族外等逐步推行。对态度积极的予以奖励,不支持的要承受风险。西周时期推行的"五家比法"是国家管理的最小单元,只有把最小单元精准地做实,才能保障户口、户籍上层逐级管理有效。

本经"比""元"为问辞,"吉"为断辞。"无咎"为问辞,无断辞。"不宁方来,后夫"为叙、问辞,"凶"为断辞。

字词解释:

1.比,甲骨文𠨰字形与"从"(甲骨文𠂉=𠂉人+𠂉人,像两个人一前一后)相随而行相似,像两个人𠂉𠂉并肩而立。造字本义:两人并肩挨着。金文𠨰、篆文𠨰承续甲骨文字形。

2.原,"泉"是"原"的本字。泉,甲骨文𠨰=(穴,石洞)+(水),表示石洞里细流涓涓。有的甲骨文𠨰将"水柱"形状𠂉写成"下"𠂉,强调山泉"飞流直下"的特点。金文𠨰承续甲骨文字形𠨰。当"泉"字"流水石洞"的本义消失后,金文𠨰再加表示石岩的"厂"𠂉另造"原"代替。造字本义:出水 的石洞,水流的源头。篆文𠨰将金文字形中的水滴形状𠂉连写成一横一竖的"下"𠂉。当"原"的"水流源头"本义消失后,篆文又加"水"另造"源"代替。"元"和"原"都有时空上起始、最初的意思。"元"侧重于混沌、整体的起始;"原"侧重于个体、具象的起始。本处字义指筮官名。

3.元,所有、全面。

4.宁,甲骨文𠨰像有拉手或中轴的抽屉,抽屉中一点指事符号,表示藏在抽屉中的贵重物品。造字本义:存放玉贝等贵重物品的抽屉。合并字"寧",甲骨文𠨰=𠨰(美酒或琼浆满溢,𠂉的器皿𠨰)+𠂉(乎,吹奏乐器),表示物质生活富足,精神生活愉悦。有的甲骨文𠨰将满溢的器皿❉写成❉,将❉写成❉,并加"宀"❉(房屋),强调安居乐业。造字本义:安居乐业,丰衣足食,娱乐颐养。金文❉承续甲骨文字形❉。有的金文❉加"心"❉,强调心性安定。篆文❉承续金文字形❉。古人称娶亲成家宁神度日为"安",称衣食充足而娱乐养心为"寧"(宁)。"安"是"寧"(宁)的基础,"寧"(宁)是"安"的高级境界。引申字义:安居乐业。

5.后,犹豫不决而后到的。

6.夫,甲骨文❉在❉(大,成人)的头部加一横指事符号一,代表发簪。造字本义:束发的成年男子束发。

初六:有孚比之?无咎。有孚盈缶,终来有它?吉。

[译文]筮:在奴隶中推行"五家比法"吗?占:没有过错。要给加入"比"法组织的每个奴隶一满缶酒,最终使顽固的奴隶也要加入"比"法组织吗?占:美好。

注释:初六爻辞"有孚比之"为问辞,"无咎"为断辞;"有孚盈缶,终来有它"为叙、问辞,"吉"为断辞。

字词解释:

7.盈,甲骨文❉=❉(两个人)+❉(益,"溢"),表示两人进入浴缸后,缸内的水满出。有的甲骨文❉以"止"❉(趾,脚)代替"人"❉,强调人站在装满水的浴缸里。有的甲骨文❉以"立"❉代替"止"❉。金文❉综合甲骨文❉和甲骨文❉两款字形,并将甲骨文的"人"误写成"乃"❉。造字本义:人进浴缸,缸水满溢。

8.缶,甲骨文❉=❉(午,杵棒)+❉(口,泥池),表示用杵棒捣泥制陶。金文❉承续甲骨文字形。有的金文❉将杵形的❉写成❉,表示杵棒两端有大小两个锤头。有的金文❉将有两个锤头的杵棒❉写成"午"❉。造字本义:用杵棒在泥池里将黏土搅捣成细匀的泥浆,以便制作瓦器。篆文❉将金文字形中的泥池形状"口"❉写成"凵"❉。隶化后楷书缶将篆文字形中的❉写成午。当"缶"的"捣泥制陶"本义消失后,金文再加"又"另造"匋"代替。当"匋"的本义消失后,篆文又加"阜"

另造"陶"代替。《说文解字》:缶,一种小陶器。用来盛酒浆的器皿。秦地一带的人们习惯用敲打缶来为唱歌打拍子。

9.盈缶,满缶酒。

10.它,"它"与"虫""也"同源,都是"蛇"的本字,后分化。它,甲骨文像头尖身长的爬行动物。造字本义:蛇。有的甲骨文将蛇头写成"箭号"。有的甲骨文则将"箭号"写成。金文承续甲骨文字形。有的金文将甲骨文字形中"箭号"般的蛇头变形成。有的金文在蛇的腹部位置加一竖指事符号,强调蛇腹神奇的弹性与消化能力,突出"蛇吞象"的贪婪特征。蛇,形象神秘,行动阴险,无所不吞,在古人眼里,蛇(它)是人类的对立物,因此用"它"指代人类以外的所有事物。篆文省去金文字形中的一竖指事符号,突出蛇头形象。当"它"的"蛇"本义消失后,篆文异体字再加"虫",强调其爬行特征。隶书承续篆文字形。楷书它将隶书的独体结构分解成"宝盖头"宀和"匕"匕,至此"它"的蛇头形象消失。引申字义:顽固的、狠毒的。

六二:比之自内,贞:吉?

[译文]筮:在宗族内推行"五家比法",美好吗?

注释:六二爻辞"比之自内,吉"为叙、问辞,无断辞。

字词解释:

11.内,甲骨文=(冂,洞穴)+(入,由外而里),表示进入洞穴。造字本义:进入穴居、住处。引申字义:本国、内部。

六三:比之匪人?

[译文]筮:要在非正常家庭实施"五家比法"吗?

注释:六三爻辞"比之匪人"为问辞,无断辞。

字词解释:

12.匪,非正常人、孤独无亲的人。

六四:外比之,贞:吉?

[译文]筮:在宗族外推行"五家比法",美好吗?

注释:六四爻辞"外比之,吉"为叙、问辞,无断辞。

字词解释:

13.外,甲骨文⑨=Y(卜,占问)+ᄊ(内,穴居),会意主题不明。有的甲骨文借用"卜"Y,表示"外"与"占卜"的关系。金文以"夕"D(夕,即月亮,借代星夜)代替甲骨文的"内"ᄊ,表示在星夜占卜。造字本义:在星夜的郊野占星问卜。《说文解字》:外,疏远。引申字义:本国外、所封诸侯国和附属部落。

九五:显比,王用三驱,失前禽,邑人不诫? 吉。

[译文]筮:为了彰显"五家比法",君王狩猎,采用三面驱赶、放掉跑在前面动物的方法,以示先加入"比"法组织的人们会平安,这样城邑人们将不会疑虑不决吗? 占:美好。

注释:九五爻辞"显比,王用三驱,失前禽,邑人不诫"为叙、问辞,"吉"为断辞。

字词解释:

14.显,金文=88(丝,联、系)+ᄉ(页,头部),造字本义:用丝线将珠玉宝石等发光饰品系、挂在头部,以展现自我。引申字义:彰显。

15.驱,本字驅,甲骨文=乌(馬)+ᄉ(攴,持械打击),表示策马前进。金文=區(區,喝马的叫声)+(攴,持械打击),表示挥鞭喝马。造字本义:对马喝"去",赶马匹或牲畜起程。篆文综合甲骨文与金文的字形。隶化后楷书驅将篆文字形中的写成馬,将篆文字形中的写成區。俗体楷书驱依据类推简化规则,将正体楷书字形中的馬简写成马,将正体楷书字形中的區简写成区。古籍多以"驅"代替"毆"。马夫喝马起程时喊"驱",喝马加速时喊"驾",喝马驻足时喊"驭"。引申字义:驱赶。

16.失,金文在手"手"上加一捺指事符号,表示手未抓牢。造字本义:手未抓牢而丢落。引申字义:放掉。

17.前,甲文=彳(行,通往圣殿的王宫大道)+ᄊ(止,脚)+舟(舟,古代官员的船形鞋),表示官员穿着船形鞋走在王宫大道上。有的甲骨文⚎省去"行"⚎,将船形鞋⚎简化成⚎,像脚在船形鞋中。有的甲骨文⚎将"舟"⚎写成⚎,像鞋形。造字本义:穿着船形鞋的臣子上奏帝王时,登上朝殿向帝王跪拜。引申:跑在前面。

18.诫,篆文⚎=⚎(言,说)+⚎(戒,警惕),造字本义:警告,使觉察。引申字义:怀疑。

19.邑,甲骨文⚎=⚎(囗,四面围墙的聚居区)+⚎(人),表示众人的聚居区。造字本义:有一定人口定居的城邦。

上六:比之无首？凶。

[译文]筮:"五家比法"组织不设比长吗？占:凶险。

注释:上六爻辞"比之无首"为问辞,"凶"为断辞。

字词解释:

20.首,"比"长。

《周礼·地官》:"比长,各掌其比之治。"五比为一间,以"间长""间胥"为"间"之正副长官。

第九风天《小畜》卦 ䷈

䷈卦文字抽象事义:积累。下卦为乾、为健、为久,上卦为巽、为风、为木,持续制作器具。

《小畜》卦是周王室加大战车和配件的制造,用奴隶补充兵力的筮占记录。

崇国依仗高大城墙和强大军力,打败了姜太公统帅的周军。从"师或舆尸、师左次、弟子舆尸"爻辞看,周军不仅牺牲了大量的士兵,还应损失了许多战车、攻城器械、临车、冲车。为尽快地打败崇国,周王室一是全面推行"五家比法"制度,甚至涵盖到奴隶、罪犯,以加强人口和户籍的管理,为补充兵员创造条件;二是制造战车等攻城器械,并大量配备部件,积极地为再次伐崇做好准备。

本经:小畜,亨,密云不雨,自我西郊？

[译文]筮:积蓄军事装备,要把握住重点,祭祀、祷告先祖,秘密

地加快推进,所有人要集中住在城郊吗?

注释:本经中"小畜,密云不雨,自我西郊"、初九爻辞中"复?自道,何其咎"、九二爻辞中"牵复"、九三爻辞中"舆说辐"、六四爻辞中"有孚,血去惕出"、九五爻辞中"有孚挛如,富,以其邻"、上九爻辞中"既雨,既处,尚德载"的文辞,阐明了周王室精心组织、封闭管理,明确分工、流水作业,制造战车、储备部件,发动奴隶、加强督导,积蓄力量。尤其是上九爻辞"既雨,既处,尚德载",是指"按期完成任务,但不能停止,再延长一年"的部署。可见,周王室不仅在为二次伐崇做准备,更是考虑到长期征战的需求。

本经"小畜,亨,密云不雨,自我西郊"为叙、问辞,无断辞。

字词解释:

1.畜,甲骨文=(幺,丝,表示系、绑)+(田间的谷物),表示圈系动物,以谷物饲养。有的甲骨文用代替,表示用嫩草饲养动物。造字本义:将动物系在栏圈里,用谷物或嫩草饲养,以备家庭对肉食的不时之需。引申字义:积蓄、制造。

2.小,重点、关键。

3.密,篆文=(宀,房屋,喻蜂巢)+(必,即"泌",分泌)+(山,像遥望中地平线上起伏连绵的群峰的线描,有三或众多座峰头。金文写成剪影。有的金文将三个峰头简化成三个短竖,淡化峰尖形象。篆文保留中间一座峰岭的象形特征),"宓"意为"隐藏处"。"宓"与"山"联合起来表示"山中的隐藏处"。本义:山中的隐蔽处、层山之间的缝隙、小空间、小空地。引申字义:重山叠丘、群山掩蔽。本处字义:隐蔽、不得暴露。

4.云,"云"是"雲"的本字。古籍多假借"云"代替"雲"。云,甲骨文=(二,天)+(像旋卷的气流),表示旋卷的气流在天空飘移。金文、篆文承续甲骨文字形。籀文省去甲骨文字形中的"天",突出了旋卷的龙卷风形象。在造字时代的古人眼里,风、云、彩虹,都是奇异的存在,它们无根无源,行踪不定。造字本义:动词,龙卷风气团在天空旋转着移动。隶化后楷书"云"将篆文字形中表示气流的⚹写成"厶"⚹。为了区别于动词"云",甲骨文⚹再加"雨"⚹另造名词"雲"代替,强调其带来降雨的天象特征。《汉字简化方案》以"云"合并"雲"。本经文中,假借"云"代替"䪞",如把"人䪞亦䪞"写成"人云亦云"。䪞,甲骨文⚹=⚹(云,无根源的、不确定的)+⚹(口,说话),表示言论如云,传播广泛,但没有根据。造字本义:动词,流传、传说、不确切地转述。古人在陈述句的句末加"云云"二字,表示前文的内容不甚确切,相当于"大家都这么风传"。古籍也常将"云云"省略为"云",如司马光《训俭示康》:"当以训汝子孙,使知前辈之风俗云"。

5.密云,秘密地加快推进。

6.雨,甲骨文⚹在"水帘"⚹之上加一横代表"上天"的指事符号一,表示天空降水。有的甲骨文⚹将一写成二(上),明确"上天"的含义。有的甲骨文⚹将代表天空的一横指事符号一和"水"⚹构成的⚹写成⚹。有的甲骨文⚹将⚹写成⚹。有的甲骨文⚹在⚹之上再加一横表示天空的指事符号,写成⚹,即"雨"的外壳⚹本来就是"下雨"的意思。造字本义:天空降水。金文⚹、篆文⚹承续甲骨文字形⚹。

7.不雨,意指"不能暴露或不要展示"。

8.自我,所有人。

9.西,西通"栖",意指"居住"。甲骨文⚹像用绳带缠绕⚹的、装行李的囊袋⚹。有的甲骨文⚹将缠绕的绳带⚹简化成⚹。金文⚹承续甲骨文字形。有的金文⚹画出了袋子的提手⚹。造字本义:古代女性装行李的囊袋。籀文⚹承续金文字形。篆文⚹将籀文字形中表示袋子提手的⚹写成⚹。隶书⚹承续金文字形⚹。有的隶书⚹严重变形,将籀文字形⚹中表示提手的⚹写成⚹,将籀文字形中表示囊袋形状的⚹写成"目"⚹。古人称男子肩扛的行囊为"东"⚹,称女子手提的行囊为"西"⚹。

初九:复?自道,何其咎,吉。

[译文]筮:按照标准和要求,明确责任与分工,反复不停地进行吗?占:美好。

注释:初九爻辞"复?自道,何其咎"为问、叙辞,"吉"为断辞。

字词解释:

10.自道,按照标准和要求。

11.何,甲骨文 = (伸手的人)+ (戈戟),表示士卒肩扛戈戟。有的甲骨文加"口" ,表示守关士卒手持戈戟 ,盘问 路人。造字本义:守关的士卒肩扛戈戟,盘问过往行人。金文 将甲骨文字形 中的"口" 与"戈" 构成的 合写成"可",并使"可"成为"何"字形旁兼声旁的字件。至此"何"的"戈"形消失,"武气"不再。篆文 承续金文字形。引申字义:明确、承担。

12.其,各自。

13.咎,责任分工。

九二:牵复?吉。

[译文]筮:要不断地督导检查吗?占:美好。

注释:九二爻辞"牵复"为问辞,"吉"为断辞。

字词解释:

14.牵,甲骨文 = (牛)+ (圈圈)+ (系,绳),像是在牛鼻子上系着一根绳子。造字本义:将绳子系在牛鼻子上拉牛。金文 用牛鼻栓 代替甲骨文字形中的圈圈 。篆文 将金文字形中的牛鼻栓 写成了 。简体楷书牵以"大" 代正体楷书中的"玄" 。引申字义:督导检查、牵引。

九三:舆说辐,夫妻反目?

[译文]筮:车辆需要储备大量辐条,且辐条与相对方向的卯眼要像夫妻一样准确对应吗?

注释:九三爻辞"舆说辐,夫妻反目"为叙、问辞,无断辞。

字词解释:

15.辐,本字輻,篆文輻=车(車,借代轮子)+畐("副"的省略,辅助),造字本义:名词,副轮,即轮毂与轮圈之间放射状排列的支柱条,连接轮毂和轮圈,起辅助、支撑轮圈的作用。

16.妻,甲骨文=(每,女子生育)+(又,抓),表示抢婚。造字本义:动词,古代婚配习俗之一,抢劫女子,成亲生育。篆文将甲骨文字形中的"每"与抢抓的"又"交叉合写混合结构。隶书妻误将篆文字形中女子的头发形状写成"十",将篆文字形中的"女"写成。

17.反,"反"是"扳"的本字。反,甲骨文=(厂,石崖)+(又,抓),表示攀岩、攀崖。造字本义:攀岩翻山。本处字义:安装辐条的相反方向。

18.目,甲骨文、,金文像人的眼睛。籀文=(面,脸)+(眉毛)+(眼睛),表示眼睛在脸上的位置,是在眉毛之下。造字本义:人的眼睛。篆文将金文字形横写的"美目"写成"竖目"。"目"的甲骨文竖写则为"臣",表示俯首下视,屈服听命。引申字义:网眼、卯眼。

19.反目,意指"辐条相对方向的卯眼"。

六四:有孚,血去惕出?无咎。

[译文]筮:用奴隶补充力量,忧愁不在、担心消除吗?占:没有过错。

注释:六四爻辞"有孚,血去惕出"为叙、问辞,"无咎"为断辞。

字词解释:

20."血"通"恤",忧愁。

九五:有孚挛如,富,以其邻?

[译文]筮:亲近奴隶、富有了,要怜悯帮助他们吗?

注释:九五爻辞"有孚挛如,富,以其邻"为叙、问辞,无断辞。

字词解释:

21.挛,亲近。

22. 富,金文 ⌂ = ∩(宀,房屋) + 酉(酉,酒坛),造字本义:家境宽裕,有余粮酿酒。远古时代粮食匮乏,酒品稀有,家中有酒是生活宽裕的标志。引申字义:富有。

23. 邻,粦,既是声旁也是形旁,是"憐"(怜)的省略,表示爱惜、爱护。邻,篆文 = 粦("憐",爱惜) + 邑(邑,村落),造字本义:小村落的若干住户,相互关注、保护。隶书邻将篆文的"邑"写成"双耳旁"阝。异体字将"邻"写成左"邑"右"粦"的"隣"。引申字义:怜悯。

上九:既雨,既处,尚德载,妇贞:厉? 月幾望,君子征? 凶。

[译文]筮官妇筮:按计划完成了,不要停止,还得一年,严厉吗? 再筮:察看月神昭示的天机,君王和宗族长可以出征吗? 占:凶险。

注释:上九爻辞"既雨,既处,尚德载,厉"为叙、问辞,"妇"为筮官名,无断辞。"月幾望,君子征"为叙、问辞,"凶"为断辞。

字词解释:

24. 既,"旡"是"既"的本字。旡,甲骨文 = ⊏(转向背后的"口") + (跪坐着的人),表示吃饱饭后,掉过头,嘴背着面前的餐桌。当"旡"作为单纯字件后,甲骨文再加"食"另造"既"代替。造字本义:吃饱打嗝,转身离席,与"即"相反。引申字义:已经、就。

25. 处,繁体字"處",金文 = (虎头) + (虎爪) + (站着的人),表示恶虎虐人。造字本义:恶虎残虐犯人。推测远古将死刑犯投入虎穴,或把饿虎放进牢狱,囚虎同牢,让饿虎残食罪犯(参见"戲")。有的金文省去金文中的"人"形,并将"止"形写成,将"爪"形写成"人"形。篆文承续金文字形。有的篆文省去虎头。隶书处将连写成。俗体楷书处整体上采用篆文字形,但误将篆文的"人"写成"卜",至此,"处"字的本义线索完全消失。引申字义:停止。

26. 尚,通"上"。金文 = (八,分,打开) + (向,有朝阳窗户的房屋),表示开天窗。造字本义:在屋顶装天窗,确保室内的采光效果。

27. 德，通"得"，需要。

28. 载，年。

29. 尚德载，指"得上一载、还需要一年"。

30. 幾，天机。

"月幾望"是"望月幾"的倒装句。《易·系辞下》："幾者，动之微，吉之先见者也。"汉袁康《越绝书·外传·计倪》："由此而言，进有退之义，存有亡之幾，得有丧之理。""望月幾"意指"察看月神昭示的天机"。

第十天泽《履》卦䷉

䷉卦文字抽象事义：履礼。下卦为兑、为口、为语，上卦为乾、为君子，君子以理服人。

《履》卦是周王室派出前哨，去"虎"地及途经部落实地踏勘的筮占记录。

要明确《履》卦所筮占史事，有一个不能回避的问题，就是"崇国"到底是在今陕西省西安市鄠邑区及周边，还是在今河南省洛阳市嵩县？《史记》明确无误地记载：明年，伐崇侯虎，而作丰邑，自岐下而徙都丰。史家也普遍认为：文王伐崇的战争十分艰苦，第一次双方激战四十五天，周人失利而撤退。第二次伐崇，周人的攻城战也非常激烈，伤亡很大，但最终取得了胜利，从《师》卦、《同人》卦的筮占记录也印证了这一点。如果崇国在河南嵩县，其距离朝歌五百里左右，难道殷商对自己的亲藩遭到攻打而熟视无睹？就算帝辛昏庸，王畿之地发生如此大规模的灭国之战，殷商的一众大臣和宗藩都放任不管？再说，崇侯虎也非等闲之辈，面对姬周强敌，绝不会死守孤城，坐以待毙。危急时，要么搬请援军，要么突围，绝不会等死。最大的可能是崇国距离朝歌太远，并被文王的优势兵力所包围，虽然进行了激烈抵抗，在外无援军、退无后路的绝境下，崇侯虎才落个身死国亡的下场。此后，周文王迁都于丰，败黎伐邘，其在《谦》卦体现。

经考证,文王首次伐崇,是以姜太公为统帅,从今岐山出发,沿着秦岭北麓的今眉县、周至县行军,到达今鄠邑区攻打崇国、遭遇失败,退守今陕西省西安市周至县竹峪镇一带。不久,文王亲率大军,举国东进,开辟了第二条进攻路线,沿着今永寿、礼泉、三原、高陵南渡渭河至长安,绕至崇国以东,与姜太公东西夹击,二次攻打崇国。崇国远离殷商都城一千多里,南有秦岭,北有渭河,周文王在东,姜太公在西,对崇国形成合围之势,大获全胜,是符合逻辑的。

关于《履》卦卦辞中出现的"虎",是指一个古老的"虎族",该族源于古老的虎图腾信仰,出自上古舜臣"八元"之一伯虎的后人,以虎为氏。据古史传说,伯虎,是帝喾高辛氏的大臣。相传帝喾有八大才子:伯奋、仲堪、叔献、季仲、伯虎、仲熊、叔豹、季狸(实际上是八个部族的首领)辅助他,史称"八元"。帝喾死后,尧继帝位,八元退隐。舜接替尧为帝时,重新起用大批元老旧臣,伯虎部族的首领才又复出为大臣,伯虎一族从此再度发达,夏、商时伯虎族一小部分迁移到今陕西省西安市长安、高陵、周至定居,商周之交时发展为"虎族部落"。今天,在西安市高陵区耿镇的虎家村、西安地区的虎姓人,都跟当年虎部落有关,现在不少改姓"胡"了。

本经:履虎尾,不咥人?亨。

[译文]筮:到虎族部落及周边踏勘,不会遭到攻击吗?占:祭祀并祈祷先祖。

注释:《履》卦初九爻辞中"素履,往"、九二爻辞中"履道坦坦"、六三爻辞中"眇能视,跛能履,履虎尾,咥人,武人为于大君"、九四爻辞中"履虎尾,愬愬"、九五爻辞中"夬履"、上九爻辞中"视履,考祥,其旋"的文辞,阐明了周王室踏勘北线伐崇进军路线的困难艰险和采取的措施。开始,以国书商告、谨慎行事。后来,在化解"虎族"部落带来的危险和争取"武人"部落的支持方面,开展了积极且卓有成效的外交。上九爻辞"视履,考祥"体现了周王室充分研究踏勘情况,制定了切实可行的东进方案。

本经"履虎尾,不咥人"为叙、问辞,"亨"为断辞。

字词解释:

1.履,金文🗚=🗚(足,行走)+🗚(页,头,代表思虑、职责),表示前往就任。籀文字形🗚、🗚、🗚、🗚多样化,字件包括"足"🗚(或"止"🗚或"行"🗚,表示前行)、"舟"🗚(或"支"🗚,表示船形鞋或木屐)、"页"🗚(或"尸"即"人"🗚,表示思虑、职责),造字本义:穿着船形鞋上任。篆文🗚将籀文🗚和🗚的字形相结合。🗚将"舟"🗚写成🗚。隶书🗚误将篆文的"舟"🗚和"止"🗚连写成"复"🗚。引申字义:踏勘。

2.咥,吃、咬,引申为"攻击"。

初九:素履,往？无咎。

[译文]筮:先派使者把信函递交途经方国、部落,再前往踏勘吗？占:没有过失。

注释:初九爻辞"素履,往"为叙、问辞,"无咎"为断辞。

"人言"为信,本义是"口信",写成文字,便是书信。从已出土的甲骨文及专家的有关考证来看,我国的书信滥觞于商代。在殷墟出土的甲骨上,就刻有反映当时敌国入侵殷商边境的文字,刻有"侯伯和大将军报告方国入侵"内容,应是由殷的边境传至京都的"边报"。中国现存第一封有内容的书信,乃是周公写给他的哥哥周武王的。周公的这一封书信,保存在《尚书》的《泰誓》里,共十五个字:"茂哉茂哉,天之见此以劝之也,恐恃之。"周公这封书信的背景,时在周武王十一年伐纣,周国的部队到了盟津这个地方,开始渡黄河,到了黄河当中,有一条白鱼跳进周武王的船,又有一只赤乌飞落,这应该属于祥瑞,武王喜,诸大夫皆喜。周公知此情景,居安思危,非常担忧,专门写了一封信,就是上面提到的那十五个字,大致意思是:老天告诫,不能自恃,要有所恐！为什么说这是中国第一封书信呢？因为《泰誓》接着就说:使上附以周公书报诰于王,王动色变。上附,是一个古老的职官,大概类似于后世的通政使,周公的信是他带给周武王的。我们需注意,《泰誓》原文明确写的是"以周公书报诰于王",是

"书"而不是"信",也不是"言""话"之类。足以说明,这是周公写成文字的书信,而不是口信。

商周时期,信函一般是把文字刻在龟甲牛骨、木板上,或者书写在麻布、丝帛甚至兽皮上。

字词解释:

3.素,金文❍=￥(来,麦子)+❍(索,编绳),表示用麦秆编织。籀文❍省去金文字形中的"收"❍,同时加"糸"❍(织),表示编织。造字本义:以麦秆为原料的草编工艺品。引申字义:信函。

九二:履道坦坦,幽人,贞:吉?

[译文]筮:保障踏勘一帆风顺,要悄悄地进行,平安吗?

注释:九二爻辞"履道坦坦,幽人,吉"为叙、问辞,无断辞。

字词解释:

4.坦,金文❍=❍(土,地面)+❍(旦,敞亮),造字本义:地面平展,开阔敞亮。"坦坦"本处词义:一帆风顺。

5.幽,甲骨文❍=❍❍(两个"幺",微小)+❍(火),表示火光微弱。造字本义:火光极为微弱。有的甲骨文❍将"火"❍写成❍。金文❍将"火"❍写成形状与"山"相似的❍、❍。篆文❍承续金文字形,并将形似"山"的"火"❍写成标准的"山"❍。光线充足为"显",火光微弱为"幽"。引申字义:暗暗地,隐蔽地,不公开地。

6.幽人,是"人幽"的倒装句,意指"人们要悄悄地"。

六三:眇能视,跛能履,履虎尾,咥人,凶。武人为于大君?

[译文]筮:视瞭演奏音乐,礼节不周也要履行,到虎族部落及周边踏勘,会受到攻击,"武人部落"会为伟大的古公亶父做事吗?占:凶险。

注释:六三爻辞"眇能视,跛能履,履虎尾,咥人,武人为于大君"为叙、问辞,"凶"为断辞。

字词解释:

7.跛,造字本义指"瘸子",本处字义:礼节不周。

8.武人,商王武丁继位时,国力衰弱,于是极力恢复殷商当年盛况,却因找不到贤臣辅佐而犯愁。相传,有一夜武丁梦到叫"说"的圣人会辅佐他,于是四方找寻,终于在今山西省运城市平陆县东面傅岩之地找到,此人即是出身奴隶的贤相傅说。武丁对傅说十分信任,君臣齐心协力,使殷商达到鼎盛时期,史称"武丁中兴"。武丁死后,其后人认为他功劳盖世,可与开国君主成汤相比,应有自己的姓,遂以其名为氏,称为武姓,奉武丁为武姓始祖。武姓最早的发祥地在今河南省,部分向西迁移,曾在今陕西省西安市长安区、蓝田县居住,后又迁移、发展于甘肃省陇南市武都区。

9.为,甲骨文🖐=🖐(又,抓、牵)+🐘(象),表示牵象驯化。造字本义:驯象,使象服役。引申字义:做事。

九四:履虎尾,愬愬,终? 吉。

[译文]筮:到虎族部落及周边踏勘,十分恐惧,结果呢? 占:美好。

注释:九四爻辞"履虎尾,愬愬,终"为叙、问辞,"吉"为断辞。

字词解释:

10.愬,恐惧的样子。

11.愬愬,十分恐惧。

九五:夬履,贞:厉?

[译文]筮:尽快地完成踏勘,担心吗?

注释:九五爻辞"夬履,厉"为叙、问辞,无断辞。

上九:视履,考祥,其旋? 元吉。

[译文]筮:察看踏勘成果,研判所有细节,会成功吗? 占:一定成功。

注释:上九爻辞"视履,考祥,其旋"为叙、问辞,"元吉"为断辞。

字词解释:

12.视,会意兼形声。字从见,从示,"示"指"列祖列宗""宗庙里的祖先牌位"。"见"意为"放大眼睛"。"示"与"见"联合起来表示

"环顾祖先牌位""遍瞧祖先牌位"。造字本义:在宗庙里朝见列祖列宗。引申字义:察看。

13.考,甲骨文 = (长发的老人) + (亥,即"咳"),表示呼吸紧促、经常咳嗽的老人。有的甲骨文 = (长发的老人) + (手拄棍杖),表示拄杖的长发老人。金文将甲骨文字形中的手杖写成"卜"。有的金文将"卜"写成"于"。有的金文省去手形。造字本义:老化,衰老。合并字"攷"丂,既是声旁也是形旁,是"巧"的本字,表示灵巧工具。攷,篆文 = (丂,即"巧",巧具) + (持械打击),表示手持灵巧器具敲击乐钟。造字本义:古代乐钟铸造匠或乐师敲击乐钟,试音调音。引申字义:研判。

14.祥,本字"羊",既是声旁也是形旁,一种温顺和善的动物,因为常用于祭祀,"羊"具有"吉利、吉祥"的含义。祥,有的甲骨文写作"羊"。有的甲骨文 = (羊,祭祀的羊羔) + (目,察看神迹),表示巫师用羊羔献祭,察看神迹,祈求幸福。金文 = (示,祭祀) + (羊,祭祀羊羔),明确了"祥"的"祭祀"意义。造字本义:用代表吉利的羊羔祭献祖宗神灵,以求平安幸福。引申字义:细节。

15.旋,甲骨文 = (彳,行军) + (旗,战旗) + (足,获胜归营),造字本义:动词,获胜归营的军队,转动旗帜,让旗帜飘扬,以示胜利。有的甲骨文省去"彳"。金文省去军营"口"。篆文误将金文字形中的战旗写成。获胜者归营时击鼓奏乐为"凯";获胜者归营后辗转军旗为"旋"。引申字义:成功、业绩。

第十一 地天《泰》卦 ䷊

䷊卦文字抽象事义:迁徙。下卦为乾、为君子,上卦为坤、为众,君子率领族人出发。

周文王从岐下出发,沿渭河和泾河之间廊道,举国东进,《泰》卦即是东进途中重大事件的筮占记录。

本经:泰,小往,大来？吉、亨。

[译文]筮:东进,开始人少,后来(周人)会全部追随吗? 占:美好并祭祀、祷告先祖。

注释:《泰》卦本经中"小往,大来"、初九爻辞中"拔茅茹,以其汇"、九二爻辞中"包荒,用冯河 ……得尚于中行"、九三爻辞中"其孚,于食有福"、六四爻辞中"不富,以其邻"、六五爻辞中"帝乙归妹"、上六爻辞中"城复于隍,勿用"的文辞,展现了文王东进途中,采取了采集野菜、用风干葫芦渡越河流、统筹钱财物资管理、与奴隶交好、与沿途部落和方国联姻及不毁坏敌国城墙等措施。六五爻辞"帝乙归妹",说明了周王室像帝乙那样,把王室女子嫁给诸侯方,也是《屯》卦建立诸侯"匪寇婚媾"策略的践行。

本经"泰,小往,大来"为叙、问辞,"吉、亨"为断辞。

字词解释:

1.泰,金文 = (汰,洗涤、清洗)+ (双手,捧、持),表示泼水清洗。古人认为净水是圣洁的,因此酷热夏季将水泼在身上,不仅能清爽降温,还能去污驱邪,带来吉祥与幸福。篆文承续金文字形。篆文异体字误将"大" 写成"午" 。籀文异体字 = (大,"太"的省略,即"汰")+ (大,人),表示一个人将水泼在自己身上洗澡。造字本义:动词,用净水泼身,去污驱邪,以祈吉祥与幸福。隶化后楷书泰将篆文字形中由"大" 与双手 组成的 写成不知所云的 ,将篆文字形中的 写成 。引申字义:众人渡河。

初九:拔茅茹,以其汇,征? 吉。

[译文]筮:采拔野菜,要连同它的根系一起挖出,以备东进(食用)吗? 占:美好。

注释:初九爻辞"拔茅茹,以其汇,征"是叙、问辞,"吉"是断辞。

字词解释:

2.拔,篆文 = (手,抽)+ ("跋",骤然抽腿奔行),造字本义:比喻猛然挥手,将物体从平面中抽出来。

3.茅茹,特指"野菜"。

4.汇,篆文 ᒲ = ᒲ(匚,容具)+ᒲ(淮,指大河),表示大河聚流成湖。造字本义:河流会合成湖海。引申字义:根系。

九二:包荒,用冯河,不遐遗,朋亡,得尚于中行?

[译文]筮:风干葫芦,可保障安全渡河,即使路途很长也不能遗失,钱财会消耗,要做好计划并统筹管理吗?

注释:九二爻辞"包荒,用冯河,不遐遗,朋亡,得尚于中行"为叙、问辞,无断辞。

上古时代,部落迁徙,危险最大的就是渡河。文献记载,先民们发明了"以瓠济水"的渡河方法。最早的渡材是葫芦做的渡水腰舟,又称渡水葫芦。制作葫芦舟时,一般采用高50至60厘米、腹径40厘米的成熟葫芦制作,周身用藤或竹编结网套住,底部编织竹圈以便于在水中抓紧葫芦,然后在颈部开口,取出瓜瓤,颈部开口径10至30厘米,外面套以皮盖。过河前将衣物、食物放在葫芦里,加上盖,人抱葫芦而渡便不怕衣物受潮。渡水腰舟游渡时有两种操作方法,一种是用一只手臂挟住葫芦,另一只手和双脚划水,类似侧泳姿态;另一种是把葫芦置于头前,双手抓住葫芦上的竹篾或藤网套,双腿上下交替击水。这种渡河方式一般用于人数规模较小的前哨,或为大规模索、桥渡河做准备和接应的先遣。

字词解释:

5.包,葫芦。

6.荒,"巟"是"荒"的本字。巟,金文 ᒲ = ᒲ(亡,死亡,毁灭)+ᒲ(川,代洪水),造字本义:洪水泛滥,家毁人亡,田园荒废。当"巟"作为单纯字件后,金文 ᒲ 再加"艸" ᒲ(野草),另造"荒"代替,强调洪灾之后了无人烟,田地长草。篆文 ᒲ 承续金文字形。隶书 ᒲ 将篆文的"艸" ᒲ 写成"廾" ᒲ,将篆文的 ᒲ 写成 ᒲ。因为洪灾或战争的毁灭性破坏,田园草盛人稀,叫作"荒";因为庄稼地辍耕,草盛禾稀叫"芜"。

7.包荒,风干葫芦。

8.冯,"馮"是"憑"的本字,现简化为"凭"字。馮,金文❄=夂(夂,冰)+馬(马,交通工具),表示车马借冬日的冰层通过河湖。造字本义:车马依托冬日硬实的冰层通过,平时不能通过的河湖。引申字义:渡越。

9.遐,叚,既是声旁也是形旁,是"假"的本字,表示虚拟的。遐,篆文遐=辵(辵,行走)+叚(假,虚拟),表示虚拟之行,即神游,在想象中远行。造字本义:神游中的遥远之地;引申字义:路途很长。

10.遗,丢失、遗失、遗落。

11.不遐遗,是"遐不遗"的倒装句。

12."得尚于中行"是"尚得于中行"的倒装句。

13.中行,《易经》中有五条爻辞有"中行"二字,分别是《泰》卦九二:"包荒,用冯河,不遐遗,朋亡,得尚于中行";《复》卦六四:"中行、独复";《益》卦六三:"益之用凶事,无咎。有孚中行,告,公用圭";《益》卦六四:"中行,告,公,从,利。用为依迁国";《夬》卦九五:"苋陆夬夬,中行?无咎。"

"中行"一词,源于文王遗言《保训》:

惟王五十年,不豫,王念日之多历,恐坠宝训,戊子,自靧水,己丑,昧(爽)……(王)若曰:"发,朕疾壹甚,恐不及汝训。昔前人传宝,必受之以詷,今朕疾允病,恐弗念终,汝以书受之,钦哉,勿淫!昔舜旧作小人,亲耕于历丘,恐求中,自稽厥志,不违于万姓之多欲。厥有施于上下远迩,乃易位迩稽,测阴阳之物,咸顺不逆。舜既得中,言不易实变名,身兹备惟允,翼翼不懈,用作三降之德。帝尧嘉之,用受厥绪。呜呼!发,祇之哉!昔微假中于河,以复有易,有易服厥罪。微无害,乃归中于河。微志弗忘,传贻子孙,至于成唐,祇备不懈。用受大命。呜呼!发,敬哉!朕闻兹不久,命未有所延。今汝祇备毋懈,其有所由矣。不及尔身受大命,敬哉,勿淫,日不足,惟宿不祥。

这篇简书完全是《尚书》那种体裁，开头说："惟王五十年，不豫，王念日之多鬲（历），恐坠宝训。"大家知道，古代能在位五十年的王很少，刚好是五十年的只有周文王。《尚书》里的《无逸》记载周公的话说："文王受命惟中身，厥享国五十年。"此文没有记出月份，只有日子的干支："戊子，自靧（即頮或沫字，洗脸）。己丑，昧爽……"这是文王发布遗言的准备仪式，和《尚书·顾命》所记周成王死前的仪式相似，只是简单一些。

文王对太子姬发讲了两件上古的史事传说，用这两件史事说明他要求太子遵行的一个思想观念——"中"，也就是后来说的中行，这也是文王一生的行为原则。

第一件史事是关于舜的，文王说："昔舜……恐求中，自稽厥志……舜既得中……帝尧嘉之，用受厥绪。"

这段话讲的是舜怎样求取中道。由于舜出身民间，能够自我省察，不与百姓的愿求违背，他在朝廷内外施政，总是设身处地，从正反两面考虑，将事情做好。这使我们想到子思所作《中庸》所载孔子的话："舜其大知也与！舜好问而好察迩言，隐恶而扬善，执其两端，用其中于民，其斯以为舜乎！"

第二件史事是关于"微"的。微即上甲，是商汤的六世祖。文王说："昔微假中于河，以复有易，有易服厥罪。微无害，乃归中于河。"这里讲的是上甲微为其父王亥复仇。王亥与上甲都见于殷墟出土的甲骨文，在甲骨文发现后，王国维等学者从《周易》《山海经》《纪年》等文献中钩稽出这段久已湮没的史迹：商人的首领王亥受"夏后"分封，曾率牛车到有易地方贸易，有易之君绵臣设下阴谋，将王亥杀害，夺取了牛车。后来王亥之子上甲与河伯联合，战胜有易，诛杀了绵臣。

周文王所说微的"假中"，有学者认为"中"是一种实物，可能是"军队"？可能是"诉讼裁决书"？到底是什么意思，还需推敲，但按《保训》，微由此把"中""传贻子孙，至于成汤"，于是汤得有天下。和上面讲的舜一样,"中"的观念起了重要作用,这是《保训》篇反复强调的。

《论语·子路》:"不得中行而与之,必也狂狷乎!"《荀子·子道》:"入孝出弟,人之小行也。上顺下笃,人之中行也。"总的来说,"中行"就是讲"平衡",一是人与自然关系问题上的平衡;二是人与他人关系问题上的平衡;三是人自身内部欲望与理智关系问题上的平衡。

依此来看,"中行"是哲学概念,在不同的事况环境下,指"不偏不倚、适中、一分为二、做好计划、全面系统、统筹管理"等概念。

九三:无平不陂,无往不复,艰,贞:无咎?勿恤。其孚,于食有福?

[译文]筮:没有平展的土地而不起坡的,没有付出而不收获的,要艰苦奋斗,没有过失吗?再筮:那些沿途方国、部落的人们能为我们保障食物吗?占:不用担心。

注释:九三爻辞"无平不陂,无往不复,艰,无咎"为叙、问辞,无断辞。"其孚,于食有福"为叙、问辞,"勿恤"为断辞。

字词解释:

14.平,"平"是"乎"的血缘字。乎,甲骨文字形在号角上加三点指事符号,三点指事符号代表吹奏的气流通过号角发出的声音。"乎"表示号角吹得紧急、响亮,表示危机来临,部落紧急"呼叫"。平,金文的"平"在"乎"的三点之上,加一条水平直线的指事符号,表示号音悠长、稳定、无起伏,以此号音代表部落安全无事,安定众民。造字本义:号音稳定悠长,没有起伏变化,表示警情安定。篆文省去中间的一点。隶书承续金文字形。号角吹不出任何声音叫"亏"(表示完全缺乏中气);号角吹得"嘘嘘"无力叫"兮";号角高亢并紧急叫"乎"("呼",部落紧急召集的号角);号角吹得音调悠长、稳定、没有起伏变化叫"平"(号音平直,表示平安无事,没有警情)。引申字义:平展的土地。

15.陂,起隆的陡坡。

16.恤,血,既是声旁也是形旁,表示流血。恤,金文❏=❏(血)+❏(人,旁人),表示旁人对于当事人流血、受苦时产生怜悯之情。篆文❏以"心"❏代替金文字形中的"人"❏,强调同情、怜悯之心。造字本义:对他人的流血、受苦心生怜悯。

17.勿恤,不用担心。

18.其孚,是指沿途方国、部落。

19.福,甲骨文❏=❏(示,祭祀)+❏(又,手,表示巫师的动作)+❏(酉,酒坛)+❏(双手,表示捧酒献祭),表示巫师用美酒祭祀祈祷。有的甲骨文❏省去双手❏,将❏写成❏,将"酉"❏写成"畐"❏。造字本义:用美酒祭神,祈求富足安康。金文❏将甲骨文的❏写成❏。篆文❏误将金文的酒坛形❏写成"畐"❏,并以"畐"作为声旁,变成形声字。"幸"为帝王所赐,是临死获赦而活着;"福"为上苍所赐,是神佑而富足安康。

20.有福,提供、送来、保障。

六四:翩翩,不富,以其邻,不戒以孚?

[译文]筮:让大家快乐,即使不富裕,也要怜悯他们,使沿途方国、部落的人们不心存芥蒂吗?

注释:六四爻辞"翩翩,不富,以其邻,不戒以孚"为叙、问辞,无断辞。

字词解释:

21.翩,扁,既是声旁也是形旁,表示收缩高度,平直。扁,篆文❏=❏(扁,收束身体)+❏(羽,飞翔),造字本义:鸟儿收束翅膀、拉直身体,以便从高空向低空轻快俯冲。"飞"是鸟儿振翅翱翔,"翱""翔""翻""翩"是对"飞"的不同姿态的具体描绘。白话版《说文解字》:翩,疾飞。作为形容词:"姿态轻松"的意思。引申字义:轻松自然地达到目的。本处字义:让大家快乐。

22.戒,甲骨文❏=❏(戈)+❏(双手),造字本义:双手持戈,警惕备

-139-

战。本处字义:心存芥蒂。

六五:帝乙归妹,以祉？元吉。

[译文]筮:效仿帝乙把女儿归嫁周文王,与沿途方国、部落联姻,可以得到福祉吗？占:最为美好。

注释:六五爻辞"帝乙归妹,以祉"为叙、问辞,"元吉"为断辞。

《诗经·大明》,叙述了周季历、文王两代君主与殷商联姻的史事。

  明明在下,赫赫在上。天难忱斯,不易维王。天位殷适,使不挟四方。挚仲氏任,自彼殷商,来嫁于周,曰嫔于京。乃及王季,维德之行。大任有身,生此文王。维此文王,小心翼翼。昭事上帝,聿怀多福。厥德不回,以受方国。天监在下,有命既集。文王初载,天作之合。在洽之阳,在渭之涘。文王嘉止,大邦有子。大邦有子,伣天之妹。文定厥祥,亲迎于渭。造舟为梁,不显其光。有命自天,命此文王。

字词解释:

23.帝乙(？—公元前1076),子姓,名羡,商王文丁(《史记》作太丁)之子,商朝第三十任君主,夏商周断代工程将他在位时间定为公元前1101年—公元前1076年,共在位26年。

公元前1101年,文丁去世,帝乙继位。帝乙继位后,商朝国势已趋于没落。帝乙在位末年,置陪都于沫(即朝歌,今河南省淇县)。

24.妹,甲骨文=(未,枝叶茂盛但尚无结果)+(每,插着发髻的女子),表示尚未生育的女子。造字本义:比喻发育成熟但未出嫁的女子。金文将甲骨文的写成。有的金文调整左右顺序。篆文承续金文字形。隶书将篆文的"女"写成。嫁到婆家的女子叫"姊",未婚的女子叫"妹"。

25.祉,甲骨文=(示,祈祷)+(止,"址",基址),表示为新址祭祀祈祷。造字本义:古人在建造新宅时,祭祀祈祷神灵保佑所选的基址吉利,新宅平安。引申字义:福祉。

上六:城复于隍,勿用,师,自邑告命,贞:吝?

[译文]筮:攻打敌国,不要把城墙推倒在壕沟里,把命令下达到各城邑,执行有困难吗?

注释:上六爻辞"城复于隍,勿用,师,自邑告命,吝"为叙、问辞,无断辞。

字词解释:

26.城,金文❀=❀(郭,环绕村邑的护墙)+❀(成,用武力实现霸业),表示用武力保护郭墙。造字本义:围护都邑的城墙。

27.复,推倒。

28. 隍,没有水的护城壕。说明:护城壕是就近取土建造城墙所形成的防御性设施,属于一举两得性质的土石工程,即为建造城墙工程的副产品。《说文》:隍,城池也,有水曰池,无水曰隍。

29.自,到达、于。

30.告,是"祮"的本字。口,既是形旁也是声旁,表示说话。告,甲骨文❀=❀(牛,牺牲品)+❀(口,祝祷),表示献牛祝祷。客家话至今仍然称"扫墓"为"告地"。造字本义:动词,用牛羊牺牲祭祀,祝祷求福。金文❀、篆文❀承续甲骨文字形。隶书❀将篆文字形中的"牛"❀写成❀,当"告"的"祝祷"本义消失后,篆文❀再加"示"❀(祭祀)另造"祮"代替。古籍多以"告"代替"祮"。

31.告命,君王祷告先祖,发布命令。

32."自邑告命"是"告命自邑"的倒装句。

第十二天地《否》卦☷

☷卦文字抽象事义:困厄。下卦为坤、为妇、为腹,上卦为乾、为寒,妇人腹寒不适。

《否》卦是东进途中,周王室重要成员之妻生子(推测应是武王之妻生产唐叔虞)的筮占记录。

本经:否之匪人,不利,君子。贞:大往、小来?

[译文]筮:(孕妇胎位)不正,不能顺产,君王、宗族长亲自筮占,是大人危险、小孩平安吗?

注释:本经中"大往、小来"、六二爻辞中"包承,小人吉、大人否"六三爻辞中"包羞"、九四爻辞中"有命,畴离"、九五爻辞中"休否"、上九爻辞中"倾否"的文辞,说明孕妇不顺产,很危险。从九四爻辞"有命,畴离"看,婴儿的地位很高贵,周王室极为重视,君王和宗族长要亲自筮占。同时,从"大往、小来""小人吉、大人否"的筮辞看,周王室做好了"存子亡妇"的思想准备。可见,"重子轻妇,重男轻女",在那个时代已是非常严重。

本经"否之匪人,不利,君子""大往、小来?"为叙、问辞,无断辞。

字词解释:

1.否,引申字义:症结、病症、不顺产、困厄、危险。

初六:拔茅茹,以其汇,贞:吉?亨。

[译文]筮:采拔野菜,要连同它的根系一起挖出,以备食用,美好吗?占:祭祀、祈祷先祖。

注释:初六爻辞中"拔茅茹,以其汇,吉"为叙、问辞,"亨"为断辞。

六二:包承,小人吉、大人否?亨。

[译文]筮:孕妇立生,婴儿平安、孕妇困厄(不保)吗?占:祭祀、祈祷先祖。

古代,女子生产都是大事,由于医疗水平差,生孩子这件事就相当于从鬼门关走了一个来回一样。不比现在,古人更流行站(立)着或坐着生孩子,即竖式分娩。位于重庆市西部大足区的南宋石刻《临产受苦恩》中,一妇人从后抱住孕妇的腰,前面的妇人则卷衣袖准备接生,以雕塑石刻的方式记载了这一站式分娩的存在。由于胎位不正等原因,也会选择剖宫产,但伤口易于感染,孕妇存活率很小。

注释:六二爻辞中"包承,小人吉、大人否"为叙、问辞,"亨"为断辞。

字词解释:

2.承,甲骨文♀=♀(子,婴儿)+♀(一个人♀双手揽抱♀♀),表示接生。有的甲骨文♀以"人"♀代"子"♀。造字本义:接生,双手捧着新生儿。金文♀承续甲骨文字形。篆文♀将金文字形♀写成♀,同时再加"手"♀。隶书♀变形较大,将篆文的♀写成♀,将篆文的♀写成♀,至此,"承"的"子"形、"手"形消失。

3.包承,孕妇立生。

4.小人,本处特指"婴儿"。

5.大人,本处特指"孕妇"。

六三:包羞?

[译文]筮:要给孕妇吃有营养的食物(羊肉)吗?

注释:六三爻辞"包羞"为问辞,无断辞。

字词解释:

6.羞,甲骨文♀=♀(羊)+♀(又,抓),像一个人手持羊头的样子。造字本义:谦恭进献烤羊。羊的性情温顺平和,象征吉祥,常用于祭祀和招待贵宾。金文♀承续甲骨文字形。篆文♀误将金文字形♀中的"又"♀(手)写成了"丑"♀。隶书♀将篆文字形♀中的"羊"♀写成♀。"羞"的"谦恭进献"本义消失后,篆文再加"食"另造"馐"代替。《广韵》"致滋味为羞"。《周礼·天官·膳夫》"掌王之食饮膳羞"。羞,有滋味者。羞,用百有二十品。羞,出于牲及禽兽,以备滋味,谓之庶羞。又《礼·月令》群鸟养羞,羞谓所食也。引申字义:营养好的食物。

九四:有命,无咎。畴离,祉?

[译文]筮:出生的婴儿有好命运,要赐封大片的土地,这是他的福祉吗? 占:没有过错。

注释:九四爻辞"有命,畴离,祉"为叙、问辞,"无咎"是断辞。

字词解释:

7.畴,甲骨文以"寿"♀代"畴",以时间的无限延伸,代替空间的无限延伸。有的甲骨文🔲=𠃌(即"寿",表示无限延伸)+🔲(田,庄稼地),表示无限延伸的田地。造字本义:一道道连绵不尽的田垄。

8.离,依附、拥有、获得。

九五:休否,大人吉,其亡其亡,系于苞桑?

[译文]筮:困厄要结束,孕妇平安,婴儿快点诞生!快点诞生!还连接着脐带吗?

注释:九五爻辞"休否,大人吉,其亡其亡,系于苞桑"为叙、问辞,无断辞。

字词解释:

9.休,甲骨文🔲=𠂉(人)+🔲(木),像一个人𠂉待在大树🔲的枝叶之下,表示古人在野外劳作时,选择能遮阳避雨的树下歇息。造字本义:在树荫下乘凉歇息。金文🔲、篆文🔲承续甲骨文字形。"休"指停止肢体劳顿;"息"指较长时间的调整呼吸,放松身体;"憩"指深度放松身心,在优美环境中调整呼吸的同时,以愉悦的方式滋养心灵。引申字义:终结、停止。

10.亡,甲骨文🔲是指事字,在"人"𠂉的手部加一竖指事符号𠂉,表示手持盾、甲之类的护具作掩护。造字本义:战败的士兵手举盾甲逃命。引申字义:婴儿诞生。

11.系,连接。

12.苞,金文🔲=𡴆(草)+🔲(包),造字本义:植物欲开而未开、被叶子裹着的花骨朵。

13.桑,甲骨文🔲像枝叶茂盛的树。篆文🔲将枝叶状的"中"形🔲写成"手"形🔲,表示采摘树叶。造字本义:叶子可以养蚕的落叶乔木。

14.苞桑,本处指"脐带"。

上九:倾否?先否,后喜?

[译文]筮:困厄一阵,就会喜笑颜开,孕妇要使尽全力吗?

注释:上九爻辞中"倾否?先否,后喜"为问、叙辞,无断辞。

字词解释:

15.倾,"顷"是"倾"的本字。顷,篆文🗝伸长颈脖以就匙中食物。当"顷"的"伸长颈脖"本义消失后,篆文🗝再加"人"🗝另造"倾"代替。造字本义:仰起脖子接匙中食物。引申字义:用力。本处字义:孕妇耗尽气力。

16.喜,"喜"是"嘻"的本字。喜,甲骨文🗝=🗝(壴,鼓,代庆典)+🗝(口,欢笑),表示人们在庆祝活动中欢笑。有的甲骨文🗝以"彭"🗝(嘭)代"壴"🗝,强调庆典中的鼓乐声。造字本义:在庆祝中欢笑。金文🗝、篆文🗝承续甲骨文字形🗝。当"喜"的"欢笑"本义消失后再加"口"另造"嘻"代替。引申字义:喜笑颜开。

第十三天火《同人》卦䷌

䷌卦文字抽象事义:同宗。下卦为离、为戈兵,上卦为乾、为众男,同门兄弟操戈上阵。

《同人》卦是周文王从北线东进至今陕西省西安市高陵区、长安区,与西线的姜太公东西夹击,二次攻打崇国的筮占纪录。

《诗经·皇矣》,叙述了文王灭崇极度惨烈的战况。

  帝谓文王,予怀明德,不大声以色,不长夏以革。不识不知,顺帝之则。帝谓文王:詢尔仇方,同尔弟兄。以尔钩援,与尔临冲,以伐崇墉。临冲闲闲,崇墉言言。执讯连连,攸馘安安。是类是祃,是致是附,四方以无侮。临冲茀茀,崇墉仡仡。是伐是肆,是绝是忽。四方以无拂。

本经:同人于野,亨?利。涉大川?利。君子贞:

[译文]筮:姬周宗族同门举行"野祭",并祈祷先祖吗?占:必要。再筮:能渡越大河吗?君王和宗族长筮占:顺利。

注释:本经中"涉大川"、初九爻辞中"同人于门"、六二爻辞中"同人于宗"、九三爻辞中"伏戎于莽,升其高陵,三岁不兴"、九四爻辞中"乘其墉,弗克,攻"、九五爻辞中"大师,克,相遇"、上九爻辞中"同人于郊"的文辞,阐明了文王二次攻打崇国的行军路线、军事部署和战斗经过,展现了周文王、姜太公高超的军事水平。这次攻打崇国,只能胜,不能败,姬周宗族同门全部出动,也就是通常所说的"上阵亲兄弟、打仗父子兵"。本经"同人于野"是出征前"野祭"首次攻打崇国失败而战死的将士,上九爻辞"同人于郊"是打败崇国"郊祭"战死的将士。《同人》卦辞里的"大川"是指渭河,在今西安市高陵区和咸阳市泾阳县某段。

本经"同人于野,亨"为叙、问辞,"利"为断辞。"涉大川"为问辞,"利"为君子筮占断辞。

字词解释:

1.同,甲骨文 ᗞ = ᖜ(凡,众人夯地的多柄夯桩)+ ᖯ(口,劳动号子),表示夯地的号子。造字本义:众人在兴桩夯地时用号子统一用力节奏。

2.同人,姬周宗族同门。

3.野祭,野外祭祀。北魏郦道元《水经注·沔水上》:"山东名高平,是亮(诸葛亮)宿营处,有亮庙,亮蘷,百姓野祭"。《新五代史·周纪总论》:"寒食野祭而焚纸钱。"清计东《宣府中元夜即事》诗:"战场多旧鬼,野祭有遗黎。"再如:入夜,万火荧荧、衔哀野祭,山头路角,终夜闻悲叹声。

本卦"野祭"属于"祃祭"类。古代出兵,于军队所止处举行的祭礼。《周礼·春官·甸祝》"掌四时之田,表貉之祝号。"汉郑玄注:"田者习兵之礼,故亦祃祭。祷气势之十百而多获。"贾公彦疏:"《诗》与《尔雅》据出征之祭,田是习兵,故亦祃祭。云祷气势之十百而多获者,应十得百,望多获禽牲,此解祃字之意。"宋周密《齐东野语·出师旗折》:"(贾师宪)亲总大军督师江上,祃祭北关外。"

初九:同人于门?无咎。

[译文]筮:姬周宗族同人在城门集结吗?占:没有过失。

注释:初九爻辞"同人于门"为问辞,"无咎"为断辞。

"同人于门"是"同门"一词的出处。陕西关中地区习惯上泛指"同门"为同宗同族,通常指同师受业者。《礼记·檀弓上》"吾离群而索居"汉郑玄注:"群,谓同门朋友也。"《汉书·儒林传·孟喜》:"同门梁丘贺 疏通证明之。"颜师古注:"同门,同师学者也。"唐元稹《酬乐天早春闲游西湖》诗:"独喜同门旧,皆为列郡臣。"清俞樾《茶香室丛钞·同门》:"然则同门之谊,唐人已与同年并重矣。""同门"也指姐妹的丈夫之间的亲戚关系,因同为一家之婿,故称。《尔雅·释亲》:"两壻相谓为亚。"晋郭璞注:"今江东人呼同门为僚壻。"明谢肇淛《五杂俎·人部四》:"《尔雅》曰:两壻相并为亚。《诗经》:'琐琐姻娅'是也。《汉书·严助传》呼友婿,宋时人谓之连袂,又呼连襟,闽人谓之同门。"

字词解释:

4.门,甲骨文像在房屋入口并装两"户"。有的甲骨文省去房屋入口的上框。造字本义:房屋入口处可开关的双户。引申字义:城门。

六二:同人于宗?吝。

[译文] 筮:姬周宗族同人设庙祭祖吗?占:有遗憾。

注释:六二爻辞"同人于宗"为问辞,"吝"为断辞。

字词解释:

5.宗,甲骨文=∩(宀,屋宇)+T(示,祭拜祝祷)。引申字义:祷告祖宗。

九三:伏戎于莽,升其高陵,三岁不兴?

[译文] 筮:把军队隐蔽到丛林中,建造能凌高而望的多层楼台(烽火台)预警,三年不能打败崇国吗?

注释:九三爻辞"伏戎于莽,升其高陵,三岁不兴"为叙、问辞,无断辞。

字词解释:

6.伏,金文=彡(人,猎手)+犭(犬,猎犬),表示猎手与猎犬。造字本义:猎手带着猎狗,趴卧隐蔽,伺机出击猎物。动词:分散隐蔽。

7.戎,甲骨文 = (戈)+ (十,盾牌的握柄,代盾牌),造字本义:戈戟与盾牌,古代士兵的基本装备。名词:军队。

8.莽,甲骨文 = (森,茂密丛林)+ (犬,猎犬,代猎物),表示"含犬之林",即猎犬逐猎的丛林。有的甲骨文 将"森" 简化成"林" 。造字本义:滋生百兽、可供狩猎的深山丛林。引申字义:丛林。

9.升,甲骨文 在"斗" (长柄勺)上加 ,表示酒斗在滴淌着酒。造字本义:将盛酒的酒斗从酒坛里提起(由低处向高处运动)。金文省去液滴的其中两点。篆文 严重变形,液滴形象消失。隶书 将字形横写,将金文勺中的点与手柄连写。长柄勺为"斗",用斗打酒为"升"。合并字"昇"。升,既是声旁也是形旁,表示将酒斗从酒坛提起。昇,篆文 = (日,太阳)+ (升,提起酒斗),表示太阳从地平线向上移动。造字本义:比喻早晨的太阳从地平线向上移动。在汉语词语"晋升"中,"晋"与"升"(昇)都有提高地位、级别的意思,但有被动与主动的不同:"晋"是被君主或上级赏识而提级;"升"(昇)是自身向前发展而提高自己的级别。引申字义:建造。

10.高,甲骨文字形 像拔地而起、带塔楼的多层楼台,用于瞭望预警。造字本义:瞭望预警的多层楼台(或烽火台)。

11.陵,甲骨文 = (阜,盘山石阶)+ (大,跨步登山的人)+ (止,前行),表示沿石阶登山。有的甲骨文 明确石阶 的形象,省略"止" 。造字本义:拾级而上,登上高山。金文 、 严重变形。篆文 综合甲骨文字形 与金文字形 。隶书 将篆文的"阜" 写成"左耳旁" ;并误将篆文字节中的 写成 。当"陵"的"登山"本义消失后,用同音字"凌"代替。高陵,引申词义:凌高而望。

九三爻辞"高陵"本是"凌高"之意,由于时间久了,以讹传讹,便成了今西安市"高陵"区的出处。依爻辞看,文王把攻打崇国的大本营就设在今西安市"高陵区",也是商末周文王子封国毕邑,在今陕西省咸阳市渭城区东北。《左传·昭公九年》(前533年):"我自夏以后

12.岁,名词:年,十二个月。"岁"是"刿"的本字。岁,甲骨文=†(戈,刑具)+](凹陷,创口),表示施刑,割去肌肉或肢体的一部分。有的甲骨文在创口处加两点指事符号,表示创割时的血滴。有的甲骨文加"夕"(肉),明确"岁"的"施刑割肉"含义。有的甲骨文=†(戈,刑具)+(步,逃走),表示斫去双足,防止逃跑。造字本义:远古时代年关施刑的祭祀活动,斫去奴隶双足,警诫试图反抗逃跑的奴隶,以求年关安宁。金文、篆文承续甲骨文字形。俗体楷书岁另造会意字,是甲骨文和的混合,字形误将"止"写成"山",
"夕"夕(肉)表示受刑的身体。当"岁"的"割创"本义消失后,再加"刀"另造"刿"代替。

"岁星纪年法",即木星约十二年绕行太空一圈,每年行经中原上空一次。后来,遂以木星行经的星次来纪年。

岁、年、载的区别:《尔雅·释天》:"夏曰岁,商曰祀,周曰年,唐虞曰载。"《史记》卷二十六《历书第四》说:"夏正以正月,殷正以十二月,周正以十一月"。即:夏正建寅(立春),殷正建丑(小寒),周正建子(冬至)。

年,是周朝的称谓,周朝一年的起点是冬至,而不是立春。立春是夏历,由于"夏数得天"的公理性质,故后世以至于今,仍然在使用夏历。

13.兴,甲骨文=(不同方向的四只手)+(凡,多柄夯具)+(口,劳动号子),表示众人和着号子一齐举起多柄夯具夯地。有的甲骨文将夯具"凡"写成"井",突出沉重夯具的多柄特征。造字本义:众人喊着号子一齐使劲,用多柄夯地桩夯地。引申字义:成功、战胜、打败。

九四:乘其墉,弗克,攻?吉。

[译文]筮:登上城墙,还没有消灭敌人,要继续攻击吗?占:美好。

注释:九四爻辞"乘其墉,弗克,攻"为叙、问辞,"吉"为断辞。

字词解释:

14.乘,登上。

15.弗,甲骨文像绳子捆绑箭只、枪、矛等战械。造字本义:捆绑箭支、枪矛、干戈,表示休战。引申字义:没有。

16.克,消灭、战胜。

17.攻,金文=工(工,攀城器械)+攴(攴,持械击杀),表示武器、械具并用。造字本义:用梯械、武器夺寨拔城。

九五:同人先嚎啕而后笑？大师,克,相遇。

[译文]筮:(西线的)大军不期而到、攻克了敌国,姬周宗族同人因亲人战死嚎啕大哭、当看到胜利的收获而会平静下来吗？

注释:九五爻辞"同人先嚎啕而后笑？大师,克,相遇"为问、叙辞,无断辞。

字词解释:

18.相,甲骨文=木(木,树)+目(目,远眺),表示在高树上远眺。造字本义:古人爬上高树远眺侦察,预警放哨。引申字义:二者、互相。

19.遇,金文=寓(寓,居所)+辵(辵,前行),造字本义:客人未经邀约而到访。有的金文省去"宀"(居所)。篆文承续金文字形。隶书遇将篆文的"辵"写成辶。古人称路途相见为"遭";称未经邀约的到访为"遇";称在地界上相见为"逢";称意外相见为"邂"。

20.相遇,不期而到。

上九:同人于郊？无悔。

[译文]筮:姬周同人要举行郊祭吗？占:没有悔恨。

注释:上九爻辞"同人于郊"为问辞,"无悔"为断辞。

字词解释:

郊祭,祭祀天地"神灵",所有"神灵"初始都具有"人格属性"。商周时,人死为鬼,鬼再后为神灵。《礼记·郊特牲》:"郊之祭也,迎长日之至也。"孔颖达疏:"此一节,总明郊祭之义。迎长日之至也者,明郊祭用夏正建寅之月……今正月建寅,郊祭通而迎此长日之将至"。汉董仲舒《春秋繁露·郊祭》:"《春秋》之义,国有大丧者,止宗庙之祭,而不止郊祭,不敢以父母之丧,废事天地之礼也。"清蒲松龄《聊斋志异·灵官》:"居数年,每至郊祭时,辄先旬日而去,郊后乃返。"

下图是文王伐犬戎、密须、崇、黎、邘进军路线示意图。

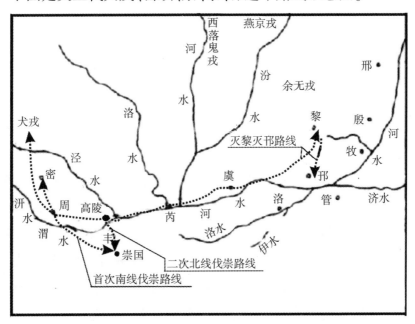

第十四火天《大有》卦

☲卦文字抽象字义:女王。下卦为乾、为男、为金,上卦为离,为中女、为女王,众男儿向女王献金。

《大有》卦是周文王打败崇国后,各参战公、侯及部落首领向周王室进献战利品及俘虏的筮占记录。

本经:大有? 元亨。

[译文]筮:进献丰富吗? 占:祭祀、祈祷列祖列宗。

注释:《大有》卦本经中"大有"、九二爻辞中"大车以载"、九三爻辞中"公用亨于天子"、九四爻辞中"匪其彭"、六五爻辞中"厥孚,交如,威如"、上九爻辞中"自天祐之"的文辞,记录了进献场面的隆重和奢华,这也从侧面印证了崇国是东方大国、人口众多、十分富有。周文王打败崇国,不仅扫除东进路上的主要障碍,也使人力、物质得到了丰富的补充。

本经"大有"为问辞,"元亨"为断辞。

初九:无交,害、匪咎？艰则,无咎。

[译文]筮:没有进献,确实艰难,有罪还是不为过失？占:没有过失。

注释:初九爻辞"无交,害、匪咎？艰则"为叙、问辞,"无咎"为断辞。

字词解释:

1.交,甲骨文像一个人两腿左右错立。造字本义:反叉两腿站立。金文、篆文承续甲骨文字形。动词:来往,相结识。引申字义:进献、上贡。

2.无交,没有进献。

3.害,金文在舌形中间加一横指事符号,表示割断舌头。有的金文将割舌字形写成断开的两部分,强调"割断"。造字本义:动词,古人为了消灭口供或证词,抓捕并割去当事人舌头。篆文误将金文上部的舌形分解成"宝盖头"和纵横切割的形状"丯"。隶化后,楷书害、害误将篆文字形中的"丯"写成"土"或"主",导致本义线索消失。当"害"的"切割"本义消失后,金文再加"刀"另造"割"代替。引申字义:有罪、有灾祸。

4.艰,甲骨文=（人,献身者）+（壴,击鼓祭祀）,表示远古时代当气候或环境出现极限恶劣状况、大量夺去人的生命时,先民用活人献祭,以求消除天灾。有的甲骨文用"女"代替"人",表示用女子献祭。有的甲骨文=（壴,击鼓祭祀）+（口,呐喊）+（田,像头套、面套）+（大,人,受难献祭者）,表示让献祭者蒙面受难。造字本义:蒙面受难,活人献祭。金文误将甲骨文字形中的"壴"（鼓）写成"喜"；误将甲骨文字形中的写成"黄"加"火"的复杂字形。

籀文又误将金文字形中的写成。篆文用(恨)代替籀文的"喜",表示受难者怒目而视。隶书将篆文的写成"艮"。俗体楷书艰用代表某种复杂的动作的"又"代替正体楷书的"堇"。引申字义:艰难。

九二:大车以载,有攸往? 无咎。

[译文]筮:大车装满财物,从容地前往(进献)吗? 占:没有过错。

注释:九二爻辞"大车以载,有攸往"为叙、问辞,"无咎"为断辞。

九三:公用亨于天子,小人,弗克?

[译文]筮:公爵才能参加向天子进献的仪式,但进献人数少,不能体现隆重氛围吗?

注释:九三爻辞"公用亨于天子,小人,弗克"为叙、问辞,无断辞。

一般认为,将封建社会最高统治者称为"天子"始于周成王,甚至再往后,爻辞称周文王在世时为天子,只能说明《周易》是经后人编撰过,天子是对周文王生前的尊称。儒经《尚书》中说,天神改变了他对自己的长子、大国商国君主的任命。因此,天子的含义,乃是天的长子或嗣子。

字词解释:

5.亨,进献。

九四:匪其彭? 无咎。

[译文]筮:进献时不用"嘭嘭"地擂鼓助势吗? 占:没有必要。

注释:九四爻辞"匪其彭"为问辞,"无咎"为断辞。

字词解释:

6.彭,"彭"是"嘭"的本字。彭,甲骨文=(壴,以掌击鼓)+(彡,巨大响声),表示侧击鼓时发出的"嘭嘭"声响。造字本义:侧击鼓面时发出的震耳"嘭嘭"声。金文、篆文承续甲骨文字形。当"彭"的本义消失后,再加"口"另造"嘭"代替。击鼓技法中,垂直敲击鼓面中心发出"咚咚"声,侧击鼓面发出"嘭嘭"声。古人称巨大的鼓声为"彭",称微弱的竽声为"兮"。"澎",拟海浪拍岸时发出的彭彭声；"湃"，拟海浪从空中落下、打在礁石上发出的碎裂声。引申字义：擂鼓助势。

六五：厥孚，交如，威如？吉。

[译文]筮：(进献时)要防止俘虏昏倒，让俘虏并排走，以保证场面气氛威严吗？占：美好。

注释：六五爻辞"厥孚，交如，威如"为叙、问辞，"吉"为断辞。

字词解释：

7.厥，昏厥。

8.交，跌倒。

9.威，金文𢧬=𢦏(戌，刑具)+𠙹(女)，表示对女子施刑。造字本义：对不守妇道的女子施刑，以警示妇女遵守妇道。引申字义：威严而令人敬畏。

上九：自天祐之？吉；无不利。

[译文]筮：上天会保祐进献顺利吗？占：美好；没有任何不利。

注释：上九爻辞"自天祐之"为问辞，"吉；无不利"为两次占断辞。

10.祐，甲骨文𥘅=丅(示，神灵)+又(又，援助)，表示神灵之助。造字本义：名词，神灵的帮助、保护。金文𥘅将甲骨文的丅写成"示"禾。篆文𥘅以"右"𠮷代"又"又。隶书祐将篆文的𠮷写成右。引申字义：保佑。

第十五地山《谦》卦☷☶

☷☶卦文字抽象字义：愿望。下卦为艮、为山、为方向，上卦为坤、为众，众人攀登山峰。

《谦》卦是周王室打败崇国后，周文王警示同人，要戒骄戒躁，永不自满，抓住时机，乘势勘黎、伐邘的筮占记录。

《谦》卦之前是《大有》卦，《大有》卦记录了宗族同人向周王室进献战利品的奢华场面，如"大车以载，小人弗克，匪其彭，厥孚、交如、威如"爻辞所描述的进献盛况。

《诗经·大雅·荡》：

文王有声,遹骏有声,遹求厥宁,遹观厥成。文王烝哉!文王受命,有此武功;既伐于崇,作邑于丰。文王烝哉!筑城伊淢,作丰伊匹,匪棘其欲,遹追来孝。王后烝哉!王公伊濯,维丰之垣。四方攸同,王后维翰。王后烝哉!丰水东注,维禹之绩。

可见,周文王灭崇后,迁都于丰,大兴土木。这时的周已形成了"三分天下有其二"的形势。周人也沉浸在灭崇、迁丰的兴奋之中,普遍出现骄傲自满、盲目乐观的现象。而文王病情出现了状况,周王室成员难免想法不一样,将伐商大业搁置一边、抛在脑后。周文王敏锐地意识到如此下去,不仅使伐商大业半途而废,更会将周王室置于危险境地。决定在他的有生之年,警示后人,戒骄戒躁,永不自满,坚定灭商战略目标。

本经:谦,亨,君子有终?

[译文]筮:不自满,祭祀、祷告先祖,君王和宗族长要实现灭商大业吗?

注释:《谦》卦本经中"谦,君子有终"、初六爻辞中"谦谦君子,用涉大川"、六二爻辞中"鸣谦"、九三爻辞中"劳谦,君子有终"、六四爻辞中"撝谦"、六五爻辞中"不富,以其邻""用侵伐"、上六爻辞"鸣谦,用行师、征邑国"的文辞,就是周文王针对王室成员、公卿臣子普遍出现的"骄躁"意识,提出了"永不自满、君子有终"的远大理想。从毕邑(今泾阳、高陵、三原区域)出发,在芮、虞两国的配合下,在今韩城东渡黄河,攻打黎、邘两国。

本经"谦,亨,君子有终"为叙、问辞,无断辞。

字词解释:

1.谦,兼,既是声旁也是形旁,是"歉"的省略,表示歉意。谦,篆文䜦=言(言,说)+兼(兼,即"歉",内疚),表示表达愧疚。造字本义:对自身的失误或不严谨表示愧歉不安。隶书谦将篆文的言简写成言。引申字义:永不自满。

2.有终,实现最终理想。《诗·大雅·荡》:"靡不有初,鲜克有终。"南朝宋谢瞻《九日从宋公戏马台集送孔令诗》:"逝矣将归客,养素克有终。"《礼记·丧服四制》:"祥之日,鼓素琴,告民有终也。"《孝经·丧亲》:"丧不过三年,示民有终也。"晋左思《魏都赋》:"筹祀有纪,天禄有终。"本处词义:实现灭商大业。

初六:谦谦君子,用涉大川?吉。

[译文]筮:君王和宗族长永不自满,要东渡大河吗?占:美好。

注释:初六爻辞"谦谦君子,用涉大川"为叙、问辞,"吉"为断辞。

《皇王大纪》中有"西伯戡黎,邘侯来援,南宫适虏邘和黎二君,迁邘侯于翟,免黎侯归国自省"的记载。意思是周文王在攻伐黎国时,邘国出兵干预。说明邘黎两国相互依存,相互帮衬,一荣俱荣,一损俱损。后来到底还是以周国的取胜而告终,周国大将南宫适俘虏了邘国和黎国的国君,将邘侯迁于翟(大约在今陕西省耀州区、富平一带,当时属周国辖内)。这里还是有疑点的,为什么是南宫适统帅军队?文王、姜太公、姬发和姬旦等重要人物呢?结合《豫》卦周文王身体有外伤的病情来看,也许是周文王攻打黎国受伤、旧病突发恶化,只能让南宫适统兵伐邘。

文王伐黎的行程,应是自蒲津渡东渡黄河,过了河在虞国进行歇息和物资补充,然后再向东北进发,前往今天山西壶关的黎国,一路都有照应,得到很好的休整和补充,这应该就是周文王能顺利克黎的原因。

黎国与商朝的都城安阳隔太行山相望,直线距离仅100公里左右。黎国(今壶关)以北的今长治地区,还是太行八陉中第四陉——滏口陉的西入口。

文王为什么要讨伐商朝的畿内封国邘国呢?这里我们又要详细分析一下邘国的地理位置。沁阳西北的邘国位于黄河以北,今天山西、河南两省交界处。殷墟卜辞显示,它是商朝的重要粮食产地和田猎区,军事上更是商王畿西南的重要军事基地。邘国向西,有太行八陉的第一陉——轵关陉。经轵关陉通过王屋山、中条山之间的隧道,可以直达今天晋西南的侯马一带。邢国的北方则有太行八陉的第二陉——太行陉。经天井关进入太行陉,可以北达今天晋东南的晋城、长治等地。所以此地历来是河南进入山西的交通要道。商代对今天山西一带的反叛诸侯或方国用兵,基本上都是以此为出发基地的。战略地位如此重要的地方,自然是兵家必争之地;另外周人如果夺取邢国这个农业、田猎区,也可以严重削弱商朝的经济实力。

字词解释:

3.谦谦,永不自满。

六二:鸣谦,贞:吉?

[译文]筮:要明确表现出不自满,美好吗?

注释:六二爻辞"鸣谦""吉"为问辞,无断辞。

字词解释:

4.鸣,甲骨文🖼=🖼(口)+🖼(鸟),造字本义:鸟叫。金文🖼、篆文🖼承续甲骨文字形。隶书🖼误将篆文🖼的鸟羽与鸟爪写成"四点底"🖼。引申字义:明确。

九三:劳谦,君子有终? 吉。

[译文]筮:操费心力,且不自满,君王和宗族长要实现伐商大业吗? 占:美好。

注释:九三爻辞"劳谦,君子有终"为叙、问辞,"吉"为断辞。

字词解释:

5.劳,金文🖼=🖼(两个"火")+🖼(心),表示内心充满焦虑忧烦。篆文🖼加"秃宝盖"🖼,表示在家中劳动,并以"力"🖼代金文字形中的"心"🖼,强调体力活动的艰辛。造字本义:操心费力,身心负担沉重。隶书🖼将篆文的🖼写成🖼。俗体楷书劳依据草书字形将正体楷书的两个"火"🖼连写成"廾"🖼。

六四:无不利。撝谦?

[译文]筮:辅佐君王有功,不能自满吗? 占:没有任何不利。

注释:六四爻辞"撝谦"为问辞,"无不利"为断辞。

字词解释:

6.撝,辅佐。

六五:不富,以其邻？利。用侵伐？无不利。

[译文]筮:不富有,也要怜悯帮助百姓吗？占:有利。再筮:可以征伐敌国、武力夺取财物吗？占:没有任何不利。

注释:六五爻辞"不富,以其邻"为问辞,"利"为断辞。"用侵伐"为问辞,"无不利"为断辞。

字词解释:

7.侵,甲骨文=(牛,代表农耕时代的重要财产)+(手持竹鞭),造字本义:非法进入他人领地,驱牛劫财。金文省去"牛",加"手"加"弓",强调武力进犯。三体石经再加"手"。篆文误将三体石经的"弓"写成"人"。隶书侵误将篆文的"又"写成"彐",误将竹鞭写成。古人称武力掠财为"侵",称武力占地为"略"。

8.伐,甲骨文=(人)+(戈),像以戈击杀人的头部。造字本义:武力杀戮。金文承续甲骨文字形。篆文承续金文字形。"征"是为了纠正一方错误而动武、出于正义而兴师问罪,褒义;"伐"是为了解决利益冲突而出兵杀戮,为中性。

上六:鸣谦,利。用行师、征邑国？

[译文]筮:明确表达出不自满,可以出动军队、征讨敌国城邑吗？占:可以。

注释:上六爻辞"鸣谦,用行师、征邑国"为叙、问辞,"利"为断辞。

字词解释:

9.行,甲骨文像四通八达的十字路口。造字本义:纵横畅通的十字路口。金文承续甲骨文字形。篆文将十字路口形状的金文误写成正反两个"双人旁",失去路口形象。隶书行一定程度上恢复金文字形。从甲骨文、金文字形看,"行"的左右两边"彳""亍",应该被称作"左行旁""右行旁",而不是"双人旁"。引申字义:可以。

10.用行师,是"用师行"的倒装句。

第十六雷地《豫》卦☷☳

☷☳卦文字抽象字义:病危。下卦为坤、为尸,上卦为震、为玄黄,入地升天不为人。

《豫》卦是周文王病情严重,周王室准备文王后事的筮占记录。

关于周文王之死,历史文献及后人考古所载纷纭。《史记·周本纪》中记载:"西伯盖即位五十年。……诗人道西伯,盖受命之年称王而断虞、芮之讼。后十年而崩,谥为文王。"然而,陕西出土的一块甲骨文,记载内容令考古专家不解,提出了新的观点。似乎周文王没有善终,疑是被帝辛杀死用于祭祀,以至于尸骨无存。1977年,在陕西省宝鸡市岐山县凤雏村一座西周建筑遗址的窖穴里,考古专家挖出刻有文字的289片甲骨,每片字数多寡不等,少的1字,多的30字。1979年,在邻近的扶风县齐家村也发现和采集到22片甲骨,内有6片刻有文字。出土的甲骨文与《诗·大雅·文王之什》"周原,膴膴如饴;爰始爰谋,爰契我龟"相合。

甲骨文这两段文字,考古学者有两种解读。一种是周文王为验证天命,对殷先王"太甲(商汤嫡长孙)"问卜,祭祀殷先王祈求册封周方伯的目的,是为了受命获得殷先王的认可,占卜显示能够心想事成,会得到福佑。既然周文王志在代商,为何要向殷先王"太甲"问卜?就好比刘邦有代秦之志,为何要向秦始皇问卜?其实,在夏商时期,鬼神之说非常盛行,死去的帝王就成鬼神,而且周文王当时是问卜帝辛是否会册封他为周方伯,自然要向帝辛祖先问卜了。这是一种解释,符合正史中周文王善终的记载。

但第二种解释就令人惊恐了,因为甲骨文中提到一个"册",下面有一"口"字,似将一个人捆绑起来,放在祭台上祭祀,而这个人就是周文王。换言之，殷商帝辛杀死了周方伯姬昌，用姬昌祭祀了他的祖先太甲，祈祷未来风调雨顺，万事如意。所谓"册"，形象中有两道绳子捆绑着若干简册，但商朝是用甲骨而非书简。因此这个字反而更像将一个人捆绑起来，开膛破肚之后露出的一条条肋条骨，如帝辛将姬昌残忍杀死之后，用来祭祀祖先太甲。

传世文献中也存在一些蛛丝马迹，考古者认为也是帝辛处死了周文王的佐证。《史记·伯夷列传》中记载："西伯卒，武王载木主，号为文王，东伐纣。伯夷、叔齐叩马而谏曰：'父死不葬，爰及干戈，可谓孝乎？以臣弑君，可谓仁乎？'左右欲之。太公曰：'此义人者'，扶而去之。"周武王为何不葬周文王？或许就是因为尸骨无存，无以为葬。《周书·泰誓下》中记载："予克纣，非予武，惟朕文考无罪；纣克予，非朕文考有罪，惟予小子无良。"意思是：能克商，不是我有武功，而是周文王本来无罪；若失败，不是周文王有罪，而是我能力不行。为何提到周文王无罪？周文王之死，是不是帝辛找了罪行为由杀了他？《武王伐纣书》中记载："武王伐殷，乘舟济河，兵车出，坏船于河中。太公曰：'太子为父报仇，今死无生。'所过津梁，皆悉烧之。"文中有一个关键信息，那就是"太子为父报仇，今死无生"。试想，只有周文王被帝辛杀掉了，周武王才能为父报仇吧！史书上这些"羞答答"的记载，是不是说明周文王并非病死，而是早就被商纣王杀掉了，所以才会提到"文王无罪"。武王伐纣攻下朝歌之后，立即对朝歌城进行了残忍血洗，将无数人贬为奴隶，掠夺无数奇珍异宝，将帝辛大臣百余人斩断手足。总之，周武王与史书中的仁君形象相去甚远。值得一提的是，既然帝辛杀了周文王，周武王为何不明确提出报杀父之仇，难道在史书上隐瞒这一历史？

笔者认为，以上所说可能性较小。《周易》中《谦》卦、《豫》卦及《随》卦三卦卦辞、爻辞和时间排序来看，关于文王之死，《史记》所载更为可信。再准确地说，文王当死于伐黎、邘之间。至于武王说"文王无罪"，可理解为武王"伐纣"并无胜算，殷商乃至天下人自然认定是周人"篡逆弑君",也许这是武王为周人留有一线退路而已。《史记》中"杀周太子历,囚文王昌"的记载,是指"帝辛杀周太子伯邑考残忍",并非指"文王之父季历"。《史记·伯夷列传》中"父死不葬,爰及干戈"的记载,是指"武王攻伐帝辛,载文王木主",并非"文王遗体"。《武王伐纣书》中"太子为父报仇"的"父",指"伯邑考","长兄为父",古今有之。伯邑考被殷商帝残忍杀害,无论是文献记载,还是历史传说,应是事实,武王尊已死太子伯邑考为父,报仇雪恨,实属常理。

本经:豫,利。建侯?行。师?

[译文]筮:文王病重,要建立诸侯吗?占:需要。再筮:可以出兵攻打敌国吗?占:行。

注释:本经中"豫"、初六爻辞中"鸣豫"、六二爻辞中"介于石、不,终日"、六三爻辞中"盱豫,迟"、九四爻辞中"大有得"、六五爻辞中"疾恒?不死"、上六爻辞中"冥豫"的文辞,记录了文王病情状况和周王室为其后事做准备的情况。包括隐匿病情,制作殉葬物。从九四爻辞"九四:由豫,大有得,勿疑,朋盍、簪"来看,今天人们探望病人,须送财物礼品的习惯,自西周早期就已存在。文王自知身有外疾内患,政治遗嘱也要安排,六三爻辞"盱豫,悔?迟,有悔"即是。《谦》卦"上六:鸣谦,利。用行师、征邑国"中的"行师",是筮占攻打黎、邘国两国。《豫》卦本经"行师",是指文王灭黎国后突然病重,筮问是否要坚持攻打邘国。

本经"豫,建侯"为叙、问辞,"利"为断辞。"师"为问辞,"行"为断辞。

字词解释:

1.豫:篆文豫=予(予,进入,通过)+象(象),表示大象通过。造字本义:大象从容缓慢地踱步。隶书豫将篆文字形的予写成予。古时"豫"通"预"。引申字义:病情。

初六:鸣豫?凶。

[译文]筮:要公开文王病情吗? 占:凶险。

注释:初六爻辞中"鸣豫"为问辞,"凶"为断辞。

"谦"则要"鸣","豫"则要"隐","鸣谦"为吉、"鸣豫"为凶。

六二:介于石、不,终日,贞:吉?

[译文]筮:在石头上雕刻"介"和"不"作为陪葬物,整天不停,美好吗?

注释:六二爻辞"介于石、不,终日,吉"为叙、问辞,无断辞。

字词解释:

2.介,甲骨文在"人"的四周加四点指事符号,表示裹在身上的护革。有的甲骨文将四点指事符号简化成两点。造字本义:裹在士卒身上的护革。楚文略有变形。篆文承续金文字形。隶书将篆文的写成。有的隶书介将写成了人,将一一写成了川。隶书介写成上下结构后,"人体护革"的字形线索消失。当"介"的"人体护革"本义消失后,再加"人"另造"价"代替。古代军官有护头的"胄""甲",和护肩护胸的"铠",而士卒只有护革"介"。

3.石,甲骨文 = 厂(厂,像悬崖) + 口(口,像岩块),表示山岩。造字本义:坚硬的矿物质。

六三:盱豫,悔? 迟,有悔。

[译文]筮:文王出现"睁开眼睛向上看"的症状,时间很长,悔恨并要交代什么事吗? 占:是这样。

注释:六三爻辞"盱豫,悔? 迟"为叙、问辞,"有悔"为断辞。

字词解释:

4.盱,睁开眼睛向上看。

5.迟,甲骨文 = 夅(尼,小孩与大人相随) + 彳(彳,即"彳",即"行",行进),表示因带着嬉戏打闹的孩子,大人行进速度缓慢。金文 = 辵(辵,行进) + 尸(尸,人) + 辛(辛,施刑),表示犯人在被押途中步履缓慢。造字本义:以缓慢速度行进。篆文将甲骨文字形中的"彳"写成"辵",将甲骨文字形中的"尼"写成"人+二"的尸。篆文异体字误将金文字形中"人+辛"的写成"尾+牛"。隶书将篆文字形中的"尾+牛"写成"人+羊"。楷书将篆文字形中的写成"犀"。俗体楷书迟将篆文字形中"人+二"的写成"人"(尸)加"点"的"尺"。引申字义：时间很长。

九四：由豫，大有得，勿疑，朋盍、簪？

[译文]筮：由于文王病情不见好，探望者会进献，不要迟疑，钱财要登记、不能混乱吗？

注释：九四爻辞"由豫，大有得，勿疑，朋盍、簪"为叙、问辞，无断辞。

"大有得"是"得大有"的倒装句。

字词解释：

6.由，甲骨文像器皿上方有一颗液滴，表示注油。造字本义：将油液滴入小口器皿。金文将甲骨文的液滴写成实心点。籀文将液滴写在器皿之内，同时加人(入)，表示漏斗或滴管。引申字义"由"与"田"是一对关系字，即二字是成对隶定的，在字形上差异很小，在字义上彼此关联。"由"与"田"的字形差异仅仅在于中间一竖是否出头。字义上二字是相互紧密关联的："田"即农田、庄稼地。古代的农田都是私家所有的，因此，每一家的田地都有明确边界。即"田"字有"边界确定""所有权归属清晰"的含义。"由"字则是从"田"字中间一竖出头而来，表示"边界不确定""所有权不确定"的意思。所以，"由"的本义是：不确定、不固定。换一种说法就是"滑动"。所以，从"由"之字如"油""轴""釉""胄""抽""袖"等字中的"由"都是"滑动"的意思。如"油"是一种润滑的液体，"轴"是车上润滑转动的部件，"釉"是瓷器表面的光滑层，"胄"是表面光滑的头盔，"抽"是一种摩擦滑行动作，"袖"是手臂滑行着穿入的衣服组成部分。

7.疑，迟疑。甲骨文像一个拄着手杖的人发傻地张大嘴巴，困惑而不知所向的样子。有的甲骨文加"彳"(十字路口)，强调在十字路口迷路含义。造字本义：在十字路口不知所往。金文=

(牛,"屮"之误写,迎面而来的人)+ ✦(困惑地张着大嘴的人)+ ↑("彳"的误写)+ ✦(止,行进),表示迷路者向迎面而来的行人问路。篆文 ✦ 误将金文中张大的嘴巴 ✦ 写成"匕" ✦,误将金文的"大" ✦(人)写成"矢" ✦,并以"子" ✦ 代替"牛" ✦("屮"之误写),表示小孩迷路。"疑"生于对外部的无知,致知即可释疑;"惑"生于内心的混乱,心乱生于贪欲。"四十不惑",是指人到中年后能够看清自己真正的欲求而获得明智。

8.盍,拟声词,相当于"咯"或"咔"。磕,篆文 = (石)+ (盍,拟声词,相当于"咯"),造字本义:石头或石器相碰撞的声音。引申字义:混乱。

9.朋盍,表示"钱非常的多"。

10.簪,"先"是"簪"的本字。先,篆文 ✦ 像是在女人 ✦ 头上插着发钗 ✦。造字本义:妇女插在头发上以固定发型的饰具。当"先"的发钗本义消失后,篆文 ✦ 再加一个"先" ✦,并另加"竹" ✦,加"曰" ✦ 另造"簪"代替;"竹字头" ✦ 表示用竹材制成发钗,两个"先" ✦ 表示使用多个发钗定型头发。隶书 ✦ 将篆文的 ✦ 写成 ✦。引申字义:登记、梳理。

六五:贞:疾恒? 不死。

[译文]筮:文王外伤好不了吗? 占:不会致人以死。

注释:六五爻辞"疾恒"为问辞,"不死"为断辞。

关于周文王的"疾",可能是旧伤复发,也可能是攻打"黎"而受伤。

字词解释:

11.疾,甲骨文 ✦ = ✦(大,人)+ ✦(矢),像一个人被箭矢射中。造字本义:中箭受伤,卧床休养。《侯马盟书》✦ 省去"人" ✦ 加"疒"(病床) ✦,篆文 ✦ 承续《侯马盟书》字形。隶书 ✦ 将篆文的"疒" ✦ 写成 ✦。外伤为"疾",内患为"病"。

12.恒,持续下去。

13.死，甲骨文 ![字形] = ![字形]（跪着的人）+ ![字形]（口，哭）+ ![字形]（歹，尸骨），造字本义：生命结束，他人对遗体痛哭哀悼。有的甲骨文 ![字形] 省去"口" ![字形]。金文 ![字形]、篆文 ![字形] 承续甲骨文字形 ![字形]。隶书 ![字形] 误将篆文的"人" ![字形] 写成"匕" ![字形]。

上六：冥豫？成。有渝？无咎。

[译文] 筮：要建"陵墓"吗？占：可以。再筮：病情又好转了呢？占：没有过错。

注释：上六爻辞"冥豫"为问辞，"成"为断辞；再筮"有渝"为问辞，"无咎"为断辞。

字词解释：

14.冥，陵墓。甲骨文 ![字形] = ![字形]（宀，房屋，指阴宅、地宫）+ ![字形]（双手持 ![字形]，意即仿造阳间建筑），表示模仿阳间宫室建造的地宫，供帝王或集权者在长眠中延续阳间生活。造字本义：供帝王或集权者死后延续阳间生活的地宫、阴宅，俗称阴间、地府、陵墓。古人为建皇陵开山凿石，常挖得很深，因此"冥"有"阴森幽暗"的引申含义。金文 ![字形] 将甲骨文的"宝盖头" ![字形]（宀）写成"秃宝盖" ![字形]（冖），将 ![字形] 写成"日" ![字形]，用"人" ![字形] 代替甲骨文字形中的双手 ![字形]。篆文 ![字形] 承续金文字形。隶书 ![字形] 将篆文的 ![字形] 写成"六" ![字形]。

第十七泽雷《随》卦 ䷐

䷐ 卦文字抽象事义：殉葬。下卦为震、为长男、为玄黄，上卦为兑、为毁折，丈夫赴难。

《随》卦是文王病逝后，以宗族和奴隶殉葬的筮占记录。

殉葬是一种古老的习俗，早在原始社会，人们便习惯于把随身使用的工具、武器以及生前喜爱的日用品和死者埋葬在一起。到了奴隶社会，奴隶作为会说话的工具，也被杀死或活埋，用来殉葬，让他们在"阴间"继续为主人效力。商周时，当时用奴隶殉葬已成为一种礼制，从对殷墟墓葬的发掘情况来看，人殉的数目少的几十，多的上千。

进入阶级社会以后,妇女沦为贵族男子的玩物与附庸,在殉葬者中,妇女占有相当大的比例。商代卜辞中就有专门杀祭杀殉女奴的记载。当然,殉葬者的身份并非全部是奴隶,也有墓主的妻妾和大臣。

本经:随,元亨?利。贞:无咎?

[译文]筮:文王去世,要殉葬、祭祀、祷告列祖列宗吗?占:有利。再筮:这样没有过失吗?

注释:本经"随,元亨"、初九爻辞中"官,有渝,出门交,有功"、六二爻辞中"系小子,失丈夫"、六三爻辞中"系丈夫,失小子"、九四爻辞中"随有获""有孚,在道以明"、九五爻辞中"孚于嘉"、上六爻辞中"拘系之,乃从维之,王用亨于西山"的文辞,清楚地呈现了为文王人殉和祭祀用人牲数量的庞大。人殉有宗族分族长、青壮年,还有奴隶,但奴婢不能殉葬。从"六二:系小子,失丈夫""六三:系丈夫,失小子"爻辞来看,周王室在周人宗族内部,疑似殉葬"摊派"。

本经"随,元亨"为叙、问辞,"利"为断辞;"无咎"为问辞,无断辞。

字词解释:

1.随,篆文🈳=🈳(辵,行进)+🈳(隋,"堕"的省略,坠谷),造字本义:追寻坠崖者。隶书随将篆文的"辵"🈳写成🈳。引申字义:殉葬。

初九:官,有渝,出门交,有功?

[译文]筮:殉者到"治丧处"会"思想动摇",出城门前两排走,并有"执事挽扶"吗?

注释:初九爻辞"官,有渝,出门交,有功"为叙、问辞,无断辞。

字词解释:

2.官,甲骨文🈳=🈳(宀,房屋)+🈳(兵符、权印),表示放兵符的房屋。造字本义:藏有朝廷所授权印的军政要地,政府。金文🈳、篆文🈳承续甲骨文字形。官,有治众的意思。本义:官吏,官员。《说文》:"官,吏事君也。"《礼记·明堂位》:"有虞氏官五十,夏后氏官百,殷二百,周三百。"《礼记·王制》:"任官然后爵之。"《礼记·曲礼下》:"在官言官。"《礼记·祭法》:"官师一庙。"举不失选,官不易方。本处字义:治丧所。

3.功,金文假借"工"工,表示巧用器械。篆文功=工(工,器械)+力(力,使劲),表示借助器械发力。造字本义:运用巧妙器具生产劳动。隶书将篆文字形中的写成。"功"通"工","工"亦兼表字义,表示用力从事工作。本义:功绩、功业、功劳。《周礼·司勋》:"国功曰功。"《史记·项羽本纪》:"欲诛有功之人,此亡秦之续耳。"《荀子·劝学》:"驽马十驾,功在不舍。"《战国策·赵策》:"位尊而无功,奉厚而无劳,而挟重器多也。"功也指事情、工作,《诗·豳风·七月》:"嗟我农夫,我稼既同(集中),上(通'尚',还)入执宫功(室内的事)。"《书·益稷》:"惟荒度土功。"事求可,功求成。

4.有功,本处指"有执事搀扶"。

六二:系小子,失丈夫?

[译文]筮:宗族分族长要殉葬、若值青壮年就不殉葬吗?

注释:六二爻辞"系小子,失丈夫"为叙、问辞,无断辞。

字词解释:

5.系,甲骨文=又(又,用手抓)+(像一根总绳上有三根结绳记事的绳子),表示动手在绳子上打结;每根绳子上都打了若干个结,表示不同主题的事件纪录。造字本义:结绳记事。金文将甲骨文的"又"写成"爪"。籀文将三根记事绳子简化为两根。篆文将籀文的"爪"简化为一撇,将籀文的两根记事绳子简化为一根。穿绳打结为"系";结绳记事为"纪";结束纪事的绳子为"十"。引申字义:是。现在,粤语"系"为"是",也是从"周人"传承下来。

6.小子,本处指"宗族分族族长"。

甲骨文、金文中常见"小子"一词,对其含义,此前学界主要有如下几种意见:

认为小子是职官名;认为小子是一种自谦的称呼,或长命卑的口吻;认为小子是指未成年人,或年轻人;认为小子是贵族子弟,或太学学生；认为小子是爵称；认为小子是从属于大宗的小宗之长。

"小子"为职官的直接证据只是《周礼·夏官·司马》里有，其地位为下士，其司掌为："掌祭祀，羞羊肆，羊殽，肉豆，而掌珥于社稷，祈于五祀。"

有时"小子"是一种谦称，"称小子者，王者父母为天地，自为天之子，汤告天，故谦言小子也。"可能因"小子"本是从属于大宗的小宗分族，地位较大宗为低，因而成为一种谦称。另一种可能是如《礼记·曲礼下》所载的"天子未除丧，曰予小子"。

甲骨文、金文中出现的"小子"一词多是指从属于大宗的分族族长的称谓，即小宗之长。《书·酒诰》："文王诰教小子、有正、有事""王曰：封，我西土棐徂邦君、御事、小子，尚克用文王教，不腆于酒。"根据商周青铜器铭文中"小子"的出现方式，可将其分为以下五类：一、小子；二、小子某；三、宗小子；四、某小子（某）；五、余小子、余唯小子、余虽小子、尔有唯小子、汝小子。"宗小子"是与"宗子"相对的一种称呼。宗子实际上即是嫡长子，是"大子"，也称"子"。"小子"相对于"大子"而言。当然，大子与小子都是相对的概念。商周之宗族社会，一族之中只有一个宗子，为本族大宗之长。余下的又可分出而成为诸小宗，小宗之长即小子。但其在本分支之内则又是大宗，是大子，但在其下又有更小的分支，为小子。宗子作为嫡长子对其胞弟与庶兄弟是为大宗，其弟之长子对己之胞弟与庶兄弟又各为宗子。

7.丈夫，青壮年男性。《穀梁传·文公十二年》："男子二十而冠，冠而列丈夫。"《管子·地数》："凡食盐之数，一月：丈夫五升少半，妇人三升少半，婴儿二升少半。"唐无名氏《补江总白猿传》："少选，有美髯丈夫长六尺余，白衣曳杖，拥诸妇人而出。"鲁一同《关忠节公家传》："已而叹曰：丈夫受国恩，有急，死耳。终不为妻子计。"

六三：系丈夫，失小子，随有求得？利。居贞：

[译文]筮官居筮：是青壮年殉葬，宗族分族长就不殉葬，殉者得穿裹衣吗？占：是。

注释:六三爻辞"系丈夫,失小子,随有求得"为叙、问辞,"利"为断辞。

字词解释:

8."有求得"是"得有求"的倒装句

九四:随有获,贞:凶? 有孚,在道以明,何咎?

[译文]筮:奴婢殉葬,凶险吗? 再筮:有奴隶希望殉葬明志,有什么过错呢?

注释:九四爻辞"随有获,凶"为叙、问辞,无断辞。"有孚,在道以明,何咎"为叙、问辞,无断辞。

字词解释:

9.获,"蒦"是"獲"的本字。蒦,甲骨文写作"隻":𠁽=𠁽(隹,鸟雀)+𠂇(又,抓持),像猎人手持𠂇一只鸟𠁽,表示猎获鸟雀。金文𠁽在"隹"𠁽的头上加𠂇,表示鸟雀突出的眼毛。当"蒦"的本义消失后,篆文𠁽再加"犬"𠁽(猎)另造"獲"代替,强调"猎获"含义。造字本义:猎人猎得猎物。隶化后楷书獲将篆文的𠁽写成"草字头"的"蒦"蒦。俗体楷书获将正体楷书的"蒦"蒦简化成𠁽。获,中国古代奴婢的贱称,"行曲则违于臧获,行直则怒于诸侯"(《韩非子》)。《荀子·王霸》:"大有天下,小有一国,必自为之然后可,则劳苦耗顇莫甚焉;如是,则虽臧获不肯与天子易埶业。"

唐皇甫枚《三水小牍·王知古》:"臧获有不如意者,立杀之。"清田兰《明河南参政袁公(袁可立子袁枢)墓志铭》:"十七来归,即传家政。按亲族,御臧获,美肴酒,综出纳,无事不井井。"清钱泳《履园丛话·谭诗·以诗存人》:"古者奴婢皆有罪者为之,谓之臧获。"太史公《报任安书》:"仆虽怯耎欲苟活,亦颇识去就之分矣,何至自湛溺累绁之辱哉! 且夫臧获婢妾犹能引决,况若仆之不得已乎! 所以隐忍苟活,函粪土之中而不辞者,恨私心有所不尽,鄙没世而文采不表于后也。"应劭曰:扬雄《方言》云:"海岱之间,骂奴曰臧,骂婢曰获。燕之北郊,民而聋(婿)婢谓之臧,女而妇奴谓之获。"晋灼曰:"臧获,败敌所被虏为奴隶者。"

10. 在道,愿意。

11. 明,甲骨文⊙=⊙(日,太阳)+☽(月亮),表示白天与黑夜发光的两个天体(古人以为月亮在夜里发光)。有的甲骨文=☽(月亮)+☒(囧,窗牖),表示月光透过窗户照亮夜里的房间。造字本义:日光或月光将空间照亮。引申字义:看清形势,弃暗投明。

12. 以明,意指"明志"。

九五:孚于嘉? 吉。

[译文]筮:对殉葬的奴隶予以嘉奖吗? 占:美好。

注释:九五爻辞"孚于嘉"为问辞,"吉"为断辞。

字词解释:

13. 嘉,金文=(壴,鼓)+(是的异体,加、夸大、夸张),表示击鼓奏乐,极力赞美。有的金文省略"口"。有的金文以"龠"(排笛)代"壴"(鼓),表示鼓簧吹笙,欢庆歌颂。造字本义:古代为丰收、嫁娶等重大美好事件举行祭祀庆祝时,击鼓奏乐,极力称颂祖先神灵的恩典。引申字义:嘉奖。

上六:拘系之,乃从维之,王用亨于西山?

[译文]筮:对男人牲予以拘押捆绑,对女人牲需要感化,使其顺从,在西山祭祀周文王吗?

注释:上六爻辞"拘系之,乃从维之,王用亨于西山"为叙、问辞,无断辞。

字词解释:

14. 拘,篆文=(手,抓)+(句,纠结、绑),造字本义:逮捕,捆绑嫌犯,看押。隶书将篆文的"手"简写成扌,失去五指形象,将篆文的"句"写成句。

第十八 山风《蛊》卦 ䷑

䷑卦文字抽象字义:瘴积。下卦为巽、为风,上卦为艮、为山,风被山阻瘴气生。

《蛊》卦是武王继承王权后,对宗族长辈阻挠伐商坚决地、富有策略地进行斗争的筮占记录。

"蛊"在殷商时就有记载,似乎作为一个与疾病有关的词,含义模糊而多歧。甲骨卜辞中的"蛊":例1.有疾齿,唯蛊虐?例2.贞:王骨唯蛊?贞:王骨不唯蛊?例3.王疾蛊。例4.贞:母丙亡蛊?

卜辞语句简短,并未明示"蛊"的确切含义,故今人的解释往往是各抒己见。胡厚宣认为"蛊"是指人聚养以害人的毒虫,"即造蓄蛊毒之法";温少峰则谓"卜辞中以蛊为病名""即腹中之虫";李良松阐释为:"(蛊)指'蛊胀病'。古时皿与血近体通用,故'蛊'之意当谓血中有虫,蛊病即我们现在所说的血吸虫病,中医称之为'鼓胀'或'虫鼓'";詹鄞鑫提出"蛊"有"虫的本质"和"神的传说"两重性质;"许慎说的'腹中虫'便是'蛊'的本质,而'枭磔死之鬼亦为蛊'则是'蛊'的传说",等等。

"蛊"在甲骨文中的字形皆为皿中有虫之象,卜辞中,"蛊"不论作为疾病名称,,还是致病原因,,都必然是与虫相关的。然而,该虫是人蓄养以害人的毒虫、腹中的寄生虫、血吸虫,还是其他什么虫,众说不一。

后来,又多与玄巫纠缠在一起,带有一种变幻莫测的色彩,所以人们常常把一些原因不明的疾病归咎为"蛊"所致,"蛊"因此而被视作一种泛义的致病邪毒。

"蛊"这种邪毒究竟从何而来?人们不能不去思索和解答这个问题,于是有了种种不同的答案。东汉许慎所著的《说文解字》对"蛊"就作了多种解释:"蛊,腹中虫也。《春秋传》曰:皿虫为蛊,晦淫之所生也。枭磔死之鬼亦为蛊。"

而后又有了畜养毒虫以害人的说法,此说最具影响力,依从者颇多,从而确定了"蛊毒"作为"蛊"的最基本意义。畜养蛊毒以害人的做法,不但古代文献中有记载,民间也多有传说,究竟是确有其实,还是以讹传讹,至今尚无资料可以证实。

《隋书·地理志》谓:"其法以五月五日聚百种虫,大者至蛇,小者至虱,合置器中,令自相啖,余一种存者留之,蛇则曰蛇蛊,虱则曰虱蛊,行以杀人,因食入人腹内,食其五脏,死则其产移入蛊主之家。"

李时珍所著的《本草纲目》"虫四部"集解引唐代的陈藏器原话说:"……取百虫入瓮中,经年开之,必有一虫尽食诸虫,即此名为蛊。"宋代的郑樵《通志》也记载说:"造蛊之法,以百虫置皿中,俾相啖食,其存者为蛊。"同一时代的严用和《济生方》中也记载说:"经书所载蛊毒有数种,广中山间人造作之,以虫蛇之类,用器皿盛贮,听其互相食啖,有一物独存者,则谓之蛊。"宋以后的史载,凡记载有蛊毒的,多袭用了此说,如明代的楼英在《医学纲目》中所谓"两广山间人以蛇虺、蜈蚣、蜓蚰、虾蟆等百虫,同器蓄之,使其自相食啖,胜者为灵以祀之,取其毒杂以菜果饮食之类以害人妄意要福,以图富贵,人或中之,证状万端,或年岁间人多死"。及在《赤雅》卷下所记壮妇畜蛊的情形和陆次云《峒溪纤志》所记仲苗遗蛊的情形,金蚕蛊术在宋代尤为盛行。宋蔡绦说:"金蚕毒始蜀中,近及湖广闽粤浸多。"清张泓《滇南新语》也云:"蜀中多畜蛊毒,以金蚕为最,能戕人之生,摄其魂而役以盗财帛,富而遣之,谓之嫁金蚕。"传说金蚕蛊形状像蚕,通体金色透亮。唐代人认为金蚕蛊"屈如指环,食故绯锦,如蚕之食叶",故又称之为"食锦虫"。

本经:蛊,元亨,利。涉大川,先甲三日、后甲三日?

[译文]筮:针对阻挠伐商的行为要进行斗争,祭祀、祷告列祖列宗,渡越大河的时间定在甲日前或甲日后三天内吗?占:顺利。

注释:《蛊》卦本经中"蛊""涉大川"、初六爻辞中"干父之蛊"、九二爻辞中"干母之蛊"、九三爻辞中"干父之蛊"、六四爻辞中"裕父之蛊"、六五爻辞中"干父之蛊"、上九爻辞中"不事王侯、高尚其事"的文辞,就是针对周王室、宗族男女长者胸无大志、惧怕伐商风险的态度,周武王不纵容、不妥协,敢于斗争、善于斗争、最终取得了斗争胜利。《乾》卦文王东进,也有回避王室权利纷争因素,到武王终于顺利解决。从哲学的角度出发,每卦所记载的历史事件中,有主体和客体两个方面,主体指实践活动和认识活动的承担者;客体指主体实践活动和认识活动的对象。《蛊》卦以前的事件,"君子"以主体地位出现有八处,说明周王室是以"君王"和"宗族长"共同治理国家的政治体制。《蛊》卦以后,"君子"以主体地位就再没出现过,只是以客体地位出现过。这说明《蛊》卦是周武王进行政治体制改革的事件,实现了有"君"无"子"或"君""子"合一的政治体制,《临》卦的君临天下就是实证。

本经"蛊,元亨,涉大川,先甲三日、后甲三日"为叙、问辞,"利"为断辞。

《蛊》卦经文中"大川"是指孟津黄河。

字词解释:

1.蛊,甲骨文 = + ,表示将蛇放在锅里。造字本义:清炖蛇汤。蛇汤清火清毒,且清香无比,极具诱惑力。古人相信在室内炖蛇汤会招引蜈蚣垂涎,因此炖蛇必在室外进行。金文 、篆文 基本承续甲骨文字形。蛊,本处字义:阻挠伐商的行为。

2.甲,甲骨文 ,像纵横交叉的握柄。有的甲骨文 = + ,表示可持握的护牌。造字本义:古代士兵作战时手持的庇护身体的硬牌,装有握柄,可以抵御矛枪进攻;士兵一手持甲牌抵御防守,一手持戈戟展开进攻。金文 承续甲骨文字形 。有的金文 将挡牌"口" 写成半开放型 ,表示可以插套的护牌或铠衣。篆文 误将金文的"十" 写成"丁" ,同时将半开放的挡牌 写成"勹" (即"人"),表示穿在人身上、用皮革或金属制成的护身铠衣,隶书 将甲骨文 与金文 相结合。

后引申为"十天干第一位",《说文解字》:甲,在天干之中,甲代表最东边的方位,阳气萌发,运行于万物之间,字形像草木初生时头戴甲壳的样子。

3.甲日:《礼记·郊特牲第十一》:"社祭土而主阴气也。君南乡(向)于北墉下,答阴之义也。日用甲,用日之始也。"《宋书·礼志四》:"周,以甲日祭之,用日之始也。"

4."先甲三日、后甲三日"是"甲先三日、甲后三日"的倒装句。应是"甲日要举行祭祀,不宜举事","渡越大河"需要三天时间,但要避开祭祀之日。

初六:干父之蛊,有子,考无咎,厉,终?吉。

[译文]筮:与宗族男长辈阻挠伐商的行为进行斗争,由儿子承担过失,与过世父亲没有责任,有所担心,结果呢? 占:美好。

注释:初六爻辞"干父之蛊,有子,考无咎,厉,终"为叙、问辞,"吉"为断辞。

《尚书·周书·泰誓》有"予克纣,非予武,惟朕文考无罪;纣克予,非朕文考有罪,惟予小子无良"的记载,这是周王室对"攻伐帝辛"并无胜算把握,殷商乃至天下人自然认定是周人"篡逆弑君",周王室有成员怕被连累,周武王便主动承担责任。

字词解释:

5.干,甲骨文丫=丫(长柄树杈)+十("又"的变形,表示抓握),表示手握树杈利器。有的甲骨文丫在树杈丫的两端各加一块尖利石块■,表示以尖硬石块加强"干"的攻击力。该字形后成为"单"。造字本义:远古时代用尖利的树杈为武器进行狩猎、格斗。金文丫、篆文丫承续甲骨文字形。籀文丫在树杈两端加"角",表示将兽角绑在树杈以加强攻击力。合并字"幹"。干,既是声旁也是形旁,表示捕猎工具。幹,甲金篆字形暂缺,隶书幹=幹(軑,即"朝")+干(干,捕猎工具,借代行猎,借代生产劳动),表示在早晨开始行猎生产。造字本义:日出而作。引申字义:斗争、打击。

6.父,"父"是"斧"的本字。父,甲骨文在"又"字上加一竖指事符号,代表手上持握的石斧或石凿之类的工具。造字本义:手持石斧,猎捕或劳动。金文画出尖锐的石斧形状。篆文承续金文字形。隶书将篆文的"又"写成,字形变化较大。当"父"的"持斧"本义消失后,再加"斤"另造"斧"代替。远古时代利用工具进行体力劳动,对开创生活具有重大意义,受到特别尊重。因此,"父"是古人对从事劳动的男子的尊称。父也,本处指古代天子、诸侯对同姓长辈的称呼。"以速诸父。"(《诗·小雅·伐木》)引申字义:宗族男长辈。

7.考,甲骨文=（长发的老人）+（亥,即"咳"）,表示呼吸紧促、经常咳嗽的老人。有的甲骨文=（长发的老人）+（手拄棍杖）,表示拄杖的长发老人。金文将甲骨文字形中的手杖写成"卜"。有的金文将"卜"写成"于"。有的金文省去手形。造字本义:老化,衰老。篆文承续金文字形。隶书考将篆文的写成考,古代"考""老"同源,通用。引申字义:去世的父亲。

九二:干母之蛊？不可。贞：

[译文]筮:与宗族女长辈阻挠伐商的行为进行斗争吗？占:不能宣扬。

注释:九二爻辞"干母之蛊"为问辞,"不可"为断辞。

字词解释:

8.母,甲骨文在"女"的胸部位置加两点指事符号,表示妇女因生育而发达的两乳。造字本义:婴儿的生育、哺乳者。金文、篆文承续甲骨文字形。隶书有所变形。引申字义:家族或亲戚中的长辈女子。

九三:干父之蛊、小？有悔；无大咎。

[译文]筮:与宗族长阻挠伐商的行为进行斗争不全面、不彻底吗？占:有所悔恨；没有大的过错。

注释:九三爻辞"干父之蛊、小"为问辞,"有悔；无大咎"为两次筮占断辞。

字词解释：

9.小，意指"不全面、不彻底"。

六四：裕父之蛊，往？见吝。

[译文]筮：宽容宗族男长辈阻挠伐商的行为，往后呢？占：出现遗憾。

注释：六四爻辞"裕父之蛊，往"为问辞，"见吝"为断辞。

字词解释：

10.裕，金文🈳=🈳（衣）+🈳（谷，粮食），表示衣物与食物。造字本义：衣食丰足。有的金文🈳调整成左右结构。篆文🈳承续金文字形。隶书🈳将篆文的"衣"写成🈳。引申字义：宽容。

六五：干父之蛊、用誉？

[译文]筮：与宗族男长辈阻挠伐商的行为进行斗争，要采用赞扬、称颂他们的策略吗？

注释：六五爻辞"干父之蛊、用誉"为叙、问辞，无断辞。

字词解释：

11.誉，篆文🈳=🈳（舆，众人加入）+🈳（言，评价），造字本义：民众给予正面评价和称赞。隶书🈳将篆文的🈳简写成🈳。引申字义：赞扬称颂。

12.用，采用。

上九：不事王侯、高尚其事？

[译文]筮：不屈从宗族王侯意志、要实现自我伟大抱负吗？

注释："不事王侯、高尚其事"为问辞，无断辞。

字词解释：

13.不事，指"不屈从宗族王侯意志"。

14.高尚，伟大的抱负.

15.其事，指本经中"涉大川"，意指"伐商大业"。

第十九 地泽《临》卦 ䷒

䷒卦文字抽象字义:视察。下卦为兑、为口,上卦为坤、为众,向着众人训示。

《临》卦是周武王君临天下、巡察各诸侯,并和各诸侯交流沟通、讨论军情的筮占记录。

本经:临,元亨? 利。贞:至于八月? 有凶。

[译文]筮:(武王)要亲自巡察各诸侯,祭祀、祷告列祖列宗吗?占:有利。再筮:到了八月才去巡察吗? 占:太晚了。

注释:《临》本经中"临""至于八月",初九、九二爻辞中"咸临",六三爻辞中"甘临""既忧之",六四爻辞中"至临",六五爻辞中"知临",上六爻辞中"敦临"的文辞来看,周武王对巡察诸侯做了精心的安排。比如,强调及早巡察诸侯,不能遗漏任何一家,要多交流沟通,还要赐予诸侯青铜敦礼器等。另一方面,周武王也告诫自己,巡察期间,不能贪图享受。联系《蛊》卦可见,周武王与宗族男女长辈的斗争是成功的,实现了独掌权力的目的。

本经"临,元亨"为叙、问辞,"利"为断辞。"至于八月"为问辞,"有凶"为断辞。

字词解释:

1.临,金文𦣎=𦣝(像一个大人在俯视)+品品(零,雨水自上而下降落),比喻目光自上而下打量。造字本义:俯首察看。篆文𦣻将金文的品品误写成"品"品。隶书临将篆文的𦣝写成𦣝。本处字义:君临天下,巡察诸侯。

初九:咸临,贞:吉?

[译文]筮:要巡察所有诸侯,美好吗?

注释:初九爻辞"咸临""吉"为叙、问辞,无断辞。

字词解释:

2.咸,甲骨文𢦏=𢦒(戌,大戈)+𠙵(口,聚邑),造字本义:全民皆兵,武装御敌。金文承续甲骨文字形。篆文误将金文的"戍"写成。古人称军队守城为"或",称全民皆兵为"咸"。《说文解字》:咸,全面。引申字义:全部。

九二:咸临？吉；无不利。

[译文]筮:要巡察所有诸侯吗？占:美好；没有任何不利。

注释:九二爻辞"咸临"为问辞,"吉；无不利"为两次筮占断辞。

六三:甘临？无攸利。既忧之？无咎。

[译文]筮:巡察诸侯有所嗜好、贪图吗？占:没有任何好处。再筮:离开后对诸侯存在的问题还忧心提醒吗？占:没有过失。

注释:六三爻辞"甘临"为问辞,"无攸利"为断辞;"既忧之"为问辞,"无咎"为断辞。

字词解释:

3.甘,"甘"是"甜"的本字。甘,甲骨文在"口"(嘴、舌)中加一短横指事符号,指事符号代表口腔内的舌头或嘴部的动作,整个字形表示用口、舌品尝美味。造字本义:用口舌品尝美味。金文、篆文承续甲骨文字形。隶书误将篆文的"口"写成"廿",导致字形面目全非。当"甘"逐渐书面化后,籀文再加"舌"另造"甜"代替。"甘"作为形容词与"甜"同义,但"甘"多用于书面语境,"甜"多用于口语语境。本处字义:"甘"通"酣"意指"嗜好、爱好"。曹植《籍田说》:"残仁贼义,甘财悦色。"

4.既,指"离开、尽、完"。

5.忧,篆文=(心,思虑)+(尤,特别多),表示思虑特别多。造字本义:多思多虑,放心不下。合并字"憂"。憂,甲骨文像一个人双手掩面,步履(止)沉重的样子。金文、省去一只手,同时突出头部的形象,强调"思虑重重"。篆文=(页,头部,表示思虑)+(心,表示担心)+(止,步履),增加了"心",强调了内心的消极状态。

六四:至临？无咎。

[译文]筮:巡察诸侯要保障武王休息吗?占:没有过错。

注释:六四爻辞"至临"为问辞,"无咎"是断辞。

字词解释:

6.至,保障休息。

六五:知临,大君之宜?吉。

[译文]筮:巡视诸侯要亲自指导打猎、行军,这是伟大君王应该做的吗?占:美好。

注释:六五爻辞"知临,大君之宜"为叙、问辞,"吉"为断辞。

字词解释:

7.知,篆文 知 = 矢(矢,代行猎、作战)+口(口,谈论),造字本义:谈论、交流打猎、行军的经验。在远古时代,弯弓射箭是成年人的基本常识和重要能力。

8.宜,"宜"与"俎"同源,后分化。且,既是声旁也是形旁,是"俎"和"宜"的本字,表示祭祖杀牲,平分肉食。宜,甲骨文 宜 = 且(且,祭祖杀牲,平分肉食)+ 夕(两个"夕",两肉块),表示祭祖仪式上平分肉食。造字本义:祭祖杀牲,平分肉食。引申字义:应该做的。

上六:敦临?吉;无咎。

[译文]筮:巡察诸侯要赐予他们青铜敦礼器吗?占:美好;没有过失。

注释:上六爻辞"敦临"为问辞,"吉;无咎"为两次筮占断辞。

字词解释:

9.敦,青铜器名,为"礼器"。古代用来盛放黍、稷、粱、稻等饭食的器皿,由鼎、簋的形制结合发展而成。就饪食器总体的发展变化而言,与鼎中盛肉食相配套的盛饭食的器物。依爻辞看,"西周是簋,春秋是敦,战国以后则是盒"的记载应该有误。据《礼记·名堂位》载:"有虞氏之两敦。"说明其很早就已经从盛储器演变成为礼器。

第二十风地《观》卦䷓

䷓卦文字抽象事义:展示。下卦为坤、为众,上卦为巽、为风、为入。初六至六四为阴爻,为卑,九五和上九为阳为君,众人向君子展现。

《观》卦是周武王孟津会盟诸侯,隆重举行祭祀,展示周人强大国力的筮占记录。

文献记载,前1048年,周武王为了检验自己的号召力,检验各诸侯国的态度和商王朝的反应,举行大规模军事集结,在孟津举行了大规模的阅兵仪式,史称"孟津观兵"。这次观兵实际上是一次为灭商做准备的军事演习和检阅,在中军竖起父亲西伯昌木主(为举行宾祭而备),自己只称太子发,意为仍由文王任统帅。大军抵达黄河南岸的孟津(今河南省洛阳市孟津区东北),号称八百诸侯会盟,作为盟主自然要适时抓住时机,举行宾祭,展示周王室政治、经济及文化实力,包括强大的军事力量。

宾祭,是招待贵宾大祭。《左传·襄公十年》:"鲁有禘乐,宾祭用之。"杨伯峻注:"鲁用周王之禘乐,於享大宾及大祭时用之。"宋张载《正蒙·乐器》:"采枲耳,议酒食,子所以奉宾祭、厚君亲者足矣。"清曾国藩《欧阳氏姑妇节孝家传》:"勤其力以率其姒娌,与其子姓佣奴,各有专职,土无寸旷,人无暑暇,俯拾仰取,宾祭有经。"

本经:观,盥而不荐,有孚,颙若?

[译文]筮:展示盛大祭祀,对人牲进行盥洗而不"进献",并装扮像颙(消除旱灾)吗?

注释:本经中"观,盥而不荐,有孚,颙若"、初六爻辞中"童观"、六二爻辞中"窥观"、六三爻辞中"观我生,进退"、六四爻辞中"用宾于王"、九五爻辞中"观我生"、上九爻辞中"观其生"的文辞,展现出周王室的强大辉煌,展示了祭祀"进献"的详细内容和过程。同时,武王担心有些诸侯不谙周礼,像孩子那样懵懵懂懂,看不明白。从"盥而不荐"的卦辞来看,周王室只是将"人牲"进行展示,并没有"供献",向诸侯们展现出"仁慈"风范。

本经"观,盥而不荐,有孚,颙若"为叙、问辞,无断辞。

字词解释:

1.观,"雚"是"觀"的本字。雚,甲骨文画的是一只大鸟,表示夸张醒目的"眉毛"下面睁着两只大眼睛,整个字形像类似猫头鹰的大眼睛猛禽。金文基本承续甲骨文字形。造字本义:猫头鹰瞪大锐利的眼睛警觉察看。"雚"的"大眼睛猛禽瞪大眼睛察看"本义消失后,有的金文加"见"另造"觀"代替,强调猛禽夸张的大眼"无所不见"的洞察力。篆文承续金文字形。引申字义:展示、观看。

2.盥,甲骨文=（朝下的手）+（皿,盛器）,像一只手伸进水盆洗手。有的甲骨文在手的周围加"水",明确"洗手"的含义。金文将甲骨文的写成,将甲骨文的写成,表示两只手在水盆里抱水搓洗。造字本义:在盆子里洗手。篆文承续金文字形。隶书将篆文的写成,将篆文的"皿"写成,篆文字形中的手形被淡化。引申字义:盥洗。

3.荐,篆文=（艸,草）+（存,保护,照顾）,表示垫在席子下面起保暖作用的草绒。造字本义:保温保暖的草垫。隶化后楷书将篆文字形中的写成,将篆文的写成。合并字"薦",金文=（草丛）+（动物,形似鹿）,表示草丛中活的动物。远古牲畜紧缺时,平时的祭祀活动中用不见血的活的动物象征性祭神。有的金文=（动物）+（皿,祭器）,强调以活动物献祭。造字本义:在平时的祭祀中用可重复使用的活动物象征性地祭神。篆文承续金文字形。引申字义:进献。

4.颙,传说中的一种鸟,形状像猫头鹰,长着一副人脸和四只眼睛而且有耳朵,它发出的叫声就是自身名称的读音,一出现而天下就会大旱。

初六:童观？小人,无咎。君子？吝。

[译文]筮:观看盛大祭祀,人数少,懵懵懂懂、瞪着眼看不懂如何?占:无咎。再筮:诸侯君王及宗族长呢?占:为难。

注释:初六爻辞"童观?小人"为问、叙辞,"无咎"为断辞;"君子"为问辞,"吝"为断辞。

字词解释:

5.童,古同"瞳",意指"懵懵懂懂、瞪着眼的样子"。

六二:窥观?利。女,贞:

[译文]筮:允许女人偷看盛大祭祀吗?占:可以。

注释:六二爻辞"窥观""女"为问辞,"利"为断辞。

字词解释:

6.窥,既是声旁也是形旁,表示观摩、见习。繁体字"窺",篆文🅐=🅑(穴,孔洞)+🅒(規,观摩、见习),造字本义:通过洞孔或缝隙观看。引申字义:偷观。

六三:观我生,进退?

[译文]筮:让手持大钺的武士和人牲依次展示吗?

注释:六三爻辞"观我生、进退"为问辞,无断辞。

字词解释:

7.我,本处字义:手持大钺、呐喊助威的武士。

8.生,甲骨文🅐是指事字,在草叶🅑(屮)下面加一横表示地面的指事符号━,表示新芽破土而出。有的甲骨文🅒用"土"🅓代替表示地面的指事符号━,成为会意字:🅔=🅕(屮,新芽)+🅖(土,地面),明确草和土的关系。造字本义:草木破土萌发。金文🅐、篆文🅐承续甲骨文字形。隶书🅐将篆文上部的"屮"🅑简化成🅒,失去植物嫩叶萌发🅓的形象。古时"生"通"牲",即"人牲"。

9.进,甲骨文🅐=🅑(隹,鸟)+🅒(止,脚,表示追逐),表示追鸟。造字本义:追逐鸟雀。金文🅐加"彳"🅑(行走),强化追逐含义。篆文🅐承续金文字形。隶书🅐将篆文的"辵"🅑写成🅒。简化方案用"井"代替正体楷书🅐的"隹"🅑。

10.退,甲骨文✦=✦(豆,食器)+✦(止,脚,表示走开),造字本义:餐毕下桌离席。

11.进退,指"依次展示"。

六四:观国之光？利。**用宾于王。**

[译文]筮:宾祭先王,展示周王室的气派和辉煌吗？占:有收获。

注释:六四爻辞"观国之光？用宾于王"为问、叙辞,"利"为断辞。

字词解释:

12.光,引申字义:气派和辉煌。

13.宾,宾祭。繁体字"賓"。甲骨文✦=✦(宀,房屋)+✦(人,客),表示家中的客人。有的甲骨文✦加"止"(✦表示前行,并在"人"✦的头上加一横指事符号,表示特殊身份。金文✦=✦(宀,房屋)+✦(万,特殊身份的人)。有的金文✦加"贝"✦(财礼),表示带财礼到他人家里做客。篆文✦=✦(宀,房屋)+✦("之"的误写,前往)+✦(贝,财礼),表示带财礼前往的客人。造字本义:带财礼拜访、受到款待的贵客。隶化后楷书賓将篆文字形中的✦写成✦。俗体楷书宾用字形简单的声旁"兵"✦代替正体楷书字形复杂的✦。古人称访者为"客",称贵客为"宾"。

九五:观我生？君子,无咎。

[译文]筮:让诸侯君王及宗族长观看手持大钺的武士和人牲吗？占:没有过错。

注释:九五爻辞"观我生？君子"为问辞,"无咎"为断辞。

上九:观其生？君子,无咎。

[译文]筮:让诸侯君王及宗族长观看其他祭牲吗？占:没有过错。

注释:上九爻辞"观其生？君子"为问辞,"无咎"为断辞。

第二十一 火雷《噬嗑》卦 ䷔

䷔卦文字抽象事义:敕法。下卦为震、为雷,上卦为离、为闪电,雷动电闪害虫惊。

《噬嗑》卦是武王对殷商亲藩及罪犯施以肉刑、赎刑的筮占记录。

以财物赎罪称之赎刑,始于上古。《尚书·舜典》:"金作赎刑。"夏、商、周都有赎刑,但制度不尽相同。夏、商赎刑虽然普遍,但不系统。古之赎罪者,主要用玉、铜,汉始改用黄金。自西周始,赎刑经历了从萌芽到产生,从基本定型到成熟,从完善再到停滞,以致最后被废除的生命过程。西周《尚书·吕刑》所载"五刑之疑有赦",就是指对适用五刑有疑义而应予赦宥的案件,均可折为赎刑。其具体规定是:"墨辟疑赦,其罚百锾,阅实其罪。劓辟疑赦,其罚惟倍,阅实其罪。剕辟疑赦,其罚倍差,阅实其罪。宫辟疑赦,其罚六百锾,阅实其罪。大辟疑赦,其罚千锾,阅实其罪。"锾是当时铜的货币单位,一锾为六两。按照上述规定,凡适用五刑有疑义而应予赦宥的案件,可分别缴纳一百锾、二百锾、五百锾、六百锾、一千锾铜以赎免应处肉刑与死刑。大体来说,五刑之中,上自死刑,下到杖、笞,都可以赎,赎金的数量有具体规定。赎罪的财物,上古用铜,西汉用黄金,有时候用钱,东汉用缣,魏晋以后多用绢。隋代复古,又改用铜。唐、宋沿用隋制,元代用钞,明清用铜钱。司马迁在《报任安书》中说"家贫,货赂不足以自赎"而受到宫刑。可见赎刑的得益者,主要是富贵之家。

本经:噬嗑,亨,利。用狱?

[译文]筮:明罚敕法,祭祀、祷告先祖,用刑狱惩治罪犯吗?占:有利。

注释:本经中"用狱"、初九爻辞中"屦校灭趾"、六二爻辞中"噬肤灭鼻"、六三爻辞中"噬腊肉?遇毒"、九四爻辞中"噬乾胏,得金矢"、六五爻辞中"噬乾肉,得黄、金"、上九爻辞中"何校,灭耳"的文辞,阐明周王室对累犯从快从重施刑。当然,尽可能地采用赎刑,赎罪的财物是以青铜、箭矢和璜玉为主,根据财物的多少确定给罪犯量刑和狱中饮食待遇的标准。尤其是给罪犯"劓刑"之前吃肥肉,保障足够的营养,体现了人性化的一面。

本经"噬嗑,亨,用狱"为叙、问辞,"利"为断辞。

字词解释:

1.噬,咬、吞。

2.嗑,用上下门牙咬有壳的或硬的东西。

3.噬嗑,为上下颚咬合、咀嚼,意指"明罚敕法"。《噬嗑》卦上离下震,雷电皆至,古人认为雷电会使害虫惊恐。

4.狱,"确也。"(《说文》);"争罪曰狱。"(《周礼·地官》)

初九:屦校灭趾?无咎。

[译文]筮:对屡教不改罪犯施以砍脚的刑罚吗? 占:应该。

注释:初九爻辞"屦校灭趾"为问辞,"无咎"为断辞。

字词解释:

5.屦,古同"屡",接连着、不止一次。

6.校,甲骨文 = (交,双腿)+ (木,桎),表示用桎梏连锁双脚,使双脚不能自由活动。造字本义:古代用来将两脚连锁的桎梏。古陶字形写成左右结构。篆文与古陶字形相同。隶书将篆文的写成。引申字义:管教。

7.屦校,屡教不改。

8.灭,威,金文 = (戍,代表战乱)+ (火,代表火灾),表示兵灾与火灾对生命的集体性摧毁。当"威"的"摧毁集体生命"本义消失后,篆文在"戍"(兵灾)、"火"(火灾)基础上,再加"水"(洪灾),另造"滅"代替,表示洪灾、火灾等"天灾"与兵灾等"人祸"对生命的集体性摧毁。造字本义:战乱或洪灾、火灾摧毁全村或全家生命。俗体楷书灭误将正体楷书字形滅中的威的"戍戍、火火"组合,拆解成"戍戍、一一、火火"的组合,并省去"水"和"戍"戍,写成"火"火加"一"一的指事字灭,表示"消除火灾"。引申字义:砍。

六二:噬肤灭鼻? 无咎。

[译文]筮:给将施以劓刑的罪犯吃肥肉吗? 占:没有过失。

注释:六二爻辞"噬肤灭鼻"为问辞,"无咎"为断辞。

字词解释:

9.肤,繁体字"膚"。盧,既是声旁也是形旁,表示用炉子熬煮兽骨兽肉。膚,金文 ☒ = ☒("盧"的省略,用炉子熬兽肉)+ ☒ (肉,膏脂),表示兽肉熬成的膏脂。造字本义:虎豹等兽肉熬成的膏脂。籀文 ☒ 承续金文字形。篆文 ☒ 将金文、籀文的上下结构调整为左右结构。有的篆文 ☒ 以声旁"夫" ☒ 代"盧" ☒,另造形声字。隶化后楷书膚将篆文的"虎头" ☒ 写成 ☒。俗体楷书肤承续篆文字形 ☒,以"夫" ☒ 为声旁。肤,称皮、肤、肌、脂合一的动物纤维组织——"肥肉"。

六三:噬腊肉? 遇毒、小,吝;无咎。

[译文]筮:给少数刚猛的罪犯吃腊肉吗? 占:麻烦;应该。

注释:六三爻辞"噬腊肉? 遇毒、小"为问辞,"吝;无咎"为两次筮占断辞。

字词解释:

10.腊肉,腊(xī 同"臘" là)肉是指肉经腌制后再经过烘烤(或日光下曝晒)的过程所制成的加工品。腊肉的防腐能力强,能延长保存时间,并增添特有的风味,这是与咸肉的主要区别。腊肉并非因为在臘月所制,而为腊肉,臘月的臘(là)与腊肉的腊(xī)在古文里并非同一个字。臘月后简化为"腊月",而腊肉的腊本来如简化字。至于为什么现在人们都读 là,而不读 xī,除了简化字的原因使两个字没有了区别以外,可能确实跟腊肉一般都在腊月里制作以待年夜饭之用有关。

11.毒,篆文 ☒ = ☒ (生,成长) + ☒ (毋,否定、拒绝),表示生命本能所拒绝的有害物质。造字本义:一种含有危害生命的化学成分的野草。有的篆文 ☒ 加"甲" ☒,表示带甲壳的有毒昆虫。有的篆文 ☒ 写成形声字,以"副"为声旁,以"艸" ☒ 代"生" ☒,表示"有毒"的植物。

隶书 ![] 将篆文的"生"![]简化成![],将篆文的"毋"![]简化成"母"![]。引申字义:刚猛之人。

九四:噬乾胏,得金矢？利。艰,贞:吉？

[译文]筮:吃带骨的乾(干)肉,要进献青铜和箭矢吗？占:应该。对罪犯筹集财物要有耐心,可行吗？

注释:九四爻辞"噬乾胏,得金矢"为叙、问辞,"利"为断辞。"艰,吉"为叙、问辞,无断辞。

字词解释:

12.乾胏,带骨的干肉。金矢,指青铜和箭矢。

六五:噬乾肉,得黄、金,贞:厉？无咎。

[译文]筮:吃带骨的干肉,得进献璜玉和青铜,严厉吗？占:没有过失。

注释:六五爻辞"噬乾肉,得黄、金,厉"为叙、问辞,"无咎"为断辞。

字词解释:

13.乾肉,晒干的肉。

上九:何校,灭耳？凶。

[译文]筮:荷戴桎梏,才处决罪犯吗？占:没必要。

注释:上九爻辞"何校,灭耳"为叙、问辞,"凶"为断辞。

字词解释:

14.何,甲骨文![]=+,表示士卒肩扛戈戟。有的甲骨文![]加"口"![],表示守关士卒手持![]戈戟![],盘问![]路人。造字本义:守关的士卒肩扛戈戟,盘问过往行人。金文![]将甲骨文字形![]中的"口"![]与"戈"![]构成的![]合写成"可"![],并使"可"成为"何"字形旁兼声旁的字件。至此"何"的"戈"形消失,"武气"不再。篆文![]承续金文字形。引申义《说文解字》:何,挑担。引申字义:荷戴。

15.耳,甲骨文![]像是被切下的蘑菇状的人类听觉器官的外廓。造字本义:长在人体头部侧边的听觉器官。有的甲骨文❻在蘑菇形状上加两个短竖指事符号,表示用手抓住割下的听觉器官。金文❻将甲骨文❻的短竖指事符号明确为✢("又"的变形,抓),表示用手抓,因此,"耳"❻其实是"取"❻的本字。篆文❼有所变形,将金文字形❻中的✢写成似手非手(抓)❼的形象。隶书❼基本承续篆文字形❼,有的隶书❼严重变形,手形完全消失。远古战场上,士兵割下死敌的耳朵作为评价战绩的依据,叫作"取"。当"耳"❻变成名词后,甲骨文❻再加"又"(抓)另造"取"代替。

16.灭耳,砍头、处决。

第二十二山火《贲》卦 ☲

☲卦文字抽象事义:粉饰。下卦为离、为火,上卦为艮、为山,火焚群山木灰覆。

《贲》卦是武王在孟津观兵后,为将士装备保养器具,并将战马、战车、旌旗、军装等装备成白色的筮占记录。

白色是殷商崇拜的颜色。孔子曰:殷路车为善,而色尚白。车为善指的是商朝造车修路的技术先进,色尚白,便是崇尚白色,主要表现在马、车、旗、牲、服,就连田猎都是以猎取白色野兽为主。

《礼记·明堂位》记曰:"有虞氏之旗,夏后氏之绥,殷之大白,周之大赤。"《史记·殷本纪》记载,商汤曾对伊尹说过:"人视水见形,视民知治不。"为此,商汤要获得老百姓的支持,必须要采取一些措施,而改变服饰颜色就是其中的一项。夏朝服装崇尚黑色,而夏朝最后一位君主夏桀给老百姓的是暴政,是苦不堪言的黑暗生活。黑白本就有天壤之别,既然夏朝崇尚黑色,那么商朝就崇尚白色,所以才有《史记·殷本纪》的"易服色,尚白",就是告诉老百姓,现在正处商朝时期,夏朝已经远去;二是告知老百姓商朝的政令与夏朝会大不同,如果夏朝带给人们的是黑暗,那么商朝给的就是光明,是希望,是新的开始。

武王将战马、战车、旌旗、军装等装备成白色,以示臣子之礼,无叛逆之心,这是为了麻痹殷商,不加防范。

本经:贲,亨,小,利。有攸往?

[译文]筮:装备好部分军队,祭祀、祷告先祖,再安心进发吗?占:是。

注释:本经中"贲,有攸往"、初九爻辞中"贲其趾"、六二爻辞中"贲其须"、九三爻辞中"贲如濡如"、六四爻辞中"贲如皤如,白马翰如"、六五爻辞中"贲于丘园"、上九爻辞中"白贲"的文辞,周武王对远征将士的脚保健、发须修理和洗澡非常重视,还把军队完全按照殷商崇尚的白色来装扮,看上去像是联姻队伍。六五爻辞中"贲于丘园,束帛戋戋",说明周武王伐商途中曾经有近半年的休整期。

本经"贲,亨,小,有攸往"为叙、问辞,"利"为断辞。

字词解释:

1."贲"一般称是军中大鼓上的装饰物,其实是装有饰物的大鼓。《说文》:"贲,饰也。从贝,卉声。"意为形声字。其实,"贲"甲骨文写作"🥁",象鼓上有装饰物。小篆写作"賁"(读 bēn)或"鼖"(读 fén)。前者鼓已作"贝",失形;后者直接写作鼓形,鼓上的饰物变成声符"卉"字,与甲骨文相去甚远。"鼖"则专指"大鼓"。《说文》:"大鼓谓之鼖,八尺而两面,以鼓军事。"隶书(汉《史晨碑》等)以其平直的笔画写作"賁、鼖",彻底脱离了象形字而成为今文。贲,引申字义:装备(名词)、装饰(动词)。

初九:贲其趾?舍车而徒。

[译文]筮:舍弃战车、徒步行军,要装备脚用保健器物吗?

注释:初九爻辞"贲其趾?舍车而徒"为问、叙辞,无断辞。

字词解释:

2.舍,金文🏠=✡(余、单柱、无壁的简易茅屋)+◯(口,代表村邑),表示村邑中的茅屋。造字本义:村邑中供旅人暂住的简易客店。合并字舍,既是声旁也是形旁,表示供旅人暂住的简易客店。动词舍,

篆文 ⿰扌舍 = 𰀁（手，拿）+ 舍（免费供旅人暂住的简易客店），表示免费给予。造字本义：出手施予。引申字义：舍弃。

3.车，甲骨文 像某种器械两边各有一个轮子，中间是"甲"形的厢体，表示保护性的设备，人在厢体中可以避免受到攻击。推测最早的"车"是为战争发明的，用于步兵对阵中创造特殊的攻防优势：利用牛马等力畜强的大爆发力和持久的耐力，"车"可以快速进入和脱离敌方阵地，加上"车"的厢体提供某种"装甲"保护，手持戈戟的"车厢战士"可以居高临下攻击步兵，大大提高攻击威力和防御效果。到春秋战国时代，"车"在大型车战中已成为胜负关键。正是战争的强大驱动力使战车迅速进化成民用的运输、交通工具。有的甲骨文加轭具，表示依靠畜力拉动。有的甲骨文省略箱体也省略轭具，突出"车"的"转轮"特征。造字本义：有轮子、靠牛马驱动的战斗工具。金文字形多样化，有的、强调轭具，有的车在甲骨文简体字形基础上继续简化，以一轮代两轮。籀文加"戈"，字形像两辆武装战车、戈戟相接。篆文车承续金文字形。俗体楷书车利用草书字形做了较大简化。

4.徒，"徒"是"彶"和"迌"的异体字。行，既是声旁也是形旁，表示徒步前进。彶，甲骨文 = 𢓉（行，四通的大道）+（东西、南北两个方向上的两个"步"，徒步前进），表示在不同方向的大道上前进，长途搬迁，寻找新的定居点。有的甲骨文将东西、南北方向的两个"步"省略成南北方向的"步"。有的甲骨文将"行"省略成"彳"。金文、承续简体甲骨文字形。篆文将金文字形中的"步"简化成"止"。有的篆文将金文字形中的"彳"写成"辵"。造字本义：动词，在四通八达的大道上长途搬迁。隶书承续金文字形，将金文字形中的写成，将金文字形中的写成。古籍多以"徒"代替"彶"和"迌"。

六二：贲其须？

[译文] 筮：要装备修理头发和胡须的器具吗？

-190-

注释:六二爻辞"贲其须"为问辞,无断辞。

字词解释:

5.须,甲骨文🧍=🧍(人)+凵(下巴)+彡(彡,毛发),表示长在下巴上的毛发。有的甲骨文将"人"与下巴上的毛发分写。金文以"面"代甲骨文的下巴形象凵,表示"须"为长在面部的毛发。有的金文写成"页"、"彡"会义。造字本义:男子两腮和下巴标志性的毛发。篆文承续金文字形。古人敬重自生自长的毛发,所以两腮和下巴粗茂的毛发便成了男子的标志。须,繁体字除了"須",也有写作"鬚"的,强调"须"与"发"的共同特征。引申字义:泛指"修理头发和胡须的器具"。

九三:贲如濡如？利。永贞:

[译文]筮官永筮:要装备洗浴等器具吗？占:需要。

注释:九三爻辞"贲如濡如"为问辞,"利"为断辞。

字词解释:

6.濡,洗浴。

六四:贲如皤如,白马翰如,匪寇,婚媾？

[译文]筮:(军队)装扮如雪白状,战马和旌旗装备成白色,看上去不是征战大军,像是联姻队伍吗？

注释:六四爻辞"贲如皤如,白马翰如,匪寇,婚媾"为叙、问辞,无断辞。

字词解释:

7.皤,形容雪白色。

8.翰,甲骨文=🏴(战旗飘飘的样子)+隹(隹,借代鸟羽),表示战旗上插着漂亮的翎羽。金文将甲骨文的写成"倝",将甲骨文"隹"写成"飞",强调旗杆上的翎羽迎风飘飞。造字本义:部队急行军,羽饰战旗迎风飘扬。篆文将金文的"飞"简化成"羽"。

六五:贲于丘园,束帛戋戋,吝,终？吉。

[译文]筮:整理出很大的田园,担心得到少之又少的丝帛,最终

呢？占：美好。

注释：六五爻辞"贲于丘园，束帛戋戋，吝，终"为叙、问辞，"吉"为断辞。

西周早期，就有屯田，屯田有军屯与民屯之分，以军屯为主以给养军队，这就是边防屯田。自此，各朝各代都推行过边防屯田，当国家为几个政权时，出于军事需要，都很注意屯田。这些屯田虽多设置在中原地区，但因列国分立，仍然属于边防屯田。屯田有时又被称为营田，原意是屯田以兵，营田以民。实际上，历代不少营田也常使用士兵，即使是民屯，也多采用军事编制，所生产的粮食主要也是供军需。六五爻辞"束帛戋戋"意指武王军屯是以"桑蚕抽丝，加工织物"，而非生产粮食。

在陕西省宝鸡市茹家庄西周中期墓内发现了一批关于蚕丝的实物，为我们了解西周时期丝织与刺绣的情况提供了非常珍贵的资料。在墓葬中，发现了大量玉石制作的蚕形实物，这些造型生动的玉蚕，向我们展示出了西周时期已经十分发达的桑蚕生产情况。在宝鸡市茹家庄的西周墓中还发现了丝织品痕迹。其中有些是黏附在青铜器上，有些是压附在淤土上，可以看出大部分是平纹的纺织品。

字词解释：

9.丘，甲骨文的"丘"与"山"相似，不同之处在于，"山"有三个峰头，"丘"只有两个峰头。造字本义：两峰相连的山。有的甲骨文有所变形，强调山峰突出于地平线。金文变形，突出相连的两座峰尖，淡化了地平线。有的金文在早期金文基础上继续变形，误将两座峰尖写成两个相背的"人"形，山形尽失。篆文承续金文字形。隶书将篆文的两个"人"变形。楷书丘则将两个"人"分别写成"亻"和"丁"，至此"山"形彻底消失。两峰相连、或零散不成方向的小山叫"丘"，众峰（三峰）相连、形成一定走向的群峰叫"山"。引申字义：大的地方。

10.园，繁体字"園"。袁，既是声旁也是形旁，表示衣服的圆形立领。園,金文㘣=𧘇(袁,圆形立领)+囗(口,栅圈),造字本义:比喻用篱栅圈围起来种植草木蔬果的田地。

11.束,甲骨文像捆绑在木棍上的包囊。造字本义:用绳、带系扎行囊。

12.帛,甲骨文=(白,无色)+(巾,丝绸),造字本义:白色绢或绸,古代的上流社会把它作为衣料以及书、画材料。金文、篆文承续甲骨文字形。

13.戋,少。

上九:白贲?无咎。

[译文]筮:军队全部装扮成白色吗?占:没有过失。

注释:上九爻辞"白贲"为问辞,"无咎"为断辞。

字词解释:

14.白,"白"是特殊指事字,甲骨文像是由双舌重叠,表示不停地说话。有的甲骨文清晰显示双舌交叠的形象。有的甲骨文则由三舌重叠,强调费尽口舌,极力说明。有的甲骨文简化双舌重叠的形象。金文承续甲骨文字形。有的金文像是"舌"形与"曰"的混合。篆文变成"曰"(说)字加一竖指事符号,表示"曰(说)"的动机或结果(清楚)。造字本义:动词,费尽口舌,极力说明。引申字义:白颜色。

第二十三山地《剥》卦

卦文字抽象事义:推倒。初至五爻为阴、为死,上爻为阳、为动;下卦为坤、为大地,上卦为艮、为山,孤峰难立大地。

《剥》卦是武王对敌对方国的宫廷予以拆除,并严厉惩罚残暴宫人的筮占记录。

本经:剥?不利。有攸往。

[译文]筮:去毁坏敌国宫廷吗?占:没有收获。

注释:《剥》卦卦辞中"剥"、初六爻辞中"剥床以足"、六二爻辞中

"剥床以辨"、六三爻辞中"剥之"、六四爻辞中"剥床以肤"、六五爻辞中"以宫人宠"、上九爻辞中"硕果不食,君子得舆,小人剥庐"的文辞,描述了毁坏敌国宫廷的目的、程度,并用残暴宫人喂食大蟒的事件。从上九爻辞"君子得舆",说明君王重视的是人才,而非物质。二战时期,美国抢走德国 1500 名科技人才,苏联拉走了不少制造装备,以《剥》卦思想来看,美国和苏联的做法高下立分。

本经"剥""有攸往"为问辞,"不利"为断辞。

字词解释:

1.剥,甲骨文 ᖾ = ᖾ(头朝下的人,表示被捆绑倒吊)+ ᚠ(刀,剔割),造字本义:极度残忍的酷刑,将活人倒吊,将人皮活活揭下。篆文 ᚠ 误将甲骨文中倒挂的"人" ᖾ 写成"卜" ᚠ;有的篆文 ᚠ 用"彔" ᚠ(野兽)代替倒吊的"人" ᚠ,表示揭动物的毛皮。隶书 ᚠ 误将篆文的"彔" ᚠ(野兽)写成"录" ᚠ(井中汲水)。《说文解字》:剥,割裂皮肤的极刑。引申字义:毁坏。

初六:剥床以足,蔑?凶。

[译文]筮:毁坏敌国宫廷要连同基础,从精神上予以打击吗?占:凶险。

注释:初六爻辞"剥床以足,蔑"为叙、问辞,"凶"为断辞。

"床"在《周易》里共出现五次,分别是《剥》卦"初六:剥床以足""六二:剥床以辨""六四:剥床以肤"和《巽》卦"九二:巽在床下""上九:巽在床下"。在《剥》卦中,"剥"是谓语,意指毁坏、拆除。要从精神上打击一个国家,在物理上拆除国家的宫廷、图腾雕塑、旗帜最为严厉,楚灭秦后,项羽一把火烧了阿房宫就是典型。"床"是宾语,应指建筑物或构筑物。"以足""以辨""以肤"是对"床"的补充,总体上也属于宾语范畴。"巽"卦中的"床下","巽"为谓语,"床下"为状语,"床"应指建筑物或构筑物,"下"指"床"所形成的地面空间,是选拔人才的场所。唐代大诗人李白《静夜思》中"床前明月光"句里的"床",有说卧榻的、有说坐具的、有说井座井栏的,至今尚无明断。李白的《静夜思》创作于唐玄宗开元十四年(726年)九月十五日的扬州旅舍,时李白26岁。在一个月明星稀的夜晚,诗人在旅舍前散步,抬望天空一轮皓月,思乡之情油然而生,写下了这首传诵千古、中外皆知的名诗《静夜思》。在这种环境下,《静夜思》中的"床"极有可能指"旅舍或旅舍厅堂"。把《剥》卦、《巽》卦和李白《静夜思》中的"床",结合事境、语况结合来看,"床"大概率是指"宏大建筑物"。

字词解释:

2.床,本字"牀"。"爿""广""片"本为同一个字,后分化。爿,甲骨文 像有两个脚架、铺着木板 的床。当"爿"的"卧具"本义消失后,有的甲骨文再加"宀"(房屋)另造代替,强调置于室内的卧具。金文 =(爿,床)+(木),强调卧具的木质材料。篆文 承续甲骨文字形。有的篆文 承续金文字形。造字本义:供睡卧的木制台式家具。俗体隶书 床 将"爿" 写成"广"广,完全变形。引申字义:宫廷。

3.足,甲骨文中"正"(征)与"足"本是同一个字,后被转注成两个字。足,甲骨文 =(口,村邑或部落)+(止,行军),表示军队归邑。造字本义:出征得胜,凯旋归邑。金文、篆文 承续甲骨文字形。因为"疋"篆文的字形 与"足"的篆文字形 相似,后人习惯于以"足"字代替本义完全不同的"疋"字,"疋"的甲骨文字形 像由大腿小腿、脚板 构成的脚部。由于"疋"篆文的字形 与"足"的篆文字形 相似,后人习惯性误将"足"字代替本义完全不同的"疋"字。古人称得胜凯旋为"足",称征而无获为"乏"。引申字义:王宫墙角、基础。

4.蔑,甲骨文 =(眉,表示扬眉轻视)+(伐,杀戮),表示轻视敌人,冷对杀戮。造字本义:扬眉冷对杀戮。有的甲骨文 将"眉" 省略成"目"。金文 误将甲骨文"眉" 中的毛发形象写成似是而非的"草头"。篆文 基本承续金文字形。隶化后楷书 蔑 将篆文似是而非的 明确写成"草头",将篆文的"伐" 写成"戌"戌。合并字"衊"。引申字义:从精神上予以打击、鄙视。

六二:剥床以辨,蔑,贞:凶?

[译文]筮:毁坏敌国宫廷来扩大耕地,从道义上予以打击,凶险吗。

注释:六二爻辞"剥床以辨,蔑,凶"为叙、问辞,无断辞。

字词解释:

5.辨,通"辩"。辨,古代土地面积单位,九夫为一辨,七辨为一并。夫,指一农夫所受之一百亩耕地。辩,篆文䇂=䇂䇂(辛,涉及刑事的双方,原告与被告)+言(言,诉讼),造字本义:古代庭审诉讼时原告和被告双方的论争。隶书辩将篆文的䇂写成言。

六三:剥之？无咎。

[译文]筮:要毁坏敌国宫廷吗？占:没有过失。

注释:六三爻辞"剥之"为问辞,"无咎"为断辞。

六四:剥床以肤？凶。

[译文]筮:只是毁坏敌国宫廷外貌吗？占:凶险。

注释:六四爻辞"剥床以肤"为问辞,"凶"为断辞。

字词解释:

6.肤,表面、外貌。

六五:贯鱼、以宫人宠？无不利。

[译文]筮:将宫人一个一个地喂食他们豢养的大蟒吗？占:没有任何不利。

注释:六五爻辞"贯鱼、以宫人宠"为问辞,"无不利"为断辞。

相传,苏妲己命人挖一个大坑,再倒进去一坑的蛇虫鼠蚁,把罪犯或异己推下去,受这些毒虫毒蛇们噬咬,称之"虿盆"之刑。他们还豢养大蟒为宠物,有时用人喂食取乐。

字词解释:

7.贯,篆文貫=毌(毌,十字形系扎)+貝(贝,作为货币的贝壳),造字本义:用绳线系扎的贝串。贯鱼:有顺序地、一个一个地。

8.宫,甲骨文宫=宀(宀,房屋)+吕(多个窗口),像一座大型建筑开着多个窗口,造字本义:名词,多窗户的多楼层大型建筑。金文宫承续甲骨文字形。篆文误将两个"口"■(窗)相连接。古人称单窗平房为"向",称多窗的大型建筑为"宫"。

9.宫人,官名。负责君王的日常生活事务。《周礼·天官·序官》:"宫人中士四人,下士八人。"孙诒让《正义》:"此官掌王寝,亦主服御之事。"

10.宠,既是声旁也是形旁,表示巨蟒。宠,甲骨文■=■(宀,房屋)+■(张着大口的巨蟒),表示豢蟒的房屋。造字本义:把蛇养在家中。古人认为家中养一条大蛇,可以带来吉祥平安和福气。金文■将甲骨文的"虫"■(蛇)写成"龙"■。篆文■承续金文字形。本处字义:喂食大蟒。

上九:硕果不食,君子得舆,小人剥庐?

[译文]筮:收获很大,不要分配,君王和宗族长得到舆人,少数人去拆除房舍吗?

注释:上九"硕果不食,君子得舆,小人剥庐"为叙、问辞,无断辞。

字词解释:

11.硕,金文■=■(石,巨岩)+■(页,头像),表示巨大的石雕头像。造字本义:雕刻在岩石上的巨大头像。篆文■调整字形结构。引申形容词:巨大的。

12.硕果:意指战利品很多、收获很大。

13.食,分配。

14.舆:造车工人。《周礼·考工记·舆人》:"舆人为车。"

《韩非子·备内》:"故舆人成舆,则欲人之富贵;匠人成棺,则欲人之夭死也。"

15.庐,繁体为"廬"。盧,既是声旁也是形旁,表示炊具、炉子。庐,金文■=■(广,墙体不全的建筑)+■(盧,炊煮兽肉的炉子),表示有炉灶可以炊煮的简易茅舍。造字本义:筑在山野供猎人短暂居住生活的小屋。篆文■将金文的■写成■。俗体楷书庐将正体楷书的盧写成户。《说文解字》:庐,农人安置在田间临时居住的棚舍,秋冬收成后离去,春夏农忙时节居住。引申字义:房舍。

第二十四地雷《复》卦䷗

䷗卦文字抽象事义:轮回。下卦为震、为雷,上卦为坤、为大地,春雷一声大地新。

《复》卦是孟津观兵之后,周武王发现伐商时机不成熟,让诸侯军队撤兵返回的筮占记录。

《史记·周本纪》载:

> 武王渡河,中流,白鱼跃入王舟中,武王俯取以祭。既渡,有火自上复于下,至于王屋,流为乌,其色赤,其声魄云。是时,诸侯不期而会盟津者八百诸侯。诸侯皆曰:"纣可伐矣。"武王曰:"女未知天命,未可也。"乃还师归。

武王所说的"天命"是什么?约公元前12世纪末至前11世纪上半叶,商王帝乙、帝辛相继对东方夷人展开了长期的战争。帝乙九年二月,商王得知夷方欲大举攻商,乃率军出征夷方,因中途遭盂方(今河南睢县附近)军截击而回师。

帝乙十年二月,商王率大军击败盂方,于九月进至淮水流域的攸国,与攸侯喜合兵进攻,大败夷方军。至次年五月返回商都附近,前后费时达260天。帝乙十五年,商王再次率诸侯远征夷方,到达雇[即顧(顾),今山东省菏泽市鄄城县东北]、齐(今淄博东北)等地,至次年三月胜利班师。帝辛继位后,因周族崛起,威胁商朝西面,欲移兵攻周,在黎国大规模聚集、检阅军队。东夷又乘机大规模攻商,迫使帝辛全力经营东南,连年对东夷用兵。公元前11世纪上半叶,商王帝辛两次派商军进攻东夷(黄、泗、淮流域,今山东、江苏、安徽一带),使其臣服。

公元前1047年,帝辛在今山东鄄城东举行军事演习,要东夷方国派军队参加,遭拒绝,帝辛便亲率商军主力进攻东夷。开始,武王率兵东进,武王与八百诸侯认为,可以趁帝辛进攻东夷,朝歌空虚,群龙无首,一举拿下商都。这时,武王有所醒悟,认为事情不是这么简单,若此时拿下朝歌,帝辛尚在,没有动摇殷商根本,帝辛必会亲率远在东夷的殷商主力全力反攻,姬周将凶多吉少。这才有了诸侯皆曰:"纣可伐矣。"武王曰:"女未知天命,未可也。"乃还师归。

本经:复?亨。出入,无疾,朋来?无咎。反复,其道七日,来复?利。有攸往。

[译文]筮:要撤兵吗?占:祭祀并祈祷先祖。再筮:出动大军、攻入敌方,无可非议,能筹集钱物吗?占:没有过失。再筮:大军出发、到返回,才七天时间,等收完麦子再返回吗?占:可以。

注释:本经中"出入,无疾"、初九爻辞中"不远复"、六二爻辞中"休复"、六三爻辞中"频复"、六四爻辞中"中行、独复"、六五爻辞中"敦复"、上六爻辞中"迷复"的文辞,清楚地阐明了武王在孟津观兵后,制定了详细的撤兵计划和实施过程,尤其是组织各诸侯统一行动。让封地不远的诸侯先撤兵,不让其他诸侯独自返回,以免撤兵途中滋生事端。从六五爻辞"敦复"来看,周武王把青铜敦礼器赐给撤兵返回的诸侯,予以安抚。

本经"复"为问辞,"亨"为断辞。"出入,无疾,朋来"为叙、问辞,"无咎"为断辞。"反复,其道七日,来复?有攸往"为叙、问辞,"利"为断辞。

字词解释:

1.复,撤军、返回。

2.来,意指"小麦",《诗经·周颂·思文》:"贻我来牟,帝命率育。"

3.来复,意指"等收完麦子再返回"。

初九:不远复,无祗悔?元吉。

[译文]筮:离自己领地路程不远的诸侯先撤兵,他们没有一点怨悔吗?占:最为美好。

注释:初九爻辞"不远复,无祗悔"为叙、问辞,"元吉"为断辞。

字词解释：

4.不远,路程不长。

六二：休复？吉。

[译文]筮：诸侯军队休整后再撤兵吗？占：美好。

注释：六二爻辞"休复"为问辞，"吉"为断辞。

字词解释：

5.休，甲骨文⚡=𠂉(人)+木(木)，像一个人𠂉待在大树木的枝叶之下，表示古人在野外劳作时，选择能遮阳避雨的树下歇息。造字本义：在树荫下乘凉歇息。引申字义：休整。

六三：频复？厉；无咎。

[译文]筮：不愿意撤兵吗？占：危险；没有过失。

注释：六三爻辞"频复"为问辞，"厉；无咎"为两次筮占断辞。

字词解释：

6.频，通"颦"，篆文颦=濒("濒"，面对大河摇头皱眉)+卑(卑，打扇子)，造字本义：内心失落的女子，无所事事地打着扇子，忧郁皱眉。《说文解字》：颦，涉水时紧张蹙额。本处字义：不理解、不情愿。

六四：中行、独复？

[译文]筮：各诸侯统一撤兵、还是自主返回呢？

注释：六四爻辞"中行、独复"为问辞，无断辞。

字词解释：

7.独，本字"獨"，篆文獨=犭(犬，表示行猎)+蜀(蜀，古族名、国名、郡名，在今四川一带)，造字本义：一种活跃于蜀地的不合群的野兽。引申字义：自个、独自。

8.中行：指"统一行动"。

六五：敦复？无悔。

[译文]筮：把青铜敦礼器赐给撤兵返回的诸侯吗？占：没有悔恨。

注释：六五爻辞"敦复"为问辞，"无悔"为断辞。

字词解释：

9. 敦，青铜礼器。

上六：迷复？凶；有灾眚。用行师，终有大败，以其国君，凶。至于十年，不克征？

[译文]筮：分辨不清撤兵的意图吗？占：凶险；有天灾人祸。再筮：执意要攻打（殷商），最终会遭遇大败，并危及国君，即使休养十年，也没有力量征伐吗？占：凶险。

注释：上六爻辞"迷复"为问辞，"凶；有灾眚"为两次筮占断辞。"用行师，终有大败，以其国君，至于十年，不克征"为叙、问辞，"凶"为断辞。

字词解释：

10. 迷，分辨不清、失去部分或全部判断能力。

11. 败，甲骨文🩻=🩻（鼎，财富与至尊的象征）+🩻（攴，持械敲打），表示毁鼎破尊。有的甲骨文🩻以"贝"🩻（钱财）代"鼎"🩻，表示毁坏家财。造字本义：敲破尊鼎，损毁家当。金文🩻用两个"贝"🩻强调毁坏大量钱财。篆文🩻基本承续金文字形。隶书🩻将篆文的"攴"🩻写成"反文旁"🩻。

第二十五天雷《无妄》卦 ☳

☰ 卦文字抽象事义：没有。下卦为震、为雷，上卦为乾、为晴，晴空万里雷不响。

《无妄》卦是周王室优待女奴隶、防其逃跑的筮占记录。

本经：无妄，元亨？利。贞：其匪正，有眚；不利。有攸往？

[译文]筮：没有女奴隶逃亡，祭祀、祷告列祖列宗吗？占：是。再筮：女奴不守规矩，要执意逃跑呢？占：有祸殃；使其不利。

注释：本经中"无妄"、初九爻辞中"无妄，往"、六二爻辞中"不耕，获，不菑，畲"、六三爻辞中"无妄之灾，或系之牛，行人之得，邑人之灾"、九四爻辞中"可"、九五爻辞中"勿药？有喜"、上九爻辞中"无妄,行"的文辞,清楚地阐明了周王室为防止女奴逃亡,对女奴隶予以优质土地配置、才艺培训和给予一定的自由度。同时,从严要求不守规矩的女奴,客观上消除了女奴隶逃亡的理由。从九五爻辞"勿药?有喜"来理解,那时已经认识到孕妇生病乱服药的危害。

  本经"无妄,元亨"为叙、问辞,"利 "为断辞。"其匪正,有攸往"为叙、问辞,"有眚;不利"为两次筮占断辞。

  字词解释：

  1.妄,《说文解字》解释为"妄,乱也,从女,亡声。"许慎认为"妄"是形声字。对于"妄"字字形的分析还有另外一种看法,就是认为"妄"字是会意字。无论认为"妄"是形声字还是会意字,都有合理之处。按许慎的看法,"亡"既然是声符,那么我们要考察"妄"字的意义和文化内涵应该着重从它的形旁"女"字着手。《说文》解释"女,妇人也",像跪着的女人的样子。汉字系统中"女"无论是单用还是作构件,均像女人跪踞于地之形,这是古代男尊女卑的遗迹。我们知道许慎生活于汉朝这个儒家思想定于一尊的时代,精通孔孟之学,所以在解字说文的时候,自然不可能摆脱以血缘为基础、以等级为特征的儒家传统价值观念,跟汉字有关的某些儒家传统文化要素往往构成其认知汉字形体、读音和意义的预定"期望",从而自觉或不自觉地把一定背景下的特定文化要素当成某些汉字所指向的内容。根据《现代汉语词典》解释,"妄"的第一个义项是荒谬不合理;第二个义项是非分的,出了常规的,胡乱的。可见"妄"有明显的贬义色彩,而且据前所说,它的贬义完全是通过它的形旁"女"字体现出来的。

  其实,把"妄"字看作是会意字也是合理的,我们完全可以根据它的字形构造分析出它的字义。首先,我们看"妄"字的上部"亡",[刀、刃、匕、亡]四字本相,清晰可见。早期甲骨文"亡"几乎与"刀 刃 匕"甲骨文构型同源,区别仅仅是刀刃匕锋口上的一竖(指事符号)拉长些。可见,甲骨文"亡"造字本义当是:(提醒提示)避开毕露的锋芒,隐喻躲避、避开凶险。引申远离、断开、逃匿、隐藏。根据《说文解字》所说:"亡"是逃跑,失去。由失引申为死。《说文》:"亡,逃也。"甲骨文和金文写作"〔、〕",像人被截去手的形状,是对奴隶逃亡的惩罚,失去手也有亡义。"亡"甲骨文为小曲形接合大曲形,以曲形表示弯路,会意为走完大弯路又走小弯路而隐蔽逃匿无踪。金文小篆变小曲形似"入",隶书将之变写为点下一横,楷书写定为亡。从《说文解字》的解释来看,"亡"有隐蔽逃匿的意思。"妄"是由"亡"和"女"字组成。这里用"亡,女"会意,可以解释为受压制女性的蓄意逃跑,这里的"女",应该是指被男人视为私有财产的"妾"或"奴"。在占有"女奴"的男人看来,逃亡是一种胆大妄为的行为,是对于男子占有权的挑战和破坏,是一种"妄想"和"狂妄"。

周文王时,针对奴隶逃亡现象采取措施,清查逃亡奴隶,保证追捕逃亡奴隶交还原主,称为"有亡荒阅"。"有亡(奴隶逃亡)荒(大)阅(搜索)"也就是有奴隶逃亡就大搜索,谁的奴隶归谁,不许藏匿逃亡奴隶。这项措施得到了奴隶主贵族的拥护,对巩固周朝统治起到了积极作用。

周武王时,进一步巩固、强化"有亡荒阅"制度,加强对女奴隶的怀柔和管理,实现国家在劳动力方面持续增长。

2.其,女奴。

3.正,"正"是"征"的本字。正,甲骨文 = □(囗,城邑、方国)+ ↓(止,行军),表示征伐不义之邑。造字本义:行军征战,讨伐不义之地。有的甲骨文将表示方国的方框□写成实心点的指事符号●,写成指事字。金文承续甲骨文字形。有的金文将指事符号由实心点●改写成一横一。篆文承续金文字形。隶化后楷书正将篆文字形中的写成止。当"正"的"征战"本义消失后,篆文再加"彳"(行)另造"征"代替。引申形容词:规矩。

4.匪正,意指"不守规矩"。

初九:无妄,往?吉。

[译文]筮:没有逃亡的女奴隶,往后呢?占:美好。

注释：初九爻辞“无妄，往”为叙、问辞，“吉”为断辞。

六二：不耕，获，不菑，畬，则，利。有攸往？

［译文］筮：不用耕种，可以得到口粮；不给生地，给熟田耕种，以此为准则执行吗？占：有利。

注释：六二爻辞“不耕，获，不菑，畬，则、有攸往”为叙、问辞，“利”为断辞。

字词解释：

5.耕，篆文耕=耒（耒，装有排齿的木桩）+井（井，井田），造字本义：用齿耙翻地松土，为播种做准备。隶书耕将篆文的耒简化成“耒”。

6.获，繁体为“穫”。收割庄稼、得到口粮。

7.菑，初耕的田地、生地。

8.畬，开垦了三年的熟田。

《尔雅·释地》：“田，一岁曰菑，二岁曰新田，三岁曰畬。”

六三：无妄之灾，或系之牛，行人之得，邑人之灾？

［译文］筮：没有逃亡的女奴隶，因他人逃亡要受牵连，就像有人把牛拴在路边，过路人牵走了，附近的邑人会有刑审之灾吗？

注释：六三爻辞“无妄之灾，或系之牛，行人之得，邑人之灾”为叙、问辞，无断辞。

字词解释：

9.系，繁体为“繫”，拴住。

10.行人之得，指“过路人牵走了”。

九四：可，贞：无咎？

［译文］筮：训练女奴隶唱歌，没有过失吗？

注释：九四爻辞“可”为问辞，“无咎”为断辞。

字词解释：

11.可，唱歌。

九五：无妄之疾，勿药？有喜。

［译文］筮：不逃亡的女奴隶生病，或有身孕，不能草率用药吗？

注释:九五爻辞"无妄之疾,勿药？有喜"为叙、问辞,无断辞。

字词解释:

12.药,本字"葯",通"约",既是声旁也是形旁,表示束缚。药,甲金篆字形暂缺,隶书葯=艹(艹,草本植物)+约(约,束缚),表示将特殊草木材料系敷在伤口部位。推测造字本义:将有特殊疗效的草木材料敷贴在伤口部位。俗体楷书药将"約"写成"约"。合并字"藥",金文= (艹,草本植物)+ (乐,舒服),表示消除病患痛苦、带来健康快乐的草木材料。造字本义:快乐的神草,即解除病痛、使人舒服的草木材料。篆文承续金文字形。隶书藥将篆文的"艹"写成"艹" 。

13.有喜,指"有身孕"。

上九:无妄,行？有眚;无攸利。

[译文]筮:没有逃亡过的女奴隶,可自由出行吗？占:有祸殃;没任何好处。

注释:上九爻辞"无妄,行"为叙问辞,"有眚;无攸利"为两次筮占断辞。

第二十六山天《大畜》卦䷙

䷙卦文字抽象事义:壮大。下卦为乾、为天,上卦为艮、为山,山高耸于天空真巍峨。

《大畜》卦是周王室整修武备、操练车马、驯养猪牛、积蓄力量、全面进行伐商准备的筮占记录。

本经:大畜？利。贞:不家食？吉。利。涉大川？

[译文]筮:要全面进行伐商战争准备吗？占:需要。再筮:封闭实施,人们不用回自己家里吃饭吗？占:美好。再筮:能渡越大河吗？占:顺利。

注释:本经中"大畜？不家食？涉大川"、初九爻辞中"有厉"、九二爻辞中"舆说輹"、九三爻辞中"良马逐""日闲舆卫"、六四爻辞中

"童牛之牿"、六五爻辞中"豮豕之牙"、上九爻辞中"何天之衢"的文辞,充分体现了周王室对攻打殷商做了充分的准备,主要集中在兵器维护、战车及备件生产、攻防操练和牛、猪驯化畜养四个方面。从本经文辞中"不家食"来分析,周王室采取了"集中管理、封闭实施"的组织方式。

本经"大畜"为问辞,"利"为断辞。"不家食"为问辞,"吉"为断辞。"涉大川"为问辞,"利"为断辞。

初九:有厉,利。已?

[译文]筮:磨砺兵器,能全部完成吗?占:顺利。

注释:初九爻辞"有厉""已"为叙、问辞,"利"为断辞。

字词解释:

1."厉"通"砺",原意为磨刀石,此指砥磨兵器。

2.已,止、完成。

九二:舆说輹?

[译文]筮:车辆需要足够的车轮辐条吗?

注释:九二爻辞"舆说輹"为断辞,无问辞。

九三:良马逐,利。艰?贞:日闲舆卫,利。有攸往?

[译文]筮:很好地训练战马野战,要坚持吗?占:必须。再筮:每天操练车战和防卫之技,要如此吗?占:需要。

注释:九三爻辞"良马逐,艰"为问辞,"利"为断辞;"日闲舆卫""有攸往"为问辞,"利"为断辞。

字词解释:

3.逐,野战、奔跑。

4.闲,本字"閑"。閑,金文 = 𠀆(门)+ 木(木,柱子),表示顶门的柱子。造字本义:用柱子顶住门板,以防私闯。篆文 承续金文字形。隶书 将篆文字形中的 米 写成 木。闲通"娴",引申字义:操练。

5.卫,"韦"是"围"的本字。韦,甲骨文 中间是城邑"囗" ;三面有警哨巡逻 ,表示三面围绕城邑巡逻 严守。有的甲骨文 将三个"止"省略成一个"止"，加"行"，强调巡逻的行进含义；同时加"方"(发配边疆的守卒)，强调士兵的守"卫"角色。造字本义：围绕城邑巡逻守护。金文承续甲骨文字形。篆文将左、中、右结构的甲骨文改成上、中、下结构。隶书综合甲骨文字形和篆文字形，写成"衞"。俗体楷书卫删减正体楷书衞中的字件"行、口、止"，只保留"韋"上部表示脚趾的，并将趾形的变形成卫。古人称警戒护城为"卫"，称警戒河界为"巡"，称有目标的巡视为"逻"。《说文解字》：卫，通宵值勤守护。引申字义：防卫。

六四：童牛之牿？元吉。

[译文]筮：要给野幼牛与家牛角上绑上横木，使二者步调一致，来驯化野牛吗？占：最为美好。

注释：六四爻辞"童牛之牿"为问辞，"元吉"为断辞。

字词解释：

6.童牛，特指"野幼牛"。

7.牿，绑在多头牛角上使其步调一致的横木。

六五：豶豕之牙？吉。

[译文]筮：将公猪阉割，这样就可以制服它的烈性，使其温顺，可快速生长吗？占：美好。

注释：六五爻辞"豶豕之牙"为问辞，"吉"为断辞。

字词解释：

8.豶，阉割。豕，公猪。

上九：何天之衢？亨。

[译文]筮：肩负起替天行道的使命吗？占：祭祀并祈祷先祖。

注释：上九爻辞"何天之衢"为问辞，"亨"为断辞。

字词解释：

9.衢，大路、四通八达的宽广道路。

第二十七山雷《颐》卦 ☶☳

☶☳卦文字抽象事义：安养。下卦为震、为雷、为长男，上卦为艮、为山，男住山中。

《颐》卦为保障伐商大业，周武王指天为证，预测自己天年的筮占记录。

《礼记·文王世子第八》记载："文王曰：'古者谓年龄，齿亦龄也。我百，尔九十，吾与尔三焉。'文王九十七乃终，武王九十三而终。"以当时医疗条件来说，能活到五十岁已是人生圆满。更别说九十岁亲自率领大军远征了。尽管我们不能简单地否定《礼记》这一记载，但《礼记》记载的确非常违背常理。既然如此，周武王最合理的年龄到底该有多大呢？

《竹书纪年》中有一段明确记载："武王享年五十四。"问题在于，这一年岁是否合理呢？如果明确"牧野之战"这一时间坐标，就可以定位周文王、周武王一些生平。1995 年的夏、商、周断代工程结论是：公元前 1050 年周文王去世，周武王继位，前 1048 年孟津观兵，前 1046 年武王伐商，前 1043 年武王去世。

之所以说周文王前 1050 年去世，是因为《竹书纪年》记载：文丁十一年（前 1102 年）"王杀季历（文王之父）"，以及"帝乙二年（前 1100 年），周人征伐商朝"，周文王为报父仇伐殷，帝乙采取"归妹"的办法，即把女儿嫁给姬昌，缓和了两国矛盾。另外，各种史书又记载"文王在位五十年"或"文王立国五十一年而终"。因此，周文王在位时间应该是公元前 1101—前 1050 年。如果周武王享年 54 岁，那么就应该出生于前 1097 年。由于"文王十五而生武王"，因此周文王出生于公元前 1112 年，享年 62 岁。还有，文王之父季历去世时，周文王十岁，十二岁时伐殷报仇，于是殷商"帝乙归妹"，以和亲方式解决两国争端。如果周文王享年 97 岁，"帝乙归妹"时他就是 47 岁，那么"归妹"就不太可能嫁给周文王，而是会选择周国未来储君。原因很简单,殷国是大邦,周国是小邦,"归妹"不可能嫁给无足轻重之人,要么是周文王,要么未来储君。因此,从婚姻年龄来看,周文王不太可能享年97岁,而应该是62岁。周文王中后期,大约40—50岁时,正值黄金年龄,遭到纣王猜忌,于是将他囚禁。如果周文王年纪太大,七老八十了,帝辛还会太担心周文王吗?况且,周文王出狱之后,遇见姜子牙,并亲自率军横扫诸多诸侯国,根本不是老人该有的举动。周文王去世时,周武王47岁,49岁孟津观兵,51岁率军克殷,符合基本常理。反之,周武王以90岁高龄率军攻打帝辛,就严重违背常理了。姜子牙女儿邑姜,嫁给周武王,还成为王后,应该是在公元前1056年之后。如果周武王享年93岁,那么邑姜就是嫁给了一个80余岁的老头,更谈不上生育成王诵和唐叔虞。而如果周武王享年54岁,那么邑姜就是嫁给一个40余岁的中年人。儒家典籍说周公旦总共活了60岁,按周公旦大约死于周武王十三年之后,即前1030年,那么,周公旦大约出生于1090年之前,作为周武王四弟,两人年龄相差应该不会太大。因此,周武王出生于前1097年,享年54岁是比较可信的。

本经:颐,贞:吉?观颐,自求口实。

[译文]筮:(武王的)天年寿命,理所当然地按照饮食情况来察看,美好吗?

注释:本经中"观颐,自求口实"、初九爻辞中"舍尔灵龟,观我朵颐"、六二爻辞中"颠颐,拂经,于丘颐,征"、六三爻辞中"拂颐"、六四爻辞中"颠颐,虎视眈眈,其欲逐逐"、六五爻辞中"拂经""不可涉大川"、上九爻辞中"由颐""涉大川"的文辞,表明周武王要根据自己的饮食状况来判断自己的天年,而不是依据灵龟占卜的结果。但根据后来事实看,也许灵龟占卜更为准确。筮问"征""涉大川",占的结果是:"吉凶皆有"。可见,武王由于身体原因,思想上对伐商存在一定犹豫。

本经"吉?观颐,自求口实"为问、叙辞,无断辞。

字词解释：

1.颐，指"天年、寿命"。

2.观，察看、判断。

3.自，理所当然。

4.求，按照。

5.口实，实际饮食情况。

初九：舍尔灵龟，观我朵颐？凶。

[译文]筮：舍弃用灵龟占卜天年的结果，按照饮食情况来察看天年寿命吗？占：危险。

注释：初九爻辞"舍尔灵龟，观我朵颐"为叙、问辞，"凶"为断辞。

字词解释：

6.灵，繁体字"靈"（灵）与"零"同源，后分化。靈，甲骨文写作"霝"：🄰＝🄱（雨）+🄲（两个"口"），表示巫师念念不停地祈祷下雨。造字本义：大旱之时，巫师念念有词地祭祷求雨。金文🄳承续甲骨文字形。有的金文有的加"示"🄴 写成🄵，强调祭祀求雨；有的金文加"玉"🄶 写成🄷，表示用玉器祭祀；有的金文加"心"🄸 写成 🄹，表示求雨极尽虔诚。有的金文🄺加"龠"🄻（乐器），表示祈雨现场奏乐献礼，仪式隆重。有的金文🄼在"霝"🄽的基础上再加双手🄾、双脚🄿、人形🅀、火形🅁，表示祈雨的巫师持炬手舞足蹈，向天神传达干旱缺雨的"火热"痛苦。篆文异体字🅂用"巫"🅃 代替"王"🅄（玉），强调巫师降神求雨。俗体楷书灵在金文字形🅅基础上省略大量字件，将双手🅆简化成"彐"🅇（"又"的变形），将"火"🅈写成🅉，表示巫师持炬表演求雨祭舞。在古代中医观念中，"神"是统领生命的天真能量，来自父母奇妙的"两精相搏"，需要后天关照持守；"灵"是沟通天地万物的通神力量，比"神"更脆弱，要以静心与觉悟特别养护；"魂"是统领精神的神秘能量，也称"阳神"，主动，负责有意识状态下的情感、思想等心智活动；"魄"是统领肉体的神秘能量，也称"阴神"，主静，负责无意识状态下的感知、代谢等生理本能。引申字义：沟通天地万物的通神力量。

7.朵,泛指"饮食"。

六二:颠颐,拂经,于丘颐,征？凶。

[译文]筮:天年超出常人,可达人类巅峰,在岁数很大时出征吗？占:凶险。

注释:六二爻辞"颠颐,拂经,于丘颐,征"为叙、问辞,"凶"为断辞。

字词解释:

8.颠,真,既是声旁也是形旁,是"蹎"的省略,表示仆倒。颠,古钵颠=真("蹎"的省略)+页(页,头部),表示头部仆地。造字本义:跌倒,以头着地。篆文字形与古钵字形相同。本处字义:巅峰、极限。

9.拂,弗,既是声旁也是形旁,表示否定。拂,篆文拂=手(手)+弗(弗,否定),造字本义:挥手表示否定,拒绝。隶书拂将篆文的"手"简写成扌,失去五指形象。本处字义:超出、违背。

10.经,"巠"是"經"的本字。巠,金文是的变形,表示在织机上精心布置众多纵线,以便横线穿织;三条纵线⑪上的三点指事符号•••表示用功所在,"壬"(任)表示布置纵线是纺织中的重要能力。当"巠"作为单纯字件后,金文再加"糸"(丝),另造"經"代替,强调"布线"的工序。造字本义:精心布置织机上的纵线,以便横线穿织有所依据。齐侯钟上的字形經明确了"壬"的字形。有的金文字形經将壬写成王:将"壬"的上面一横与织机形象⑪的下面一横重叠,导致"壬"的字形模糊。篆文經将金文的写成巠,"壬"字形因此消失。有的隶书呈巠承续金文字形經,大部分隶书经承续篆文字形經。俗体楷书经依据草书字形经将正体楷书的巠简化成圣,至此"壬"的字形与织机上织线的形象"巛"都消失。引申字义:常规、定律、准则。

11.丘:《周礼·地官·小司徒》:"九夫为井,四井为邑,四邑为丘。"本处意指"岁数大、年龄长"。

六三：拂颐，贞：凶？十年勿用？无攸利。

[译文]筮：违背天年(而出征)，凶险吗？再筮：十年之内不出征呢？占：将一事无成。

注释：六三爻辞"拂颐，凶"为叙、问辞，无断辞。"十年勿用"为问辞，"无攸利"为断辞。

六四：颠颐，虎视眈眈，其欲逐逐？无咎。

[译文]筮：天年可达人类之巅，像老虎的目光一动不动地停留在目标上，不断追求理想吗？占：没有过失。

注释：六四爻辞"颠颐，虎视眈眈，其欲逐逐"为叙、问辞，"无咎"为断辞。

字词解释：

12.视，目光。

13.耽，尤既是声旁也是形旁，是"沈"的省略，即"沉"的本字，表示沉迷。耽，篆文=𦣝(耳，倾听)+尤(尢，即"沈"的省略，沉迷)，表示沉迷于听。造字本义：沉迷于靡靡之音或甜言蜜语。引申动词：滞留，延迟，贻误。

14.眈眈，引申词义：停留不动。

15.欲，谷，既是声旁也是形旁，表示两座山岭之间高深空阔的沟壑。欲，金文=谷(谷，高深空阔的沟壑)+欠(欠，叹气、不满)，表示永不满足的贪求。有的金文以"人"代"欠"。有的金文=谷(谷，沟壑)+心(心)，"谷心"即"难以填满之心"，强调"欲"的"心念"含义。造字本义：永不满足的心念。篆文承续金文字形，俗体楷书也写作"慾"。引申字义：想得到某种东西或想达到某种目的要求、目标或理想。

16.逐：甲骨文=鹿(鹿)+止(止，追捕)，有的甲骨文=豕(豕，野猪)+止(止，追捕)，造字本义：追猎鹿豕等野兽。金文字形加"彳"(行)，加强"追捕"主题。篆文承续金文字形。隶书将篆文的"辵"写成辶。古人称急速缉捕犯人为"追"，称追兽为"逐"，称追鸟为"进"。

17. 逐逐，引申词义：不断追求。

六五：拂经，居贞：吉？不可涉大川。

[译文]筮官居筮：超出常人年龄，不提倡渡越大河（出征），美好吗？

注释：六五爻辞"拂经，吉？不可涉大川"为叙、问辞，无断辞。

上九：由颐，厉；吉；利。涉大川？

[译文]筮：凭借自己可达人类之巅天年，能渡越大河吗？占：严厉；美好；顺利。

注释：上九爻辞"由颐，涉大川"为叙、问辞，"厉；吉；利"为三次筮占断辞。

字词解释：

18. 由，凭借。

第二十八泽风《大过》卦

卦文字抽象事义：新貌。下卦为巽、为齐，上卦为兑、为悦、为新，家家巨变依新政。

《大过》卦是周王室对全部出征将士家的房屋进行整修，并支持孤寡老人和年轻异性结为伴侣的筮占记录。

《史记·周本纪》记武王遍告诸侯曰："殷有重罪，不可以不毕伐。"乃遵文王，遂率戎车三百乘，虎贲三千人，甲士四万五千人，以东伐纣。"虎贲"指战力极强的"特种军队"，"甲士"指野战车兵和重装步兵。

司马法："成出革车一乘，甲士十人，徒二十人。"其中"成"是指"方十里为成"，一成是六十四井。徒指"步卒"。即，一成六十四井五百七十六户，出战车一乘，甲士十人，民夫二十人，一共出兵三十人。以此推算，虎贲与甲士四万八千人，需协同作战步卒九万六千人，共计十四万四千人。由于这一次是国运之战，周国肯定要有足够的留守部队设防,要防止西、北部犬戎等方国入侵,周武王会大幅度提高用兵比例,并加强后方稳定保障。有学者考证:周武王及各诸侯的精锐甲士和步卒、后勤民夫总数量,大约三十八万人。

依《司马法》推算,此时周国不超过三百多成,约十七万三千户至二十万户,当时一户约十一至十二人。按照三十八万人对应二十万户这个比例关系,每户出约两人。也就是说,大户出三人,中户出两人,小户出一人,接近于周国的男性青壮年倾国而出了。鉴于此,周武王为了稳定军心,让出征的将士不牵挂家里,一是由国家统一对百姓住房进行修缮,二是支持留守家庭的孤寡老人续配伴偶。

本经:大过?栋挠,利。有攸往、亨。

[译文]筮:全面对大梁下挠的国人住房进行修缮吗?占:需要并祭祀、祷告先祖。

注释:本经中"大过?栋挠,有攸往"、初六爻辞中"藉用白茅"、九二爻辞中"枯杨生稊,老夫得其女妻"、九三爻辞中"栋挠"、九四爻辞中"栋隆""有它"、九五爻辞中"枯杨生华,老妇得其士夫"、上六爻辞中"过,涉,灭顶"的文辞,记录了周武王采取强有力措施,一是对破旧、有蛇虫房屋予以修缮,二是让出征将士家里的孤寡老人找到伴侣,达到安抚民心、稳定后方,激励将士勇猛作战的目的。

本经"大过?栋挠,有攸往"为问、叙辞,"利、亨"为断辞。

字词解释:

1.过,本字"過"。咼,既是声旁也是形旁,表示残骨,借代死亡。過,金文=彳(辵,行进)+咼(残骨,代死亡),表示生命在岁月的行进中化成枯骨。造字本义:在时光流逝中走向死亡,身化枯骨,生命不再。篆文将金文的咼写成咼。隶化后楷书過将篆文的"辵"写成"走之底"辶,将篆文的咼写成"咼"咼。俗体楷书过依据草书字形将正体楷书的"咼"咼简化成"寸"寸,表示"度量"。引申:实施房屋修缮。

2.大过,全面实施房屋修缮。

3.栋,繁体"棟"。東,既是声旁也是形旁,表示可以用木棍肩扛的行囊。栋,篆文=木(木,横梁)+东(东,将木棍包裹其中),造字本义:屋横梁中间的用红绸包裹的正梁。

4.挠,向下弯曲。

初六:藉用白茅? 无咎。

[译文]筮:用白茅编织草席吗? 占:没有过错。

注释:初六爻辞"藉用白茅"为问辞,"无咎"为断辞。

字词解释:

5.藉,草席。甲骨文=人(人,农人)+又(又,抓握)+耒(耒,犁耙)+止(止,脚),表示农人手扶犁耙,耕地耘田。金文像一个人双手扶犁耕地,并加(波浪)、(牛拉的耘田踏板),表示耕夫踩在牛拉的耘田器械上,在水田里耘田激起水浪。篆文误将金文双手扶犁的样子写成(耒),并误将写成"昔"。当"耤"作为单纯字件(表示踩踏)后,篆文加(艸,草)组成会意兼形声字"藉"代替,造字本义:古代供人祭拜时站、跪的草垫。引申字义:草席。

6.白茅,亦作"白茆",植物名,多年生草本,花穗上密生白色柔毛,故名。

九二:枯杨生稊,老夫得其女妻? 无不利。

[译文]筮:老人迎娶年轻的妻子,就像枯萎的杨树长出了嫩芽吗? 占:没有任何不利。

注释:九二爻辞"枯杨生稊,老夫得其女妻"为叙、问辞,"无不利"为断辞。

字词解释:

7.稊,新长出的嫩芽。

九三:栋挠? 凶。

[译文]筮:正梁向下弯曲的房屋呢? 占:危险。

注释:九三爻辞"栋挠"为问辞,"凶"为断辞。

九四:栋隆? 吉。有它? 吝。

[译文]筮:房屋的正梁向上拱起? 占:美好。再筮:房屋里有蛇

出没呢？占:担心。

注释:九四爻辞"栋隆"为问辞,"吉"为断辞。"有它"为问辞,"吝"为断辞。

字词解释:

8.隆,篆文闇=阝(阜,石阶代山地)+᎑(夅,即"降",下沉)+⽣(生,从地下长出来),造字本义:山地降中有升,即因为雨水冲刷作用或地理运动作用,部分土地在下沉过程中造成四周或邻近的大面积土地抬升、突起,形成壮观的圆形或环形峰面。隶书隆将篆文的"阜"写成"左耳旁"阝;并误将篆文的"夅"᎑与"生"⽣连写成𨽻。引申字义:向上拱起。

九五:枯杨生华,老妇得其士夫？无咎、无誉。

[译文]筮:老妇招赘武士或民徒为丈夫,就像枯萎的杨树绽放出花蕊吗？占:没有过失、也不会带来荣誉。

注释:九五爻辞"枯杨生华,老妇得其士夫"为叙、问辞,"无咎、无誉"为断辞。

字词解释:

9.华,本字"華",甲骨文✺像一棵树⽊上满是花枝✿的样子。金文🌿将甲骨文的"木"⽊写成⽊,同时加"于"于(竽),表示古人用花枝装饰欢庆的乐器。籀文✺像枝叶茂盛的植物✺有许多灿烂的亮点;✦闪烁其间。篆文⾴将金文的⽊写成⼩⽊,将金文的于写成亏。有的篆文✺加"艸"⾋(草),误定了"華"的草本属性,于是"華"的含义发生了由"木"变"草"的大转变。造字本义:树木开花。隶书華变形较大,将篆文的⾋写成艹,将篆文的⾴写成華,植物的形状、竽笛的形状消失。正体楷书華、華承续隶书字形。俗体楷书"华"另造会意字,华=化(化,变,无中生有)+十(十,是"屮"的变形,即草),表示由草蔓生发的花朵。现代汉语中"华"的本义通常由"花"代替。从甲骨文、金文字形的比较来看,"荣"✺的本义是草本植物开花,"华"✺的本义是木本植物开花,然而古籍的用字情形却常常相反:称草本植物开花为

"华";称木本植物开花为"荣"。

10. 得,招赘。

11. 士,指"甲士、士兵"。金文⼠像是有手柄✚(即⼈,是"又"的变形)的宽刃战斧⼟。造字本义:手持大斧作战的武夫。有的金文⼟淡化斧刃、突出斧柄。篆文⼠承续金文字形。隶书⼠有所变形。

12. 夫:民夫、民徒。

上六:过、涉、灭顶？凶,无咎。

[译文] 筮:对部分涉及破败屋顶予以修缮吗？占:凶险；没有过失。

注释:上六爻辞"过、涉、灭顶"为问辞,"凶,无咎"为两次筮占断辞。

字词解释:

13. 过,"过"对应"大过",是部分,而不是全部。

14. 涉,古意为双足过河。涉及、对。

15. 灭,绝、干。本处字义:修缮。

16. 顶,鼎,既是声旁也是形旁,表示象征最高权力的祭器。顶,金文⿰=⿱(鼎,象征最高权力的祭器)+⿰(页,头),表示向祭鼎磕头。造字本义:头部着地、向象征最高权力的祭鼎跪拜。籀文⿰基本承续金文字形。篆文⿰将籀文的"鼎"⿰写成"丁"⿰(钉),表示用头部触地面。本处字义:屋顶。

第二十九习《坎》卦☵

☵卦文字抽象事义:危险。上卦、下卦皆为险陷、隐伏,危中寻机。

《坎》卦是周王室至坎窑与殷商奴隶结盟的筮占记录。

《史记·周本纪》：

　　二月甲子昧爽,武王朝至于商郊牧野,乃誓……帝纣闻武王来,亦发兵十七万人距武王。武王使师尚父与百夫致师,以大卒驰帝纣师。纣师虽众,皆无战之心,心欲武王亟入。纣师皆倒兵以战,以开武王。武王驰之,纣兵皆崩畔纣。

《逸周书·武寤解》：

王赫奋烈,八方咸发,高城若地,商庶若化。约期于牧,案用师旅,商不足灭,分祷上下。王食无疆,王不食言,庶赦定宗。太师三公,咸作有绩,神无不飨。王克配天,合于四海,惟及永宁。

《史记·周本纪》所载帝纣"发兵十七万人距武王"和《逸周书·武寤解》所载"案用师旅,商不足灭"中的帝辛兵力很少相矛盾。其实,只是说明了一个问题,即:为帝辛冲锋陷阵、与武王实际搏杀的兵力不仅不足,而且很少,这主要归功于周武王顺利地策反了奴隶、与其结盟为友所致。

本经：习坎,有孚维心,亨。行有尚？

[译文]筮:亲近坎地奴隶,结成灭商联盟,这么做可行吗？占:祭祀并祈祷先祖保佑。

注释:本经中"有孚维心"、初六爻辞中"入于坎窞"、九二爻辞中"坎有险"、六三爻辞中"险且枕"、六四爻辞中"樽酒、簋二,用缶,纳约自牖"、九五爻辞中"坎不盈"、上六爻辞中"系用徽纆,寘于丛棘,三岁不得"的文辞,记录了周武王与奴隶结盟过程的担心和曲折,尤其是担心被奴隶扣押,投入监狱的状况发生。六四爻辞"纳约自牖"是《坎》卦的核心,"自牖"是指"晚上打开窗户,对着月亮神","纳约"是指"宣誓结盟"。

本经"习坎,有孚维心,行有尚"为叙、问辞,"亨"为断辞。

字词解释:

1.习,繁体字"習"。《说文解字》:"習,(鸟)数飞也。"古人称理论知识的训练为"学",称生活实践的体验为"习"。引申字义:亲近。《吕氏春秋·任数》:"习者曰:'一则仲父,二则仲父,易哉为君。'"

《后汉书·顺帝纪赞》:"孝顺初立,时髦允集。匪砥匪革,终沦嬖习。"

2.坎,地名,奴隶居住的地方。籀文 ![] = + ,表示山野的陷坑。有的籀文 ![] = + ,表示地面的陷坑。篆文 ![] = + ,表示前进路上让人望而生畏、唉声叹气的土坑。造字本义:山野或地面上的陷坑。隶书 ![] 将篆文的 ![] 写成"欠" ![]。阻碍前进、令人叹息的陷坑叫"坎";阻碍前进、令人叹息的高耸土埂叫"坷"。

3.维心,结盟。

4.尚,辅佐、佑助。《诗经·大雅·抑》:"肆皇天弗尚。"

5.有尚,有帮助。

6.行,这么做。

初六:习坎,入于坎窞? 凶。

[译文]筮:亲近坎地奴隶,并深入坎窞吗? 占:凶险。

注释:初六爻辞"习坎,入于坎窞"为叙、问辞,"凶"为断辞。

字词解释:

7.入,进到内部。

8.坎窞,地名,意指"奴隶居住腹地"。

九二:坎有险,求、小得?

[译文]筮:坎地有危险,需要带上裘皮礼物、去的人要少吗?

注释:九二爻辞"坎有险,求、小得"为叙、问辞,无断辞。

字词解释:

9.险,繁体"險"。佥,既是声旁也是形旁,表示剑。险,金文 ![] = + ,造字本义:比喻陡峭如剑的山峰。篆文 ![] 用"阜" 代"山" ![]。隶书 ![] 将篆文的"阜" ![] 写成"左耳旁" ![]。《说文解字》:险,阻碍、难以通行的山崖。引申字义:危险。

10."求、小得"是"得求、小"的倒装句。

六三:来之坎坎? 险且枕,入于坎窞,勿用。

[译文]筮:深入坎地,危险很大,坎地许多奴隶首领要来结盟吗?

占:不能这样。

注释:六三爻辞"来之坎坎？险且枕,入于坎窞"为问、叙辞,"勿用"为断辞。

字词解释:

11.坎坎,意指"坎地许多奴隶首领"。

12.枕,冘,既是声旁也是形旁,表示套在脖子上的木枷。枕,篆文 ▨=木(木)+▨(冘,即"方",套在脖子上的木枷),造字本义:古人睡觉时横垫在后脑勺和后脖子之间的木砖。引申字义:靠近,临。如"会稽东接于海,南近诸越,北枕大江。"(《汉书·严助传》)"险且枕"指"一个危险连着一个危险、危险很大"。

13.来之坎坎,是"坎坎来之"的倒装句。

六四:樽酒、簋二,用缶,纳约自牖,终？无咎。

[译文]筮:献上一樽酒、两簋食物,虔诚地敲起缶罐,打开窗户,面对月亮神盟誓后,就结束吗？ 占:没有过错。

注释:六四爻辞"樽酒、簋二,用缶,纳约自牖,终"为叙、问辞,"无咎"为断辞。

字词解释:

14.纳,"衲"是"纳"的异体字。内,既是声旁也是形旁,表示里面。纳,金文▨=▨(糸,缝)+▨(内,里面),表示缝在里面。造字本义:将布料缝在里面。篆文纳承续金文字形。隶书▨将篆文字形中的"糸"▨写成▨,将篆文字形中的▨写成▨。俗体楷书纳依据类推简化规则将正体楷书字形中的▨写成纟。古籍多以"纳"代替"衲"。

15.约,篆文▨=▨(糸,系、束)+▨(勺,食具,代表进食),造字本义:比喻限制进食,省吃俭用。隶书▨将篆文的"糸"▨写成▨。引申名词:誓辞。

16.纳约,盟誓、发誓。

17.牖:窗户。自牖:打开窗户。

九五:坎不盈,祇既,平？无咎。

[译文]筮:坎地奴隶来结盟的不多,结盟仪式后恭敬地离开,平安吗？占:没有问题。

注释:九五爻辞"坎不盈,祗既,平"为叙、问辞,"无咎"为断辞。

字词解释:

18.盈,益,既是声旁也是形旁,表示器皿中水满外流。盈,甲骨文 = 𠂉(两个人)+ 益("溢"),表示两人进入浴缸后,缸内的水满出。有的甲骨文以"止"(趾,脚)代替"人",强调人站在装满水的浴缸里。有的甲骨文以"立"代替"止"。金文综合甲骨文和甲骨文两款字形,并将甲骨文的"人"误写成"乃"。造字本义:人进浴缸,缸水满溢。篆文承续金文字形。俗体楷书依据草书字形将正体楷书的"夊"(止)简化成"义";而印刷体楷书又将俗体楷书的"义"写成"又"。引申字义:众多,如:盈多(众多);盈千累万(形容为数众多)。

19.不盈,不多、较少。

20.祗,恭敬。"父不慈,子不祗,兄不友,弟不共,不相及也。"(《后汉书·肃宗孝章帝纪》)"一日,请权贵祗候乾清门,出声无律。公(袁可立)引咫尺之义折之。"(明黄道周《节寰袁公传》)

上六:系用徽纆,寘于丛棘,三岁不得？凶。

[译文]筮:会被绳索捆绑拘捕,投入被荆棘包围的狱中,三年不得脱身吗？占:有危险。

注释:上六爻辞"系用徽纆,寘于丛棘,三岁不得"为叙、问辞,"凶"为断辞。

字词解释:

21.徽纆,三股曰徽,两股曰纆,皆索名,徽纆通指绳索。

22.寘,通"置"。

23.丛棘,意指"酸枣树林包围的狱中"。

第三十《离》卦 ☲☲

☲ 卦文字抽象事义：战争。上、下卦皆为离、为甲胄、为戈兵，兵戎相见。

《离》卦是周武王突袭朝歌，迫使帝辛自焚的筮占记录。

《易经》由上经三十卦和下经三十四卦组成，上经三十卦是周文王、周武王两代人相继为建立周朝，谋划实施的三十项重大历史事件的筮占记录。下经三十四卦是周武王、周公旦两位执政者先后为巩固周王室政权，组织完成的三十四项重大历史事件的筮占记录。《离》卦承前启后，卦辞、爻辞是周灭商"牧野之战"的筮占记录，真实性毋需置疑。全面认识、理解《离》卦，有助于廓清"周代商"及"牧野之战"的本来面目。

本经：离？利。贞：亨、畜牝牛？吉。

[译文]筮：以离鸟为图腾吗？占：有利。再筮：祭祀、祈祷先祖，畜养母牛吗？占：美好。

注释：本经中"离"、初九爻辞中"履错然，敬之"、六二爻辞中"黄离"、九三爻辞中"日昃之离，不鼓缶而歌，则大耋之嗟"、九四爻辞中"突如、其来如、焚如、死如、弃如"、六五爻辞中"出，涕沱若，戚，嗟若"、上九爻辞中"王用出征，有嘉折首，获匪其丑"的文辞，阐明了"牧野之战"的三个阶段："初九"至"六二"为第一个阶段，是周武王战前组织、准备；"九三""九四"为第二阶段，是周武王与武庚成功发动政变，逼迫帝辛自焚；"六五""上九"为第三阶段，是武王四面出击，于"朝歌、沫都"四周"牧野"地域，攻打殷商亲藩、诸侯方国。对比九三和六五爻辞，两个阶段的军事行动有明显差异，前者悄然进行，后者大张旗鼓。

本经"离"为问辞，"利"为断辞。"亨，畜牝牛"为叙、问辞，"吉"为断辞。

字词解释：

1.离,甲骨文🦅=🕊(鸟)+Ψ(禽,捕鸟用的网),表示捕鸟。造字本义:鸟儿被网罩住。金文=**(树林)+🕊(禽,捕鸟),表示在树林捕鸟。篆文=Ψ(中,草)+🕊(禽,捕鸟)+隹(佳,鸟雀),强调在草丛中捕鸟。隶书将篆文的"中"Ψ写成⊥⊥,将篆文的🕊写成离。鸟被罩住为"离"(罹),🦅=🕊(鸟)+Ψ,也有认为那是鸟与巢,取幼鸟离巢之意。后天八卦中文王将《离》卦定在夏初,而夏初正是幼鸟离巢的时节。引申字义:离鸟图腾。

初九:履错然,敬之?无咎。

[译文]筮:前来会盟的诸侯不懂礼仪,要尊敬他们吗?占:应该。

注释:初九爻辞"履错然,敬之"为叙、问辞,"无咎"为断辞。

《仪礼》是在周公旦主政时期才条例化、格式化,但文王时已基本形成。如,《士相见礼》,是记载贵族与贵族第一次交往,带着礼物登门求见和对方回拜的礼节。《乡饮酒礼》,记载的是古代基层行政组织定期举行的以敬老为中心的酒会仪式。《燕礼》,记载的是诸侯和他的大臣们举行酒会的详细礼节,酒会上有宫廷艺术家的演奏和歌唱。《大射仪》,记载的是在国君主持下举行的射箭比赛大会的具体仪节,参加比赛大会的人都是各级贵族。《聘礼》,记载的是国君派遣大臣到他国进行礼节性访问的具体细节。《公食大夫礼》,记载的是国君举行宴会招待来访外国大臣的礼节。《觐礼》,记载的是诸侯朝见天子的礼节,等等。以上仪礼,对来自不同地域的众多诸侯来说,感到规矩颇多,很不习惯,甚至不以为然,更不可能严格执行。"履错然,敬之,无咎",就是周武王表现出以伐商大局为重、而不拘小节的胸怀。

字词解释:

2.错,昔,既是声旁也是形旁,是"措"的省略,表示放置。错,篆文=金(金)+昔("措",放置),表示用金属钳饰器物。造字本义:将金粉或金线置于器物沟槽中。错然,引申词义:不懂礼仪。

3.敬,尊敬。

六二：黄离？元吉。

[译文]筮：以黄色离鸟为图腾吗？占：最为祥瑞。

注释：六二爻辞"黄离"为问辞，"元吉"为断辞。

"黄离"，周武王为什么在"牧野之战"前夕更换"图腾"？此前周人的"图腾"是什么？准确地揭示这个问题，对了解"牧野之战"，乃至周代商真相十分关键。

关于周人的图腾，长期以来，学术界众说纷纭。但"周文王的图腾是龙"却占主流，其源于"月崇拜"。《小畜》卦"上九：既雨，既处，尚德载，妇贞：厉？月幾望，君子征？凶。"《归妹》卦"六五：帝乙归妹，其君之袂不如其娣之袂良，月幾望？吉。"《中孚》卦"六四：月幾望，马匹亡？无咎。""月幾望"是"望月幾"的倒装句，意指"察看月神昭示的天机"。商人的图腾非常明确，有人说"燕子"，也有说"凤凰"，这都是从"玄鸟"外形演变而成。问题就来了，为什么周武王在"牧野之战"前夕将周文王时代就已确定的"龙"图腾改换为殷商"玄鸟"图腾？或者与殷商图腾"玄鸟"外形极其接近的"离鸟"图腾？

屈原《天问》记载：商人先祖王亥，被其弟王恒勾结有易首领绵臣杀害。《史记·周本纪》记载：三年，幽王废黜申皇后和太子，申侯很气愤，联合缯和属于西夷的犬戎攻打并杀死幽王，立从前幽王的太子宜臼，就是平王。其实，从上古到封建社会，内外联手、篡权上位比比皆是。再结合《贲》卦中六四爻辞"贲如皤如，白马翰如""上九：白贲？无咎。"《恒》卦中"武庚禄父"史实，《咸》卦"取女？吉"的筮占记录，基本可以认定的是：武王灭商，其实是一场武庚与周武王内外联手的政变。武王把将士装扮成殷商军队，以迷惑商纣王帝辛及殷商众臣。历史上，周武王与武庚联手政变类似事件先有前辙，后有继来，比比皆是。

"牧野之战"前夕，帝辛随带少量卫队，从东夷前线回朝歌过年，庆祝八十寿诞，这才有了"案用师旅，商不足，灭"的情况，而非传说中的帝辛"十七万大军"迎战。螳螂捕蝉，黄雀在后，只是周王室没有给武庚持续祀统的机会。仅仅三年后,登上殷商帝位的武庚就被周公旦彻底推翻了。

字词解释:

4.黄离,军旗图腾为黄色离鸟。

九三:日昃之离,不鼓缶而歌,则大耋之嗟？凶。

[译文]筮:太阳偏西、以离鸟为图腾的军旗凛凛,不用敲起缶罐助势,(周武王)战前鼓励赞美将士,哀叹帝辛吗？占:凶险。

注释:九三爻辞"日昃之离,不鼓缶而歌,则大耋之嗟"为叙、问辞,"凶"为断辞。

九三爻辞记录了周武王傍晚做了秘密动员和军事部署,扮成殷商军队连夜悄然行动,目的要推翻帝辛,政变之势昭然若揭。

字词解释:

5.昃,太阳偏西。

6.歌,可、哥是"歌"的本字,表示吹笙唱歌。歌,金文＝(言、倾诉)+(可、古代男女以吹笙唱歌方式求偶),造字本义:求偶男女对唱情歌或互诉衷情。古人称拼出字音为"读";称自言自语为"念";和曲念词为"歌",称无曲伴奏的高声诵念为"唱";称背书为"诵";称节奏和缓地诵读为"咏"。歌,引申字义:颂扬;赞美。《左传·成公七年》:"九功之德皆可歌也。"范仲淹《许裒墓志铭》:"出奉公家,入敦孝事,河内人歌焉。"本处指周武王战前动员。

7.大耋,八十大寿,指"商纣王帝辛"(前1127年—前1046年),在位三十一年(约前1076年—约前1046年在位)。《诗·秦风·车邻》"逝者其耋。"毛亨传:"耋,老也,八十曰耋。"

《史记·殷本纪》中就曾经说帝辛"资辨捷疾,闻见甚敏,材力过人",文武双全,英明神武,俨然是当时统治阶级中的佼佼者。从历史功绩上看,帝辛向东南方向开疆拓土,曾经平定东夷,把中原王朝开拓到了淮河和长江流域,对于当时的中原文化向东南方向的传播,起到了不可磨灭的作用。这对古代中国的形成和中华民族的发展都有很大的功劳。根据《尚书》的记载,周商时提出的帝辛罪状是:酗酒、不用贵戚旧臣、提拔重用小人、听信妇人之言、不用心祭祀等。其实详细考据这些罪状,简直无一成立:喝酒是当时贵族阶层中的普遍现象,帝辛即使酒量大点,多喝了一些,那也算不了什么。不用贵戚旧臣,可能确有此事,但是贵族上层争权夺势,哪一朝哪一代又少得了?帝辛的哥哥微子启等人在权力斗争中败下阵来,遭到纣王的贬斥,就算是纣王的一条罪状,未免太牵强。提拔重用小人,是说帝辛从奴隶当中选取人才加以重用,这可能的确违反了当时选拔人才的制度。但打破阶级界限,唯贤是举,这其实应该算是帝辛的一种革新,是一种进步措施。听信妇人之言,那是内宫斗争的必然现象,更是少见多怪。

再说,姬昌娶了帝乙女儿,亦即帝辛姐妹。《易经》第五十四卦中的《归妹》卦:"六五:帝乙归妹,其君之袂不如其娣之袂良,月幾望?吉。"也就是说,周文王是帝乙的女婿,帝辛是周文王的大舅子,论辈分,周武王是帝辛的外甥,武庚和周武王就是表兄弟关系。

8.嗟,一般为叹词,表示忧感、哀叹,也表示呼喊。

九四:突如、其来如、焚如、死如、弃如?

[译文]筮:(政变会出现以下意外)挫败政变、援军到来、帝辛自焚、战死、逃跑吗?

注释:九四"突如、其来如、焚如、死如、弃如"为问辞,无断辞。

依爻辞来看,也许武庚只是想囚禁帝辛,自己如愿上位,发生五种意外情况绝非武庚所愿。试想,帝辛都八十寿诞了,作为帝辛长子的武庚,应年过花甲,上位心情迫切,实属正常。

那么,商纣王帝辛到底是"自焚"?还是"被焚"?笔者认为,"自焚"的概率最大。一是无论是周武王,还是武庚,谁都不愿意落个"弑君篡位、大逆不道"的千古骂名,但周武王绝不希望帝辛继续存在;二是帝辛意识到情况的严重性,自己的倒台木已成舟,与其蒙辱被他们杀死,倒不如让武庚落个干干净净的身子上位,毕竟是自己的亲儿子;三是"自焚"取法于"燎祭""燔祭",殷商时这是最能与天地神灵、列祖列宗"沟通"的祭法;四是所有文献均记载"纣自焚",《史记·周本纪》:"纣走,反入登于鹿台之上,蒙衣其殊玉,自燔于火而死。"

字词解释:

9.突,甲骨文 ⿱ = ⿱(像茅舍狗洞)+ ⿺(犬),造字本义:狗从狗洞里猝然窜出,让人意外而来不及反应。金文 ⿱、⿱将甲骨文字形中的 ⿱写成"穴"⿱,将甲骨文字形中的"犬"⿺写成 ⿺、⿺。篆文 ⿱承续金文字形。引申字义:冲破、挫败。

10.其来,援军。

11.焚,甲骨文 ⿱ = ⿰(野草)+ ⿱(火),造字本义:古人为垦地耕作而引火烧毁荒草野林。有的甲骨文 ⿱ = ⿰(荒林)+ ⿱(火把)+ ⿺(又,抓持),进一步明确手持火把、人为烧荒的含义。篆文 ⿱将甲骨文 ⿱字形中的 ⿺(又,抓持)写成 ⿺(丞,即两个"又"),于是将甲骨文字形中的"林"写成了"楙"。隶书 焚省去手形 ⿺(丞)。《说文解字》:焚,烧山垦田。引申字义:焚烧。

12.弃,本字"棄",既是声旁也是形旁,是"箕"的本字,表示箕筐,农用盛具。棄,甲骨文 ⿱ = ⿱(子)+ ⿰(其,箕筐)+ ⿺ ⿺(双手),表示双手持箕,将箕筐中的幼婴送出家门。远古时代有些生存条件低下的先民,出于环境压力,被迫将病婴或女婴或养育不起的婴儿装在箕筐里,送到确信有人经过的地方,让善心人收养。造字本义:将幼婴装在箕筐里送出门外等人收养。金文 ⿱将甲骨文的"子"⿱写成倒子形状 ⿺。篆文 ⿱则将甲骨文的"其"⿰写成 ⿱。隶书 棄变形较大,将篆文字形中倒写的"子"⿺写成不知所云的 ⿱,篆文字形中的双手形状 ⿺也消失。籀文 ⿱简化字形,省去篆文字形中的"其"⿱。简体隶书 弃将籀文的 ⿺写成 ⿱,将籀文的 ⿺写成 ⿱。简化方案用俗体楷书字形 弃代替正体楷书字形棄。引申字义:逃跑、扔掉、不再持有、放弃。

六五:出,涕沱若,戚,嗟若?吉。

[译文]筮:大军出动,个个恸哭、泪流如河,但也有忧愁,(周武

王)要大声誓辞吗？占：美好。

注释：六五爻辞"出,涕沱若,戚,嗟若"为叙、问辞，"吉"为断辞。

六五爻辞记录了周武王誓师，对朝歌周边牧野的殷商宗藩、诸侯方国进行征讨的历史事件，也就是传说至今的"牧野之战"，其实是在帝辛自焚后进行的。

《尚书·周书·牧誓》：

> 武王戎车三百两，虎贲三千人，与商战于牧野，作《牧誓》。时甲子昧爽，王朝至于商郊牧野，乃誓。王左杖黄钺，右秉白旄以麾，曰："逖矣，西土之人！"王曰："嗟！我友邦冢君御事：司徒、司马、司空、亚旅、师氏、千夫长、百夫长，及庸、蜀、羌、髳、微、卢、彭、濮人。称尔戈，比尔干，立尔矛，予其誓。"王曰："古人有言曰：'牝鸡无晨；牝鸡之晨，惟家之索。'今商王受，惟妇言是用，昏弃厥肆祀弗答；昏弃厥遗王父母弟不迪，乃惟四方之多罪逋逃，是崇是长，是信是使，是以为大夫卿士。俾暴虐于百姓，以奸宄于商邑。今予发，惟恭行天之罚。今日之事，不愆于六步、七步，乃止齐焉。勖哉夫子！不愆于四伐、五伐、六伐、七伐，乃止齐焉。勖哉夫子！尚桓桓如虎、如貔、如熊、如罴，于商郊弗迓克奔，以役西土，勖哉夫子！尔所弗勖，其于尔躬有戮！"

字词解释：

13.涕,恸哭、眼泪。

14.沱,指可以停船的水湾,引申字义：泪流如河。

15.戚,甲骨文像双刃上多利齿的钺,一种战斧。造字本义：双刃带利齿的战斧钺。金文 = (干,武器,代战争)+ (八,"兮"的省略,表示叹息)+ (戈,武器,代战争),表示因深受战乱之苦而叹息。有的金文 = (虍,虎头,代猛兽)+ (犬,代狩猎),表示对虎豹猛兽的担忧与恐惧。诅楚文 = (河川受堵,洪灾)+ (戈,武器,代战争),表示苦于战乱和自然灾害。有的篆文误将金文的"干" 、与"八"

合写成木。引申字义：因战争或天灾而忧叹。

16.嗟若，意指"大声誓辞"。

上九：王用出征，有嘉折首，获匪其丑？无咎。

[译文]筮：周武王部署对朝歌周边牧野的殷商宗藩、诸侯方国进行征讨，砍掉敌人首级的要表彰、奖励，但不要扭抓奴婢吗？占：没有过错。

注释：上九爻辞"王用出征，有嘉折首，获匪其丑"为叙、问辞，"无咎"为断辞。

上九爻辞"折首"的文辞记载，应是诸侯将士屠戮掠夺，武庚引外族入室，面对如此结果，只能望洋兴叹、无能为力了。"获匪其丑（不要扭抓奴婢）"的"获"均来自奴隶，而周王室与"奴隶（部落）"有盟在先，《坎》卦有详细记载，奴隶们应受保护。

字词解释：

17.嘉，大张旗鼓地褒扬、表彰，赞许，奖励。

18.折，甲骨文 = （被截成两段的树）+ （斤，斧子），表示用斧子将一棵树砍成两段。金文将甲骨文的写成，并误将甲骨文字形中断开的"木"写成两截"中"。籀文将金文的写成，并加"二"，强调砍成"两段"。造字本义：用斧子将树木砍成两段。篆文误将两截草写成"手"，严重变形。隶书折将篆文的"手"写成手。引申字义：砍掉。

19.丑，丑是"扭"的本字。丑，甲骨文在"又"（抓）的三（以三代五）根手指指端，各加一短横指事符号，表示与手指动作有关。造字本义：用手指拧、扭、搓、转。金文有所变形。有的金文误将两点指事符号连成一撇。篆文承续金文字形。隶书丑有所变形，篆文字形中表现手形的"又"的形状消失。当"丑"的"拧、扭"本义消失后，再加"手"另造"扭"代替。

第二章　下经(三十四卦)

第三十一泽山《咸》卦 ☱☶

☶卦文字抽象事义:砍断。下卦为艮、为少男,上卦为兑、为毁折,劫数难逃。

《咸》卦是武王斩杀妲己、喜妹,并对殷商贵族、王士实施残酷刑罚的筮占记录。

《史记·周本纪》:"已而至纣之嬖妾二女,二女(苏妲己、胡喜妹)皆经自杀。武王又射三发,击以剑,斩以玄钺,县(悬)其头小白之旗。"妲己,本名:己妲,别称:苏妲己(?—约公元前1046),字妲,有苏氏部落族人,出生于有苏国(今河南省焦作市温县),商王帝辛妃子。妲己为帝辛征伐有苏氏部落时带回。相传,跟随苏妲己一同进宫的还有她的妹妹胡喜妹。《国语》卷七《晋语一》:"殷辛伐有苏,有苏氏以妲己女焉,妲己有宠,于是乎与胶鬲比而亡殷。"《史记》卷三《殷本纪第三》:"好酒淫乐,嬖于妇人。爱妲己,妲己之言是从。"《列女传》卷之七《孽嬖传》:"妲己之所誉贵之,妲己之所憎诛之。""妲己配纣,惑乱是修,纣既无道,又重相谬,指笑炮炙,谏士剖囚,遂败牧野,反商为周。"《楚辞·天问》:"殷有惑妇何所讥?"《荀子·解蔽》:"纣蔽于妲己、飞廉,而不知微子启,以惑其心而乱其行。"《列女传》曰:"妲己者,殷纣之妃也。纣伐有苏,有苏女以妲己。美而辩,用心邪僻,夸比于体,戚施于貌。纣好酒淫乐,不离妲己,所誉者贵之,所憎者诛之。"

《帝王世纪》曰:"从黄帝至纣三十六世,纣二年纳妲己,二十年囚文王,三十年武王观兵于孟津。"《吕氏春秋·先识览》曰:"(周)武王大说,以告诸侯曰:'商王大乱,沈于酒德,辟远箕子,爰近姑与息。妲己为政,赏罚无方,不用法式,杀三不辜(西伯、鄂侯、鬼侯),民大不服。守法之臣,出奔周国。'"

王国维《观堂集林》卷一记载:

  二月甲子(廿七日)早,武王在牧野作牧誓,冲杀当即得胜。昏,周占有商都,殷王纣自焚死,俘殷臣一百人。三月丁卯(初一日)姜尚奉命战胜殷臣方来,归来献俘。三月戊辰(初五日)武王在牧晴祭祀文王,宣布政令。三月壬申(初六日)吕他奉命战胜越戏方,归来献俘。三月辛巳(十五日)侯来奉命战胜殷臣靡集于陈,归来献俘。三月甲申(十八日)百弇奉命率虎贲战胜卫(即豕韦),归来献俘。四月庚子(初四日)武王命令陈本伐磿,百韦伐宣方,新荒伐蜀。四月乙巳(初九日)陈本、新荒战胜磿、蜀归来,向武王报告擒霍侯、艾侯、佚侯、小臣等四十六人等。百韦战胜宣方归来,向武王报告擒获宣方之君等。百韦又奉命伐厉,后又归来献俘。四月辛亥(十五日)到乙卯(十九日)武王在牧野筑室,向祖先举行献捷礼。六月庚戌(十二日)武王在周庙向祖先举行献殷馘俘礼。六月辛亥(十五日)武王祭祀天位。六月乙卯(十九日)武王在周庙举行献殷属国的馘俘礼。

《逸周书·世俘解》:

  维四月乙未日,武王成辟,四方通殷,命有国。惟一月丙午,旁生魄,若翼日丁未,王乃步自于周,征伐商王纣。越若来二月既死魄,越五日,甲子朝,至接于商。则咸刘商王纣,执矢恶臣百人。太公望命御方来,丁卯至,告以馘俘。戊辰,王遂御循追祀文王。时日王立政。吕他命伐越、戏、方,壬申荒新至,告以馘俘。侯来命伐,靡集于陈。辛巳,至,告以馘俘。甲申,百喈以虎贲誓命伐卫,告以亳俘。辛亥,荐俘殷王鼎。武王乃翼,矢慓矢宪,告天宗上帝。王不革服,格于庙,秉语治庶国,籥入九终。王烈祖自太王、太伯、王季、虞公、文王、邑考以列升,维告殷罪,篪人造,王秉黄钺,正国伯。壬子,王服衮衣,矢琰格庙,篪人造王,秉黄钺,正邦君。癸丑,荐殷俘王士百人。篪人造王矢琰、秉黄钺、执戈王奏庸,大享一终,王拜手,稽首。王定奏庸,大享三终。甲寅,谒戎殷于牧野,王佩赤白旂,篪人奏,武王入,进万献。明明三终。乙卯,篪人奏崇禹生开三终,王定。庚子,陈本命,伐磨百韦,命伐宣方、新荒,命伐蜀。乙巳,陈本命新荒蜀磨,至告禽霍侯、艾侯,俘佚侯,小臣四十有六,禽御八百有三百两,告以馘俘。百谓至,告以禽宣方,禽御三十两,告以馘俘百韦,命伐厉,告以馘俘……时四月,既旁生魄,越六日,庚戌,武王朝,至燎于周,维予冲子绥文。武王降自车,乃俾史佚繇书于天号。武王乃废于纣矢恶臣人百人,伐右厥甲孝子鼎大师。伐厥四十夫,家君、鼎帅、司徒、司马,初厥于郊号。武王乃夹于南门,用俘,皆施佩衣,衣先馘入。武王在祀,太师负商王纣,县首白旂,乃以先馘入燎于周庙。

以上是《史记》、王国维《观堂集林》和《逸周书·世俘解》内容,记载了大量的殷商王士被断手断足、砍头割耳、人牲献祭和焚烧燎祭,极其血腥。

本经:咸,亨？利。贞:取女？吉。

[译文]筮:对(殷商王士贵族)施以断手断足、割耳等刑罚,祭祀、祷告先祖吗？占:有利。要斩杀(帝辛)宠妾吗？占:必须。

注释:本经中"咸""取女"、初六爻辞中"咸其拇"、六二爻辞中"咸其腓""居"、九三爻辞中"咸其股,执其随,往"、九五爻辞中"咸其脢"、上六爻辞中"咸其辅、颊、舌"的文辞,清楚地阐明了《咸》卦本义。《史记·周本纪》记载,妲己、胡喜妹已自杀,武王向尸身射三箭、剑刺,最后用玄钺斩首献祭。但从卦辞"取女"来看,妲己、胡喜妹并非自杀,而是活着被斩杀的,民间流传《封神榜》亦是如此记载。为什么要"取女"？这可能是武庚及其一党重臣意见,而非武王意图。首先是武庚自己的太子位被废黜,罪魁祸首是妲己,双方政治上极度对立;其次是帝辛毕竟是自己的父亲,武庚的荣辱意识还是非常的强烈,让妲己"背锅",实属无奈的选择。关于《史记·周本纪》所载:"武王亦答拜。遂入,至纣死所。武王自射之,三发而后下车,以轻剑击之,以黄钺斩纣头,县(悬)大白之旗。"真若如此,也就难有"武庚继位",此等有辱帝辛尸身记载与《离》卦卦辞、爻辞不符,想必太史公也是人云亦云。

本经"咸,亨"为叙、问辞,"利"为断辞。"取女"为问辞,"吉"为断辞。

字词解释:

1.咸,甲骨文㦰=𢨅(戌,大戈)+𠙵(口,聚邑),造字本义:全民皆兵,武装御敌。金文承续甲骨文字形。篆文咸误将金文的"戌"写成戊。古人称军队守城为"或",称全民皆兵为"咸"。"咸"从戌,从口,戌是长柄大斧,"口"指人头,合起来表示大斧砍人头。

"咸刘厥敌,靡使有余。"一语出自汉刘向《说苑·贵法》:"武王克殷,召太公而问曰:'将奈其士众何?'太公对曰:'臣闻爱其人者,兼爱屋上之乌;憎其人者,恶其余胥,咸刘厥敌,靡使有余,何如?'"

初六:咸其拇?

[译文]筮:要砍掉他们的大拇指吗?

注释:初六爻辞"咸其拇"为问辞,无断辞。

字词解释:

2.拇,手的大拇指。

六二:咸其腓?凶。居?吉。

[译文]筮:要砍掉他们的小腿吗?占:凶险。再筮:让他们居家养老吗?占:美好。

注释:六二爻辞"咸其腓"为问辞,"凶"为断辞;"居"为问辞,"吉"为断辞。

武王不认同太公对待殷商士众的意见,王曰:"不可!"太公出,邵公入,王曰:"为之奈何?"邵公对曰:"有罪者杀之,无罪者活之,何如?"王曰:"不可!"邵公出,周公入,王曰:"为之奈何?"周公曰:"使各居其宅,田其田,无变旧新,惟仁是亲,百姓有过,在予一人。"武王曰:"广大乎,平天下矣!凡所以贵士君子者,以其仁而有德也。"

字词解释:

3.腓,胫骨后的肉,即腿肚子,意指"小腿"。

九三:咸其股,执其随,往?吝。

[译文]筮:砍掉他们的大腿,抓捕其亲随,往后呢?占:有遗憾。

注释:九三爻辞"咸其股,执其随,往"为叙、问辞,"吝"为断辞。

字词解释:

4.股,大腿,自胯至膝盖的部分,意指"大腿"。

九四:贞:吉?悔亡。憧憧往来,朋从尔思。

[译文]筮:想到后果,主意不定,愿用钱财赎罪,美好吗?占:悔恨消除。

注释:九四爻辞"吉?憧憧往来,朋从尔思"为问、叙辞,"悔亡"为断辞。

字词解释:

5.憧憧,"意不定也。"(《说文》)

6.思,篆文🯄=囟(囟,脑)+心(心),表示脑和心的能力。古人发现,心不仅是泵血器官,还是感知器官,具有直觉思维的能力。造字本义:用头脑考虑、用心灵感受。隶书思将篆文字形中的"心"心写成心。自虑为"思";念他为"想"。引申字义:愿意。

九五:咸其脢?无悔。

[译文]筮:在脊背施以"刺字"刑罚吗?占:没有悔恨。

注释:九五爻辞"咸其脢"为问辞,"无悔"为断辞。

字词解释:

7.脢,背脊肉,脊椎两旁的瘦肉。

上六：咸其辅、颊、舌？

[译文] 筮：施以脸上刺字、颊部烙印、割掉舌头的刑罚吗？

注释：上六爻辞"咸其辅、颊、舌"为问辞，无断辞。

字词解释：

8.辅，意指"脸部刺字"。

9.颊，意指"面颊烙印"。

10.舌，意指"割舌"。

第三十二雷风《恒》卦䷟

䷟卦文字抽象事义：传承。下卦为巽、为进退，上卦为震、为长男，家族权力易位。

《恒》卦是周武王问天以证，使"武庚继位"的筮占记录。

《恒》卦卦辞、爻辞佐证了《离》卦是周武王会盟诸侯、与武庚里应外合、突袭朝歌、迫使帝辛自焚的历史事件。但是，周武王、周公旦为其祖父季历、其兄伯邑考报仇雪恨是一方面，更重要的姬周思想文化的先进性是殷商难以比拟的，也是周武王心怀天下、以礼治国的志向抱负，绝非是杀死王亥的有易之君绵臣，也不是后来杀死周幽王的申侯。

《山海经·大荒东经》："有困民国，勾姓而食。有人曰王亥，两手操鸟，方食其头。王亥托于有易，河伯仆牛，有易杀王亥，取仆牛。"由此所引申出的"王亥仆牛"，是见于中国古代文献中的关于经商活动的最早记载。著名历史学家徐中舒认为："商贾之名，疑即由殷民而起。"《尚书·酒诰》所言：王亥"肇牵牛车远服贾"。"是故殷主甲微假师于河伯，以伐有易，灭之，遂杀其君绵臣也。"王亥"宾于有易"，说明王亥在有易的婚姻关系，仍旧采用有易氏族母系社会的对偶婚的"居妇家"制。在这种情况之下，王亥为了将有易之女娶回本族，除了向女方氏族缴纳一定聘礼之外，往往还得在女方家里服役一段时间，作为对女方家族的经济补偿方式，所以才称王亥为"有扈牧竖"。历史上所谓的红颜祸水,往往都是无辜的。当命运伸出手来,把种子埋下,所有事情便会如野草一般野蛮生长,再也无法掌控。《楚辞·天问》:"干协时舞,何以怀之？平胁曼肤,何以肥之？"是说王亥以一曲雄健挑逗的"万舞"使得有易之女心生爱慕;有易之女身体丰腴、皮肤光洁肤白貌美。"有扈牧竖,云何而逢？击床先出,其命何从？"屈原又问:王亥你这个在有易族放牧的小王子,是怎么和她相遇的？这有易氏女子非常机敏,在王亥被杀的时候,她先行躲开。字字珠玑的《天问》中,出现了一个"恒"字,显然这应该是一个人的名字,从"该秉季德,厥父是臧"的辞句来看,"该"指的是王亥。那么按照相同的语言逻辑,这句"恒秉季德"中的"恒"指的正是他的亲弟弟王恒,之所以认为是他的弟弟,因为在后面还有这么一句话"眩弟并淫,危害厥兄"。很明显,被害的王亥只能是哥哥,那么王恒自然就是弟弟。也就是说王亥在去有易之地的时候,并不是孤身一人,他的弟弟王恒也曾伴随左右。《竹书纪年·卷四》云:"夏帝泄十二年,殷侯子亥宾于有易,有易杀,而放之。"是说"夏帝分封王亥在殷,为侯爵,旅居有易被杀,其弟王恒安全"。"是故殷主甲微假师于河伯,以伐有易,灭之,遂杀其君绵臣也。"王亥的确是被杀了,那被放的就只能是他的弟弟王恒。"恒秉季德,焉得夫仆牛？何往营班禄,不但还来？"从这辞句来看,王恒像是这件事的幕后黑手,毕竟怎么看他都像是最大受益者,不仅得了哥哥的财富仆牛,还被有易颁爵赐禄,更有甚者还娶了有易氏女。

"武庚禄父","父"指"帝辛","禄父"指太子武庚继承"帝位"。《史记·周本纪》:"武王为殷初定未集,乃使其弟管叔鲜、蔡叔度相禄父治殷。"可见,管叔鲜、蔡叔度是辅佐武庚,是从属关系,这也是武庚继承"帝位"的有力佐证。

历史是胜利者书写的。现在普遍认为:周武王毕竟对武庚不放心,害怕他起事作乱,甚至发生像王亥之子"甲微假师于河伯,以伐有易,灭之,遂杀其君绵臣也"的事件。于是又把朝歌周围原京畿之地分为邶、鄘、卫三个小国,封周武王的三个兄弟分别为这三个小国的国君。朝歌以北为邶国,在今河南省安阳市汤阴县东南十六公里的邶城。武王的弟弟文王的第八个儿子霍叔(姬处)被封为邶国国君;朝歌以南的地方为鄘国,在今河南省新乡市卫辉市倪湾,国君是文王的五子蔡叔(姬度);朝歌以东的地方为卫国,在今河南省鹤壁市浚县卫贤,国君是文王的三子管叔(姬鲜)。邶、鄘、卫对朝歌形成合围之势,借以监视武庚,称作"三监"。

本经:恒,亨?无咎;利。贞:利?有攸往?

[译文]筮:效仿王恒禄兄,使"武庚继承帝位",祭祀、祷告先祖吗?占:没有过失;有利。再筮:往后会稳定吗?

注释:本经中"恒""有攸往"、初六爻辞中"浚恒"、九三爻辞中"不恒其德,或承之羞"、六五爻辞中"恒其德"、上六爻辞中"振恒"的文辞,记录了周王室借鉴"恒秉季德",使"武庚继承帝位"的历史事件。周王室认为"武庚禄父"危险很大,极不放心,才决定效仿"振恒"史例,乃使其弟管叔鲜、蔡叔度相武庚。从《恒》卦卦辞、爻辞筮占结果看,三年后武庚叛乱,基本是应验的。

本经"恒,亨"为叙、问辞,"无咎;利"为二次筮占断辞;"利?有攸往"为问辞,无断辞。

字词解释:

1.恒,本处指殷商先祖王亥之弟王恒。

初六:浚恒,贞:凶?无攸利。

[译文]筮:效仿王恒禄兄,让武庚在浚地继位,凶险吗?占:没任何好处。

注释:初六爻辞"浚恒,凶"为叙、问辞,"无攸利"为断辞。

字词解释:

2.浚,地名,今浚县,属鹤壁市,商末时属商都(朝歌)畿内地,周初是"邶"的一部分。

九二:悔亡。

[译文]（再筮：效仿王恒禄兄，让武庚在浚地继位吗？）占：悔恨消除。

注释：九二爻辞"悔亡"为断辞，问辞省略，当为"浚恒"。

九三：不恒其德，或承之羞，贞：吝？

[译文]筮：（武庚）不比先祖王恒，他的德行会让自己的国家承受耻辱，担心吗？

注释：九三爻辞"不恒其德，或承之羞，吝"为叙、问辞，无断辞。

字词解释：

3.羞，甲骨文 = （羊）+（又，抓），像一个人手持羊头的样子。造字本义：谦恭进献烤羊。羊的性情温顺平和，象征吉祥，常用于祭祀和招待贵宾。金文承续甲骨文字形。篆文误将金文字形中的"又"（手）写成了"丑"。隶书将篆文字形中的"羊"写成。"羞"的"谦恭进献"本义消失后，篆文再加"食"另造"馐"代替。引申字义：耻辱。

九四：田无禽？

[译文]筮：田猎不会捕获到飞禽吗？

注释：九四爻辞"田无禽"为问辞，无断辞。

六五：恒其德，贞妇人吉、夫子凶？

[译文]筮：效仿王恒禄兄、让武庚继位的结果，妇人安全、将士凶险吗？

注释：六五爻辞"恒其德，贞妇人吉、夫子凶"为叙、问辞，无断辞。

六五爻辞借"殷主上甲微假师于河伯，以伐有易，灭之，遂杀其君绵臣也"的典故，暗喻武庚必反，"斩草不除根"是危险的。

字词解释：

4.德，通"得"，意指"结果、取得、获得"。"善者吾善之，不善者吾亦善之，德善。信者吾信之，不信者吾亦信之，德信。"（《老子·四十九章》）"是故用财不费，民德不劳。"（《墨子·节用上》）

5.妇人，古代士之妻称妇人。《礼记·曲礼下》："天子之妃曰后，诸侯曰夫人，大夫曰孺人，士曰妇人，庶人曰妻。"后来，"妇人"是成年女子的通称，多指已婚者。

6.夫子，将士。《尚书·周书·牧誓》："夫子勖哉！不愆于四伐、五伐、六伐、七伐，乃止，齐焉。"

上六：振恒？凶。

[译文]筮：武庚会像王恒那样奋起吗？占：有凶险。

注释：上六爻辞"振恒"为问辞，"凶"为断辞。

字词解释：

7.振，"辰"是"振"的本字。辰，甲骨文 = （石，石锄）+（即"廾"，双手持握），表示手执石锄，日出而作。当"辰"的"手持石锄"本义消失后，甲骨文再加双手另造"振"代替，强调双手持锄，农耕劳作。造字本义：举锄挥镐，奋力劳作。篆文将甲骨文的双手写成，将甲骨文的写成。有的篆文写成左右结构，并将双手简化成单手。隶书振将篆文的"手"写成。"震"的本义是雷撼天地；"振"的本义是奋力挥锄。本处字义：奋起、兴起。

《恒》卦记录了武庚继承帝位，就殷商内部而言，他是最大的受益者。至此，"牧野之战"落下帷幕，我们再看看武庚重要王臣的情况。

《史记·宋微子世家》：

> 微子开者，殷帝乙之首子而帝纣之庶兄也。
>
> 纣既立，不明，淫乱于政，微子数谏，纣不听。及祖伊以周西伯昌之修德，灭黎国，惧祸至，以告纣。纣曰："我生不有命在天乎？是何能为！"于是微子度纣终不可谏，欲死之，及去，未能自决，乃问于太师、少师曰："殷不有治政，不治四方。我祖遂陈于上，纣沉湎于酒，妇人是用，乱败汤德于下。殷既小大好草窃奸宄，卿士师师非度，皆有罪辜，乃无维获，小民乃并兴，相为敌雠。今殷其典丧！若涉水无津涯。殷遂丧，越至于今。"曰："太师，少师，我其发出往？吾家保于丧？今女无故告予，颠跻，如之何其？"太师若曰："王子，天

笃下菑亡殷国,乃毋畏畏,不用老长。今殷民乃陋淫神祇之祀。今诚得治国,国治身死不恨。为死,终不得治,不如去。"遂亡。

微子启数谏无功,在太师、少师的指点之后,就跑掉了。那么微子启跑到哪去了呢?司马迁虽然没有说,却在"一字千金"的《吕氏春秋》里被记录了下来:"昔周之将兴也,有士二人,处于孤竹,曰伯夷、叔齐。二人相谓曰:'吾闻西方有偏伯焉,似将有道者,今吾奚为处乎此哉?'二子西行如周,至于岐阳,则文王已殁矣。武王即位,观周德,则王使叔旦就胶鬲于次四内,而与之盟曰:'加富三等,就官一列。'为三书,同辞,血之以牲,埋一于四内,皆以一归。又使保、召公就微子开于共头之下,而与之盟曰:'世为长侯,守殷常祀,相奉桑林,宜私孟诸。'为三书,同辞,血之以牲,埋一于共头之下,皆以一归。"

著名的伯夷、叔齐奔周时,遇到了两场盟誓,第一场是周公旦和帝辛近臣胶鬲的盟誓。在盟誓中,周人保证对胶鬲"加富三等,就官一列";第二场盟誓则在微子启和保公、召公之间进行。盟誓内容更加劲爆:"世为长侯,守殷常祀,相奉桑林,宜私孟诸。"就是保公、召公保证微子启世代为诸侯之首,领导殷商之族的祭祀,占有殷商的宗教圣地"桑林",并且分封孟诸之地为其私地。为此,二贤耻笑周人,遁隐而死。

这时候武王还没有克商。胶鬲和微子启一个是殷商高官,一个是殷商亲贵。他们两个人和周人签订了这样的盟誓,是在商王朝仍然健在的时候进行的。

《史记·宋微子世家》:"箕子者,纣亲戚也。纣始为象箸,箕子叹曰:'彼为象箸,必为玉杯;为杯,则必思远方珍怪之物而御之矣。舆马宫室之渐自此始,不可振也。'纣为淫泆,箕子谏,不听。人或曰:'可以去矣。'箕子曰:'为人臣谏不听而去,是彰君之恶而自说(悦)于民,吾不忍为也。'乃被发详狂而为奴。"其中"不忍……乃详狂"记载,使人浮想联翩。

《韩诗外传》卷二:"商容尝执羽、籥,冯于马徒,欲以伐纣而不能,遂去,伏于太行。及武王克殷,立为天子,欲以为三公。商容辞曰:'吾常(尝)冯(凭)于马徒,欲以伐(化)纣而不能,愚也;不争而隐,无勇也;愚且无勇,不足以备乎三公。'遂固辞不受命。君子闻之曰:'商容可谓内省而不诬能矣!君子哉!去素餐远矣!《诗》曰:彼君子兮,不素餐兮,商先生之谓也。"其中"商容……遂去,伏于太行"记载中,一个"伏"字,使人毛骨悚然。

微子启、胶鬲、箕子和商容均是废太子武庚近臣,四人所为是按武庚意图行事,留得"英名"。武庚、箕子和微子启又因故分道扬镳,那是后话。

第三十三天山《遁》卦

卦文字抽象字义:寻归。下卦为艮、为少男,上卦为乾、为父,子循父归。

《遁》卦是周王室让诸侯军队撤离朝歌、班师回国的筮占记录。

周武王统帅的攻打殷商联军,既有姬姓同姓诸侯,也有中土方国,更有西方和南方的羌、微、造、彭、濮、庸、蜀等部落的部队。也许,他们在出发的时候并没想到战事如此顺利,收获如此之大。面对繁荣富饶的殷商土地,无形中激发了他们的占有欲。请神容易送神难,让诸侯军队撤离朝歌、班师回国,对周王室十分棘手。从记载看,至少在商时,中原王朝与"古蜀国"就有关系,而且是统治与被统治的关系。否则,"古蜀国"也不会派军攻打殷商。

本经:遁?亨,小,利,贞。

[译文]筮:祭祀、祷告先祖,让少数(各诸侯)军队班师回国吗?占:有利。

注释:本经中"遁"、初六爻辞中"遁尾"、六二爻辞中"执之用黄牛之革"、九三爻辞中"系遁"、九四爻辞中"好遁"、九五爻辞中"嘉遁"、上九爻辞中"肥遁"的文辞,清楚地记录了各诸侯对撤离朝歌的迟疑态度,周王室采取了"胡萝卜加大棒"的策略,使各诸侯顺利返回各自领地。当然,各诸侯在大肆抓掳、掠夺后返回,也是周武王牺牲了朝歌周边牧野的殷商宗藩和诸侯方国为代价的。

本经"遁？亨,小"为问、叙辞,"利"为断辞。

字词解释:

1.遁,盾,既是声旁也是形旁,表示古代士兵举在手上的护身甲牌。遁,篆文𨔶=辶(辶,行进)+盾(盾,护甲),造字本义:用盾掩护着逃跑。隶书遁将篆文的"辶"写成辶。举盾前进叫"循",持盾而逃叫"遁"。《说文解字》:遁,迁徙隐居。本处"遁"是"撤退、班师"的意思。

2.小,指"少数军队",本处特指"各诸侯军队"。

初六:遁尾,厉;勿用。有攸往？

[译文]筮:各诸侯一个接一个班师回国,能这样部署吗？占:害怕;不能这样。

注释:初六爻辞"遁尾,有攸往"为问辞,"厉;勿用"为两次筮占断辞。

字词解释:

3.尾,甲骨文=亻(人)+𣎆(向下长的毛),表示人体臀部有毛的部位。造字本义:长毛的会阴,男女性器官及肛门所在部位。古钵字形将甲骨文字形中的"人"写成"尸",并在"毛"下面加"二"(性器及肛门),表示会阴所在。篆文承续甲骨文字形。隶化后楷书尾将篆文字形中的尸写成尸,将篆文字形中的𣎆写成毛。引申字义:尾随、一个跟一个。

六二:执之用黄牛之革,莫之胜说？

[译文]筮:给班师回国的诸侯将士披上黄牛皮革甲,没有比这更喜悦的事情吗？

注释:六二爻辞"执之用黄牛之革,莫之胜说"为叙、问辞,无断辞。

字词解释：

4.执，甲骨文 = (拷手的枷锁) + (一个人伸出双手)，字形像一个人的双手被锁在木枷里。造字本义：用木枷锁住嫌犯双手，正式逮捕拘押。金文 将甲骨文的木枷"幸" 写成 。篆文 将金文的"幸" 写成 ，"幸"变成"大"（人）与"辛"会意，同时将金文字形中伸出双手的人 写成 。隶书 将篆文的 写成 。当"执"的"拘押嫌犯"本义消失后，甲骨文再加"手"另造"挚"代替。引申字义：披上。

5.莫，"莫"是"暮"的本字。莫，甲骨文 = (林莽) + (日，太阳)，像太阳 隐没在丛林 之中。造字本义：太阳下山，阳光隐入丛林草野。有的甲骨文 将丛林 改成草丛 。金文 、篆文 承续甲骨文字形 。"莫"的"太阳下山"本义消失后，隶书再加"日"另造"暮"代替。隶书 将"艸" 误解成两只手而连写成"大" 。日在草上为"早"，日在草中为"莫"（暮），日在树下为"杳"。古人称日升而天地分明为"旦"，称日落而天地不分为"莫"（通"暮"）。本处字义：没有。

6.胜，更、超过。

7.说，通"悦"，喜悦。

九三：系遁，有疾？厉。畜、臣、妾？吉。

[译文]筮：各诸侯一起撤离回国，会有怨言吗？占：危险。再筮：让他们带上夺来的牲畜、俘获的殷商贵族、婢妾呢？占：美好。

注释：九三爻辞"系遁，有疾"为问辞，"厉"为断辞；"畜臣妾"为问辞，"吉"为断辞。

字词解释：

8.系，一起、同时。

9.疾，怨言、不愿意、憎恨。

10.臣，"臣"是特殊指事字，是"目"的变形。臣，甲骨文 像一只眼睛 向下看。有的甲骨文 突出眼珠的球状 。造字本义：俯首下视，屈服听命。金文 承续甲骨文字形。篆文 有所变形，将金文的眼形🝌写成🝌。引申字义：殷商贵族。

11.妾，甲骨文🝌=🝌(辛，刑具)+🝌(女)，表示受罚的女奴。造字本义：因被俘或犯罪而被剥夺了自由、被迫为他人服务的女奴。金文🝌承续甲骨文字形。篆文🝌将金文的"辛"🝌写成🝌，将"女"🝌写成🝌。隶书🝌将篆文的"女"🝌写成女。古代妇女自称为"奴"或自称为"妾"，都是强烈的自谦。《说文解字》：妾，有罪的女子中，为君王服务并有机会接触君王的女子。字形采用"🝌、女"会意。《春秋左传》上说："如果是女的，将成为别人的侍妾。"妾，就是不娉而娶的女子。

九四：好遁，君子吉，小人否？

[译文]筮：诸侯赞同撤离回国，各诸侯君主及宗族长同意，还有少数人不接受吗？

注释：九四爻辞"好遁，君子吉，小人否"为叙、问辞，无断辞。

字词解释：

12.好，甲骨文🝌=🝌(女，女子)+🝌(子，男子)，表示男女亲密相处。造字本义：男女之间，相悦相求。金文🝌、篆文🝌基本承续甲骨文字形。隶书好将篆文的"女"🝌写成女，将篆文的"子"🝌写成子。引申字义：赞同、认可。

九五：嘉遁，贞：吉？

[译文]筮：要嘉奖班师回国的诸侯，美好吗？

注释：九五爻辞"嘉遁""吉"为叙、问辞，无断辞。

上九：肥遁？无不利。

[译文]筮：要责难不愿意班师回国的诸侯吗？占：没有任何不利。

注释：上九爻辞"肥遁"为问辞，"无不利"为断辞。

字词解释：

13.肥，金文🝌=🝌(肉，代肉畜)+🝌(又，手，表示抓)，造字本义：宰杀膘厚多肉的牲畜。篆文🝌误将"又"🝌写成🝌(卩，人)。隶书肥又误将篆文的"人"🝌写成"巴"🝌。"肥"通"非"，本处指"责难"。

第三十四雷天《大壮》卦 ䷡

䷡卦文字抽象事义:受伤。下卦为乾、为战、为寒,上卦为震、为长男、为尊,使尊者心寒。

《大壮》卦是周王室对殷商贵族、俘虏,全部采取了肉体伤残,使其失去暴力行为的筮占记录。

《逸周书·世俘解》:"武王遂征四方,凡憝国九十有九国,馘磨亿有十万七千七百七十有九,俘人三亿万有二百三十。凡服国六百五十有二。"就是说,牧野之战周武王大获全胜,被杀死的商人有十八万之多,其中大量是被诸侯掳走、在撤兵返回路上被杀;被掳而成为奴隶的有三十三万。这么大的数量不都是军人,还有大量的平民。《遯》卦九三爻辞"系遯,有疾?厉。畜臣妾"即是佐证,包括"古蜀国",也会掳走大量的商人。

本经:大壮?利。贞:

[译文]筮:要对掳获的全部殷商贵族、俘虏进行身体伤残吗?占:需要。

注释:本经中"大壮"、初九爻辞中"壮于趾""有孚"、九三爻辞中"小人用壮,君子用罔""羝羊触藩,羸其角"、九四爻辞中"藩决,不羸,壮于大舆之輹"、六五爻辞中"丧羊于易"、上六爻辞中"羝羊触藩,不能退,不能遂""艰"的文辞,清楚地展示了周王室对殷商贵族、俘虏的残酷。但在那个时代环境下,自身的安全保障是第一位,也就不难理解所发生的一切。从《夬》卦"初九:壮于前,趾,往不胜?为咎"的爻辞记录看,武庚后来叛乱,其战斗力下降而失败与《大壮》卦对殷商约五十万俘虏的伤残、杀害有密切关系。

本经"大壮"为问辞,"利"为断辞。

字词解释:

1.壮,金文**壮**=爿(爿,床)+土(士,武器),造字本义:古代男子睡觉时将武器放在床边,使自己放心。篆文**壮**承续金文字形。俗体楷书**壮**

根据草书字形将正体楷书**壮**的"丬"简写成オ。引申字义:伤残。

初九:壮于趾,征? 凶。有孚。

[译文]筮:伤残俘虏的脚趾,他们还能长途跋涉吗? 占:危险。

注释:初九爻辞"壮于趾,征? 有孚"为叙、问辞,"凶"为断辞。

字词解释:

2.趾,指"脚趾"。

九二:贞:吉?

[译文]筮:(伤残俘虏的脚趾)美好吗?

注释:九二爻辞"吉"为问辞,无断辞。

九三:小人用壮,君子用罔,贞:厉? 羝羊触藩,羸其角?

[译文]筮:对少数人施以伤残、对大首领及其宗族长予以捆绑,严厉吗? 再筮:公羊(男俘虏)抗扰管制,对主要成员要严加看管吗?

注释:九三爻辞"小人用壮,君子用罔,厉"为叙、问辞,无断辞;"羝羊触藩,羸其角"为叙、问辞,无断辞。

字词解释:

3.罔,古同"网",用绳线等结成的捕鱼捕猎用具。意指"捆绑"。

4.羝羊,公羊,意指"男俘虏"。

5.触,抗扰。

6.藩,篱笆,引申为"管制"。

7.羸,通"累",缠绕,困住。

8.角,主要成员。《康熙字典》中《韵会》:东方七宿之首,苍龙之角十二度。《尔雅·释天》:"寿星,角亢也。"注:"列宿之长。"《广雅·释天》:"大角谓之栋星。"

九四:贞:吉? 悔亡。藩决,不羸,壮于大舆之輹。

[译文]筮:冲破管制,就不是"严加管理"了,把他固定在车轮辐条上,人随着车轮的滚动而旋转前进,以此惩罚吗? 占:消除悔恨。

注:九四爻辞"吉? 藩决,不羸,壮于大舆之輹"为问、叙辞,"悔亡"为断辞。

从《大壮》卦所筮占事项、卦辞及爻辞指向来看，"壮于大舆之輹"应该是针对九三爻辞中对"其角"的惩罚，且要严厉于"羸"之刑。但"輹"指"车伏兔"，是垫在车厢和车轴之间的木块，不能利用其对人体施刑，最多也就是把绳系在"车轴和车辀的结合部"，拉着人强迫走。还有一种可能，"輹"是由"辐"讹传而来，指"车轮上的辐条"，而非"輹(车伏兔)"，也有易学家把"輹"解释为"车轮"。"壮于大舆之輹"，就是把俘虏首领固定在车轮(辐条)上，人随着车轮的滚动而旋转前行，这是一种非常痛苦的刑罚，这种刑罚源于古代处决犯人且非常残忍的"轮刑"。

经考证，商周战车轮径约在130~140厘米之间，春秋时期缩小为124厘米左右。如果是大型运输车辆，其轮径可在150~200厘米。

六五：丧羊于易？无悔。

[译文]筮：要灭亡反抗的俘虏吗？占：没有悔恨。

注释：六五爻辞"丧羊于易"为问辞，"无悔"为断辞。

字词解释：

9.丧，桑，既是声旁也是形旁，表示养蚕的树。丧，甲骨文 = (桑，养蚕的树) + (众多"口")，表示桑树上众多蚕虫蚕食桑叶。造字本义：满树蚕虫将桑树的叶子吃光。金文 有所变形，将甲骨文的"桑" 形写成 ，同时加"亡" ，强调"消失"的含义。篆文 误将金文的 写成"犬" ，"桑"形消失。隶书 进一步变形，将篆文的"犬" 写成 ；将篆文的"亡" 写成"衣字底" 。俗体楷书 依据草书字形 ，将正体楷书 的两个"口" 简化成两点 。引申字义：灭亡、处决、丧失、逃跑。

10.易，"易"是"锡"的本字。易，甲骨文 像将一个有抓柄的器皿 中的液体，倒入 至另一个没有抓柄的器皿 中。简体甲骨文 将带握柄的器皿 简写成勺具形状 ，将倾注的液体形状 简写成 ，表示用勺具将金属熔液浇铸到器皿坯模中。锡的熔点低，是铸器的好材料，古人发现"熔锡铸器"，好操作，不费事，遂以铸锡为易。造字本义:将容器中低熔点的锡注入模具,铸造新器皿。金文像一个有手把的盛器里装着锡液(水),字形进一步简化。有的金文将盛器形状简化成了不知所云的,并误将抓柄形状写成了似"日"非"日"的形状。篆文则将金文字形中模糊不清的写成明确的"日"形。至此"易"的字形中,器皿、手把、熔液等形象特征消失,以致篆文、隶书字形费解。当"易"的"低熔点金属"本义消失后,篆文再加"金"另造"锡"代替。《说文解字》:易,蜥易,又叫蝘蜓、守宫,字形像蜥易之形。《秘书》上说,日、月二字合成"易",象征阴阳的变易。另一种说法认为,"易"采用"旗勿"的"勿"作构件。"易",本处字义:反抗。

上六:羝羊触藩,不能退,不能遂? 无攸利。艰? 则吉。

[译文]筮:公羊(男俘虏)抗扰管制,不能退让、不能遂他们吗? 占:没任何好处。再筮:要坚持管制吗? 占:必须这样。

注释:上六爻辞"羝羊触藩,不能退,不能遂"为叙、问辞,"无攸利"为断辞;"艰"为问辞,"则吉"为断辞。

字词解释:

11.退,甲骨文=(豆,食器)+(止,脚,表示走开),造字本义:餐毕下桌离席。金文误将甲骨文写成,同时加"彳"(行走)、加"止"(脚),强调离开。籀文基本承续金文字形。篆文将籀文的"辵"写成"彳"。晚期隶书退误将篆文的"艮"写成。引申字义:退让。

12.遂,遂他所愿。

第三十五火地《晋》卦䷢

䷢卦文字抽象事义:提携。下卦为坤、为柄,上卦为离、为煊,权柄煊然。

《晋》卦是周武王将同母少弟康叔封于原殷商畿内康地,建立卫国的筮占记录。

《史记·周本纪》：

　　武王为殷初定未集，乃使其弟管叔鲜、蔡叔度相禄父治殷。已而命召公释箕子之囚。命毕公释百姓之囚，表商容之闾。命南宫括散鹿台之财，发钜桥之粟，以振贫弱萌隶。命南宫括、史佚展九鼎保玉。命闳夭封比干之墓。命宗祝享祠于军。乃罢兵西归。行狩，记政事，作《武成》。封诸侯……而师尚父为首封。封尚父于营丘，曰齐。封其弟周公旦于曲阜，曰鲁。封召公奭于燕。……

周武王实行分封制，周天子居于至高无上的绝对支配地位，其王位由嫡长子世袭继承，其他庶子则作为小宗被分封为各地诸侯。他们在各自封国内又是同姓宗族的大宗，其王位也是由嫡长子世袭继承，其余庶子作为小宗分封为卿大夫。

卿大夫在各自封地里又是同姓宗族的大宗，其封爵仍由其嫡长子世袭继承，其余庶子作为小宗分封为士。这样，根据宗法制和分封制，便形成天子、诸侯、卿大夫、士等各级宗族贵族组成的金字塔式等级制机构。各个等级之间的相互关系，既是大小宗关系，也是上下级关系。

《荀子·儒效》中记载，"周公兼制天下，立七十一国，姬姓独居五十三人"。如：鲁国—姬姓，侯爵，系周文王姬昌第四子周公姬旦，佐文王、武王、成王有功，乃封其长子伯禽于今山东省济宁市曲阜市，以辅周室。齐国—姜姓，侯爵，系炎帝裔孙伯益封地，今山东省临沂市费县。燕国—姬姓，伯爵，系周同姓功臣，曰君奭，封国地为今天津市蓟州区。魏国—姬姓，伯爵，系周同姓功臣，曰毕公高，封国地为今山东省潍坊市高密市。管国—姬姓，侯爵，系武王弟，曰姬叔鲜，封国地为今河南省信阳市。蔡国—姬姓，侯爵，系武王弟，曰姬叔度，封国地为今河南省驻马店市上蔡县。曹国—姬姓，伯爵，系武王弟，曰姬叔振铎，封国地为今山东省菏泽市定陶区。成国—姬姓，伯爵，系武王弟，曰姬叔武，封国地为今山东省济宁市汶上县。霍国—姬姓，伯爵，系武王弟,曰姬叔处,封国地为今山西省运城市。卫国——姬姓,侯爵,系王同母少弟,为康叔,封国地为今河南省鹤壁市等地。滕国——姬姓,侯爵,系武王弟,曰姬叔绣,封国地为今山东省济南市章丘区。晋国——姬姓,侯爵,系武王少子,曰姬叔虞,封于唐,后改为晋,封国地为今山西省运城市绛县东翼城。吴国——姬姓,子爵,系周太王长子姬泰伯之后,封国地为今江苏省与浙江省毗邻的太湖周围。虞国——姬姓,公爵,系周太王次子姬仲雍之后,曰姬章巳,为吴君,别封其为虞,封国地为今山西省运城市平陆县东县。虢国——姬姓,公爵,系王季子虢仲,文王之弟,封国地为今河南省郑州市荥阳市汜水镇。楚国——芈姓,子爵,系玄帝姬颛顼后裔,封国地为今湖北省宜昌市枝江市。许国——姜姓,男爵,系伯夷之后,曰文叔,封国地为今河南省许昌市。秦国——嬴姓,伯爵,系玄帝姬颛顼后裔,封国地为今甘肃省天水市。莒国——嬴姓,子爵,系少昊之后,封国地为今山东省日照市莒县。纪国——姜姓,侯爵,系太公次子,封国地为今山东省潍坊市寿光市。曹国——曹姓,子爵,系陆终第五子晏安之后,封国地为今山东省济宁市邹城市。宋国——子姓,公爵,系商王帝乙之长庶子,曰微子启,封国地为今河南省商丘市睢阳区。杞国——姒姓,伯爵,系夏禹王之后,封国地为今河南省开封市杞县。陈国——妫姓,侯爵,系帝舜之后,封国地为今河南省周口市淮阳区。蓟国——姬姓,侯爵,系帝尧之后裔,封国地为今北京广安门一带。

  康叔,是"王同母少弟",被分封于卫,"王母"发挥了极大的作用。周公旦后来也告诫年幼的康叔:"你到殷地后,首先要求访那里的贤人长者,向他们讨教商朝前兴后亡的原因;其次务必要爱民。"周公旦又把上述嘱言,写成《康诰》《酒诰》《梓材》三篇,作为法则送给康叔。由此可见,一是武王兄弟中,武王与康叔血缘最亲,康叔最小。二是康叔当时是个性情暴戾、不善政事的酒色之徒,更谈不上建国功业,分封时难免服众。后来康叔按照周公旦的嘱咐,勤于政事,管理有方,刚正不阿,秉公执法,惩恶扬善,维护了西周王朝政权的稳定,成了卫国和卫姓的始祖。

本经：康侯用锡马蕃庶，昼日三接？

[译文]筮：康侯用赐马繁殖很多马匹，一天一夜就接生三个马驹吗？

注释：本经中"康侯用锡马蕃庶，昼日三接"、初六爻辞中"晋如，催如""罔孚裕"、六二爻辞中"晋如，愁如""受兹介福，于其王母"、六三爻辞中"众允"、九四爻辞中"晋如鼫鼠"、六五爻辞中"失得勿恤"、上九爻辞中"晋其角，维用伐邑"的文辞，清楚地表明了康叔确是繁殖、驯养马匹的高手，但"王母"在分封康侯所起的作用是决定性的。由于这次分封是历史性的，即使是周王室宗族内部，其利益和愿望也难以平衡，周武王才提出了"失得勿恤"的告诫。

本经"康侯用锡马蕃庶，昼日三接"为叙、问辞，无断辞。

能得到周武王赐马，那是非常荣耀的事情，能以经文记载，应是武王或康侯铸器以铭，只是无法找到。无独有偶，考古发现了西周早期周穆王的青铜器——盠（音：离）驹尊，这是中国历史上第一件以马驹为原型的青铜器。这件盠驹尊的体型不算硕大，高度仅有二十三厘米左右，长度大约三十四厘米，整体重量五点六八公斤。这个马驹的整体造型呈站立状，昂首扩胸，看起来十分英武，两只耳朵竖立，仿佛在侧耳倾听周遭事物，尾巴自然下垂。这件名为"盠驹尊"的青铜器共有两处铭文，一处位于马驹的颈部下方，字数多一些，共计九行九十四个字；另一处位于马驹背部的尊盖下方，字数相对少一些，只有三行十一个字。

考古学者推测这件青铜器大概制造于周穆王时期,这也就提供了证明周穆王喜爱饲养马匹,并且曾经驾驭马匹巡行西方的事物证据。现在,我们可以通过这两处铭文了解"盠驹尊"的来历和背后的历史故事。位于颈部下方的铭文记录了周天子在外进行执驹的典礼时,赐给了一位名叫盠的贵族两匹马驹。执驹礼是西周时期一项重要的礼仪制度。每当周代人饲养的马匹成年之后,就要进行典礼将它们与母马分开,表示它们即将成为战场上冲锋陷阵的战马。这个礼仪制度就被称作"执驹礼"。当时就是周天子在进行执驹礼时赏赐给盠了两匹马驹。盠对周天子的赏赐十分感恩,表示了对周天子关心旧宗族子弟的爱护之情,为了世世代代让子孙永远铭记周王赏赐马驹的恩赐,他特地铸造了一对青铜驹尊来永保尊贵的待遇。尊盖处的铭文则记录了周王进行执驹典礼并且赐名为"盠"的贵族两匹马驹的故事。在西周时期,周天子向贵族赏赐器物是一件十分值得铭记的事情,这位名为"盠"的贵族就通过铸造"盠驹尊"的形式保留了这些荣耀。在盠驹尊的铭文中,有"子子孙孙永宝之"的记载。

字词解释:

1.晋,甲骨文❍=❍(两个"至",即两个"倒",表示众人俯首跪拜)+❍(曰,说,赞颂),表示众臣跪拜称颂。造字本义:群臣俯首跪拜,朝见天子,齐声赞颂。金文❍、篆文❍承续甲骨文字形。隶书❍、晋将篆文的两个"至"❍写成❍或❍,本义线索消失。在汉语词语"晋升"中,"晋"与"升"(昇)都有提高地位、级别的意思,但有被动与主动的不同:"晋"是被君主或上级赏识而提级;"升"(昇)是自身向前发展而提高自己的级别。引申字义:分封。

2.康侯,周武王弟姬封初封于康,故称之。

3.蕃,繁多。

4.庶,甲骨文❍=❍(宀,房屋)+❍(石,指石垒的灶)+❍(火,炊火),表示在家炊煮。有的甲骨文❍省去房屋"宀"❍。有的甲骨文❍将❍写成❍,将❍写成❍。造字本义:在家里开灶煮饭。有的金文❍将甲骨文的"石"❍写成❍。有的金文❍将甲骨文的"火"❍简化成❍。篆文❍将金文的❍写成❍,导致"石"形消失,本义线索隐晦莫辨。隶书❍将篆文的"火"❍写成"四点底"❍。

5.蕃庶,意为繁盛、很多。

6.接,妾,既是声旁也是形旁,表示妻子之外另娶的女人。接,篆文❍=❍(手,招纳)+❍(妾),表示纳妾。造字本义:娶妻之后纳妾。隶书❍将篆文的"手"❍简写成❍,失去五指形象;将篆文的"辛"❍写成"立"❍,将篆文的"女"❍写成❍,人形消失。引申字义:用手托住、接生。

初六:晋如,催如,贞:吉?罔孚裕?无咎。

[译文]筮:尽快分封,美好吗?再筮:对迷惑无知的奴隶要宽容吗?占:没有过失。

注释:初六爻辞"晋如,催如""吉"为叙、问辞,无断辞;"罔孚裕"为问辞,"无咎"为断辞。

字词解释:

7.催,甲骨文❍=❍(攴,持械击打)+❍(隹,鸟儿),造字本义:持械捕杀鸟雀。篆文[字]将甲骨文的"攴"[字]省略成"手"[字],将甲骨文的"隹"[字]写成"崔"[字]。隶书[字]将篆文"手"[字]简写成[字],失去五指形象。《说文解字》:摧,推挤。字形采用"手"作偏旁,采用"崔"作声旁。一种说法认为,"摧"是"推动"的意思。还有一种说法认为,"摧"是"折断"的意思。引申字义:加快。

8.罔,迷惑无知的样子。《论语·为政》:"学而不思则罔,思而不学则殆。"

六二:晋如,愁如,贞:吉？受兹介福,于其王母。

[译文]筮:分封(康叔)有担忧,蒙受这一点福泽,关键在于王母,美好吗?

注释:六二爻辞"晋如,愁如,吉？受兹介福,于其王母"为叙、问、叙辞,无断辞。

字词解释:

9.愁,篆文[字]=[字](秋,草木凋零的季节)+[字](心,感伤),造字本义:春远夏去,草木凋零,敏者感伤忧虑。隶书[字]将篆文的"心"[字]写成心。引申字义:担心。

10.兹,甲骨文[字]=[字](幺,单根蚕丝)+[字](幺,单根蚕丝),表示积丝成缕。金文[字]承续甲骨文字形。篆文[字]=[字](艸,草)+[字](丝缕),表示草木有如积丝成缕般渐生渐长。有的篆文[字]误将"艸"[字]写成似"竹"非"竹"的[字]。造字本义:草木渐生渐长。隶化后楷书[字]将篆文字形[字]中的"艸"[字]写成[字],将篆文的丝缕[字]写成[字]。引申字义:这、这个。

11.王母,周武王与康叔的母亲。

六三:众允？悔亡。

[译文]筮:大家都同意分封吗？占:悔恨消除。

注释:六三爻辞"众允"为问辞,"悔亡"为断辞。

字词解释:

12.允,甲骨文[字]在"人"[字]的头部位置加一圆点指事符号●,表示与头部动作有关。造字本义:点头、许可。有的甲骨文[字]将实心圆●点写成圆圈❍。金文变形较大,写成"厶"⟁、"人"⺅会义。篆文⟐承续金文字形。引申字义:认可、同意。

九四:晋如鼫鼠,贞:厉?

[译文]筮:分封如同"五技鼠"那样的人,严厉吗?

注释:六四爻辞"晋如鼫鼠,厉"为叙、问辞,无断辞。

字词解释:

13.鼫,古书上指鼫鼠一类的动物,亦称"大飞鼠"或"五技鼠"。《本草纲目·鼫鼠》:"鼢小居田,而鼫大居山也。"何以称之为"五技鼠",因为它身怀五技:飞、爬、游、跑、掘。按理说,一只小鼠身怀五技,实在是难能可贵。但情况恰好相反,《荀子·劝学》篇中说:"五技者,能飞不能上屋,能缘不能穷木,能泅不能渡渎,能走不能绝人,能藏不能覆身是也。"也就是说,这种"五技鼠"虽然看似本领很多,其实没有一样拿得出手,实在是让人不敢恭维。

六五:悔亡。失得勿恤,往?吉,无不利。

[译文]筮:(有些人)封地有减少的,也有增多的,不用担心,往后呢?占:悔恨消除;美好;没有任何不利。

注释:六五爻辞"失得勿恤,往"为叙、问辞,"悔亡;吉;无不利"为三次筮占问断辞。

上九:晋其角,维用伐邑,厉;吉;无咎。贞:吝?

[译文]筮:分封到偏远之地,用以牵制、讨伐敌对邑国,有担心吗?占:害怕;美好;没有过错。

注释:上九爻辞"晋其角,维用伐邑,吝"为叙、问辞,"厉;吉;无咎"为三次筮占断辞。

字词解释:

14.角,隅也,指"偏远之地"。

15.维,牵制。

第三十六地火《明夷》卦䷣

䷣卦文字抽象事义:东方。下卦为离、为光,上卦为坤、为大地。朝阳将出地平线。

《明夷》卦是箕子率部建立朝鲜的筮占记录。

关于箕子其人:《尚书》收录了箕子的《洪范》,而《周易》卦爻辞中的历史人物,就有箕子。孔子曰:"殷有三仁焉",将箕子、比干、微子并称为"三仁"。箕子生于公元前1097年,卒于公元前1004年。既然箕子是封号爵位,历代箕族的传位继承人应该都泛称箕子或者箕侯,史料里的箕子则是胥余(胥馀)的专称。《通志·氏族略》:"箕氏,子姓,箕子之国。商畿内诸侯。杜预云:'太原阳邑县南有箕邑',隋改曰太谷,今隶太原,武王克商,改封箕子于朝鲜。其地后为晋邑。"商代初期,箕族比较强大,又称基方,一直与商朝为敌。商王武丁征服箕人之后,封自己的一个儿子为箕国(今山西省太谷县东北)诸侯,名为子其(箕)。胥余,是子其的后代,到殷商末期,商朝第十五代王太丁(文丁)帝生子胥余,胥余是十六代王帝乙的亲弟,也是十七代末代帝辛纣王的叔父,官太师。朝鲜王朝的《三国遗事》《东国通鉴》《东史纲目》等重要史书,也都比较详细地记载了箕子的史迹。

《史记·宋微子世家》:"箕子者,纣亲戚也。"《史记·宋微子世家·索隐》马融司马彪注:"箕,国名;子,爵也。"司马彪曰:"箕子名胥余。"《集解》:"孔安国曰:'太师,三公,箕子也'"。《庄子·释文·注》"《尸子》曰:箕子胥馀,漆身为厉,被发佯狂。"

《箕氏朝鲜史》:西周初年,箕子离开中原,东迁至朝鲜半岛,周武王封其为朝鲜侯,以"八条之教"在当地施行教化。箕氏在朝鲜半岛经营八百余年,是周的侯国。公元前4世纪末,宗周礼崩乐坏,燕侯等僭号称王,朝鲜侯随之自称朝鲜王。秦朝建立后,箕氏服属于秦,同时与齐、燕以及东胡等周边势力皆有所往来。公元前195年,燕人卫满取代箕氏,成为朝鲜王,朝鲜进入"卫氏"统治时代。

《箕子朝鲜王位讳号世系》:"太祖文圣大王箕子姓子氏,讳须臾,又讳婿余(胥馀),周成王戊午薨,在位四十,寿九十三,墓平壤城北王荇山负子,原俗称兔山,三十六世嘉德王追尊为王。"

《高丽史》:"高丽王朝中期以后,朝鲜崇拜箕子之风大盛,求其坟茔立祠祭祀。"《东史纲目》:"戊午,四十年,箕子薨。寿九十三。葬平壤北兔山。"《韩国沿革史》:平壤"城之西北部,松榆翁郁,阴翳蔽日,曰兔山,箕子之墓在焉,名箕林。守其地者,担负护持之责,禁采樵"。《李朝世宗实录》:"箕子庙,在府城北,兔子山亭子阁,石人石羊皆南向。"

《东史纲目》:"箕子薨,子孙世君东方,而年代无考。至是,燕易王僭号,欲东略地。朝鲜侯欲兴兵伐燕,以尊周室;大夫礼谏之,乃止。使礼西说燕,燕亦止不攻。侯复称王。后子孙稍骄虐,燕乃遣将秦开攻其西方,取地二千里至满番汗为界。""庚辰,王否,服属于秦。寻薨,子准立。及秦并天下,王否畏秦,遂服属于秦,不肯朝会。"据《朝鲜华侨史》转载:19世纪,朝鲜常州李某在一石棺内发现箕氏族谱,记录了从箕子到哀王四十一代之王谥及在位年数。

本经:明夷、利？艰。贞:

[译文]筮:朝鲜建国顺利吗？占:艰难。

注释:《明夷》卦本经"明夷""艰",初九爻辞"明夷于飞,垂其翼,君子之行,三日不食,主人有言",六二爻辞"夷于左股,用拯马壮",九三爻辞"明夷,于南狩",六四爻辞"获明夷之心",六五爻辞"箕子之明夷",上六爻辞"初登于天、后入于地"的文辞,记录了箕子去朝鲜建国的艰难。也许是武庚觉得这样会分散殷商力量,对此并不支持。相反,这正是周武王希望的结果。《晋》卦"上九:晋其角,维用伐邑",大概率指"周武王封箕子于朝鲜"这件史事。关于初九爻辞中"君子之行,三日不食",是说箕子仅仅带了三天的粮食就出发了,对比文王东进时的情形:《泰》卦"初九:拔茅茹,以其汇,征",很难说是好还是坏。

注释:本经"明夷""艰"为问辞,"利"为断辞。

字词解释:

1.明,"明"侧重表示日光充足。

2.夷,乙,既是声旁也是形旁,表示用绳子捆绑。夷,甲骨文、金文假借"尸",用"尸"表示被消灭的敌人。金文=大(人,代表俘虏)+（已,用绳索捆绑）,表示捆绑俘虏。造字本义:中原人用绳索捆绑俘获的外邦人。篆文承续金文字形。隶书将篆文的"已"写成"弓"。引申:从大,从弓,会意,弓所持也,东方之人。

3.明夷,即我国古代对东部各民族包括朝鲜的统称。本处词义:朝鲜建国。

初九:明夷于飞,垂其翼,君子之行,三日不食,有攸往,主人有言?

[译文]筮:朝鲜建国遂志,希望能够流芳千秋,君王和宗族长统帅军队,带着不足三天的粮食,坦然前往,会被主政者责备吗?

注释:初九爻辞"明夷于飞,垂其翼,君子之行,三日不食,有攸往,主人有言"为叙、问辞,无断辞。

"主人有言"爻辞中的"主人"应指"武庚","武庚禄父"即是继承帝位,箕子是先帝旧臣,武庚为主人合情合理。

字词解释:

4.飞,指贵显得志。唐韩愈《中大夫陕府左司马李公墓志铭》:"愈下而微,既极复飞,其自公始。"

5.垂,甲骨文、像枝条坠向地面。有的甲骨文像树枝的末端挂着果子。造字本义:树枝因硕果累累而坠向地面。篆文淡化了枝条形象,将甲骨文的树枝写成,同时误将甲骨文字形中果实形象写成"土"（"土"的甲骨文为）,强调枝条坠向地面。正体楷书将篆文的写成,将篆文的"土"误写成了"土"。俗体楷书垂则将正体楷书的枝条形状简化成,至此"垂"的枝、果形象完全消失。引申字义:留传,流传。《尚书·周书·微子之命》:"功加于时,德垂后裔。"

6.翼,"翼"与"冀"本同源,后分化。異,既是声旁也是形旁,即"戴",表示披戴面具。翼,金文 = (飞)+ (異,"戴",披戴),表示身披羽装,尝试飞行。有的金文 = (羽翅)+ (異,披戴)+ (双脚,表示奔跑),强调飞行所需的羽装和助跑。人类自古渴望飞翔,中国古人尝试在肩背上系着人工翅膀,借助跑产生的风力实现飞天梦想。造字本义:在肩背上系人工翅膀,助跑试飞。篆文 和 分别承续金文字形 和 。当"翼"的"系翅试飞"动词含义消失后,人们将表示"梦想、渴望"的"翼"写成"冀"。

7.三日不食,是"不三日食"的倒装句,意指"不足三日的粮食"。

六二:明夷,夷于左股,用拯马壮?吉。

[译文]筮:朝鲜建国,左翼发现了夷人军队,尽快将战马调养到作战状态吗?占:美好。

注释:六二爻辞"明夷,夷于左股,用拯马壮"为叙、问辞,"吉"为断辞。

字词解释:

8.夷,指"夷人军队"。

9.拯,调养。

10.壮,指"作战状态"。

九三:明夷,于南狩,得其大首,不可、疾?贞:

[译文]筮:朝鲜建国,征讨南部,能使其大酋长臣服,不声张、要迅速吗?

注释:九三爻辞"明夷,于南狩,得其大首,不可、疾"为叙、问辞,无断辞。

字词解释:

11.狩,金文 = (宀,房屋)+ (寸,手持器械),造字本义:持械护卫家园,御寇入侵。后引申为"征讨"。

六四:入于左腹,获明夷之心,出于门庭?

[译文]筮:进入左边腹地,得到朝鲜拥戴,人们会出家相迎吗?

注释:六四爻辞"入于左腹,获明夷之心,出于门庭"为叙、问辞,无断辞。

六五:箕子之明夷?利。贞:

[译文]筮:箕子朝鲜建国如何?占:顺利。

注释:六五爻辞"箕子之明夷"为问辞,"利"为断辞。

上六:不明,晦?初登于天、后入于地。

[译文]筮:(箕子)朝鲜建国,不能像日月那样长久,会衰败吗?占:开始辉煌,后来平庸。

注释:上六爻辞"不明,晦"为叙、问辞,"初登于天、后入于地"为断辞。

字词解释:

12.明,指"像日月那样长久"。

13.晦,籀文🝆=冫(月)+𣺮(黑),表示月光昏暗。造字本义:阴历每月最后一天看不到月亮因而特别阴暗的夜晚。篆文晦=日(日)+每(每,生育众多的妇女),比喻孕育新日子的阴历每月最后一天。隶书晦将篆文的每写成每。本处指"衰败"。

14.登于天,指"辉煌"。入于地,指"平庸"。

第三十七风火《家人》卦䷤

䷤卦文字抽象字义:尊女。下卦为离、六二中正、为中女,上卦为巽、为长女,子嗣在于女人。

《家人》卦是周武王制定百姓家庭及王室后宫行为规范的筮占记录。

武王曾向箕子询问殷商灭亡的原因,箕子不说话,因为他不愿意讲自己故国的坏话。武王也发觉自己失言了,就向他询问怎样顺应天命来治理国家。箕子于是便将"洪范九畴"陈述给武王听。武王听后,十分钦佩,就想请箕子出山治理国事,重用箕子。但箕子早对微子说过:"商其沦丧,我罔为臣仆。"意指"殷商如果灭亡了,我不会作新王朝的臣仆"。他不愿做周的顺民,因此不肯再出山,武王无奈而走。

其中,《尚书·洪范》:

> 六、三德:一曰正直,二曰刚克,三曰柔克。平康,正直;强弗友,刚克;燮友,柔克。沈潜,刚克;高明,柔克。惟辟作福,惟辟作威,惟辟玉食。臣无有作福、作威、玉食。臣之有作福、作威、玉食,其害于而家,凶于而国。人用侧颇僻,民用僭忒。

周灭商后,周面临安抚百姓、恢复元气、建立秩序等问题。借鉴箕子陈述的"三德",武王深感治国和理家互为一体,不可偏废;治吏与教民相互促进,不可分割。在这历史背景下,武王在分封诸侯后,积极推进"理家教民"之制,这也是"周礼"的重要方面。

本经:家人、利。女?贞。

[译文]筮:家人(和谐)在于女人吗?占:是。

注释:本经中"家人、女"、初九爻辞中"闲有家"、六二爻辞中"无攸遂,在中馈"、九三爻辞中"家人嗃嗃""妇子嘻嘻"、六四爻辞中"富家"、九五爻辞中"王假有家"、上九爻辞中"有孚威如"的文辞,清楚地说明了居家安全、分配公平、家庭教育、养殖致富和让奴隶敬畏的重要性。九五爻辞中"王假有家"是《家人》卦的核心,体现了"君王后宫也要按照百姓家庭那样,就不用担心"的思想,周武王得到天下诸侯的支持与其推行礼教有很大关系。

本经"家人、女"为问辞,"利"为断辞。

字词解释:

1.家,在商代甲骨文中,"家"有两种写法,一种是"宀"(房屋的象形)中的豕为雄性的(腹部有突出的雄性生殖器),另一种较简单的写法,不强调性别。突出雄性生殖器的"豕"应是"豭"的象形初文,是兼称声符的。而不强调性别的"豕"则是省形。到了周代金文中以不强调性别的写法为主,后世的"家"字就是由这种写法演变而成。在商代甲骨文中,"家"中的"豕"大多是画出猪体的轮廓,也有只画出猪体的线条的,周代金文的"家"是由这种简便的写法演变而成。在甲骨文中出现了省略像豕的前蹄的笔画的写法,但周代金文则是由甲骨文的完整写法演变而成。

初九:闲有家?悔亡。

[译文]筮:做好家庭安全防范吗?占:悔恨消除。

注释:初九爻辞"闲有家"为问辞,"悔亡"为断辞。

字词解释:

2.闲,本字"閑"。閑,金文❀=❀(门)+✦(木,柱子),表示顶门的柱子。造字本义:用柱子顶住门板,以防私闯。篆文❀承续金文字形。隶书❀将篆文字形中的❀写成❀。引申字义:安全防范。

六二:无攸遂,在中馈,贞:吉?

[译文]筮:不能随心所欲,食物分配在于不偏不倚,美好吗?

注释:六二爻辞"无攸遂,在中馈,吉"为叙、问辞,无断辞。

字词解释:

3.馈,贵,既是声旁也是形旁,是"遗"的省略,表示赠送。馈,金文❀=❀(辵,"遗"省略,赠送)+❀(食),表示前往赠送美食。有的金文❀以"贵"❀代替"辵"❀(遗)。造字本义:奉送美食,敬献享用。篆文❀承续金文字形❀。隶书❀将篆文的"食"❀写成❀,误将篆文的"臾"❀写成❀。引申字义:分配食物。

九三:家人嗃嗃?悔;厉;吉。妇子嘻嘻,终?吝。

[译文]筮:家人之间,要严肃吗?占:有悔恨;担心;美好。再筮:妇女和孩子嘻嘻哈哈、长期下去呢?占:有遗憾。

注释:九三爻辞"家人嗃嗃"为问辞,"悔;厉;吉"为三次占问断辞。"妇子嘻嘻,终"为叙、问辞,"吝"为断辞。

字词解释:

4.嗃嗃,严肃的样子。

5.嘻嘻,不严肃的样子。

六四:富家? 大吉。

[译文]筮:家庭养殖牲畜会富裕吗? 占:非常美好。

注释:六四爻辞"富家"为问辞,"大吉"为断辞。

九五:王假有家,勿恤? 吉。

[译文]筮:君王后宫也要按照百姓家庭那样,就不用担心了吗? 占:美好。

注释:九五爻辞"王假有家,勿恤"为叙、问辞,"吉"为断辞。

字词解释:

6.假:"叚"是"假"的本字。叚,金文=（石崖）+（手,石崖上的手）+（又,石崖下的手）,表示崖下的手拉住崖上的手,即崖下的人借助崖上的人的力量,攀上石崖。"叚"作为单纯字件后,篆文再加"人"另造"假",强调借助他人之力。造字本义:借助他人之力达到目的。篆文将金文的写成；隶书假则将篆文的写成，将篆文的写成。本处字义:按照。

上九:有孚威如,终? 吉。

[译文]筮:让奴隶敬畏,长期保持吗? 占:美好。

注释:上九爻辞"有孚威如,终"为叙、问辞,"吉"为断辞。

第三十八火泽《睽》卦

卦文字抽象事义:眼病。下卦为兑、为毁折,上卦为离、为目,双目受伤者。

《睽》卦是周武王过度劳累、身患"睽"疾、出现幻觉、常做"恶"梦的解梦记录。

《逸周书》:

王至于周,自鹿至于丘中。具明不寝,王小子御告叔旦,叔旦亟奔即王,曰:"久忧劳问,害不寝?"曰:"安予告汝。"王曰:"呜呼,旦惟天不享于殷,发之未生,至于今六十年,夷羊在牧,飞鸿满野。天不享于殷,乃今有成。维天建殷,厥征天民,名三百六十夫,弗顾,亦不宾灭。用戾于今。呜呼于忧,兹难近饱于恤辰,是不室。我未定天保,何寝能欲。"王曰:"旦,予克致天之明命,定天保,依天室,志我其恶,专从殷王纣,日夜劳来,定我于西土。我维显服,及德之方明。"叔旦泣涕于常悲,不能对王……惟十有二祀四月,王告梦,丙辰,出金枝,郊宝,开和细书,命诏周公旦立后嗣,属小子诵文及宝典。王曰:"呜呼,敬之哉!汝勤之无盖□周未知所周不知商□无也。朕不敢望,敬守勿失,以诏宥。"小子曰:"允哉。""汝夙夜勤性之无穷也……"维王不豫,于五日召周公旦,曰:"呜呼,敬之哉!昔天初降命于周,维在文考,克致天之命。汝维敬哉!先后小子,勤在维政之失。政有三机、五权,汝敬之哉。克中无苗,以保小子于位。

这段文献,记载了周武王"久忧劳问,害不寝""王告梦"和"维王不豫"的历史事件。

关于占梦,周王室有着非常系统、全面的占梦体系。《周礼·春官宗伯》:"大卜掌三兆之法……掌三梦之法,一曰《致梦》,二曰《觭梦》,三曰《咸陟》。其经运十,其别九十……占梦掌其岁时观天地之会,辨阴阳之气。以日、月、星、辰占六梦之吉凶。一曰正梦,二曰恶梦,三曰思梦,四曰寤梦,五曰喜梦,六曰惧梦。季冬,聘王梦,献吉梦于王,王拜而受之。乃舍萌于四方,以赠恶梦,遂令始难,驱疫。"《周礼·春官宗伯》中明确提出六大梦:正梦、恶梦、思梦、寤梦、喜梦、惧梦。明代陈士元集历代诸家梦说,注补宋邵雍辑的《梦林玄解》将梦分成九种:气盛之梦、气虚之梦、邪寓之梦、体滞之梦、情溢之梦、直叶之梦、比象之梦、反极之梦、厉妖之梦,大大深化了对梦的研究。《周礼注》:"正梦者,无所感动,平安自梦也。""噩梦者,惊愕而梦也。"惧梦亦即恶(噩)梦,由惊吓而起,而且"惊为不自知故也(莫名的恐惧)"。

可见,周人把"占梦"与"三兆"和"三易"等同对待,作为王室重要的观国家之吉凶,以诏救政治之法。武王染"睽疾"而噩梦,周公旦必亲解。

根据《睽》卦经文及爻辞来看,武王病情严重,"睽"是症状,大概与眼睛有关。加之灭商后天下不稳,血腥往事又历历在目,日有所思,夜有所梦。

本经:睽,小事?吉。

[译文]筮:武王患"睽"病,让少数人知道这变故吗?占:必须。

注释:本经中"睽,小事"、初九爻辞中"丧马勿逐,自复,见恶人"、九二爻辞中"遇主于巷"、六三爻辞中"见舆曳,其牛掣,其人天且劓?无初有终"、九四爻辞中"睽孤,遇元夫,交孚"、六五爻辞中"厥宗噬肤,往"、上九爻辞中"睽孤,见豕负涂,载鬼一车,先张之弧,后说之弧,匪寇婚媾,往,遇雨"的文辞所述梦境,是名副其实的"噩梦",但梦中所出现的"恶人、主、人(天且劓)、元夫、交孚、厥宗、鬼",笔者不敢妄论,但蛛丝马迹肯定存在于六十四卦之中,尤其是《睽》卦之后的二十六卦,尚需仔细研究。比如"九二:遇主于巷,无咎"的寓意,笔者认为:本梦指"武王死后,王室、宗族怀疑周公有野心,想要篡权谋夺王位,周公旦愤懑难填,曾散养于家"。

但本卦却是周公解梦最原始、最真实记录。

本经中"睽,小事"为叙、问辞,"吉"为断辞。

字词解释:

1.睽,金文 ❋ = ◉◉(双目)+ ✕(癸,精确测量),表示精细打量。造字本义:动词,精细地打量、关注。篆文 睽 将金文的 ◉◉ 写成 目,将金文的"癸"✕ 写成 ❋,完全变形。隶化后楷书 睽 将篆文的 ❋ 写成 癸。引申字义:眼疾。

2.事,"吏"与"事"本为同一个字,后分化为两个字。事,甲骨文 Ψ = 口(口,传令)+ Y(卜,权杖,表示监督)+ ✕(又,抓持),造字本义:传达朝廷命令并监督实施。金文 ❋、❋ 将甲骨文的权杖 Y(卜)写成 Ψ

(中)。篆文承续金文字形。引申字义:变故。

初九:悔亡。丧马勿逐,自复,见恶人？无咎。

[译文]筮:梦见丢失了马匹,不去寻找,自己回来了,又看见了很"厉害"的人,这些预示着什么呢？占:悔恨消除；没有不祥。

注释:初九爻辞"丧马勿逐,自复,见恶人"为叙、问辞,"悔亡""无咎"为两次筮占断辞。

九二:遇主于巷,无咎。

[译文]筮:在巷子里偶见"房屋柱子",这预示着什么？占:没有不祥。

注释:九二爻辞"遇主于巷"为问辞,"无咎"为断辞。

字词解释:

3.巷,从共从邑,邑中所共,指城中的胡同。直为街,曲为巷；大者为街,小者为巷。

六三:见舆曳,其牛掣,其人天且劓？无初有终。

[译文]筮:梦见人拽着车,牛在往前拉,车上坐的是一个受了墨刑和劓刑的人吗？这些预示着什么呢？占:没有开始,却有结果。

注释:六三爻辞"见舆曳,其牛掣,其人天且劓"为叙、问辞,"无初有终"为断辞。

字词解释:

4.曳,"曳""曳"同源,后分化。篆文"曳"字形中的"人"字被分写成一撇一捺,便成了"曳"。造字本义:双手拽着一个人。隶书误将两"手"连写成"日"。"曳"的"拽人"本义消失后,篆文再加"手"另造"拽"代替。引申字义:抓住,拽着、牵引。

5.掣,拉。

6.天,墨刑。

九四:睽孤,遇元夫,交孚？厉；无咎。

[译文]筮:眼睛疼痛,找不到父母,碰见"元夫",又看见两个奴隶并排走,这些预示着什么呢？占:害怕；没有不祥。

注释:九四爻辞"睽孤,遇元夫,交孚"为叙、问辞,"厉;无咎"为两次筮占断辞。

字词解释:

7.孤,篆文𤔔=𣪘(子,幼儿)+瓜(瓜,单独、突兀的样子),表示单独无伴的孩子。造字本义:比喻没有父母依傍的、单独生活的孩子,通常指丧父、丧母或父母俱亡的孩子。

六五:悔亡。厥宗噬肤,往?何咎。

[译文]筮:梦见宗族在一起吃肥肉,又一起出去了,这些预示着什么呢? 占:悔恨消除;担负责任。

注释:六五爻辞"厥宗噬肤,往"为叙、问辞,"悔亡""何咎"为两次占问断辞。

上九:睽孤,见豕负涂,载鬼一车,先张之弧,后说之弧,匪寇婚媾,往,遇雨?则吉。

[译文]筮:眼睛疼痛,找不到父母,看见猪趴在路上,接着看见有一车死人,又看见人们引弓搭箭,却又放了下来,不是征讨大军,是联姻队伍。随后,又突然下起了雨,这预示着什么? 占:这样吉祥。

注释:上九爻辞"睽孤,见豕负涂,载鬼一车,先张之弧,后说之弧,匪寇婚媾,往,遇雨"为叙、问辞,"则吉"为断辞。

字词解释:

8.负,金文負=(人)+(贝),表示人驮贝。贝是远古货币,拾贝者驮贝而归,远行者驮贝而行。造字本义:用肩驮贝而行。篆文承续金文字形。俗体楷书负依据草书字形将正体楷书的"贝"简写成"贝"。引申字义:抱持、爬卧。

9.涂,甲骨文=(水,河川)+(余,即"途"的省略,表示旅行),造字本义:水路旅途。金文字形加"人",将甲骨文的"水"横写成,表示在河流上旅行。篆文回归甲骨文字形。隶书将篆文的写成,将篆文的"余"写成。"涂"通途,意指"道路、路上"。

10.鬼,甲骨文=田(田,面具)+(大,巫师),像戴着面具田的人

⚚,表示祭祀仪式中头上戴着恐怖面具的巫师。有的甲骨文⚚加"示"示,强调祭祀含义。有的甲骨文⚚省去"示"示。造字本义:祭祀仪式上,巫师戴着恐怖面具所扮演的幽灵、魔怪。金文⚚承续甲骨文字形⚚。有的金文⚚加"支"⚚(持械打击),表示巫师持械施法,驱逐魔怪。有的金文⚚加"夊"⚚(倒写的"止"),表示戴着面具扮演幽灵、魔怪的巫师表演巫术舞蹈。籀文⚚基本承续甲骨文字形⚚,同时误将金文⚚的⚚(倒写的"止",表示巫术舞蹈)写成"厶"⚚。篆文⚚省去籀文的"示"⚚。《说文解字》:鬼,人死为鬼。

11. 张,長,既是声旁也是形旁,表示空间距离大。張,篆文⚚=弓(弓)+⚚(长,距离大),表示拉开弦与弓的距离,即将松弛的弓弦绷紧,使之处于高弹力状态。造字本义:动词,拉开弦与弓的距离,使弓弦紧绷,为射箭做准备。隶书張将篆文的"长"⚚写成長。俗体楷书张依据草书字形⚚将正体楷书的長简化成长。"张"是绷紧弓子上的弦,使弓子处于有弹力状态;"弛"是拆解紧绷在弓上的弦,使弓子处于没有弹力的休养状态。

12. 弧,瓜,既是声旁也是形旁,是"瓢"的省略,表示瓜壳做成的半圆的水勺。弧,篆文⚚=弓(弓)+⚚(瓜,"瓢",半圆的水勺),表示弓与弦构成的半圆形。造字本义:半圆状的弓身。

13. 说,通"脱",止息、放弃。

第三十九水山《蹇》卦☵☶

☵☶卦文字抽象事义:祷告。下卦为艮、为少男,上卦为坎、为陷,男儿赴陷。

《蹇》卦是武王病重,周公旦作《金縢》,祈祷上天,愿以身赴难、以命替王的筮占记录。

《尚书·金縢》:

> 武王有疾,周公作《金縢》。既克商二年,王有疾,弗豫。
> 二公曰:"我其为王穆卜。"周公曰:"未可以戚我先王。"公乃

自以为功,为三坛同墠。为坛于南方,北面,周公立焉。植璧秉珪,乃告太王、王季、文王。

史乃册祝曰:"惟尔元孙某,遘厉虐疾。若尔三王,是有丕子之责于天,以旦代某之身。予仁若考,能多材多艺,能事鬼神。乃元孙不若旦多材多艺,不能事鬼神。乃命于帝庭,敷佑四方,用能定尔子孙于下地,四方之民,罔不祗畏。呜呼!无坠天之降宝命,我先王亦永有依归。今我即命于元龟,尔之许我,我其以璧与珪,归俟尔命;尔不许我,我乃屏璧与珪。

乃卜三龟,一习吉。启籥见书,乃并是吉。公曰:"体!王其罔害。予小子新命于三王,惟永终是图;兹攸俟,能念予一人。"公归,乃纳册于金縢之匮中。王翼日乃瘳。

《史记·周本纪》:"武王病。天下未集,群公惧,穆卜,周公乃祓斋,自为质,欲代武王,武王有瘳。"

本经:蹇,利。西南?不利。东北?利。见大人,贞:吉?

[译文]筮:以身赴难、以命替王,要在西南祈祷吗?占:有利。再筮:在东北祈祷呢?占:困难。再筮:成年人都要去祈祷,美好吗?占:有利。

注释:本经中"蹇""见大人"、初六爻辞中"往蹇,来誉"、六二爻辞中"王臣蹇蹇,匪躬之故"、九三爻辞中"往蹇,来反"、六四爻辞中"往蹇,来连"、九五爻辞中"大蹇,朋来"、上六爻辞中"往蹇,来硕""见大人"的文辞,记录了武王病重、周公旦十分焦虑,带领王臣祷告,愿以命替王,为武王祈延天年。开始,为武王祷告的行为被赞美。接着,臣子们都前去祷告。这时,考虑到车辆不足,祷告的臣子步行返回。再下来,祷告的臣子乘车返回。"九五:大蹇,朋来",是指所有的臣子都去祷告,并且敬献钱。最后,成年人都去祷告,武王的病情好转了。

本经"蹇""西南"为问辞,"利"为断辞;"东北"为问辞,"不利"

为断辞;"见大人,吉"为叙、问辞;"利"为断辞。

字词解释:

1.蹇,"跛也。"(《说文》);"蹇膝伸不屈、易蹇。"(《素问·骨空论》);"驾蹇驴而无策兮。"(《楚辞·谬谏》);"郤克偻,而鲁使蹇。"(《史记·晋世家》);"策蹇驴,囊图书。"(马中锡《中山狼传》);"红装而蹇者。"(明袁宏道《满井游记》)本处字义:以身赴难,以命替王。

初六:往蹇,来誉?

[译文]筮:以身赴难,以命替王,祈祷后,回来时要颂扬、赞美吗?

注释:初六爻辞"往蹇,来誉"为叙、问辞,无断辞。

六二:王臣蹇蹇,匪躬之故?

[译文]筮:王的臣子要以身赴难,以命替王,不是身体原因都要去吗?

注释:六二爻辞"王臣蹇蹇,匪躬之故"为叙、问辞,无断辞。

字词解释:

2.故,金文𦘒=古(古,作古,即老朽而自然死亡)+攴(攴,持械攻击),表示击杀老人。造字本义:人为结束老人垂死而痛苦的生命。篆文𦘒承续金文字形。隶书故将篆文的"攴"写成"攵"。引申字义:原因。

九三:往蹇,来反?

[译文]筮:以身赴难,以命替王,祈祷后,返回时要步行吗?

注释:九三爻辞"往蹇,来反"为叙、问辞,无断辞。

字词解释:

3."反"是"扳"的本字。反,甲骨文反=厂(厂,石崖)+又(又,抓),表示攀岩、攀崖。造字本义:攀岩翻山。金文反承续甲骨文字形。有的金文加彳(彳,行进),突出登山主题。籀文反、篆文反承续金文字形反。当"反"的本义消失后,再加"手"另造"扳"代替。本处字义:步行。

六四:往蹇,来连?

[译文]筮:以身赴难,以命替王,祈祷后,返回时要乘车吗?

注释:六四爻辞"往蹇,来连"为叙、问辞,无断辞。

字词解释:

4.连,金文連=辵(辵,行进)+車(車,战车),表示战车行进。造字本义:古代会战阵形,战车并排而行。篆文�承续金文字形。隶书連将篆文的"辵"写成⻌。

九五:大蹇,朋来?

[译文]筮:以身赴难,以命替王,最诚意地去祈祷,要给王室贡献钱财吗?

注释:九五爻辞"大蹇,朋来"为叙、问辞,无断辞。

上六:往蹇,来硕,吉;利。见大人?

[译文]筮:以身赴难,以命替王,去祈祷,事如所愿,成年人都要去祈告吗?占:美好;有利。

注释:上六爻辞"往蹇,来硕""见大人"为叙、问辞,"吉;利"为两次筮占断辞。

字词解释:

5.来硕,事如所愿,意指"武王病情缓解"。

第四十雷水《解》卦

卦文字抽象事义:舒缓。下卦为坎、为心病,上卦为震、为动,心病好转。

《解》卦是周公旦和大人们以身赴难、以命替王祈祷后,出现"王翼日乃瘳"的奇迹,为缓解武王精神压力,周公旦组织田猎、猜拳行赌娱乐等事件的筮占记录。

"解"的本义是杀牛、分解牛。《说文解字》:"解,判也。从刀判牛角。一曰解廌,兽也。""解"作分解、解剖讲,是用刀来剖解牛。《庄子·养生主》上说:"庖丁为文惠君解牛。"庖丁用刀解剖牛身体的各个部位,即"庖丁解牛"。从牛的解剖,再扩大到人及其他事物,例如

《离骚》说:"虽体解吾犹未变兮,岂余心之可惩。"是说即使我的身体被肢解了,也不会改变我的意志,进一步引申表示分割、分裂的意思。例如"解体","解"即分裂。《国语·鲁语上》说:"晋文公解曹地以分诸侯。""解"作"分割"讲。凡事物联结、聚集在一起,将其分开,都可用"解",甚至包括抽象事物。例如"传道、授业、解惑",这里的"解"是本义的引申,表示解决,将疑惑消除;又如"解鞋带",是解开、打开结扎在一起的鞋带;"解冻"是将冻结在一起的水分子或者其他事物融化;"调解纠纷"是解决矛盾、争议。疑惑解开之后就理解明白了,因此"解"又引申表示"知道、获悉",例如"理解""了解"等。而为了让人们更加明白和知晓,就需要给一些词语、文章作说明,于是就有了"注解""解说"等。关于"解"的字义,普遍认为是把复杂、困难的事物予以疏解、化解。

本经:解,利。西南,无所往?其来复?吉。有攸往,夙?吉。

[译文]筮:武王病情好转,去西南方向田猎,不能前往其他地方吗?占:是。再筮:田猎来回(很累)吗?占:美好。再筮:天没亮就出发吗?占:祥瑞。

注释:本经中"解,利。西南,无所往"、九二爻辞中"田获三狐,得黄矢"、六三爻辞中"负且乘,致寇至"、九四爻辞中"解而拇,朋至斯孚"、六五爻辞中"君子维,有解""有孚于小人"、上六爻辞中"公用射隼于高墉之上,获之"的文辞,是说武王病情缓解,周公旦组织田猎、猜拳行令,不仅以钱财为赌资,还以奴隶为押注,但是,用战车顶债的要处以刑罚。"田获三狐"和"公用射隼于高墉之上,获之"的文辞说明了武王的射术精湛。

本经"解""西南,无所往"为叙、问辞,"利"为断辞。"其来复"为问辞,"吉"为断辞。"有攸往,夙"为问辞,"吉"为断辞。

字词解释:

1.解,甲骨文❉=🀫 🀫(双手)+🀫(角)+🀫(牛),字形像屠夫双手🀫 🀫从牛🀫的头上剖取牛角🀫,牛角上的两点指事符号🀫,表示血滴。取牛角,是剖牛过程中技术最复杂、最具代表性的步骤,因此用取牛角代表剖牛。造字本义:剖牛,取牛角。金文❉承续甲骨文字形。篆文❉省去金文的两手❉,另加"刀"❉(切割),强调剖宰,字形结构有所调整。隶书❉将篆文的"牛"❉写成❉,牛角形象尽失。

2.夙,甲骨文❉=❉(夕,残月)+❉(丮,即"执",像双手有所操持),像一个人在月夜下劳动,表示天未亮就开工。造字本义:在星月下通宵劳作。金文❉承续甲骨文字形,有的金文❉加"女"❉,表示男权时代妇女任劳任怨,天没亮就起床备炊劳作,有的金文❉调整成左右结构。篆文❉承续金文字形❉。隶书❉改成包围结构,并误将篆文的"丮"❉(执)写成"凡"❉。由于"宿"与"夙"音相同、义相近,古籍中常将"夙敌""夙根""夙愿"等词语写成"宿敌""宿根""宿愿"等词语。《说文解字》:夙,早上起床后向天地祖先作敬拜。引申字义:大清早。

初六:无咎。

[译文]占:没有过失。

注释:初六爻辞"无咎"为断辞,问辞当为"本经问辞"。

九二:田获三狐,得黄矢,贞:吉?

[译文]筮:打猎将得到三只狐狸,需要镶有璜玉的箭矢,美好吗?

注释:九二爻辞"田获三狐,得黄矢,吉"为叙、问辞,无断辞。

字词解释:

3.狐,亡,既是声旁也是形旁,表示丢失。狐,甲骨文❉=❉(犬,代表狩猎)+❉(亡,丢失),表示善于躲藏、容易跟丢的猎物。造字本义:名词,猎人难以捕捉的狡猾野兽。有的甲骨文❉将"犬"❉写成❉。金文❉将甲骨文字形中的"亡"❉写成形象不明的❉。篆文❉将金文字形❉中的"亡"❉写成"瓜"❉(瓜,既是声旁也是形旁,是"孤"的省略),表示"狐"是"独来独往"的动物。

六三:负且乘,致寇至,贞:吝?

[译文]筮:拖欠赌资,用战车偿还,让司寇施行刑法,遗憾吗?

注释:六三爻辞"负且乘,致寇至,吝"为叙、问辞,无断辞。

字词解释：

4.负,金文负=⿱(人)+贝(贝),表示人驮贝。贝是远古货币,拾贝者驮贝而归,远行者驮贝而行。造字本义:用肩驮贝而行。篆文负承续金文字形。俗体楷书负依据草书字形将正体楷书的"貝"简写成"贝"。引申字义:欠债。

九四:解而拇,朋至斯孚?

[译文]筮:武王病情缓解、与大家猜拳行令,要将钱财、奴隶等赌注明示吗?

注释:九四爻辞"解而拇,朋至斯孚"为叙、问辞,无断辞。

字词解释：

5.拇,母,既是声旁也是形旁,表示源头、根本。拇,篆文=⿱(手,五指)+(母,源),造字本义:比喻五指中最大的手指。隶书拇将篆文的"女"写成,失去"女"的人形。引申为划拳(亦称"猜拳"),酒令的一种:拇战。

6.至,意指"明示"。

六五:君子维,有解? 吉。有孚于小人。

[译文]筮:维系君王与宗族长之间关系,要用"人数少的奴隶"押注,也有利于纾解(武王)病情吗?占:美好。

注释:六五爻辞"君子维,有解? 有孚于小人"为叙、问、叙辞,"吉"为断辞。

字词解释：

7.维,系;连接。《管子·白心》:"天或维之,地或载之。天莫之维,则天以坠矣;地莫之载,则地以沉矣。"《周礼·夏官·大司马》:"建牧立监,以维邦国。"

上六:公用射隼于高墉之上,获之? 无不利。

[译文]筮:周公旦组织大家在高大的城墙上射隼,(武王)有收获吗?占:没有任何不利。

注释:上六爻辞"公用射隼于高墉之上,获之"为叙、问辞,"无不利"为断辞。

结合"九二:田获三狐,得黄矢"看,武王的射术精湛超群,周公旦组织射隼比赛,是让武王高兴。

字词解释:

8.射,甲骨文像箭矢➡️正从弓子上发出。造字本义:用弓弦将箭弹出,攻击远处目标。金文在箭尾加"手",表示持箭搭弓。石鼓文严重变形,"弓"形、"矢"形难辨。篆文误将石鼓文中的(带挂钩的弓子和箭支)写成"身"。篆文异体字用"寸"(手持)代替"矢",强调持箭开弓的动作。在甲骨文字形中,箭支竖在弓后的是"引";箭支横穿于弓子的是"射"。

9.隼,古钵字形=(隹,尖嘴、长翅、利爪的猎鹰)+(十,"又"的变形),表示手上的猎鹰。造字本义:栖在猎人手上的猎鹰。篆文与古钵字形相同。

10.高墉,高大的城墙。

11.上,"上"是特殊指事字,由两横构成,底端一横较长,顶端的一横较短。古人用━代表混沌太初状态,用二(二,由两个"一"组成,两横一样长)代表从混沌太初中分化出来的、与地相并列的天。古人调整表示天与地、等长的两横二为:以短横方向表示朝天、或朝地的方向。甲骨文将表示"天"的上方横线写得较短,表示天、或朝天的方向;甲骨文将表示"地"的下方横线写成得较短,表示地、或朝地的方向。造字本义:与地相对的天。金文承续甲骨文字形。有的金文为区别于数目字"二",在两横之间加一竖指事符号,以显示纵的方向。籀文省去短横,篆文承续金文字形。"上"的本义为天,"下"的本义为地。

第四十一 山泽《损》卦䷨

䷨卦文字抽象事义:减少。下卦为兑、为悦,上卦为艮、为止,欢悦至此为止。

《损》卦是周公旦要求诸侯及各级官员减少饮酒和丧事用度的筮占记录。

《尚书·周书·酒诰》：

"乃穆考文王，肇国在西土。厥诰毖庶邦庶士越少正、御事朝夕曰：'祀兹酒。惟天降命，肇我民，惟元祀。天降威，我民用大乱丧德，亦罔非酒惟行；越小大邦用丧，亦罔非酒惟辜。'

"文王诰教小子有正有事，无彝酒。越庶国，饮惟祀，德将无醉。惟曰我民迪小子，惟土物爱，厥心臧。聪听祖考之彝训，越小大德，小子惟一。

"妹土，嗣尔股肱，纯其艺黍稷，奔走事厥考厥长。肇牵车牛，远服贾，用孝养厥父母。厥父母庆，自洗腆，致用酒。

"庶士有正越庶伯君子，其尔典听朕教！尔大克羞耇惟君，尔乃饮食醉饱。丕惟曰：尔克永观省，作稽中德。尔尚克羞馈祀，尔乃自介用逸。兹乃允惟王正事之臣。兹亦惟天若元德，永不忘在王家。"

尽管《酒诰》正式颁布较晚，是在成王初期，但在周文王时，就颁布了《厥诰》饮酒戒令。

本经：损有孚，元吉；无咎。可，贞：利、有攸往？曷之，用二簋，可，用享？

[译文]筮：提倡减少人牲，能顺利推行吗？占：最为美好；没有过失。再筮：提倡以两盘葛粉饼，用来祭祀供献吗？

注释：本经中"损有孚""用二簋，可，用享"、初九爻辞中"酌损之"、九二爻辞中"征""弗损、益之"、六三爻辞中"三人行，则损一人"、六四爻辞中"损，其疾，使遄有喜"、上九爻辞中"弗损，益之"的文辞，记录了周公旦要求诸侯、官员在武王丧事和祭祀时减少人牲、祭品用度。同时，也担心诸侯、官员酗酒而"大乱丧德"、从而重申"戒酒令"，要求尽快适应。但在祭祀占卜用龟数量上，可适当增加。之所以丧事用度大,其原因是所有开销由周王室承担。鉴于此,周公旦提出了"得臣无家"的观点。

本经"损有孚""可""利、有攸往"为叙、问辞,"元吉;无咎"为两次筮占断辞。"曷之,用二簋,可,用享"为叙、问辞,无断辞。

字词解释:

1.损,=✋(手)十(員),甲骨文🝙=⭕(圆口)+🝘(有脚的鼎),造字本义:用手抱走圆形口的鼎。引申字义:减少、减轻。

2.曷,通"葛",指葛粉饼。

初九:已事遄往,无咎。酌损之?

[译文]筮:尽快废除过去的做法,并减少饮酒吗? 占:没有过失。

注释:初九爻辞"已事遄往,酌损之"为叙、问辞,"无咎"为断辞。

字词解释:

3.已,停止。如《论语》"君子曰:学不可以已"。《后出师表》:"臣鞠躬尽瘁,死而后已。"《诗经·郑风·风雨》:"鸡鸣不已。"《诗经·小雅·南山有台》:"德音不已(传:'已,止也')。"

4.已事,指"过去的做法"。

5.遄,尽快。遄往,意指"尽快废除"。

6.酌,金文🝯=🝰(酉,酒)+🝱(勺,酒匙),造字本义:斟酒。篆文酌将金文的"勺"🝱写成🝲。《说文解字》:酌,为客人盛酒,劝酒。引申字义:饮酒时相互敬劝。

九二:利,贞:征?凶。弗损、益之?

[译文]筮:要求事项有益处,实际执行情况呢? 占:凶险。再筮:不减少、相反会增加吗?

注释:九二爻辞"利""征"为叙、问辞,"凶"为断辞。"弗损、益之"为问辞,无断辞。

字词解释:

7.益,甲骨文🝳像水🝴从器皿🝵上溢出。当"益"的"满溢"本义消失后,篆文再加㳄(水)另造"溢"代替。造字本义:水从器皿满出来。隶书溢将篆文的㳄写成氵,将篆文的"益"写成益。引申字义:增加。

六三:三人行,则损一人,一人行,则得其友?

[译文]筮:三个人做事,要减少一个,一个人做事,要增加帮手吗?

注释:六三爻辞"三人行,则损一人,一人行,则得其友"为叙、问辞,无断辞。

依爻辞描述,在武王丧事上,有的事人手多,有的事人手少,好干的、有实惠的事,人手多;难干的、不被重视的事,人手少。这也是周公旦要求合理调配人员的重要因素。

字词解释:

8.友,又,既是声旁也是形旁,表示抓握。友,甲骨文=又(又,抓握)+又(又,抓握),表示握手结交。造字本义:两人结交,协力互助。金文承续甲骨文字形。有的金文加"曰"(说),强调相互协商、鼓励。篆文基本承续甲骨文字形。楷书友将隶书的"又"简写成ナ。双手配合为"友",三(多)手配合为"协"。引申字义:帮手。

六四:损,其疾,使遄有喜?无咎。

[译文]筮:虽然不愿意,但(饮酒和丧事用度)必须减少,下级官员要快速适应吗? 占:应该。

注释:六四爻辞"损,其疾,使遄有喜"为叙、问辞,"无咎"为断辞。

字词解释:

9.使,下级官员。

10.疾,不愿意。

11.喜,"喜"是"嘻"的本字。喜,甲骨文=壴(壴,鼓,代庆典)+口(口,欢笑),表示人们在庆祝活动中欢笑。有的甲骨文以"彭"(嘭)代"壴",强调庆典中的鼓乐声。造字本义:在庆祝中欢笑。金文、篆文承续甲骨文字形。当"喜"的"欢笑"本义消失后再加

"口"另造"嘻"代替。引申字义:适应。

12. 有喜,要适应。

六五:或益之十朋之龟,弗克违？元吉。

[译文]筮:有些祭祀占卜增加了十朋大龟,再不能有所违背吗？占:最为美好。

注释:六五爻辞"或益之十朋之龟,弗克违"为叙、问辞,"元吉"为断辞。

字词解释:

13. 违,韋(韦),既是声旁也是形旁,表示卫城。违,金文遧=辶(辵,行进)+韋(卫城),造字本义:禁止入关,劝告远离。篆文遧承续金文字形。隶书違将篆文的"辵"写成辶。引申字义:违背。

14. "弗克违",是"克弗违"的倒装句。

上九:弗损,益之,无咎。贞:吉？利。有攸往、得臣无家。

[译文]筮:如果臣子(为朝廷)做事而没有家庭观念,不减少,甚至增加,美好吗？占:没有过失;有利。

注释:上九爻辞"弗损,益之""吉""有攸往、得臣无家"为叙、问辞,"无咎;利"为两次筮占断辞。

第四十二风雷《益》卦䷩

䷩卦文字抽象事义:增加。下卦为震、为动,上卦为巽、为长、为高,动而势涨。

《益》卦是扩大修建武王陵、增加人殉和占卜大龟的筮占记录。

本经:益,利。有攸往？利。涉大川？

[译文]筮:坚持扩大周武王陵修建规模吗？占:需要。再筮:能渡越大河吗？占:顺利。

注释:本经中"益,有攸往"、初九爻辞中"用为大作"、六二爻辞中"或益之十朋之龟"、六三爻辞中"益之用凶事"、六四爻辞中"用为依迁国"、九五爻辞中"有孚惠心""有孚惠我德"、上九爻辞中"莫益之,或击之,立心勿恒"的文辞联系起来看,其中"涉大川"意指从都城(丰)至陵墓需渡越大河;"用为大作"意指陵墓规模很大;"益之十朋之龟"意指用大量大龟祭祀占卜;"益之用凶事""有孚中行"意指丧葬用度很大,包括奴隶人牲;"用为依迁国"意指陵区有人居,需要迁移;"有孚惠心,勿问""有孚惠我德"意指奴隶愿意迁移、殉葬;"莫益之,或击之,立心勿恒"意指"初九—九五"筮占决定的事项在执行中有反对意见,要推迟,可能导致定过的事项难以落实。

本经中"益""有攸往"为问辞,"利"为断辞。"涉大川"为问辞,"利"为断辞。

初九:利。用为大作? 元吉;无咎。

[译文] 筮:要扩大陵修建规模吗? 占:需要;最为美好;没有过失。

注释:初九爻辞"用为大作"为问辞,"利;元吉;无咎"分别为三次筮占断辞。

字词解释:

1.作,"乍"是"作"的本字。乍,甲骨文 = (刀,匠具) + (纵横的刻纹),表示用斧削刻器物。有的甲骨文 在刀形 上方加一个缺口 ,表示用刀斧砍斫木头。有的甲骨文 省去纵横刻纹 。金文 将甲骨文 的缺口"∨" 写成"卜" 。当"乍"的"砍斫制作"本义消失后,篆文 由再加"人" (木匠)另造"作",强调巧匠"人为创造"的含义。造字本义:木匠用刀具砍斫削刻,制作器物。本处字义:陵墓建设。

2.为,繁体"爲"。甲骨文 = (又,抓、牵) + (象),表示牵象驯化。造字本义:驯象,使象服役。金文 将甲骨文的"又" 写成"爪" ,将甲骨文的 写成 。篆文 变形,"象"形不明。隶书 将"爪" 与本是象鼻形状的 连写成不知所云的 。楷书 将隶书的 写成 。有的楷书 又将 简化成 。俗体楷书 依据草书字形 整体简化。

六二:或益之十朋之龟,弗克违,永贞:吉? 王用享于帝? 吉。

[译文]名为"永"的筮官筮:有些祭祀占卜增加了十朋大龟,再不能违背了,美好吗?要以"帝"的规格祭祀武王吗?占:美好。

注释:六二爻辞"或益之十朋之龟,弗克违,吉"为叙、问辞,无断辞。"王用享于帝"为问辞,"吉"为断辞。

商朝君主认为"天命有常",天命是不会改变的,因此治国以"威",行的是"霸道",不服就征伐。他们对自己称呼,就会选择充满霸气的字。商朝的统治者对自己称呼做了个奇怪的安排,他们有两个称谓,在世时称"王",去世后称"帝"。

首先来看看甲骨文的"王"字结构。仔细观察甲骨文和金文"王"字(𐀂、𐀃)字形,就像"一柄横置的钺",而钺正是我国古代"军事统帅权的象征物"。

"王"字初创之时指代手持斧钺之人即有军事统帅权的首领,以主刑杀的斧钺之外形构造的"王"字代表了绝对权威,不服从就斧钺伺候,这正符合商朝治国崇尚霸道的思想。

从上面"帝"字甲骨文的形状看𐀄,像是祭台,下面是几段木头捆后形成一个台子,即祭祀的台子,用来代指祭祀的天帝。天帝,在商朝既指上天也指祖先神灵。死去的祖先和先代商王代天为帝。这样,商就将祖先和上天捆绑起来,祖先崇拜与天帝崇拜合二为一,既说明了商朝政权的合法性,又起到了加强统治的作用。

西周从哪位君主开始有"谥号"?《逸周书·谥法解》中提到的周公制谥,应是从周成王开始。季历被商封为"牧师",商代封爵主要有妇、子、侯、伯、亚、男、田、方八种。再以周人后来对其先祖封职"牧师"的定义,季历级别应不高,估计为"伯"。牧师,古代掌管牧畜的官,《周礼·夏官·牧师》:"牧师,下士四人。"郑玄:"主牧放马而养之。"孙诒让:"牧师者,此官为牧马。"姬昌被殷商封为"侯爵",也没什么争议。那么,姬发呢?按照子孙承袭先代爵位的原则,也应是"侯爵"。虽然谥号是周朝开始有的,但周文王、周武王不是谥号,是后人尊称。依"王用享于帝"看,周公旦不顾"武庚继承王位"的现实存在,却以"帝"尊来祭祀武王,这绝非正统,也许这是武庚叛乱的导因之一。

字词解释:

3.帝,甲骨文🀄是指事字,字形在木柄🀄(木)上端加一横指事符号━,表示装在木柄顶端的锋刃,在木柄🀄(木)中间加一圈指事符号▢,表示捆扎、固定木制武器的锋刃。有的甲骨文🀄淡化"木"🀄形,同时把顶端的一横指事符号━写成锋刃形▽,把一圈指事符号▢简化成横写的"工"🀄,表示紧束、固定。有的甲骨文🀄加双手🀄,表示手持"帝"🀄的武器。造字本义:带利刃的木柄武器。金文🀄承续甲骨文字形。有的金文🀄将甲骨文字形中表示紧束的指事符号"工"🀄写成"门"🀄,将甲骨文字形中"木"🀄的下端🀄写成"巾"形🀄。篆文🀄承续金文字形。在以竹木为武器的原始部落时代,带刃的武器"帝"威力无比,所向无敌。

六三:益之用凶事,无咎。有孚中行,告,公用圭?

[译文]筮:增加丧事的用度,奴隶人殉数量适度,周公颁布命令,要以玉圭为信物吗?占:没有过错。

注释:六三爻辞"益之用凶事,有孚中行,告,公用圭"为叙、问辞,"无咎"为断辞。

字词解释:

4.凶事:丧事。

5.公,指周公旦。

6.圭,金文🀄两个"土"🀄上下相接,也像是玉串🀄的变形。有的金文🀄明确写成两个"土"🀄。籀文🀄加"玉",强调"圭"的玉质。造字本义:古代玉器。篆文🀄承续金文字形。《说文解字》:圭,象征祥瑞的玉牌。上圆下方。公爵持有的圭牌,雕有华柱,长九寸;侯爵持有的圭牌,雕有契符,伯爵持有的圭牌,雕有躬身图形,它们都是七寸长;子爵持有的榖形浮雕的璧,男爵持有的蒲形浮雕的璧,直径都是五寸。天子把这些瑞玉赐封给诸侯。字形采用两个"土"会意。楚国爵位中有持圭的。"珪",这是古文写法的"圭",字形采用"玉"作偏旁。

玉圭见于商代,有两种形式,一种平首,圭身饰双钩弦纹,另一种尖首平端,近似后代的圭。

周代玉圭,以尖首长条形为多,圭身素面,尺寸一般长十五至二十厘米。战国时期出土的圭数量较多,其中不少是石制的。圭身宽窄大小不一,现今所见的均为光素。山西侯马盟誓遗址所出的盟书均书写于不规则的石圭上。汉代玉圭已从社会日常生活中消失,只有王公贵族为了显示其地位,才特别雕造了少量的玉圭。宋以后,历代都有不少仿制品。明代玉圭呈尖首平底状,有的器表满布浮雕的谷纹或蒲纹,有的阴刻出四山纹,寓安定四方。

周天子为便于统治,命令诸侯定期朝觐,以便秉承周王室的旨意。为表示他们身份等级的高低,周天子赐给每人一件玉器,在朝觐时持于手中,作为他们身份地位的象征。比如,通过不同尺寸的圭,显示了上至天子、下到侯位的不同等级;同时不同尺寸的圭加以不同的名称(如镇圭、桓圭、信圭、躬圭)等,也显示了周室安邦理国的信念。不同名称的圭是赋予持有不同权力的依据,如:珍圭——召守臣回朝,派出传达这个使命的人必须手持珍圭作为凭证;遇自然灾害,周天子派去抚恤百姓的大臣所持的信物,也为珍圭;谷圭——持有者行使和解或婚娶的职能;琬圭——持有者行使嘉奖的职能;琰圭——持有者行使处罚的职能。

周公旦颁布命令,以"圭"做信物,周公旦已是周王室事实上的"最高、最终决策者"。

六四:中行,告,公,从,利。用为依迁国?

[译文]筮:陵区范围要合理,周公旦颁布命令"国人"会服从,并依令迁移吗?占:顺利。

注释:六四爻辞"中行,告,公,从,用为依迁国"为叙、问辞,"利"为断辞。

字词解释:

7.中行,指"陵区范围合理"。

8.依,甲骨文中"依"与"初"字形相同,疑是"依"字假借"初"的甲骨文字形。衣,既是声旁也是形旁,代表服装。依(初),甲骨文=（衣）+（人）,表示"人在衣中",即身上穿着衣服。造字本义:原始人制衣穿衣,遮羞保暖,开启人类文明。篆文调整成左"人"右"衣"的结构,与"初"的甲骨文字形左"衣"右"人"的顺序相反。隶书将篆文的"衣"写成衣。引申字义:依据、据此。

9.国,指"在一定区域的行政组织"。

九五:有孚惠心,勿问？元吉。有孚惠我德。

[译文]筮:奴隶得到了恩惠,奴隶们有感恩之心,无需多礼吗？占:最为美好。

注释:九五爻辞"有孚惠心,有孚惠我德,勿问"为叙、问辞,"元吉"为断辞。

字词解释:

10.惠,金文=（叀,纺纱的转轮,代表纺织）+（心,表示善良温柔）,表示女子能纺纱织布,操持家务,且心地美好,与人为善。造字本义:女子心灵手巧,善良温柔。篆文承续金文字形。隶书惠将篆文的"心"写成心。古人称男子善于组织管理为"贤",称女子心灵手巧为"惠"。引申字义:仁爱、感恩。

11.问,周代诸侯国间相互往来的礼节。《周礼·秋官·大行人》:凡诸侯之邦交,岁相问也,殷相聘也,世相朝也。

上九:莫益之,或击之,立心勿恒？凶。

[译文]筮:扩大和增加的事项要推迟,有人反对,不能坚持已定事项吗？占:凶险。

注释:上九爻辞"莫益之,或击之,立心勿恒"为叙、问辞,"凶"为断辞。

字词解释:

12.莫,推迟、晚。

第四十三泽天《夬》卦☱☰

☱☰卦文字抽象事义:决断。下卦为乾、为君,上卦为兑、为言,君子一言,驷马难追。

《夬》卦是周王室作《大诰》,颁于天下,回击三监及武庚叛乱行为的筮占记录。

《尚书·大诰》:

　　武王崩,三监及淮夷叛,周公相成王,将黜殷,作《大诰》。

　　王若曰:"猷!大诰尔多邦,越尔御事。弗吊!天降割于我家,不少延。洪惟我幼冲人,嗣无疆大历服。弗造哲迪民康,矧曰其有能格知天命?

　　"已,予惟小子若涉渊水,予惟往求朕攸济。敷贲,敷前人受命,兹不忘大功。予不敢闭于天降威,用宁王遗我大宝龟,绍天明。即命曰:'有大艰于西土,西土人亦不静。'越兹蠢。殷小腆诞敢纪其叙。天降威,知我国有疵,民不康,曰:予复反鄙我周邦。今蠢,今翼日,民献。有十夫予翼,以于敉宁、武图功。我有大事,休,朕卜并吉。

　　"肆予告我友邦君,越尹氏、庶士、御事,曰:'予得吉卜,予惟以尔庶邦,于伐殷逋播臣。'尔庶邦君,越庶士、御事罔不反曰:'艰大,民不静。亦惟在王宫、邦君室。越予小子考,翼不可征,王害不违卜?'

　　"肆予冲人永思艰,曰:呜呼!允蠢鳏寡,哀哉!予造天役,遗大投艰于朕身。越予冲人不卬自恤。义尔邦君,越尔多士、尹氏、御事,绥予曰:'无毖于恤,不可不成乃宁考图功。'

　　"已,予惟小子,不敢替上帝命。天休于宁王,兴我小邦周,宁王惟卜用,克绥受兹命。今天其相民,矧亦惟卜用。

呜呼！天明畏，弼我丕丕基。"

王曰："尔惟旧人，尔丕克远省，尔知宁王若勤哉！天閟毖我成功所，予不敢不极卒宁王图事。肆予大化诱我友邦君。天棐忱辞，其考我民，予曷其不于前宁人图功攸终？天亦惟用勤毖我民，若有疾，予曷敢不于前宁人攸受休毕？"

王曰："若昔朕其逝，朕言艰日思。若考作室，既厎法，厥子乃弗肯堂，矧肯构？厥父菑，厥子乃弗肯播，矧肯获？厥考翼其肯曰：'予有后，弗弃基。'肆予曷敢不越卬敉宁王大命？若兄考，乃有友伐厥子，民养其劝弗救？"

王曰："呜呼！肆哉，尔庶邦君越尔御事。爽邦由哲。亦惟十人迪知上帝命，越天棐忱。尔时罔敢易法。矧今天降戾于周邦，惟大艰人诞邻胥伐于厥室。尔亦不知天命不易！

"予永念曰：天惟丧殷。若穑夫，予曷敢不终朕亩？天亦惟休于前宁人，予曷其极卜，敢弗于从，率宁人有指疆土？矧今卜并吉，肆朕诞以尔东征。天命不僭，卜陈惟若兹。"

《史记·周本纪》："成王少，周初定天下，周公恐诸侯畔周，公乃摄行政当国。管叔、蔡叔群弟疑周公，与武庚作乱，畔周。"《逸周书》："武王克殷，乃立王子禄父，俾守商祀。建管叔于东，建蔡叔于殷，俾监殷臣。武王既归，乃岁十二月，崩，镐肂于岐周。周公立相，天子三叔及殷东徐奄及熊盈以略。"

本经：夬？扬于王庭，孚号，有厉；吉。告自邑，不利。即戎？利。有攸往。

[译文]筮：（武庚）叛乱并煽动王室成员，要尽快回击吗？占：严厉；必须。再筮：作《大诰》向各诸侯国传谕吗？占：不顺利。再筮：马上发兵征讨，能取胜吗？占：能。

注释：本经中"夬？扬于王庭，孚号"、初九爻辞中"壮于前，趾"、九二爻辞中"惕号，莫夜有戎"、九三爻辞中"君子夬夬，独行，遇雨，若濡,有愠"、九四爻辞中"臀无肤,其行次且,牵羊""闻言不信"、九五爻辞中"苋陆夬夬"、上六爻辞中"无号,终？有凶"的文辞清楚地阐明了殷遗叛乱并煽动王室成员,周王室快速、坚决地予以回击。通过对卦、爻辞内容和后来叛乱发展实际对比,周王室对态势的把握非常的精准,应对措施坚决有力。九四:"臀无肤,其行次且,牵羊""闻言不信"的爻辞,这是中国历史上最早对微子以"牵羊礼"进行受降仪式的记录。

本经"夬？扬于王庭,孚号"为问、叙辞,"有厉；吉"为两次筮占断辞。"告自邑"为问辞,"不利"为断辞。"即戎,有攸往"为问辞,"利"为断辞。

字词解释:

1.夬,"夬"是"诀"和"玦"的本字。夬,甲骨文=("又",手)+（像有所"中断"的玉环,象征中断、分别）+("又",手),像一手赠玦,一手受玦,表示古代王公赠玦,纪念分别。古代交通不便,山阻水隔,王公贵族临别赠玦,寄意重逢。造字本义:赠玦纪念分别。篆文误将甲骨文字形上半部由手和半个玉环组成的,合写成了；将甲骨文下半部的写成。隶书又误将篆文字形中本为上下结构的、连写成混合结构,导致"手形"（又）消失。隶化后印刷体楷书夬则误将隶书字形中的"又"写成"人",至此,印刷体楷书与甲骨文字形之间已经找不到丝毫联系。当"夬"作为单纯字件后,再加"言"另造"诀"、加"玉"另造"玦"代替。"诀别"与"决别"字形相似,含义相异:"诀别"是正式庄重的话别,表示较长时间的分离；"决别"是最后的话别,表示此后永无相见之日。引申字义:决断,决策,果断拿主意。

2.扬,"扬"的甲骨文借用"易"（日+下）,表示在阳光照耀下突出、鲜明。扬,金文字形多样化,基本字件有（执,手持）、（丮,即"执"）、（玉）、（举玉让阳光照耀）、（日）,强调显耀宝贝。篆文=（手,执,举）+（易,日照）,表示高举在日光下。造字本义:将玉石高举在空中,让阳光透射玉石,以彰显玉石的剔透晶莹。隶书**扬**将篆文的"手"简写成扌,失去五指形象。引申字义:煽动。

3. 王庭,王室。

4. 孚,武庚、殷遗等。

5. 号,篆文号= 𠙴(口,吹)+丂(丂,像竽,乐器),造字本义:古人用管、角发出警讯或集结指令。合并字"號"。號,篆文=号(号角)+虎(虎),造字本义:虎发出号角般威震山谷的咆哮。在古籍中,动物高声呼叫为"号";呼天抢地为"哭";声泪俱下为"涕";无声落泪为"泣"。引申字义:叛乱。孚号,武庚叛乱。

初九:壮于前,趾,往不胜?为咎。

[译文]筮:此前他们伤残了脚(大壮卦初九:壮于趾,征?凶。有孚),征战不会胜利吗?占:自寻祸害。

注释:初九爻辞"壮于前,趾,往不胜"为叙、问辞,"为咎"为断辞。

字词解释:

6. 前,此前、前边。

7. "壮于前,趾"是"前,壮于趾"的倒装句。

九二:惕号,莫夜有戎?勿恤。

[译文]筮:警惕叛乱,从傍晚到整个夜间军队要做好战备吗?占:不用担心。

注释:"惕号,莫夜有戎"为问辞,"勿恤"为断辞。

字词解释:

8. 有戎,军队做好战备。

九三:壮于頄,有凶,君子夬夬,独行,遇雨,若濡,有愠?无咎。

[译文]筮:伤到了脸面,面临凶险,君王及宗族长快快抉择,脱离叛乱,又天降大雨,发生洪水,有所顾虑吗?占:没有问题。

注释:九三爻辞"壮于頄,有凶,君子夬夬,独行,遇雨,若濡,有愠"为叙、问辞,"无咎"为断辞。

依"遇雨,若濡"的爻辞来看,大雨、洪水阻止了叛军的快速行动,为周王室赢得了战争时间。联想《睽》卦"上九：往，遇雨？则吉"的筮、占辞，也许武王的梦况在此应验。

字词解释：

9.頄，颧骨，泛指面颊。

10.有，面临。

11.独行，脱离。

12.若，可能。

13.濡，发生洪水。

14.愠，从心，从昷，昷亦声。"昷"意为"热""暖"。"心"与"昷"联合起来表示"心里燥热"。引申本义：顾虑。

九四：臀无肤，其行次且，牵羊，悔亡。闻言不信？

[译文]筮：袒露着身体，匍匐前行，左手牵着羊，前来投降，面对指责且不能心存不满吗？占：悔恨消除。

注释：九四爻辞"臀无肤，其行次且，牵羊，闻言不信"为叙、问辞，"悔亡"为断辞。

《史记·宋微子世家》："周武王克殷，微子乃持其祭器造于军门，肉袒面缚，左牵羊，右把茅，膝行而前以告。于是武王释微子，复其位如故。"应是太史公记载有误，微子启是在武庚叛乱之后才依"牵羊礼"而降，并非在"牧野之战"之后，这是微子启与武庚决裂的分水岭，也明释了当初微子启在武庚和周武王二人联手发动政变、推翻帝辛所起的重要作用。

字词解释：

15.次且，即趑趄，形容行走困难之状。

16.牵羊，指"牵羊礼"，以微子"牵羊""牵羊肉袒""牵羊把茅"表示降服或用为降服的典故。金灭北宋的一种受降仪式，要求俘虏赤裸着上身，身披羊皮，脖子上系绳，像羊一样被人牵着，也表示像羊一样任人宰割。"牵羊礼"对于当时的大宋皇室及败将来说是极大侮辱，因此牵羊礼中常常有人受不了辱没而自杀。

17.闻,甲骨文 = (像一个人举手掩住一只耳朵)+(露出另一只耳朵),造字本义:集中注意力倾听。金文 像一个人挥手 并开口说话 ,"口"上的三点指事符号,表示发出的声音; 表示耳朵在倾听。篆文 另造会意兼形声字,由 (门)、 (耳)会义,表示在门里听门外的动静。

18.信,金文 = (人)+ (口,说话),表示开口许诺。有的金文 = (千)+ (言,说话),表示用千言万语保证。造字本义:许诺,发誓。籀文 承续金文字形 。篆文 调整古陶字形 的左右顺序。隶书 将篆文的 简写成 。本处字义:听从。

九五:苋陆夬夬,中行? 无咎。

[译文]筮:尽快清除有剧毒的苋陆之根,但也要一分为二来看吗? 占:没有过失。

注释:九五爻辞"苋陆夬夬,中行"为问辞,"无咎"为断辞。

字词解释:

19.苋陆,即商陆。多年生草本,春初发苗,叶卵形而大。夏季开红紫或白色小花。入秋结实,实多肉,赤黑色。嫩叶可食,其根有毒,可供药用,功能利水消肿、拔毒、止痒。

上六:无号,终? 有凶。

[译文]筮:叛乱暂时停止,最终呢? 占:有凶险。

注释:上六爻辞"无号,终"为叙、问辞,"有凶"为断辞。

第四十四天风《姤》卦

卦文字抽象事义:母祖。下卦为巽、为长女,上卦为乾、为男,初六为阴、为女,二至上为阳、为男,母祖子嗣兴旺。

《姤》卦是武王去世后,周王室"以神为宾,立尸而祭",来祭祀周人母祖——姜嫄的筮占记录。

传说有邰氏之女姜嫄(姜原),后稷之母,为帝喾元妃。姜嫄出野,见巨人足迹,踏之、践之而动如孕。生一子,以为不祥,弃之隘巷,马牛从他旁边过都不踩他；徙置之林中，适会山林多人，迁之；而弃渠中冰上，飞鸟以其翼覆荐之。姜嫄以为神，遂收养长之。初欲弃之，因名曰"弃"。

弃为儿童时，好种树、麻、菽。成人后，好耕农，相地之宜，善种谷物稼穑，民皆效法。尧听说，举为农师，天下得其利，有功。舜曰："弃，黎民始饥，尔后稷播时百谷。"封弃于邰，号曰后稷，别姓姬氏。其后子孙繁衍，逐渐强大，是为周祖。

《诗经·大雅·生民》：

> 厥初生民，时维姜嫄。生民如何，克禋克祀，以弗无子。履帝武敏歆，攸介攸止。载震载夙，载生载育，时维后稷。诞弥厥月，先生如达。不坼不副，无菑无害。以赫厥灵，上帝不宁。不康禋祀，居然生子。诞寘之隘巷，牛羊腓字之。诞寘之平林，会伐平林。诞寘之寒冰，鸟覆翼之。鸟乃去矣，后稷呱矣。

屈原《天问》："稷维元子，帝何竺之？投之于冰上，鸟何燠之？"

可见，周人始祖诞生于母系社会向父系社会过渡时期，有邰氏女——姜嫄为其母祖。早期的神话、先秦的诗歌、屈原的《天问》和司马迁的《史记》都认同了这一观点。武王去世后的祭祀，是从祭祀周人母祖——姜嫄开始的。考古发现，早在六万年前，人类就用仪式埋葬死者，葬礼和习俗都是为了保护生者长久、安抚死者灵魂，这说明那时人类就有了精神依托。

据《仪礼》记载，夏代就有立尸而祭，称宾祭，取义"以神为宾"。"夏立尸而卒祭，殷坐尸，周坐尸"，以上文献说明夏、商、周时期"尸祭"就已存在，但这里的"尸"，不是我们今天所理解的"尸体"之"尸"。尸，甲骨文字像一手垂放在膝盖上而坐的人形。古代祭祀祖先，要用"尸"。"尸"指的是代替被祭者接受祭祀的活人膜拜。根据《仪礼》记载，虞祭及其之后的卒哭礼、将死者灵魂转移到祖庙的袝祭礼、人死一周年的小祥祭、人死两周年的大祥祭、与大祥间隔一月之丧服期满的禫祭都要由"尸"来代替死者接受祭祀。在其他的按四时节令为先人举行的常祭中以及以祖先配祭天地神灵时,都要立尸祭祀。《魏书·高允传》记载:"古者祭必立尸,序其昭穆,使亡者有凭,致食飨之礼。"朱熹《朱子语类》卷第九十《礼七》亦云:"古人祭祀无不用尸,非惟祭祀家先用尸,祭外神亦用尸。"可见,让活人代替被祭祀的祖先、神明享用拜祭和供奉的这种"立尸而祭"的礼俗,在先秦时期已成为丧祭常规。

"尸"是指"神象",也就是灵魂的象征物。古人认为"万物有灵",亲人的精气与神明永存于天地之间,有着佑善惩恶的能力,子女对亲人的思念也不会因阴阳两界相隔而阻断。亲人去世后因其躯体虽然已经土葬而不可再见,但其灵魂并没有死,其魂气只是涣散飘浮而无所依托,如何给去世的亲人尽快安魂,郑玄在安魂之祭的《仪礼·士虞礼》注中曾这样描述说:"虞,安也。骨肉归于土,精气无所不之,孝子为其彷徨,三祭以安之。朝葬,日中而虞,不忍一日离。"可知虞祭是安定死者精气,以免其彷徨漂泊的祭祀。虞祭的时间就在葬日当天的中午,因为孝子一天也不忍心离开亲人的魂神,可见古人思念离世亲人的心理极为迫切。《仪礼集编》有朱子曰:"古人于祭祀必立之尸,因祖考遗体以凝聚祖考之气,气与质合则散者庶乎复聚,此教之至也。"宋代理学家程颢说:"古人祭祀用尸,极有深意,不可不深思。盖人之魂气既散,孝子求神而祭,无尸则不飨,无主则不依。故《易》于《涣》《萃》,皆言'王假有庙',即涣散之时事也。魂气必求其类而依之。人与人既为类,骨肉又为一家之类。"朱子和程颢在上述都讲到了尸祭的重要,并认为是一个类似心理治疗的过程。献祭者,当他的亲人死去时,他的情感也如同程颢讲的魂气一样,无所依托。我们常可以看见有亲人去世的人神情恍惚,茶饭无味,不知身在何处,也就是所谓的分离状态。为什么会有此分离状态呢?是因为负责统合的自我功能失去作用了,个体的精神活动呈现为散在的、各自为政的情形。要让这些散在的状态重新聚合起来,必须有一个对象让他的情感去依托,专注其上,由此回到统合的状态。所以郑玄对《仪礼·士虞礼》所载"祝迎尸,一人衰绖,奉篚,哭从尸"这样注说:"尸,主也。孝子之祭,不见亲之形象,心无所系,立尸而主意焉。"可见,立尸以祭,目的在于树立一个能让"慎终"之心有所寄托的"具体形象",即"尸",借以寄托敬诚追养之心。而"尸"的意义还不仅仅在此,更在于使整个宗族的"追远"之心有所系,《礼记·坊记》载:"祭祀之有尸也,宗庙之主也,示民有事也。修宗庙,敬祀事,教民追孝也。"《通典·礼八·立尸义》云:"尸,神象也。祭所以有尸者,鬼神无形,因尸以节醉饱,孝子之心也。"可见,立尸而祭在于祭祀需要"尸"这个具体的对象,以实现生者与死者顺利沟通的愿望。这比对着牌位或想象的对象祭祀更能凝集祭祀者的情感,更好地表达献祭者的诚敬孝心。

立尸祭这种礼俗除了与原始社会的祖先崇拜及"万物有灵"的民间风俗有所关联外,还与周代构建社会的封建秩序有关。在周代用"尸"来作为接受祭祀的对象,这是出于当时的礼仪设计考量。周代统治者制定礼仪的根本考量是以孝为基础,通过祖先崇拜的仪式来践行,这是建构周代社会秩序的起点和根本。正如《礼记·祭统》所言:祭祖的意义在于"祭有十伦焉:见事鬼神之道焉,见君臣之义焉,见父子之伦焉,见贵贱之等焉,见亲疏之杀焉,见爵赏之施焉,见夫妇之别焉,见政事之均焉,见长幼之序焉,见上下之际焉。""庙中者,竟(境)内之象也",宗庙祭祀的场面实景实际是广阔社会生活的缩影。《国语·楚语》亦云:"祀所以昭孝息民,抚国家定百姓也,不可以已。"因而,"祭者,教之本也"。周朝统治者已将立尸祭这种祭祀祖祢"事死者如事生"的礼仪规范当作整饬社会秩序,治理天下,教化人民的根本,这种礼俗深深地影响着其后中国文化的走向。

泰山学院历史与社会发展学院李志刚博士,对商周时期"以神为宾"丧祭仪式中人神关系进行了详细论述。据《仪礼》中的《士虞礼》《少牢馈食礼》和《特牲馈食礼》等相关史料记载,推演出古代"尸祭"的程序,主要有祭祀前礼仪、正祭礼仪和正祭后礼仪。

祭祀前礼仪:筮日筮尸。宗庙祭祀首先要确定祭日和"尸",二者均以卜筮的方法来确定,使选定的祭日和"尸"得到神灵的认可,这项工作大约在祭礼的前十天进行。宿戒尸,郑玄注曰:"宿读为肃,进也。进之者,使知祭日当来。"宿戒尸在祭祀前两天进行,主人前往尸家,请祝转达邀请之意,尸允诺,主人拜谢。宿尸有双重目的:其一告知尸具体祭祀时间;其二希望尸开始斋戒,做好祭祀准备。斋戒期间,尸既不能听音乐,也不能吊丧,需摒弃杂念,安神静心,以便更好地与神灵沟通。"齐者不乐不吊""齐者精明之至也,然后可以交于神明也"。除"尸"以外,参加者还有男女祭主、宗人、祝、侑以及宾等,都是尸祭的配角。本阶段约为三天时间。检查祭品、祭器。祭品是奉献给祖先神灵享用的,因而一定要确保祭品新鲜完整,盛放祭品的祭器干净齐备、陈列有序,这样方能取悦神灵。《仪礼·特牲馈食礼》载:"宗人升白西阶,视壶濯及豆笾,反降,东北面告濯、具。……宗人视牲,告充。雍正作豕,宗人举兽尾,告备,举鼎鼏,告洁。"

正祭主要礼仪:阴厌,阴厌是飨尸之前,先用祭品飨神,因祭品设在室内终年不见阳光的西南角,故称"阴厌"。举行阴厌时祝(巫师)引导主人及主妇将牲肉、美酒、谷物等祭品按一定方位陈列,敬献于神灵。迎尸、妥尸,迎尸是尸祭礼仪正式开始的标志,主人率其他参祀人员等候于宗庙东阶,由"祝迎尸于门外"。主人之所以不亲自出庙门外迎尸,主要是为了明君臣、父子之分,尸未进入宗庙之前,抑或为臣、抑或为子,主人若屈尊前往,难免破坏上下、长幼之序。故《礼记·祭统》曰:"尸在庙门外则疑于臣,在庙中则全于君。君在庙门外则疑于君,入庙门则全于臣,全于子,是故不出者,明君臣之义也。"祝迎尸进入宗庙后,主人拜请尸堂上安坐。尸九饭,尸祭礼仪进入高潮,尸首先进行援祭,左手拿觯,右手取菹菜,蘸上肉酱祭于两豆之间,又以黍、稷、祭肺致祭,接着祭酒,祭毕尝之。随后祭铏中之羹,祭毕尝之,至此援祭礼仪结束。之后,尸拿起肺、脊振祭,祭毕尝之。攫祭和振祭完毕后进入到尸九饭环节。尸先食饭、肺、脊三次,接着食四豆中各种食品三次,最后食牲前肢、兔、鱼三次,是为"九饭"。酳尸,尸九饭重在使尸食,而酳尸则重在使尸饮。酳尸时分别由主人、主妇、宾长向尸献酒,称为"三献之礼"。主人洗涤干净角酌酒献尸,尸接受祭酒先行品尝,随后左手执角,右手取肝振祭,最后将酒一饮而尽。紧接着尸酳酒回敬主人,主人接受祭酒拜谢,亦先品尝,然后行祭礼,礼毕将酒饮尽。主妇洗涤干净爵酌酒献尸,这是继主人之后第二次向尸献酒,称为"亚献",同时把盛有枣、栗的笾放至尸席前。尸祭枣、栗,后祭酒,祭毕尝酒,接着宾跟从主妇向尸献烤肉,尸祭烤肉后将爵中之酒饮尽。宾长洗爵酌酒向尸三献,接着献烤肉,其仪节与前两次相同。旅酬指祭礼主要程序完毕后,众亲朋宾客一起宴饮,相互敬酒。孔颖达疏云:"酬宾讫,主人洗爵于阼阶上献长兄弟,及众兄弟,及内兄弟于房中。献毕,宾乃坐,取主人所酬之觯于阼阶前酬长兄弟,长兄弟受觯于西阶前酬众宾,众宾酬众兄弟,所谓旅酬也。"

正祭后礼仪:馂礼,所谓"馂",就是祭祀过后剩余的祭品。《礼记·祭统》曰:"馂者,祭之末也",是说馂礼的开始意味着祭祀进入到尾声。虽然如此,但仍不能懈怠和马虎,因为馂乃"惠术也,可以观政矣",所以要认真对待,做到善始善终。《礼记·祭统》将馂礼层层施惠的情形描绘得异常详细:"尸谡,君与卿四人馂;君起,大夫六人馂。臣馂君之余也。大夫起,士八人馂,贱馂贵之余也。士起,各执其具以出,陈于堂下,百官进,彻之,下馂上之余也。凡馂之道,每变以众,所以别贵贱之等,而兴施惠之象也。""祭者,泽之大者也。故上有大泽,则惠必及下,顾上先下后耳。"这一过程中,尊卑贵贱尽显无遗,先由最尊贵的尸享用祭品,之后是国君及卿四人,紧接着是大夫六人,再接着是士八人,最后是百官。每变化一次,参与馂礼的人数随之增多,这是为了显示贵贱有别。祭祀中的馂礼是种由尊至卑、由上而下的施惠礼仪。社会下层通过此项礼仪享受到宗庙祭祀带来的福祉,体会到上层对其脉脉的温情和些许的关怀,从而使他们凝聚在以上层为中心的周围,共同维护社会稳定。对于民间而言,在"尸"出门后,祭主全家,以长幼为序,直至分食完毕。民间的"餕"可以维护村族的宗族秩序,促进家族的和谐。"阳厌"是餕礼之后将祭品设在室内阳光尚能照射到的西北角祭祀而得名,阳厌是宗庙尸祭礼仪结束的标志。举行阳厌时,祝命人撤走主人、主妇的祭器,将尸的祭器改置在西北角,然后用席子遮盖祭品,再下堂禀告主人礼成,最后由宗人宣布尸祭礼仪完毕。

本经:姤,女壮,勿用取女?

[译文]筮:选"宾祭"女"尸",要健康女性,不能强迫她吗?

注释:本经中"姤,女壮,勿用取女"、初六爻辞中"系于金柅,有攸往"、"羸豕孚蹢躅"、九二爻辞中"包有鱼,宾"、九三爻辞中"臀无肤,其行次且"、九四爻辞中"包无鱼、起"、九五爻辞中"以杞包瓜,含章,有陨自天"、上九爻辞中"姤其角"的文辞,阐述了"尸祭"的过程和严格要求,尤其是对"尸"的确认,要看"羸豕的反应"。九五爻辞"以杞包瓜,含章,有陨自天",一方面说明了"杞包"扮装被祭者周人母祖姜嫄、接受周人祭祀的膜拜,这是莫大的荣幸;另一方面,武庚煽动周王室成员叛乱,周公旦利用夏、商仇恨,笼络夏人杞侯,孤立、打击武庚。"有陨自天"是说有流星自天而落,暗示周武王的去世,皆由天命。

本经"姤,女壮,勿用取女"为叙、问辞,无断辞。

字词解释:

1.姤,"女+后"。女,甲骨文像一个屈膝跪坐的人娴静地交叠着双手。有的甲骨文头部位置加一横指事符号,表示发簪。造字本义:两胸饱满的妇人,能生育、哺乳的人类中雌性。"后"与"司"本同源,后分化。后,甲骨文 = (卜,权杖)+ (口,号令、命令),表示发号施令的最高权力者。有的甲骨文将"后"成"反司",以区别于一般意义上的掌权"司"。卜辞中有的甲骨文以"毓" 代"后",表示生育能力强的妇女。造字本义:生殖崇拜的母系时代发号施令的女王;女子成为女王的过程。引申字义:"立尸而祭"的"尸"。

2.女壮,健康女性。

3.取,强迫。

初六:系于金柅,贞:吉? 有攸往,见凶,羸豕孚蹢躅。

[译文]筮:崇拜老猪,用绳把它拴在车的铜柅上,向前走,如果令人信服的老猪焦躁不安,就是它看见所选的"尸"不适宜,祥瑞吗?

注释:初六爻辞"系于金柅,吉? 有攸往,见凶,羸豕孚蹢躅"为叙、问、叙辞,无断辞。

为什么要让"羸豕"确认"尸"呢? 这与周人的"猪崇拜"相关。

周人先民崇拜猪,猪很有灵性,传说西周开国之君周文王就是诞生于猪圈。此事见于《世本》,季历之妃"溲于豕牢而生昌,是为周文王"。意思是季历之妃太任,不小心在猪圈里生了文王。这事的真实性无法考证,直到魏晋时期,中国还有茅房和猪圈连在一起的建筑模型。但周文王这么伟大的王者,并不以出生于猪圈为耻,是可以看见的。季历,是古公亶父之幼子,文王之父,周族著名的英雄人物。《诗经·大雅·绵》曰:"古公亶父,来朝走马。率西水浒,至于岐下。"说周人有猪崇拜,并不仅仅是因为这个原因。《史记·周本纪》记载,周人本居于"豳",是"豳人","豳人悉从亶父""作周"。我们知道,"豕"就是猪,是象形字。"豳"由两个"豕"组成,是一个会意字,它的本意就是山上有两头野猪。这里的两头不是确指,指的是猪多。"豳"地,应该就是一个野猪泛滥的地方。学者认为其地当在今中国陕西省咸阳市彬州市、旬邑县一带。《诗经》中就有《豳风》。西周晚期国家遭遇叛乱,"周厉王出奔于彘","彘,猪也。"(《小尔雅》)也就是说,周厉王避难的地方,就是彘地,此地显然是周厉王的故地。周人把这个地方叫作彘,可见,周人确实是一个崇拜猪的民族。其实,后世的女真也有类似的猪崇拜习俗。

字词解释:

4.金柅,挡住车轮不使其转动的铜块。

5.豕,甲骨文 像猪,长嘴圆腹短尾的动物。金文 在动物的腹部加 (A ,即"肉")表示猪只多肉。造字本义:肉墩墩的猪。有的金文☖突出了肥猪的鼓腹☖。篆文☖有所变形,猪形消失。当"豕"成为单纯字件后,再加"月"☖(肉)另造"豚"代替。甲骨文中"犬"☖(狗)与"豕"☖(猪)字形相似,细微区别在于尾的长短:长尾的为"犬",短尾的为"豕"。

6.羸豕,意指"老猪"。

7.孚,为人所信服。成语:深孚众望。

8.蹢,"蹢躅"同"踯躅",意思是焦躁不安。

九二:包有鱼? 无咎;不利。宾。

[译文]筮:给宾祭仪式中的"孕妇"("宾祭"中女"尸")吃鱼吗? 占:没有过错;不能。

注释:九二爻辞"包有鱼""宾"为问、叙辞,"无咎;不利"为两次筮占断辞。

九三:臀无肤,其行次且? 厉;无大咎。

[译文]筮:(迎"尸")要袒露着身体,匍匐而行吗? 占:严厉;没有大的过错。

注释:九三爻辞"臀无肤,其行次且"为问辞,"厉;无大咎"为两次筮占断辞。

九四:包无鱼、起? 凶。

[译文]筮:"孕妇"("宾祭"中女"尸")出发前不能吃鱼吗? 占:凶险。

注释:九四爻辞"包无鱼、起"为问辞,"凶"为断辞。

字词解释:

9.起,已,既是声旁也是形旁,表示婴孩。起,金文☖=☖(走)+☖(巳,幼儿),表示幼儿行走。造字本义:婴儿学习站立、行走。籀文☖、篆文☖承续金文字形。引申字义:出发、动身。

九五:以杞包瓜,含章,有陨自天?

[译文]筮:让杞侯的"孕妇"("宾祭"中女"尸")佩执祭器,口中默念祷辞,其间,有陨石自天而降,这昭示着什么?

注释:九五爻辞"以杞包瓜,含章,有陨自天"为叙辞,无问、断辞。据说"杞人忧天"最早源于《姤》卦。

字词解释:

10.杞,古国名。周朝初年,杞国重新建国,周天子始封杞国为侯爵,后至春秋时又降为伯爵。周武王灭亡商朝之后,寻找夏朝开国君主禹的后裔,结果找到了杞东楼公,便封他到杞地,延续杞国国祚,主管对夏朝君主的祭祀。杞国王族出自华夏,夏商周三代分封诸侯国一直奉行"夏君夷民"的做法。

杞在周初分封于河南杞县,西周懿王前迁入山东,因卷入叛乱被周王朝迁置新泰、宁阳一带,直至春秋早期。

自杞东楼公起,有史料可考的传了二十位国君。直到公元前445年,杞国亡于楚国。

11.瓜,"瓜"是"苽"和"蓏"的本字。瓜,金文像藤茎上挂着葫芦状的果实。造字本义:挂在藤上的葫芦状果实。篆文将葫芦状写成"厶"。有的篆文在葫芦和藤茎上加草"艸"。"苽",强调"瓜"的植物属性。"蓏"的字形表示一藤挂多果。楷书将葫芦状的写成"厶"后来"苽"引申出"菱白"的含义,而"藤上果实"的含义仍由"瓜"承担。这里特指"祭祀器物"。

12.陨,金文=阝(阜,即"阝",是"队"的省略,坠落)+鼎(鼎,青铜铸造的容器),表示天外坠鼎。造字本义:外星坠石在经过大气层时燃烧残存的铁石混合物质,古人将其视为天坠神鼎。篆文误将金文的"鼎"写成"员"。隶书将篆文的"阜"写成"左耳旁"阝,将篆文的写成。

上九:姤其角?吝;无咎。

[译文]筮:用角酒器献"尸"吗?占:有遗憾;没有过失。

注释:上九爻辞"姤其角"为问辞,"吝;无咎"为两次筮占断辞。

字词解释:

13.角,酒器。给最尊贵客人敬酒的酒器,这一传统,被带到了蒙古,并很好地传承下来。现在,蒙古人酒会,必须用牛角酒器或角型金属酒器给最尊贵的客人敬酒。

第四十五泽地《萃》卦䷬

䷬卦文字抽象事义:聚集。下卦为坤、为地,上卦为兑、为泽,泽附大地。

《萃》卦是成王设立考庙,举行宏大祭祀,供献男、女人牲来悼念武王的筮占记录。

《礼记·祭法》:

> 天下有王,分地建国,置都立邑,设庙祧坛墠而祭之,乃为亲疏多少之数。是故:王立七庙,一坛一墠,曰考庙,曰王考庙,曰皇考庙,曰显考庙,曰祖考庙;皆月祭之。远庙为祧,有二祧,享尝乃止。去祧为坛,去坛为墠。坛墠,有祷焉祭之,无祷乃止。

《萃》卦即成王设庙祭父的筮占记录。

本经:萃、亨,王假有庙?利。见大人、亨?利。贞:用大牲?吉;利。有攸往。

[译文]筮:组织祭奠武王,成王要设立考庙吗?占:必须。再筮:成年人都要参加祭奠吗?占:应该。再筮:要用牛牲并快准备吗?占:美好;应该。

注释:本经中"萃、亨,王假有庙"、初六爻辞中"有孚不终,乃乱,乃萃,若号,一握,为笑"、六二爻辞中"孚乃、用禴"、六三爻辞中"萃如嗟如"、九五爻辞中"萃有位""匪孚,元"、上六爻辞中"赍咨涕洟"的文辞,清楚地阐明了祭祀姜嫄之后,再举行盛大仪式,祭祀武王。今天,我们是以人为本,生命至上。但在当时,生产力低下,生产资料紧缺,人的"价值"不如"牛"重要,奴隶更是命如草芥。相对于文王去世,已没有"小子、丈夫"为武王人殉,却有大量"孚、乃孚"人牲。

本经"萃、亨,王假有庙"为叙、问辞,"利"为断辞。"见大人、亨"

为问辞,"利"为断辞。"用大牲、有攸往"为问辞;"吉;利"为两次筮占断辞。

字词解释:

1.萃,卒,既是声旁也是形旁,是"翠"的省略,表示青绿的颜色。萃,古钵文 ※ = ※（艸,草）+ ※（翠,青绿）,表示草色青绿。造字本义:草木密集丛生,一片青绿。篆文字形※与古钵字形相同。隶书萃将篆文的"卒"※写成卒。引申字义:盛大、聚集、会集。

2.假,凭借、设立。

初六:有孚不终,乃乱,乃萃,若号,一握,为笑,勿恤、往？无咎。

[译文]筮:人牲不顺从,女人牲秩序紊乱,聚集起来会号啕大哭,让她们相互手拉着手,就会平静下来,不用担心祭奠秩序和氛围吗？

占:是这样。

注释:初六爻辞"有孚不终,乃乱,乃萃,若号,一握,为笑,勿恤、往"为叙、问辞,"无咎"为断辞。

字词解释:

3.不终,不顺从。

4.若号,像号啕大哭般。

5.乱,金文※ = ※（爪,抓、抽）+ ※（丝线8绞缠在织机的经纬架※上）+ ※（又,抓）,表示杂丝绞在织机上,理不清。※作为单纯字件后,诅楚文※加※（乙,曲丝）,突出绞在织机上的丝线。造字本义:绞缠在织机上的丝线无序,理不清。篆文※承续金文字形。俗体楷书乱依据草书字形※将正体楷书亂的※简化成"舌"舌。引申字义:秩序紊乱。

6.握,屋,既是声旁也是形旁,表示住户。握,籀文※ = ※（手,控）+ ※（屋,住户）,圆圈〇将"手"与"屋"相连接,表示对住房加锁,显示拥有与控制权。造字本义:对住房享有控制权。篆文※省去锁圈,并调整成左右结构。隶书握将篆文的"手"※简写成扌,失去五指形象,将篆文的"至"※写成至。引申字义:手拉手。

7.一握,互相手拉手。

8.笑，夭，既是声旁也是形旁，表示扭动身体，挥臂起舞。笑，籀文 ✏ = ✏（口，嘴巴）+ ✏（夭，扭着身体），表示因为快乐而身体扭动、嘴巴张大，发出呵呵声。篆文笑 = ✏✏（甲骨文"眉毛"✏✏的变形，像张大嘴巴哈哈有声时的眼眉眯着的样子）+ ✏（夭，✏的变形，扭动身体），突出当嘴巴张大、发出呵呵声时的眼睛形态。有的篆文笑以"颜" ✏（脸）代"夭"✏，强调"笑"的特殊面容。有的篆文笑则误将开心的眼眉形状✏✏写成"竹"✏✏，导致字形费解。造字本义：因身体或心理受刺激，手舞足蹈并发出兴奋、快乐的声音。篆文的"夭"✏经过隶化后，楷书笑误写作"天"✏。

《周易》中，"笑"出现五次，其中《震》卦出现两次，是在相同的事境和语境中出现，《旅》卦出现一次。下表对《同人》《萃》《震》《旅》四卦中"笑"字义予以分析：

对比	《同人》九五：同人先嚎啕而后笑？大师，克，相遇	《萃》初六：有孚不终，乃乱乃萃，若号，一握，为笑，勿恤，往？无咎	《震》震，亨，震来虩虩，笑，言哑哑，震惊百里、不丧匕鬯？ 初九：震来虩虩，后，笑，言哑哑	《旅》上九：鸟焚其巢，旅人先笑后号啕，丧牛于易？凶
"笑"所处事境	因亲人战死"先嚎啕"，因有收获而"后笑"	女人牺伤悲"若号"，因手拉手"为笑"	因大地震人们恐惧而"笑"，才"言哑哑"	得到封地"先笑"，又因"丧牛于易"而"后号啕"
与"笑"相对立语境	嚎啕：大声哭叫	号：大声哭、号叫	言哑哑：语音很低	"后号啕"：后来大声哭、号叫

对比	文辞	《同人》九五:同人先嚎啕而后笑？大师,克,相遇	《萃》初六:有孚不终,乃乱,乃萃,若号,一握,为笑,勿恤,往？无咎	《震》震,亨,震来虩虩,笑,言哑哑,震惊百里、不丧匕鬯？初九:震来虩虩,后,笑,言哑哑	《旅》上九:鸟焚其巢,旅人先笑后号啕,丧牛于易？凶
	"笑"字义分析	"笑"通常指"欢喜、愉快",与事境、语境不符	"笑"通常指"欢喜、愉快",与事境、语境不符	"笑"通常指"欢喜、愉快",与事境、语境不符	"笑"通常指"欢喜、愉快",与事境、语境相符
	"笑"本处字义	平静	平静	镇静、冷静	欢喜

通过以上分析,《同人》《萃》《震》和《旅》四卦中"笑"字义应为:平静、平静、镇静和欢喜。

六二:引？吉；无咎。孚乃？利。用禴。

[译文]筮:要用哀乐来渲染氛围吗？占:美好；没过失。再筮:禴祭要供献女人牲吗？占:需要。

注释:六二爻辞"引"为问辞,"吉；无咎"为两次筮占断辞。"孚乃""用禴"为问辞,"利"为断辞。

字词解释:

9.引,古代的一种乐曲题材,本处指"哀乐"。

六三:萃如嗟如？无攸利。往、无咎、小？吝。

[译文]筮:要呼唤人们参加丧礼吗？占:没有任何必要。再筮:到时,参加的人数少,没有过错吗？占:有担心。

注释:六三爻辞"萃如嗟如"为问辞,"无攸利"为断辞。"往、无咎、小"为叙、问辞,"吝"为断辞。

字词解释:

10.嗟:表示呼唤。如:"嗟,我士,听无哗。"(《尚书·周书·秦誓》)

九四:大吉;无咎。

[译文]占:非常祥瑞;没有过失。

注释:九四爻辞无问辞,问辞应为"六三问辞","大吉;无咎"为两次筮占断辞。

九五:萃有位,无咎。匪孚,元,永贞:悔亡?

[译文]筮官永筮:要给来参加祭祀的宾客安排好祭拜次序吗?占:没有过失。再筮:只要不是奴隶,所有人都要安排好,悔恨会消除吗?

注释:九五爻辞"萃有位"为问辞,"无咎"为断辞。"匪孚,元,悔亡"为叙、问辞,无断辞。

字词解释:

11.位,"立"是"位"的本字。立,甲骨文在"大"(人)的下面加一横代表地面的指事符号,表示一个人规矩地站在地上。"立"的"规规矩矩站"的本义消失后,篆文再加"人"另造"位",用以区别一般的站立。造字本义:上朝时臣相们依官阶高低肃立。引申字义:次序。

上六:赍咨涕洟?无咎。

[译文]筮:感激而流泪,并要分发祭品、酬谢大家吗? 占:应该。

注释:上六爻辞"赍咨涕洟"为叙、问辞,"无咎"为断辞。

字词解释:

12.赍,意思是拿东西给人。

13.咨,问候、询问。涕洟,感激流泪的样子。

第四十六地风《升》卦

卦文字抽象字义:新生。下卦为巽、为木,上卦为坤、为地,木发于地下。

《升》卦是掩土封陵、安葬武王的筮占记录。

西周王陵至今都是谜,《汉书》记载,周朝王陵不封不树,即:地面上没有明显痕迹,也没有栽种树木,这给考古工作者带来了诸多困难。一说周文王和周武王的陵墓在陕西省咸阳市渭城区的原坂上,周文王周武王的二陵相毗邻,形状类似山丘。另说,清乾隆年间,时任陕西巡抚的毕沅,曾对今陕西省宝鸡市扶风县与岐山县交界处的北部周原进行考察,认为周文王姬昌、武王姬发、成王姬诵、康王姬钊、穆王姬满、宣王姬静、周公姬旦、太公望和鲁公伯禽等人的墓葬就在那里,并逐一树碑立记。按照《睽》《蹇》《解》《损》《益》《夬》《姤》《萃》卦序及史事进程,《升》卦是掩土封陵、安葬武王事件的筮占记录,按升卦经文、爻辞指向,武王陵应位于岐山附近。

本经:升,元亨,用见大人?勿恤。南征?吉。

[译文]筮:掩土封陵、安葬武王,祭祀、祷告列祖列宗,成年人都参加吗?占:不用担心。再筮:从北向南掩土封陵吗?占:祥瑞。

注释:卦辞中"升,用见大人?南征"、初六爻辞中"允升"、九二爻辞中"孚乃?用禴"、九三爻辞中"升虚邑"、六四爻辞中"王用亨于岐山"、六五爻辞中"升阶"、上六爻辞中"冥升""于不息之"的文辞,记录了安葬武王整个过程。解释了为什么后人没发现西周时期天子陵墓,除过"不封不树"、将陵区国人迁移的原因外,最后封陵都是在夜间实施。不过,六四爻辞"王用亨于岐山"表明,在掩土封陵期间,周成王在岐山祭祀武王。由此可推,武王陵应在岐山,不会在距离岐山较远的地方。

本经"升,元亨,用见大人"为叙、问辞,"勿恤"为断辞。"南征"为问辞,"吉"为断辞。

后来,依《升》卦,"人去世"称为"升天",人牲殉葬处称为"升堂"。《李朝实录·世宗卷二十六》里面记载了朱棣死后明朝宫廷中妃嫔殉葬的情景:"及帝之崩,宫人殉葬者三十余人。当死之日,皆饷之于庭。饷辍,俱引'升堂',哭声震殿阁。堂上置木小床,使立其上,挂绳围于其上,以头纳其中,遂去其床,皆雉颈而死。"

字词解释:

1.升,掩土封陵、安葬武王。

初六:允升？大吉。

[译文]筮:开始掩土封陵、安葬武王吗？占:非常祥瑞。

注释:初六爻辞"允升"为问辞,"大吉"为断辞。

九二:孚乃？利。用禴。

[译文]筮:举行禴祭并供献女人牲吗？占:需要。

注释:九二爻辞"孚乃？用禴"为问辞,"利"为断辞。

字词解释:

2.禴,禴祭是古代君王具有的祭礼。春曰祠,夏曰禴,秋曰尝,冬曰烝。夏祭宜用俘虏作为人牲。

九三:升虚邑？

[译文]筮:掩埋陵室吗？

注释:九三爻辞"升虚邑"为问辞,无断辞。

字词解释:

3.虚,金文■=■("虍"的变形,虎头,借代老虎)+■(两个"匕",表示虎爪)+■(土,地域),造字本义:虎豹横行、了无人烟的地方。篆文■误将金文字形中由"爪"■和"土"■合成的■写成了"丘"■。《说文解字》:虚,大山丘。昆仑丘也被称为昆仑虚。古代的行政区划法是,九夫为"井",四井为"邑",四邑为"丘"。"丘"也叫作"虚"。

4.虚邑,意指"陵室"。

六四:王用亨于岐山？吉;无咎。

[译文]筮:周成王在岐山祭祀(武王)吗？占:美好;没有过失。

注释:六四爻辞"王用亨于岐山"为问辞,"吉;无咎"为两次筮占断辞。

字词解释:

5.岐山,陕西省宝鸡市境东北部。

6.王,指周成王。

六五:贞:吉？升阶。

[译文]筮:开始掩埋陵墓通道,美好吗？

注释:六五爻辞"吉？升阶"为问、叙辞,无断辞。

字词解释:

7.阶,繁体字"階"。皆,既是声旁也是形旁,表示相同、一致。阶,金文▨=阝(阜,盘山石级路)+▨(皆,相同)。造字本义:由大小相似的石板以相近的高度差筑成的石级山路。篆文▨承续金文字形。隶书▨将篆文的"阜"阝写成"左耳旁"阝。《说文解字》:阶,台阶。本处字义:墓道。

上六:冥升？利,于不息之,贞:

[译文]筮:夜间不停止地掩土封陵吗？ 占:是。

注释:上六爻辞"冥升？于不息之"为问辞,"利"为断辞。

字词解释:

8.冥,夜间。

9.不息:不停止、一直干下去。

第四十七泽水《困》卦䷮

䷮卦文字抽象字义:守礼。下卦为坎、为中男、为坎陷,上卦为兑、为口,男儿为礼制所困。

《困》卦是周成王为武王"丧服四制、守孝三年"的筮占记录。

《礼记·丧服四制》:

> 凡礼之大体,体天地,法四时,则阴阳,顺人情,故谓之礼。訾之者,是不知礼之所由生也。夫礼,吉凶异道,不得相干,取之阴阳也。丧有四制,变而从宜,取之四时也。有恩、有理,有节、有权,取之人情也。恩者仁也,理者义也,节者礼也,权者知也。仁、义、礼、智,人道具矣。

其恩厚者,其服重;故为父斩衰三年,以恩制者也。门内之治,恩掩义;门外之治,义断恩。资于事父以事君而敬同,贵贵尊尊,义之大者也。故为君亦斩衰三年,以义制者也。

三日而食,三月而沐,期而练,毁不灭性,不以死伤生也。丧不过三年,苴衰不补,坟墓不培;祥之日,鼓素琴,告民有终也;以节制者也。资于事父以事母,而爱同。天无二日,土无二王,国无二君,家无二尊,以一治之也。故父在,为母齐衰期者,见无二尊也。……

始死,三日不怠,三月不解,期悲哀,三年忧,恩之杀也。圣人因杀以制节,此丧之所以三年。贤者不得过,不肖者不得不及,此丧之中庸也,王者之所常行也。《书》曰:"高宗谅闇,三年不言。"善之也;王者莫不行此礼,何以独善之也?曰:高宗者武丁;武丁者,殷之贤王也。继世即位而慈良于丧,当此之时,殷衰而复兴,礼废而复起,故善之。善之,故载之《书》中而高之,故谓之"高宗"。三年之丧,君不言。……

礼:斩衰之丧,唯而不对;齐衰之丧,对而不言;大功之丧,言而不议;缌、小功之丧,议而不及乐。

父母之丧,衰冠、绳缨、菅屦,三日而食粥,三月而沐,期十三月而练冠,三年而祥。比终兹三节者,仁者可以观其爱焉,知者可以观其理焉,强者可以观其志焉。礼以治之,义以正之,孝子、弟弟、贞妇,皆可得而察焉。

斩衰,衰通"缞","五服"中最重的丧服,用最粗的生麻布制作,断处外露不缉边,丧服上衣叫"衰",因称"斩衰",表示毫不修饰以尽哀痛,服期三年。

古代,诸侯为天子,臣为君,男子及未嫁女为父,承重孙(长房长孙)为祖父,妻妾为夫,均服斩衰。至明、清,子及未嫁女为母,承重孙为祖母,子妇为姑(婆),也改齐衰三年为斩衰。女子服斩衰,并须以生麻束起头发,梳成丧髻,实际服期约两年余,多为二十五个月除孝。

本经:困,亨,贞:大人,吉;无咎。有言不信?

[译文]筮:丧服期间,祭祀、祷告先祖,成年人说话不能大声吗?占:必须;没有过失。

注释:本经中"困""有言不信"、初六爻辞中"臀困于株木,入于幽,谷,三岁不觌"、九二爻辞中"困于酒食,朱绂"、六三爻辞中"困于石,据于蒺藜,入于其宫,不见其妻"、九四爻辞中"困于金车"、九五爻辞中"劓刖,困"、上六爻辞中"困于葛藟,于臲卼""征"的文辞,清楚地阐明了周成王服丧守孝规矩的严格。当年,文王去世,周武王、周公旦等未服"斩衰",帝辛自焚,也不见武庚"三年不言"。至于说"殷高宗谅闇,三年不言",则是无从考证。依"斩衰"之制,先不说周成王年幼,依"三岁不觌"的规矩,周公旦"辅政",其实就是近乎"执政"了,这也许是"三监之乱"的诱因之一。

本经"困,亨""大人""有言不信"为叙、问辞,"吉;无咎"为两次筮占断辞。

字词解释:

1.困,本字"困"。困,甲骨文◻=◻(囗,石砌的花池)+木(木,树),表示接近根部的树干被地面上石砌的池子限制,生长受阻。造字本义:树干被砌石圈死,生长受阻。籀文◻=止(止,限制)+木(木,树),表示抑制树木生长。篆文◻承续甲骨文字形。本处字义:丧服。

初六:臀困于株木,入于幽,谷,三岁不觌?

[译文]筮:丧服期间,(除妇人、小孩外其他人)可以挂着齐臀的株木丧杖,住在幽静的房间,吃谷物,三年不理政事吗?

注释:初六爻辞"臀困于株木,入于幽,谷,三岁不觌"为叙、问辞,无断辞。

《礼记·丧服四制》:

  杖者何也?爵也。三日授子杖,五日授大夫杖,七日授士杖。或曰担主；或曰辅病。妇人、童子不杖，不能病也。百官备，百物具，不言而事行者，扶而起；言而后事行者，杖而起；身自执事而后行者，面垢而已。秃者不髽，伛者不袒，跛者不踊。老病不止酒肉。凡此八者，以权制者也。

字词解释：

2.株，"朱"是"株"的本字。朱，甲骨文是指事字：在树干（木）中间加一圆点指事符号，表示树木的主干位置所在。有的甲骨文将圆点写成短横。造字本义：树干。金文、篆文承续甲骨文字形。当"朱"的"树干"本义消失后，篆文再加"木"另造"株"代替。隶化后楷书株将篆文字形中的写成木，将篆文字形中的写成朱。

3.木，甲骨文像上有枝干、下有根系的一棵树。造字本义：扎根于土地的树。金文、篆文承续甲骨文字形。隶书淡去篆文的树枝形象。"树"表示植树，动词；"木"表示一棵树，名词。"木"是象形字，甲骨文像一株树，上部是枝下部是根；"本"是指事字，金文在树根部位加三点指事符号，表示树在地下的营养器官；"末"是指事字，金文在树梢部位加一点指事符号，表示尾端；"未"是象形字，甲骨文像树上枝丫重重，表示枝叶茂盛；"果"是象形字，甲骨文像树上结满球状实籽；"朱"是指事字，甲骨文在主干部位加一点指事符号，表示树干；"林"是会意字，甲骨文像树连树的样子；"森"是会意字，甲骨文比"林"多一"木"，表示"森"为"大林"。

4.株木，古时用株木做丧杖。

5.觌，引申字义：国事、政事。

九二：困于酒食、朱绂，方来，利。用享祀？征？凶；无咎。

[译文]筮：丧服期间吃饭不得饮酒、穿红色的衣服，方国来朝就要举行供献和祭祀吗？占：要这样。再筮：丧服期间可以远出吗？占：不能；没有过错。

注释：九二爻辞"困于酒食、朱绂，方来，用享祀"为叙、问辞，"利"为断辞。"征"为问辞，"凶；无咎"为两次筮占断辞。

字词解释：

6.朱，"朱"是"株"的本字。朱，甲骨文 ✳ 在树干 ✳（木）中间加一圆点指事符号 ━，表示树木的主干位置所在。有的甲骨文 ✳ 将圆点写成短横。造字本义：树木的主干。金文 ✳、篆文 ✳ 承续甲骨文字形。隶书 朱 有所变形，将篆文字形中上部表示枝杈的形象 ⌒ 写成 ━，树枝形象消失。当"朱"的"树干"本义消失后，篆文再加"木"另造"株"代替。由于"朱"与"株"通用，古人为了将形容词的"朱"区别于名词的"株"，加"石"（丹砂、红色）另造会意兼形声的"硃"，表示与丹砂相同的颜色。现代汉语以"朱"合并"硃"，恢复"朱"的形容词词性。引申字义：红色。

7.绂，古代作祭服的蔽膝，缝于长衣之前，为祭服的服饰。

8.赤绂，泛指"红色衣服"。

9.方来，意指"方国来朝"。

10.祀，巳，既是声旁也是形旁，表示幼儿。祀，甲骨文 ✳ ＝ ✳（子，幼儿）＋ ✳（托举），表示托举幼儿做祭祀。有的甲骨文 ✳ 写成似"異"的字形，表示头戴面具，施行活祭。有的甲骨文 ✳ 以"巳" ✳ 代"子" ✳，以"示" ✳ 代"举" ✳。造字本义：用幼儿做活祭，媚神却灾。金文 ✳、篆文 ✳ 承续甲骨文字形。篆文异体字 ✳ 混合两款甲骨文字形 ✳、✳。隶书 祀 将篆文的 ✳ 写成 巳。

六三：困于石，据于蒺藜，入于其宫，不见其妻？凶。

[译文] 筮：丧服期不听金石之声，要用蒺藜保健，回到宫里，不能和妻子同居吗？占：是。

注释：六三爻辞"困于石，据于蒺藜，入于其宫，不见其妻"为叙、问辞，"凶"为断辞。

字词解释：

11.石，上古乐器石磬，简称"磬"，是一种中国古代汉族石制打击乐器和礼器。甲骨文中磬字左半像悬石，右半像手执槌敲击。磬起源于某种片状石制劳动工具，其形在后来有多种变化，质地也从原始的石制进一步有了玉制、铜制的磬。磬是一种击奏体鸣乐器。中国古代的石质打击乐器,为"八音"中的"石"音。

12.据,本字"据"。居,既是声旁也是形旁,表示居住,居家。据,篆文㩀=⺘(手,操持)+居(住,居家生活),表示操持家务,维持生活。本处字义:饮用。

13.蒺藜,野生植物,它的功效与作用有平肝解郁,抗衰老,缓解内分泌失调的症状,强心护心以及利尿作用。

九四:来徐徐,困于金车,吝。有终?

[译文]筮:丧服期走路要慢,不可以乘用青铜车,要坚持吗?占:有遗憾。

注释:九四爻辞"来徐徐,困于金车,有终"为叙、问辞,"吝"为断辞。

字词解释:

14.徐,篆文𢓅=彳(彳,旅行)+余(余,沿途简易茅店),造字本义:且住且行,旅程从容。引申字义:慢慢地。

15.金车,指"青铜车"。

九五:劓刖,困,于赤绂,乃徐有说,利。用祭祀?

[译文]筮:服丧期不施行劓刖之刑、穿红色衣服,妇女说话声音要低,并要及时祭祀吗?占:是。

注释:九五爻辞"劓刖,困,于赤绂,乃徐有说,用祭祀"为叙、问辞,"利"为断辞。

字词解释:

16.乃徐有说,指"妇女说话声音要低"。"乃"应指周王室的后宫。

上六:困于葛藟,于臲卼,曰动,悔,有悔,征?吉。

[译文]筮:在外服丧,环境危险,心情悲痛,且每天都有事做,要返回服丧吗?占:有所悔恨;应该。

注释:上六爻辞:"困于葛藟,于臲卼,曰动,悔,征"为叙、问辞,

"有悔;吉"为两次筮占断辞。

字词解释:

17.葛藟,蔓草名,藟似葛,有茎可以缠树。《诗经·王风·葛藟》:"绵绵葛藟,在河之浒。终远兄弟,谓他人父。谓他人父,亦莫我顾。绵绵葛藟,在河之涘。终远兄弟,谓他人母。谓他人母,亦莫我有。绵绵葛藟,在河之漘。终远兄弟,谓他人昆。谓他人昆,亦莫我闻。"

18.臲卼,也作臬兀。不安定的样子。高危之地,引喻不平安。

19.动,繁体字"動",金文 = (被刺瞎眼睛的男奴)+ (重,大包袱),表示男奴负重驮物。有的金文 = (辵,行进)+ (重,包袱),突出负重行进的"运输"主题。篆文 = (重,包袱)+ (力),强调使用体力。造字本义:使用体力,负重劳作。

第四十八水风《井》卦

卦文字抽象事义:水臭。下卦为坎、为水,上卦为巽、为臭,水臭须治理。

《井》卦是周王室对生活用水"井"进行洗淘整修的筮占记录。

水井,发创于夏商"井族",妇妌的母国,其族人开启井业,改变人类生存。

井国为殷邦之国,国君称井伯,完全臣服于商。武丁有个王后叫妇妌,与妇好齐名,就是"后母戊大方鼎"的主人,即出自井国。井国与商王朝不但有姻盟,也有很深的历史渊源,地位非常显赫。商代井方的地理位置也有不同说法,一般认为甲骨文中的"井"即为古籍中记载的祖乙迁邢之"邢",也就是说商代井方是后来的西周邢国,在今河北省邢台市一带。但也有学者认为井方跟邢国无关,邢国在今河北省邢台市一带,而井方却另有其地,但对于确切地望又显得模糊不清。西周初期铜器"尹光方鼎"铭文记载:"唯王正井方。丙。"西周初,井方反叛,周王派"丙"族前往镇压,丙,即商代丙国,在今山西省晋中市灵石县境内。通常情况下，丙国离井方不会太远，否则千里远征不划算。所以有学者认为井国当在丙国附近，应该也在山西省境内。

"井"，据说源于一种地表取水的装置，甲骨文象形就是用木和石柱架构而成的一个井栏。相传早期井地，百泉竞流，古井地应该是最早创造这种水井装置的部族。这种装置既可方便汲水，也可预防汲水者不慎落井，当然也可更好地解决无水区域农业的灌溉问题，大大方便了族人生存及农事开发，在当时算是一种极为先进的技术。后来，"井"主要指用于开采地下水的工程构筑物，一般以竖向为主，用于生活取水。

本经：井，改邑不改井，无丧无得，往来井井，汔至，亦未，繘井，羸其瓶？凶。

[译文]筮：井的作用不会变化，但城邑的归属可以变换，城邑里的百姓没有减少，也没有增多，来来往往离不开井，井却干涸而不能用，天气炎热的六月，人们从井里打水，会打满水瓶吗？占：危险。

注释：本经中"改邑不改井，无丧无得，往来井井"、初六爻辞中"井泥不食，旧井无禽"、九二爻辞中"井谷射鲋，瓮敝漏"、九三爻辞中"井渫不食，为我心恻，可用汲"、六四爻辞中"井甃"、九五爻辞中"井洌，寒，泉"、上六爻辞中"井收勿幕？有孚"的文辞记录了城邑的井破败得非常严重，需要淘井、砌筑井壁，并且周王室要高度重视、发布命令。依上六爻辞"井收勿幕？有孚"来分析，奴隶用的为"公井"，是面向社会的。相对应的是周人国民用的井为"私井"，或者是明确使用群体范围的"集体井"。

本经"井，改邑不改井，无丧无得，往来井井，汔至，亦未，繘井，羸其瓶"为叙、问辞，"凶"为断辞。

字词解释：

1.井，甲骨文丼像两纵两横构成的方形框架。造字本义：人工开凿的提取地下水、有方形护栏的水坑。金文丼承续甲骨文字形。有的金文井在方形框架井中加一点指事符号,表示坑中有水。篆文井承续金文字形井。隶书井省去一点指事符号。井,古制八家共汲一井。

2.改,甲骨文像手持棍杖体罚蜷缩成一团的孩子(已),几点指事符号表示孩子哭泣流泪。造字本义:体罚、训导犯错的孩子,使其悔悟、修正。晚期甲骨文省去泪滴指事符号。金文承续甲骨文字形。篆文将金文的"已"写成己。隶书改将篆文的"支"写成"反文旁"。引申动词变更、更换、替代。

3.汔,水干涸。

4.亦,"亦"是"夜"和"腋"的本字。亦,甲骨文在一个人的两臂下方各加一点指事符号,表示两腋。造字本义:人的两腋。金文、篆文承续甲骨文字形。隶书亦将篆文的"大"写成,完全失去人形。当"亦"的"两腋"本义消失后,再加"夕"(肉)另造"夜"代替,表示人体的部位。古时,用于句首或句中,无义。如:《诗经·召南·草虫》:"亦既见止,亦既觏止,我心则降。"

5.未,十天干,六月,是最富于滋味的时候,也是最热的。井水水位与季节有关,其实是和降水量有关,一般夏季降水多,井水水位高,冬季降水少,井水水位低。

6.繘,用绳汲井水。

7.嬴,疑为"赢"之讹字。《黄帝内经·素问·六节脏象论》:"人迎与寸口俱盛四倍以上为关格。关格之脉嬴。"新校正云:"详'嬴'当作'赢'。脉盛四倍以上,非嬴也,乃盛极也。古文'赢'与'盈'通用。"

8.瓶,"瓶"是"缾"的异体字。瓶,金文=(比,靠在一起)+(缶,陶器),表示密集相靠在一起的众多小陶器。造字本义:名词,密集地并列摆在陶坊的众多小陶器。篆文误将金文的"比"写成"并"。篆文异体字以"瓦"代"缶"。异体字"瓶"流行后,本字"缾"反而废止了。大缶为"缸",小缶为"缾"(瓶)。

1.J1全景（北—南）

2.J1底部（北—南）

上图是在河北省邢台市考古发现商周时期的一个水井,底部出土这么多瓶瓶罐罐,是三千多年前的古代邢台人打水掉下的,重见天日已经是三千年后了。

初六：井泥不食,旧井无禽？

[译文]筮：井里是泥水,不能饮用,这些老井没法利用吗？

注释：初六爻辞"井泥不食,旧井无禽"为叙、问辞,无断辞。

字词解释：

9.旧,名词,原来的、过去的事物、老的。

10.禽,通"擒",意指"利用"。

九二：井谷射鲋,瓮敝漏？

[译文]筮：有些井底都适合鲫鱼生存,就像烂瓮一般,破败不聚水吗？

注释：九二爻辞"井谷射鲋，瓮敝漏"为叙、问辞，无断辞。

字词解释：

11.谷，甲骨文🔣=🔣（表示涧水从山坡两侧向下淌）+🔣（口，通道，山口），表示涧水通道。造字本义：山岭间涧水汇集的洼地。金文🔣、篆文🔣承续甲骨文字形。本处字义：井底。

12.射，投合、符合、适合。《魏书·阉官传·刘腾遏》："奸谋有余，善射人意。"

13.鲋，鲋是一个汉语字，基本意思是鲫鱼。

14.瓮，一种头大肚子小的盛水陶器。

15.敝，甲骨文🔣=🔣（巾，绢布）+🔣（攴，手持器械），造字本义：撕毁巾帛。有的甲骨文🔣在"巾"上加两点指事符号🔣，代表巾帛的碎片。篆文🔣基本承续甲骨文字形。毁锅砸鼎叫"败"，撕毁巾帛叫"敝"。引申字义：破的，坏的。

16.漏，"屚"是"漏"的本字。屚，篆文🔣=🔣（广，开放式建筑，代表屋顶）+🔣（雨），造字本义：屋下有雨，表示雨水从不密封或破损的屋顶渗滴。有的篆文🔣误将"广"广写成"尸"尸。当"屚"作为单纯字件后，有的篆文🔣再加"水"🔣另造"漏"代替，强调渗水。隶书🔣将篆文的🔣写成🔣。本处字义：不聚水。

九三：井渫不食，为我心恻，可用汲，王明、并受其福？

[译文]筮：井水不能饮用，要清除井里污泥，心情恳切，武士去做，建议洗淘井，君王有明令、使人享受水带来的福祉吗？

注释：九三爻辞"井渫不食，为我心恻，可用汲，王明、并受其福"为叙、问辞，无断辞。

字词解释：

17.渫，该字基本字义是除去，清除污泥的意思；也有泄，疏通之意。

18.恻，则，既是声旁也是形旁，是"侧"的省略，表示旁侧、旁边。恻，金文🔣=🔣（则，"侧"）+🔣（心，悲伤），表示旁观、同情。造字本义:动词,旁观同情,暗自悲伤。篆文㤚将金文的上下结构调整成左中右结构。隶书惘将篆文的"心"♥写成忄。本处字义:恳切。

19.汲,及,既是声旁也是形旁,表示抓住、获得。汲,篆文㲯=氵(水)+及(及,获得),造字本义:从井里取水。隶书汲将篆文的㲯写成氵。本处字义:洗淘。

20.并,甲骨文𠀤在"从"从(前后相随的两个人)下方加一横指事符号一,表示两人的腿部动作一致,造字本义:两人齐步平行。有的甲骨文㚘将一横一改成两横二,强调步伐"相等、相同"。金文㚘承续甲骨文字形。篆文𠀤误写成两个幵,将金文的混合结构并写成左右结构𠀤。隶书并将篆文的两个"人"丛简写成两个点丷,至此"人"形消失,面目全非。旧式印刷体楷书写成左右结构幷。"从"是两人一前一后相随,"并"是两人平行。合并字"並"。並,甲骨文字形㚤像两个人站㐺在一起。造字本义:两人站在一起。金文㚤、篆文並承续甲骨文字形。隶书将篆文连写成並,"人"形全失。

六四:井甃?无咎。

[译文]筮:要砌筑井壁吗?占:没有过错。

注释:六四爻辞"井甃"为问辞,"无咎"为断辞。

字词解释:

21.甃,以砖瓦砌的井壁。

九五:井洌,寒,泉,食?

[译文]筮:井水会不断涌出,清澄甘美,可保障饮用吗?

注释:九五爻辞"井洌,寒,泉,食"为叙、问辞,无断辞。

字词解释:

22.洌,水清也。"从水,列声。"(《说文》)

洌,指水"清澄甘美",如:甘洌。

23.寒,金文㝱像一个人亻睡在屋宀下保暖的草褥茻里。造字本义:天冷时用草褥保暖。有的金文寒加仌("仌"是"仌"即"冰"的变形),表示秋冬时节屋里的水已经结冰。篆文寒基本承续金文字形寒。隶书寒将篆文四周的干草连写成,并将"人"写成"八"八。古人认为"煗"是热之始,"暑"是热之极;"凉"是冷之始,"寒"是冷之极。引申字义:感到。如:寒玉(玉质清冷)。

24.泉,"泉"是"原"的本字。泉,甲骨文=（穴,石洞）+（水），表示石洞里细流涓涓。有的甲骨文将"水柱"形状写成"下"丁,强调山泉"飞流直下"的特点。造字本义:出水的石洞,水流的源头。金文承续甲骨文字形。篆文基本承续甲骨文字形。隶书误将篆文字形中的石洞形状写成"白"。当"泉"字的"出水的石洞"的本义消失后,金文再加表示石洞的"厂"另造"原"代替;当"原"的"水流源头"本义消失后,篆文又再加"水"再造"源"代替。在造字时代,水流的源头叫"泉";石壁上飞溅的山泉叫"水";由山泉汇成的水叫"涧";山涧在地面汇成的清流叫"溪";众多小溪汇成的水流叫"川";众多川流汇成的大川叫"河",最大的河叫"江"。本处字义:涌出。

上六:井收勿幕？有孚,元吉。

[译文]筮:修缮完成、在奴隶区域不要井盖吗？占:最为美好。

注释:上六爻辞"井收勿幕？有孚"为问辞,"元吉"为断辞。

字词解释:

25.收,篆文=（丩,纠结,表示用绳索捆绑）+（攴,持器械打击）,造字本义:打击罪犯,捆绑入监。隶书将篆文的"丩"写成,绳形消失,并将篆文的写成"反文旁"。引申字义:完成。

26.幕,盖住。

第四十九泽火《革》卦

卦文字抽象字义:制甲。下卦为离、为甲胄,上卦为兑、为妾、为女奴隶,甲胄出自女人手。

《革》卦是周王室制作革甲,为东征充实装备的筮占记录。

周公欲征讨三监之乱,开始制作革甲,加强战备。

《周礼·冬官考工记》：

　　函人为甲，犀甲七属，兕甲六属，合甲五属。犀甲寿百年，兕甲寿二百年，合甲寿三百年。凡为甲，必先为容，然后制革。权其上旅与其下旅，而重若一，以其长为之围。凡甲，锻不挚则不坚，已敝则挠。凡察革之道，眡其钻空，欲其丰也；眡其里，欲其易也；眡其朕，欲其直也，橐之欲其约也；举而眡之，欲其丰也；衣之，欲其无齘也。眡其钻空而惌，则革坚也；眡其里而易，则材更也；眡其朕而直，则制善也。橐之而约，则周也；举之而丰，则明也；衣之无齘，则变也。

可见，周人制作革甲的技术已相当成熟，当然，也有用虎皮、豹皮做革甲，那更多是一种权力、威猛的形象象征，毕竟虎、豹少之又少，也未必比牛皮坚硬。

本经：革，己日，乃孚，元亨，利。贞：悔亡？

[译文]筮：制作革甲，己日开始，用女奴隶，祭祀、祷告列祖列宗，悔恨将消除吗？占：顺利。

注释：本经中"革，己日，乃孚"、初九爻辞中"巩用黄牛之革"、六二爻辞中"乃革之，征"、九三爻辞中"革言三就，有孚"、九四爻辞中"有孚改命"、九五爻辞中"大人虎变，未占，有孚"、上六爻辞中"君子豹变，小人革面"的文辞，介绍了制作革甲的起始日期、皮革和制作工序。同时，由于制作力量不足，周王室大量地使用妇女和奴隶，甚至给奴隶改变身份，予以鼓励。对"大人虎变"和"君子豹变"理解上，这恰恰是周人从战场实际出发，让冲锋陷阵勇士穿戴虎皮革甲威慑更大，君王穿戴豹皮革甲轻松灵活、比较安全。

本经"革，己日，乃孚，元亨，悔亡"为叙、问辞，"利"为断辞。

字词解释：

1.革，既是声旁也是形旁，表示除灭。革，金文𠦶=𠂈（是"克"的变形）+𠬞（双手），表示手持工具除去兽皮上的兽毛。造字本义：持刀剔除兽皮的兽毛。有的金文𠦶将"克"𠂈与双手形状𠬞连写。籀文革突出双手形状㲃㣺。篆文革将金文字形䩌的双手形状㠯误写成"口"㫃。《说文解字》：革，将兽皮上的兽毛脱去，对兽皮加工美化处理。引申动词：制作革甲。

2.己，"己"是"纪"的本字。己，甲骨文㠯、㠰像绳子缠绕的样子。造字本义：在绳子上系圈、打结，用以记数和记事，或标明物品的归属者，有"开始"之意。金文㠯、篆文㠱承续甲骨文字形。当"己"的"结绳记事"本义消失后，篆文再加"丝"另造"纪"代替。引申字义：己日。

初九：巩用黄牛之革？

[译文] 筮：黄牛皮制作的革甲坚固吗？

注释：初九爻辞"巩用黄牛之革"为问辞，无断辞。

字词解释：

3.巩，本字"巩"。工，发既是声旁也是形旁，表示匠具。巩，金文㧏＝工（工，匠具）+㐬（丮，双手抓握），造字本义：工匠用器具加固设备。篆文㧕承续金文字形。合并字"鞏"。鞏，篆文䪖＝㧏（巩，加固）+革（革，兽皮），造字本义：用皮革紧固。引申字义：坚固。

4.征，本处字义：征集、征用。

六二：己日，乃革之，征？吉；无咎。

[译文] 筮：己日起，让妇女制作革甲，继续征集动物皮吗？占：美好；没有过失。

注释：六二爻辞"己日，乃革之，征"为叙、问辞，"吉；无咎"为两次筮占断辞。

字词解释：

5."革之"意指"制作革甲"。

九三：征，凶。贞：厉？革言三就，有孚。

[译文] 筮：继续征集动物皮吗？占：困难。制作革甲有三道工序，让奴隶负责，害怕吗？

注释：九三爻辞"征"为问辞，"凶"为断辞。"厉？革言三就，有孚"为问、叙辞，无断辞。

字词解释:

6.言,指"工序"。"言"字构型和本义说法不一。一种说法认为是指事字,其字形是在"舌"字上部加一区别符号"一"而成的指事字。"舌"与"言"关系密切,就像"刀"与"刃"关系密切一样,都采用了加区别符号造指事字的方式。到了战国时代,舌上的一横变为两横,像舌形的部分与"口"分离,曲笔渐成直笔。秦、楚文字手写体的演变道路基本相同,殊途同归,都与汉隶相近。小篆是规范体,它们一直保持了从"舌"的写法。

也有人认为"言"字上部是"辛"字,下从"口"。"辛"是古代的刑刀,另一说,"辛"是刚从树干上劈砍下来名叫"劈口"的楔形木片。但不管是"刑刀"也好,"劈口"也好,"辛"都读作 xīn,于此作为不表义的声旁。从"口",表示话从口出,表示"说"。《说文解字》以为"言"是"从口、辛(qiān)声"的形声字,如果不考虑其字源,只就其流变的字形而论,也是有道理的。把象意字中的一些偏旁变形表音的例子不胜枚举。"言"字也可如是观。

也有人认为,甲骨文"言"上部的构件"𠮛"在汉字构字系统中意义较为复杂,除了可表示"刑罪"之类外,还多与某种美好的事物相联系。

7.就,又,既是声旁也是形旁,表示"手"的动作,抓持、托举。就,金文 𠭁 = 𠂇(又,用手抓持、托举) + 京(京,高层建筑),手在屋顶,表示屋顶完工。陶文 將上下结构的 調整成左右结构,并将 京 写成 𠂇;将 𠂇 写成 𠃌。造字本义:建成超高建筑物。籀文 誤将金文的"又"𠂇写成"尤"𠃌。篆文 承续籀文字形。引申字义:完成。

九四:悔亡。有孚改命?吉。

[译文] 筮:给制作革甲的奴隶们改变身份吗? 占:悔恨消除;美好。

注释:九四爻辞"有孚改命"为问辞,"悔亡;吉"为两次筮占断辞。

九五:大人虎变,未占,有孚?

[译文]筮:陷阵勇士穿虎皮革甲,威风凛凛,不用怀疑,会抓获俘虏吗?

注释:九五爻辞"大人虎变,未占,有孚"为叙、问辞,无断辞。

字词解释:

8.变,本字为"變"。䜌,既是声旁也是形旁,是"戀"的本字,表示相恋双方记录誓言、信守誓言。變,金文 ▩ = ▩("戀",誓言相爱)+ ▩(攴,打击、破坏),表示背信毁约。造字本义:违背誓言,中断恋情。篆文 ▩ 承续金文字形。▩ 将篆文字形中的"攴" ▩ 简化成"又" ▩。俗体楷书变依据草书字形 ▩ 将正体楷书字形中的"䜌"简化成"亦" ▩。本处字义:显得、像。

9.未,不用。

10.占,甲骨文 ▩ = ▩(骨块)+ ▩(卜,魔杖,降神道具)+ ▩(口,巫师的解说),表示用兽骨刻录巫师的解说。造字本义:巫师卜问,观察神迹,并将内容刻在兽骨上作为史记。有的甲骨文 ▩ 省去兽骨形状 ▩。篆文 ▩ 承续甲骨文字形。合并字"佔"。占,既是声旁也是形旁,表示刻画信息。佔 = 人(人,主人)+ 占(占,刻画信息),表示将自己的氏族、姓名等信息刻画在物品上,以示对物品的拥有权。引申字义:怀疑。

11.未占,不用怀疑。

上六:君子豹变,小人革面?征,凶。居贞:吉?

[译文]筮:君王及宗族长身披豹皮革甲,以示英勇,少数士兵戴上牛皮革介、保护面部吗?筮官居筮:不断征集动物皮,这样美好吗?占:困难。

注释:上六爻辞"君子豹变,小人革面"为叙、问辞,无断辞。"征,吉"为叙、问辞,"凶"为断辞。

《革》卦六爻中,"征"出现了三次,也就是说征集动物皮是制作革甲的关键。从"九三:征,凶""上六:征,凶"来看,越往后,动物皮征集越困难。

第五十火风《鼎》卦 ䷱

☲卦文字抽象事义：铸鼎。下卦为巽、为工，上卦为离、为大腹。为鼎腹空空。

《鼎》卦是周公旦铸做大鼎、纪念小妾生产儿子的筮占记录。

商代后母戊鼎是用传统的浑铸法整体铸造出来的。铸造前，先用陶土塑模，然后翻范，范分腹范、顶范、底范和洗口范。范制好后，组合成铸型。后母戊鼎的鼎足是与整个铸型连为一体的。其中三个鼎足作为浇铸时的浇铸口，一个鼎足作为排气口。铸造时，将大型熔炉置于铸型鼎足的外侧。当熔炉中的青铜熔化之后，将铜汁从三个鼎足口的洗口范上慢慢往铸型里灌注。待鼎身铸好后，再在上面安模、翻范，浇注鼎耳。

铸造这样高大的铜器，所需金属料在1000公斤以上，且必须有较大的熔炉。经测定，后母戊鼎含铜84.77%，锡11.64%，铅2.79%，与古文献记载制鼎的铜锡比例基本相符。后母戊鼎充分显示出商朝青铜铸造业的生产规模和技术水平。

《周礼·冬官考工记》：

> 筑氏执下齐，冶氏执上齐，凫氏为声，㮚氏为量，段氏为铸器，桃氏为刃。金有六齐：六分其金而锡居一，谓之钟鼎之齐。

可见，商、周时冶金和青铜器的铸造技术已十分发达，尤其是铜、锡和铅的比例要求非常严格。

本经：鼎？元吉、亨。

[译文]筮：要铸鼎吗？占：最为美好并祭祀、祈祷先祖。

注释：本经中"鼎"、初六爻辞中"鼎，颠趾""出否，得妾以其子"、九二爻辞中"鼎有实，我仇有疾，不我能即"、九三爻辞中"鼎耳革，其行塞，雉膏"、九四爻辞中"鼎折足，覆公餗，其形渥"、六五爻辞中"鼎黄耳、金铉"、上九爻辞中"鼎玉铉"的文辞,详细地介绍了青铜鼎的铸造工艺。包括浇铸青铜浆设置排气口、配铸大钺、用鸡油涂抹模腔、湿润后除去模材,最后浇铸鼎耳、鼎铉,装饰美玉。从《损》卦开始,周公旦开始辅政,逐步执掌王室权力,至《鼎》卦"得妾以其子",铸鼎明志,已是周王室的核心人物。

本经"鼎"为问辞,"元吉、亨"为断辞。

字词解释:

1.鼎,甲骨文 ![] 像有足 ![] 、有提耳 ![] 的青铜容器,也是煮具,盛行于商周时期,最早用于皇宫祭祀时熬制美食。造字本义:王室祭祀或熬制美食时使用的三足或四足的青铜器皿。有的甲骨文 ![] 将甲骨文的立足 ![] 写成 ![] ,在容器中加一横指事符号,表示内容物。金文 ![] 省去两个提耳。篆文 ![] 将金文的立足 ![] 变形成 ![] 。《说文解字》解释:鼎:三根立腿,两只提耳,是用来调和各种味料的宝器。古代的夏禹,收集中华九州之长贡献的金属,在荆山山下铸鼎。进入山林、江河、湖泽,其间的魑魅魍魉,没有什么能遇见他,他凭借铸鼎和谐地接受苍天的恩赐。

初六:鼎,颠趾,利。出否,得妾以其子?无咎。

[译文]筮:铸鼎,要将鼎足倒过来,作为浇铸青铜浆的浇铸口,一个鼎足作为排气口吗?占:是。再筮:纪念妾生了儿子吗?占:没有过错。

注释:初六爻辞"鼎,颠趾,出否"为叙、问辞,"利"为断辞。"得妾以其子"为问辞,"无咎"为断辞。

字词解释:

2.颠,倒转过来。

3.颠趾,将鼎足作为浇铸青铜浆的浇铸口。

4.出否,排气。

九二:鼎有实,我仇有疾,不我能即?吉。

[译文]筮:铸鼎必须密实,做好用青铜余浆快速配铸大钺,大钺

能配铸成功吗？占：美好。

注释：九二爻辞"鼎有实，我仇有疾，不我能即"为叙、问辞，"吉"为断辞。

字词解释：

5.实，繁体字"實"。金文🔲=∩(宀，家)+🔲(亻物柜)+🔲(贝，钱财)，表示家有宝贝。造字本义：家境富裕，柜中藏贝。有的金文🔲误将亻物柜🔲与"贝"🔲写成合"貫"🔲，表示钱财万贯。篆文🔲承续金文字形。形容词：内部充满的，无空隙的。

6.仇，本字"仇"。九，既是声旁也是形旁，表示挥臂攻击。仇，篆文🔲=∩(人)+🔲(九，"究"的省略，追究)，表示追究对方。造字本义：追究伤害，攻击报复。合并字"雠"。雠，金文🔲=🔲(隹，"唯"的省略，应答)+🔲(言，应答)+🔲(隹，"唯"，应答)，表示双鸟对鸣求偶。造字本义：两个情人像鸟儿一样互相甜言蜜语、唯唯应答，调情求偶。仇，古同"逑"，引申指"配偶"。本处字义：配铸。

7.有疾，要快。

8.我，指"大钺"。

9.能即，能够实现、完成。

九三：鼎耳革，其行塞，雉膏，不食，方，雨亏，悔。终？吉。

[译文]筮：浇铸鼎身主体要除去鼎耳，担心铸浆流不实，用食用鸡油涂抹模腔，铸浆才能顺利流动。下雨天会影响质量，最终呢？占：有悔；美好。

注释：九三爻辞："鼎耳革，其行塞，雉膏，不食，方，雨亏，终"为叙、问辞，"悔；吉"为两次筮占断辞。

字词解释：

10.革，除去。

11.其，青铜浆。

12.塞，甲骨文🔲=∩(宀，房屋)+🔲(两个"工"，表示大量器械、材料)+🔲(双手操持)，表示借用工具修补房屋。金文🔲承续甲骨文字形。篆文加"土"土(泥巴),强调胶泥的补砌作用。造字本义:借助工具、材料,用泥土填堵房墙的漏洞。隶书将篆文的写成。

13.行塞,流不到。

14.方,可能、自由流淌。古人灼龟取兆,方为兆名之一。宋苏洵《六经论·易》:"而卜者,听乎天而人不预焉者也,筮者决之天而营之人者也。龟漫而无理者也,灼荆而钻之,方功义弓,惟其所为,而人何预焉?"

15.亏,影响质量。篆文在号角上加一横,造字本义:气力不足,未将号角吹响。号角吹不出任何声音叫"亏"(表示完全缺乏中气);号角未能吹响,只发出"嘘嘘"声叫"兮";号角高亢并紧急叫"乎"("呼",部落紧急召集的号角);号角吹得音调悠长、稳定、没有起伏变化叫"平"(号音平直,表示平安无事,没有警情)。合并字"虧"。虧,篆文=(虍,声威山谷的老虎)+(佳,鸣声悠扬的鸟雀)+(亏,无力发音)或(兮,发音有气无力),造字本义:虎鸟等动物气损力虚时,发音萎靡。

九四:鼎折足,覆公餗,其形渥?凶。

[译文]筮:翻转鼎足,鼎腔敞开覆盖美味佳肴,使模型湿润吗?占:危险。

注释:九四爻辞"鼎折足,覆公餗,其形渥"为叙、问辞,"凶"为断辞。

字词解释:

16.折,甲骨文=(被截成两段的树)+(斤,斧子),表示用斧子将一棵树砍成两段。金文将甲骨文的写成,并误将甲骨文字形中断开的"木"写成两截"屮"。籀文将金文的写成,并加"二"二,强调砍成"两段"。造字本义:用斧子将树木砍成两段。篆文误将两截草写成"手"手,严重变形。隶书折将篆文的"手"写成手。

17.覆,覆盖。

18.公,本处意指"敞开、开鼎、不加盖"。

19.餗,指"鼎中的食物、煮美味佳肴"。

20."覆公餗"是"覆餗公"的倒装句。

21.形,籀文彭=井("井"的变形,矿井)+土(土,矿粉,指丹青等颜料)+彡(彡,光彩),表示用矿物颜料着色。有的籀文形=开(开,"研"的省略,研磨)+彡(彡,光彩),表示研磨有色矿石,制成丹青,用以着色。造字本义:着色加彩。古同"型",指模型。

22.渥,沾湿,沾润。从水,从屋,屋亦声。"屋"意为"个人寝室"。"水"与"屋"联合起来表示"在个人寝室内洒水清扫搞卫生"。

六五:鼎黄耳、金铉?

[译文]筮:浇铸完成青铜鼎耳、鼎铉吗?

注释:六五爻辞"鼎黄耳、金铉"为问辞,无断辞。

字词解释:

23.黄,成熟。如:黄陇(庄稼成熟后的田垄);黄稼(成熟的稻麦),本处指"完成"。

上九:鼎玉铉?大吉;无不利。

[译文]筮:给鼎、铉镶上美玉吗?占:大为美好;没有任何不利。

注释:上九爻辞"鼎玉铉"为问辞,"大吉;无不利"为两次筮占断辞。

字词解释:

24.铉,抬鼎的青铜杠子。

第五十一《震》卦 ䷲

䷲卦文字抽象事义:地震。下卦、上卦皆为震、为动,地动山摇灾害生。

《震》卦是岐山(关中)发生了大地震的筮占记录。

《今本竹书纪年疏证》《吕氏春秋·制乐》《国语·周语》和《史记·周本纪》均记载,"周幽王二年(公元前780年),西周三川皆震""是岁也,三川竭,岐山崩"。这些史籍都记载了西周末期岐山发生了一次大地震。后来发生在公元880年和公元1037年的两次大地震,均有"岐山复崩"的记载。可见,由于地质原因,岐山地震发生频繁。古籍中所说的"西周三川"即指今关中渭、泾、洛河流域。

后来,地质考古人员踏遍了岐山周边,还寻找到了3000年前(早于周幽王)大地震遗迹,其间发生了山体土石崩塌,崩塌物造成岐(姬)水上游成"堰塞湖",水系下游山外河床干涸的状况,时间与《震》卦记载基本吻合。

本经:震,亨,震来虩虩,笑,言哑哑,震惊百里、不丧匕鬯?

[译文]筮:大地震,祭祀、祈祷先祖;地震让人非常恐惧,但要镇静,说话语音低,震灾有百里之远,还不放下礼器匕鬯吗?

注释:《震》卦本经中"震来虩虩""震惊百里"、初九爻辞中"震来虩虩,后,笑,言哑哑"、六二爻辞中"亿丧贝,跻于九陵,七日得"、六三爻辞中"震苏苏"、九四爻辞中"震遂泥"、六五爻辞中"震往来,亿无丧,有事"、上六爻辞中"震索索,视矍矍""震不于其躬,于其邻""婚媾有言"的文辞,记录了大地震所造成的灾难,同时会伴随着气温降低、泥石流等次生灾害,周王室即时进行视察、安排救济和部署灾后恢复事宜。把上六爻辞"婚媾有言"和《归妹》卦联系起来解读,应是周王室与商王室存在双向联姻,因地震而愆期,担心有所怨言。

本经中"震,亨,震来虩虩,笑,言哑哑,震惊百里、不丧匕鬯"为叙、问辞,无断辞。

字词解释:

1.震,辰,既是声旁也是形旁,是"振"的省略。震,甲骨文䨲=䨩(辰,"振")+ ∗(止,两点指事符号,∗表示双腿发抖),表示天雷震撼天地,令人恐惧发抖。金文䨻加"雷"䨻,强调"打雷"的"震源"。籀文䨺以"雨"䨻(天象)代"雷"䨻,强调天象含义。造字本义:打雷,撼动天地。篆文震承续籀文字形。引申字义:地震。

2.虩虩,恐惧的样子。

3.哑,无声的。

4.惊,繁体字"驚",篆文🐎=🐎(敬,即"警",警觉危险)+🐎(马),表示马受刺激高度警觉。造字本义:马因警觉危险,举足不前。隶书驚将篆文"马"🐎的四足写成"四点底"灬。俗体楷书惊另造"忄"形、"京"声的形声字。"驚"是马警觉危险、举足不前;"骇"是马遇警而嘶鸣。

5.百,甲骨文在"白"(极力说明)字上加一横指事符号一,表示述说不尽。有的甲骨文将双舌重叠的形状写成。造字本义:说不完道不尽。

初九:震来虩虩,后,笑,言哑哑?吉。

[译文]筮:地震让人非常恐惧,随后,要镇静,说话声音很低吗?占:应该。

注释:初九爻辞"震来虩虩,后,笑,言哑哑"为叙、问辞,"吉"为断辞。

字词解释:

6.后,"后"字是由夏启的史官在公元前2000年根据既有汉字"司"创造的,方法就是把司字反转写,并赋予新的读音。这是因为夏王室出身于"司空"家族,是"群司"(司空、司徒、司马、司稷等)之一,为了表示子孙后代不敢与皇祖大禹比肩等列,故以"司"的镜像"后"作为自贬一级的称号。"司"有"子承父业"的意思,"后"也有同样意思,符合夏后氏"家天下"的统治理念。

六二:震来厉,亿丧贝,跻于九陵,勿逐,七日得?

[译文]筮:地震会造成严重的灾害,财物损失极大,人们躲难到九处陵园,不要驱赶,这需要七天时间吗?

注释:六二爻辞"震来厉,亿丧贝,跻于九陵,勿逐,七日得"为叙、问辞,无断辞。

字词解释:

7.来,造成。

8.亿,繁体字"億"。金文=(言,说)+(口,说),表示言之不尽。篆文㥯=亻(人)+意(意,欲念),表示人的主观意念。造字本义:无限地憧憬。隶书億将篆文字形中的写成亻,将篆文字形中的写成意。俗体楷书亿用简单字形"乙"乙,代替同音的复杂字形"意"意。《说文解字》:亿,古代或以十万为亿。《尚书·洛诰》:"公其以予万亿年敬天之休。"也泛指"极大,很多"。

9.跻,到达、聚集。

10.陵,《说文解字》:陵,高大的山阜。本处字义:陵园。

11.九陵:九座陵园。

12.逐,驱赶。

六三:震苏苏,震行,无眚?

[译文]筮:震后气温下降,天气转凉,地震期间,没有人为祸患吗?

注释:六三爻辞"震苏苏,震行,无眚"为叙、问辞,无断辞。

字词解释:

13.苏苏,身体发冷。

九四:震遂泥?

[译文]筮:地震会导致泥石流吗?

注释:九四爻辞"震遂泥"为问辞,无断辞。

字词解释:

14.遂,金文=(辵,行进)+(又,抓),手上几点指事符号,表示采集。有的金文字形复杂化。造字本义:上山采集。篆文误将采集形状写成豕。隶书遂将篆文的"辵"写成辶。引申字义:造成、导致。

15.泥,泥石流。

六五:震往来,厉,亿无丧,有事?

[译文]筮:大地震后,会有余震,担心,损失不大,但有所(救灾、恢复重建)作为吗?

注释:"震往来,厉,亿无丧,有事"为叙、问辞,无断辞。

字词解释：

16.有事，指"要有所作为"。

上六：震索索，视矍矍，征？凶。震不于其躬，于其邻？无咎。婚媾有言？

[译文]筮：震后天气变得严寒，要尽快地下去视察灾情，路上安全吗？占：凶险。再筮：地震没有造成人身伤亡，需要救济难民吗？占：没有过错。再筮：这时履行"联姻婚约"要被指责吗？

注释：上六爻辞"震索索，视矍矍，征"为叙、问辞，"凶"为断辞。"震不于其躬，于其邻"为叙、问辞，"无咎"为断辞。"婚媾有言"为问辞，无断辞。

"婚媾有言"是针对《归妹》卦而言，是指国家有难，王室间的联姻婚约要推后。

字词解释：

17.索索，严寒。

18.矍矍，尽快、急切。

19.于其邻，指"要有怜悯之心、需要救济"。

第五十二《艮》卦䷳

䷳卦文字抽象事义：控制，下卦、上卦皆为艮，为黔喙之鼠。鼠辈岂可窜动。

《艮》卦是周公旦对"三监"、武庚的同党采取限制、打击的筮占记录。

三监叛乱后，并没有主动进攻周王室及其他诸侯领地。在武王丧事期间，三监对基本的丧制、丧服有所遵循，行为上有所收敛。周公旦一方面紧锣密鼓地加强军事准备，另一方面兴修水利、恢复农耕（《井》卦），积极为征讨稳定民心。这时，岐山发生了地震灾害、雨洪，三监又开始散布谣言、蛊惑人心。一些诸侯、官员蠢蠢欲动，意欲背叛周王室。周公旦为了限制、打击叛乱者，制定了严厉的措施。

本经:艮其背,不获其身,行其庭,不见其人,无咎?

[译文]筮:不能得到他的忠诚,就打击其背叛行为;不服从号令,就派军队看守其处所,没有过失吗?

注释:本经中"艮其背,不获其身,行其庭,不见其人"、初六爻辞中"艮其趾"、六二爻辞中"艮其腓,不拯其随,其心不快"、九三爻辞中"艮其限,列其夤,熏心"、六四爻辞中"艮其身"、六五爻辞中"艮其辅,言有序"、上九爻辞中"敦艮"的文辞,周公旦对那些意欲背叛周王室的诸侯、官员进行严厉的限制及打击。根据危害轻重程度,分别采取施加趾刑、腓刑、限制活动、逐步改造、剥夺功名等措施。当然,周公旦也采取怀柔策略,赐予有些诸侯青铜敦礼器,予以笼络。

本经"艮其身,不获其身,行其庭,不见其人,无咎"为叙、问辞,无断辞。

字词解释:

1.艮,甲骨文 = （目）+（人）,表示目视。造字本义:回望怒视。金文突出"目在背后"的形象,强调回头看。篆文承续甲骨文字形。"艮"作为单纯字后,篆文再加"彳"另造"很"代替。向前看为"见",回头看为"艮"。本处字义:约束、限制、打击。

2.背,本字"北",金文像两人相背。"北"的"相背"本义消失后,篆文再加（肉,代身体）另造"背"代替,造字本义:人体躯干的后部、在脖子和骨盆之间的部分。隶书将篆文的写成。引申动词:违逆,背叛。

3.身,"身"与"孕"本同源,后分化。身,甲骨文像一个女人挺着大肚子。有的甲骨文像一个人隆起的腹部内怀着一个胎儿。有的甲骨文写成指事字,在隆起的腹部内加一点指事符号,表示腹内有子。造字本义:妇女腹部隆起,怀胎孕子。金文基本承续甲骨文字形,在隆起的腹部下方加一短横指事符号,指代不明。篆文承续金文字形。隶书略有变形,"人"形消失,"腹"形消失。"身"的"怀孕"本义消失后,另造会意字"孕"代替。身,引申字义:

忠诚。

4.行,队伍,军队。司马迁《史记·陈涉世家》:陈胜、吴广皆次当行。

5.庭,"廷"是"庭"的本字。廷,篆文字形表示臣相朝拜国君的地方。当"廷"的本义消失后,篆文再加"广"另造"庭"代替。造字本义:宫中宽阔的大殿。引申字义:处所。

初六:艮其趾?无咎;利。永贞:

[译文]筮官永筮:以"趾刑"来限制其活动吗?占:没有过失;有利。

注释:初六爻辞"艮其趾"为问辞,"无咎;利"为两次筮占断辞。

字词解释:

6.趾,从足,从止,止亦声。"止"意为"停步""不走"。"足"指"脚"。"足"与"止"联合起来表示"处于静止状态的脚"。本义:站着的脚。"趾"通"止",《汉书·刑法志》:"斩左止。"颜师古注:"止即趾。"可见趾与止同义。本处字义:趾刑。

六二:艮其腓,不拯其随、其心不快?

[译文]筮:以"腓刑"来限制其活动,同党心情压抑、但不会救援吗?

注释:六二爻辞"艮其腓,不拯其随、其心不快"为叙、问辞,无断辞。

字词解释:

7.腓,古代剔除膝盖骨或断足的酷刑。

8.快,篆文=(心,心情)+(夬,开口表达),表示有话直说,直率表达心情。造字本义:直爽,直抒胸臆。隶书将篆文的"心"写成,将连写成。形容词:不压抑的,舒畅的。《荀子·大略》:"国将衰,必贱师而轻傅,贱师而轻傅则人有快,人有快则法度坏。"

九三:艮其限,列其夤,厉。熏心?

[译文]筮:限制其活动范围,裂分他的封地,逐渐改变其内心吗?

占:担心。

注释:九三爻辞"艮其限,列其夤""熏心"为叙、问辞,"厉"为断辞。

字词解释:

9.限,金文■=■(阜,盘山石阶,代表高山)+■(见,回望),造字本义:崇山险峻,让人望而却步。篆文■承续金文字形。隶书■将篆文的"阜"■写成"左耳旁"■;将篆文的"见"■写成■。《说文解字》:限,险峻阻碍。引申名词:界限、边界、分界线(如领土、运动场所、田地等)。本处字义:范围。

10.列,金文■=■(像碎屑或血滴状)+■(夕,肉,代身体)+■(刀,割刑),表示活剐。造字本义:远古解肢极刑,即活剐。有的金文■将血滴形状■写成数条状■。篆文■基本承续金文字形。有的隶书■将流血的身体■简化成"歹"■。古同"裂",分裂。

11.夤,恭敬,敬畏;攀附上升,喻拉拢关系,向上巴结;深(夜)。通"瑸"。夹脊肉。引申字义:封地。

12.熏,金文■是指事字,字形在"東"■(囊袋)中间加四点指事符号■,表示囊袋中的香料。有的金文■加"火"■,变成会意字,表示蒸烤香袋,用香气烘烤食物,或用香气烘灼穴位以治疗疾病。造字本义:加热香袋以利用香气蒸烤。篆文■误将金文的"東"■写成■。《说文解字》:熏,火苗、烟雾向上冒出,烤黑物品。引申字义:用言语、行动逐渐影响、说服人,改变人。"欲以熏轑天下。"(《汉书·杜钦传》)

六四:艮其身?无咎。

[译文]筮:剥夺其功名吗?占:没有过失。

注释:六四爻辞"艮其身"为问辞,"无咎"为断辞。

字词解释:

13.身,功名。宋叶适《陈秀伯墓志铭》:"君之言不用而身无成,亦岂其命也欤!"

六五:艮其辅,言有序?悔亡。

[译文]筮:限制在畿辅范围的活动,言辞要有规矩吗? 占:悔恨消除。

注释:六五爻辞"艮其辅,言有序"为叙、问辞,"悔亡"为断辞。

字词解释:

14.辅,附属于国都的近郊。如:畿辅。

15.序,金文序=厂(厂,开放型建筑)+㇏(像主屋❍的不同方向有回廊㇏),表示进入主屋的不同方向的走廊,一种既可遮风避雨又可欣赏风景的附属建筑。造字本义:进入主屋的不同方向的走廊。有的金文將㇏分写成❽和丁,字形变化巨大。篆文序则将金文的误写成"予"序。引申字义:次序、规矩。

上九:敦艮? 吉。

[译文]筮:赐青铜敦礼器进行笼络吗? 占:美好。

注释:上九爻辞"敦艮"为问辞,"吉"为断辞。

第五十三风山《渐》卦

卦文字抽象事义:治水。下卦为艮、为山、为径路,上卦为巽、为工,疏导山川径路通。

《渐》卦即是周人疏导河川、治水防洪事件的筮占记录。

本经:渐,女归? 吉;利。贞:

[译文]筮:(男丁)要去治水防洪,女孩出嫁吗? 占:美好;有利。

注释:《渐》卦本经中"渐,女归"、初六爻辞中"鸿渐于干"、六二爻辞中"鸿渐于磐"、九三爻辞中"鸿渐于陆,夫征不复,妇孕不育""御寇"、六四爻辞中"鸿渐于木,或得其桷"、九五爻辞中"鸿渐于陵"、上九爻辞中"鸿渐于陆,其羽可用为仪"的文辞,说明治水逐次在主河道加固大堤、山石间清理塌方、在平原疏通支流、整修王陵,最后,要颂扬治水盛况。治水期间,还出现了"夫征不复,妇孕不育"的家庭和社会问题。

本经"渐,女归"为叙、问辞,"吉;利"为两次筮占断辞。

字词解释：

1.渐，斩，既是声旁也是形旁，表示切分成小的部分。渐，篆文𣲙=氵(水，河水)+斩(斩，切分)，表示分水导流。造字本义：多步骤分流治水。隶书渐将篆文字形中的氵写成氵，将篆文字形中的斩写成斩。俗体楷书渐依据类推简化规则将正体楷书字形中的斩简化成斩。

2.归，繁体字"歸"。甲骨文=(兵符，代军权，代战争)+(止，终结)+(方，边远势力)。造字本义：异域远疆停止敌对与战争状态，顺服于中央朝廷。有的甲骨文误将中"止"与"方"组成的写成了"帚"。金文承续甲骨文，并加"辵"(行进)，强调前往中央朝拜。籀文省去、。篆文歸基本承续金文字形。《说文解字》：归，女子出嫁。

初六：鸿渐于干，小子厉，有言？无咎。

[译文]筮：宏大的治水防洪在主河道(加固大堤)展开，宗族分族长会有担心，有所指责吗？占：没有过错。

注释：初六爻辞"鸿渐于干，小子厉，有言"为叙、问辞，"无咎"为断辞。

字词解释：

3.鸿，繁体字"鴻"。甲骨文=工(工，即"巨"，表示大)+鸟(鸟)，表示大型鸟类。造字本义：大雁，高飞迁徙的大型飞禽。金文以"隹"代"鸟"。篆文结合甲骨文、金文字形。隶书误将篆文的鸟羽与鸟爪写成"四点底"灬。楷书鸿加"水"氵，表示可以越过大江大川的大型飞禽。古人利用大雁传信，因此"鸿"有了"信件、信息"的引申义。大鸟为"鸿"，小鸟为"雀"；古人以"鸿鹄"与"燕雀"比喻形体大小与目标高下之异殊。引申词义：宏大的。

4.干，主河道。

六二：鸿渐于磐，饮食衎衎？吉。

[译文]筮：宏大的治水防洪在纡回层叠的山石间(清理塌方)展开，大家吃饭饮酒、团结快乐吗？占：美好。

注释:六二爻辞"鸿渐于磐,饮食衎衎"为叙、问辞,"吉"为断辞。

字词解释:

5.磐,纡回层叠的山石。

6.饮,特指喝酒。

7.衎衎,团结快乐的样子。

九三:鸿渐于陆,夫征不复,妇孕不育？凶。利。御寇？

[译文]筮:宏大的治水防洪在平原(疏通支流)展开,民夫过家不能回,妇女孕而不能生育吗？占:危险。再筮:君王要亲自掌管刑法吗？占:有利。

注释:九三爻辞"鸿渐于陆,夫征不复,妇孕不育"为叙、问辞,"凶"为断辞。"御寇"为问辞,"利"为断辞。

字词解释:

8.陆,六,既是声旁也是形旁,是"庐"的本字,表示茅屋。陆,甲骨文=阝(阜,盘山石阶,代表大山)+（两"六"即"庐",大量草屋;干表示茅草系扎的屋顶),表示有民居的大山。造字本义:古代有大量民居分布的大山。金文承续甲骨文字形。有的金文加"土",表示居住范围从大山扩大到一般地域。篆文省去一个"六"。隶书将篆文的"阜"写成"左耳旁",并误将篆文的"中"(茅草屋顶)写成"土"。引申名词:高于水面的连绵大地,泛指平原。

六四:鸿渐于木,或得其桷？无咎。

[译文]筮:宏大的治水防洪在林间展开,有些堤边得用椽子加固吗？占:没有过失。

注释:六四爻辞"鸿渐于木,或得其桷"为叙、问辞,"无咎"为断辞。

字词解释:

9.木,甲骨文像上有枝干、下有根系的一棵树。造字本义:扎根于土地的树。金文、篆文承续甲骨文字形。隶书淡去篆文的树枝形象。本处字义:林间、树林。

10.桷,方形的椽子。

九五:鸿渐于陵,妇三岁不孕,终莫之胜?吉。

[译文]筮:宏大的治水防洪在土丘之间(整修王陵)展开,妇女三年没有身孕,始终不能佩戴首饰吗?占:是。

注释:九五爻辞"鸿渐于陵,妇三岁不孕,终莫之胜"为叙、问辞,"吉"为断辞。

字词解释:

11.莫,不能、没有。

12.胜,合并字"勝"。朕,既是声旁也是形旁,表示船舵。勝,金文㬰=䑞(朕,船舵)+丿(力),表示掌舵的能力。造字本义:掌舵行舟,担当大任。篆文䑞承续金文字形。隶书勝将篆文的"舟"舟误写成"月"月。本处字义:古代妇女首饰,如:"胜里金花巧耐寒。"(杜甫《人日》)。又如:蓬发戴胜。

上九:鸿渐于陆,其羽可用为仪?吉。

[译文]筮:宏大的治水防洪在平原即将结束,要用书文颂扬治水盛况吗?占:美好。

注释:上九爻辞"鸿渐于陆,其羽可用为仪"为叙、问辞,"吉"为断辞。

字词解释:

13.羽,指书信。如:羽檄(征调军队的文书,上插鸟羽以示紧急,须速递。亦称"羽书");羽檄文书(插有羽毛的紧急军事文书);羽翰(指书信或文章);羽书(指书信)。

14.仪,繁体字"儀"。"义"是"儀"的本字。義,甲骨文羛=𦍌(羊,祥,吉兆)+𢦒(我,武器,代表战争),表示吉兆之战。造字本义:出征前的隆重仪式,祭祀占卜,预测战争凶吉;如果神灵显示吉兆,则表明战争是仁道、公正的,为神灵福佑的。金文羛承续甲骨文字形。当"義"的"仪式"本义消失后,篆文䔒再加"人"𠆢另造"儀"代替,表示程式庄严的典礼。

第五十四雷泽《归妹》卦 ䷵

䷵卦文字抽象事义：出嫁。下卦为兑、为少女，上卦为震、为长男，女子循嫁夫君。

《归妹》卦是周王室遵循与诸侯联姻约定，拟按仪礼"归妹"以嫁的筮占记录。

《仪礼·士昏礼》：

> 主人说服于房，媵受；妇说服于室，御受。姆授巾。御衽于奥，媵衽良席在东，皆有枕，北止。主人入，亲说妇之缨。烛出。媵馂主人之余，御馂妇余，赞酌外尊酳之。媵侍于户外，呼则闻。

《士昏礼》中的"媵"，是西周盛行且特有的一种婚姻形态。那么，什么是媵婚制呢？《公羊传·庄公十九年》曰："媵者何？诸侯娶一国，则二国往媵之，以侄娣从。"侄为兄之女，娣即妹妹。《仪礼·婚礼》曰："媵，送也，谓女从者也。"所谓"媵嫁"，实际上指随嫁。先秦时代，按统治者给自己的规定特权，诸侯要嫁女给另一诸侯时，除嫁自己的女儿之外，还要请邻近或关系较好的其他两个诸侯国的女儿陪嫁。正嫁的女子称为"妻"或"夫人"，陪嫁的女子称"媵"。媵分左右，左尊右卑，主要由母国的政治地位决定。妻子和左右媵出嫁时还必须各带两位本家的少女随嫁，选自兄长的女儿叫"侄"，选自兄弟的女儿叫"娣"，"侄"或"娣"假若年龄较小，则待长大后出嫁，称之"归妹"。这种媵婚制在先秦民歌中有大量的遗存，《诗经》中也有一些反映"媵婚"的诗歌，如《卫风·硕人》和《大雅·韩奕》等就是反映这种媵婚制的典型诗。首先我们来看《诗经·大雅·韩奕》第四章中："韩侯取妻，汾王之甥，蹶父之子。韩侯迎之，于蹶之里，百两彭彭，八鸾锵锵，不显其光。诸娣从之，祁祁如云；韩侯迎之，烂其盈门。"此诗写的是韩侯娶妻时媵妾相随的情形：韩侯娶的是当时贵族蹶父的女儿，跟随蹶女陪嫁韩侯的媵妾多如彩云，灿烂盈门。"祁祁"，即众多貌。陪嫁的姐妹多如云,可见媵的数量之多。这首诗在宏大的政治背景中插入美嫁之场景,将婚姻的外壳添加了宗法政治的内容,这是《韩奕》诗媵嫁部分的突出特色。其次我们来看看《卫风·硕人》:"葭菼揭揭,庶姜孽孽,庶士有朅。""庶姜孽孽"即一大群陪嫁的女子打扮得漂漂亮亮的,随庄姜嫁到了卫国。这首诗浓墨重彩地渲染了齐庄公的女儿庄姜嫁到卫国时的盛况。诗的结尾有"庶姜孽孽,庶士有朅"的句子,按朱熹的解释:"庶姜,谓姪娣;孽孽,盛饰也。"反映的就是这种媵嫁的婚姻场面。以上这两首诗都直言了"媵婚"的场面。此外,再来看一首关于媵婚制的有趣诗《江有汜》:"江有汜,之子归,不我以。不我以,其后也悔。江有渚,之子归,不我与。不我与,其后也处。江有沱,之子归,不我过。不我过,其啸也歌。"这首诗的主角"媵"很含蓄,对这首诗的理解也各有不同,其中较可信的是《诗序》里明确为:"《江有汜》,美媵也。勤而无怨,嫡能悔过也。文王之时,江沱之间,有嫡不以其媵备数,媵遇劳而无怨,嫡亦自悔也。"《诗序》说此诗写嫡与妾即正妻与媵妾的关系。不过,《江有汜》写的不是嫡妻的悔词,而是媵妾的怨词,意思是嫡妻出嫁不用我,将来必定要后悔的。郑玄的笺说也很清楚:"勤者,以己宜媵而不得,心望之。"虽然此解"勤"未必正确,但这里强调了"媵",也就点中了此诗的主题内涵。由此我们可以推想此诗是"媵女未得从嫁的怨词"。因为古代诸侯嫁女,多以媵女陪嫁,这是奴隶社会剥削制度的产物。这一制度把人变成了陪嫁物,这是对人权的极度蔑视。但即使是这样,在当时的社会环境下,由于媵女陪嫁成了人们已接受的习俗,再加上是陪从诸侯的女儿出嫁到另一尊贵的诸侯之处,实际上也有些好处,所以会有乐从之者。既然乐从,所以不得从嫁反而生怨。《江有汜》一诗可以说反映的正是这一制度下产生的这般怨情。媵婚制的独特性及其实质,它所说的媵并非我们所说的妾。鉴于女方家族出嫁者由夫人(即正妻)和媵妾(即次妻或姪娣)组成的新娘群体,虽有主次妻之分,其性质却与后世的妻妾制截然不同。夫人和媵同为贵族同姓至亲,关系十分密切，如一人有子，其余者都视如己出。然而媵是陪嫁的女子，其地位比不上作为正妻的嫡夫人；而妾的名称最早见于《礼记》。《礼记·内则》上说："聘则为妻，奔则为妾。"这就是说，纳妾可不拘礼数，不必经过聘娶仪式。媵的地位虽然比妻低，但经历了聘娶仪式，比作为贱人的妾，其地位还是要尊贵得多。而妾可以是买来的，也可以是亲朋好友赠送的。可想而知，在妻、媵、妾中，媵与妾的地位是有所差别的，甚至可以说是天壤之别。三者之中，媵仅次于妻，而妾的地位最低。

本经：归妹、征？凶；无攸利。

[译文]筮：让"妹"远行归嫁吗？占：凶险；没任何收获。

注释：本经中"归妹、征"、初九爻辞中"归妹以娣"、九二爻辞中"眇能视"、六三爻辞中"归妹以须，反归以娣"、九四爻辞中"归妹愆期"、六五爻辞中"帝乙归妹"、上六爻辞中"女承筐无实，士刲羊无血"的文辞，阐明了"政治联姻"完全是特定历史时期政治环境下的产物，男女双方都是利益工具，婚姻感情大多有名无实。

六五爻辞是《归妹》卦的"点睛"之笔，按照"帝乙归妹，其君之袂不如其娣之袂良"以对等比喻关系来分析所涉及的人物，《归妹》卦最大可能是说商周之间有婚约，并且是武庚将女儿嫁给周成王。武庚为帝，周成王是新君，武庚把女儿嫁给周成王，完全与"帝乙归妹"所涉及历史事件和人物相对应。"六三：归妹以须，反归以娣""九四：归妹愆期，迟归有时"，又说明了殷商和周王室是双向婚约、互为"归妹"，联姻的政治效果更加明显。由于三监叛乱，又因武王丧事、大地震耽搁了双方婚约，《震》卦"上六：婚媾有言"即是明证，也是导致"归妹愆期"的主要原因。鉴于双方关系恶化、失去信任，周王室便让武庚先将女儿嫁过来，才肯将自家的"姑娘"嫁过去。从"上六：女承筐无实、士刲羊无血？无攸利"的爻辞判断，这场联姻的政治游戏以失败而告终。

本经"归妹、征"为问辞，"凶；无攸利"为两次筮占断辞。

字词解释：

1.妹,未,既是声旁也是形旁,表示尚无结果。妹,甲骨文 ✦=✦ (未,枝叶茂盛但尚无结果)+✦(每,插着发髻的女子),表示尚不能生育的女子。造字本义:比喻发育成熟但未出嫁的女子。金文 ✦ 将甲骨文的 ✦ 写成 ✦。有的金文 ✦ 调整左右顺序。篆文 ✦ 承续金文字形 ✦。隶书 ✦ 将篆文的"女" ✦ 写成 ✦。

2.归妹,"媵婚"中女子待年龄长大而履约归嫁。

初九:归妹以娣,跛能履,征？吉。

[译文]筮:让弟弟的女儿归嫁,礼仪不周,能远行而履行婚约吗？占:美好。

注释:初九爻辞"归妹以娣,跛能履,征"为叙、问辞,"吉"为断辞。

字词解释：

3.跛,站立时重心偏于某一足上。引申字义:礼仪不周。

4.跛能履,意指"礼仪不周,能远行履行婚约"。

5.征,远行、出嫁。

九二:眇能视？利。幽人之,贞:

[译文]筮:为使她安定幽居,需视瞭随从组织演奏美妙音乐吗？

注释:九二爻辞"眇能视""幽人之"为问、叙辞,"利"为断辞。

字词解释：

6.眇,通"妙",美好。《汉书·扬雄传》:"声之眇者不可同与众人之耳。""美要眇兮宜脩。"(《楚辞·湘君》)"虽户说以眇论,终不能化。"(《史记·货殖列传序》)

7.视,《周礼·春官宗伯·视瞭》:"视瞭掌凡乐事播鼗,击颂磬、笙磬,掌大师之县。凡乐事,相瞽。大丧,廞乐器。大旅,亦如之。宾射,皆奏其钟鼓,鼛、恺献,亦如之。"

8.眇能视,是"视能眇"的倒装句,意指"视瞭随从,能演奏美妙音乐"。

9.幽人,幽居之士,本处特指"妹、姊安静幽居"。宋苏轼《定惠院寓居月夜偶出》诗:"幽人无事不出门,偶逐东风转良夜。"苏轼《卜算子·黄州定惠院寓居作》词:"谁见幽人独往来,飘渺孤鸿影。"唐韦应物《秋夜寄邱员外》:"怀君属秋夜,散步咏凉天。山空松子落,幽人应未眠。"

六三:归妹以须,反归以娣?

[译文]筮:归妹要等待,让对方履行婚约,先将女归嫁过来吗?

注释:六三爻辞"归妹以须,反归以娣"为叙、问辞,无断辞。

"归妹以须,反归以娣",说明"联姻"是双向的。

字词解释:

10.须,甲骨文=(人)+(下巴)+(彡,毛发),表示长在下巴上的毛发。有的甲骨文将"人"与下巴上的毛发分写。金文以"面"代甲骨文的下巴形象,表示"须"为长在面部的毛发。有的金文写成"页"、"彡"会意。造字本义:男子两腮和下巴标志性的毛发。引申字义:等待。

九四:归妹愆期,迟归有时?

[译文]筮:女子归嫁耽误了日期,再约定个时间吗?

注释:九四爻辞"归妹愆期,迟归有时"为叙、问辞,无断辞。

字词解释:

11.愆,耽误。

12.迟,甲骨文=(尼,小孩与大人相随)+(亍,即"彳",即"行",行进),表示因带着嬉戏打闹的孩子,大人行进速度缓慢。金文=(辵,行进)+(尸,人)+(辛,施刑),表示犯人在被押途中步履缓慢。造字本义:以缓慢速度行进。篆文将甲骨文字形中的"亍"写成"辵",将甲骨文字形中的"尼"写成"人+二"的尸。篆文异体字误将金文字形中"人+辛"的写成"尾+牛"。隶书遲将篆文字形中的"尾+牛"写成"人+羊"犀。楷书遲将篆文字形中的写成"犀"犀。俗体楷书迟将篆文字形中"人+二"的尸写成"人"尸(尸)加"点"的"尺"尺。

13.迟归,推后婚期。

14.时,甲骨文 = ⬚(止,行进)+⬚(日,太阳),表示太阳运行。造字本义:太阳运行的节奏,季节。金文⬚将甲骨文字形中的"止"⬚(趾)写成⬚。籀文⬚承续金文字形。篆文⬚写成左右结构,并加"寸"⬚(抓持),表示力图抓住易逝的光阴。隶书⬚误将篆文字形中的"止"⬚(趾)写成"土"⬚。四季为"时",一天为"日"。

15.有时,约定个时间。

六五:帝乙归妹,其君之袂不如其娣之袂良,月幾望?吉。

[译文]筮:像帝乙那样,武庚把自己的女儿归嫁给周成王,比起君王订立的盟约更牢靠,这是月神昭示的天机吗?占:美好。

注释:六五爻辞"帝乙归妹,其君之袂不如其娣之袂良,月幾望"为叙、问辞,"吉"为断辞。

字词解释:

16.袂,篆文⬚=⬚(衣,袖)+⬚("诀"的省略,开口道别),造字本义:作揖告别时两只袖口连在一起。隶书⬚将篆文的"衣"⬚写成⬚。特指手拉着手(关系亲近)。

上六:女承筐无实、士刲羊无血?无攸利。

[译文]筮:女子背负的筐内没有东西、男人刺羊没有流血吗?占:不会有任何收获。

注释:上六爻辞"女承筐无实、士刲羊无血"为问辞,"无攸利"为断辞。

字词解释:

17.刲,形声字。从刀,圭声。本义指刺杀。《说文》:"刲,刺也。"王筠句读:"杀羊刺其耳下,异于他牲,故谓之刲。"

第五十五雷火《丰》卦 ䷶

䷶卦文字抽象事义：兴旺。下卦为离、为火，上卦为震、为长男，长男续持香火。

《丰》卦是周成王扩建丰京宗庙、祭祀先祖的筮占记录。

周灭崇，建立丰邑（今西安市长安区沣河西岸），筑灵台，将周的都城由岐山周原东迁渭水平原，称丰京，文王去世后，庙建于丰。武王时，在沣水东岸建立新都镐京，继续以姜尚为军师，并用弟弟周公旦为太宰，召公、毕公、康叔、丹季等良臣均各当其位，人才荟萃，政治蒸蒸日上。对外联合更多诸侯国，壮大力量。帝辛死后，武王仍废寝忘食，鞠躬尽瘁，于公元前1043年去世，庙建于丰。可见，文王去世后，姬周的政治中心由丰转移至镐，及至武王去世，丰京已成为宗庙祭祀圣地，比起镐京政治、经济中心冷清了许久，出于对父亲文王感情寄托，周公旦决定扩建整修丰京宗庙。

本经：丰，亨，王假之，勿，忧宜，日中？

[译文]筮：扩建整修丰京宗庙，祭祀、祷告先祖，要有旗帜，周成王居丧期借此"宜"祭，在正午进行吗？

注释：本经中"丰，王假之，忧宜，日中"、初九爻辞中"遇其配主"、六二爻辞中"丰其蔀，日中见斗"、九三爻辞中"丰其沛，日中见沬，折其右肱"、九四爻辞中"丰其蔀，日中见斗"、六五爻辞中"来章，有庆，誉"、上六爻辞中"丰其屋，蔀其家"的文辞，表明了周王室对扩建整修丰京宗庙的工程质量非常认真重视。但同时也担心出现"阒无一人，三岁不觌"的冷清、伤感状况。《丰》卦卦、爻辞中，"日中"指"正午"，共有四处出现。按次序分别指"正午举行宜祭；正午光线透过蔀顶（不严实）；正午起大雾，折断旗杆；正午光线透过蔀顶（不严实）"。可见，若有问题，这个时间会显现或暴露出来。

本经"丰，亨，王假之，勿，忧宜，日中"为叙、问辞，无断辞。

字词解释：

1.勿，《说文解字》的解释："州里所建旗。象其柄，有三游，杂帛，幅半异。所以趣民，故遽，称勿勿。凡勿之属皆从勿。"什么意思？大致是说，是"州里"这一级行政机构特用的一种旗帜，有三条飘带，用来召集和驱动老百姓，所以有快、匆忙的意思，旗帜是因为边缘像锯齿一样的形状装饰而得名。

2.忧，居丧曰忧。《尚书·商书·说命》："王宅忧。"

3.宜，古代祀典的一种。"宜"字带"且"，以往一般解释"且"为生殖崇拜，但也有说法"且"是指切肉的"砧板"，中间二横表示"均等"，"且"含有"杀牲祭祖"之义。"宜"和"祖""则""俎"都是从"且"字脱胎而来，多数学者认为古文字中的"宜"通"俎"，"宜"是"俎"的本字，后"俎"字代替了"宜"的本义。"宜"在甲骨卜辞中很常见，但基本不作国名，而是作为一个祭祀用语，有"把祭肉置于案献于神灵"的意思。故"宜"字当起源于远古祭祀活动，也叫"宜祭"。从甲骨卜辞来看，商、西周流行宜祭。

初九：遇其配主，虽旬，无咎。往有尚？

[译文]筮：对待选配房柱的关键材料，要用十天时间，往后要坚持这样吗？占：没有过错。

注释：初九爻辞"遇其配主，虽旬，往有尚"为叙、问辞，"无咎"为断辞。

字词解释：

4.配，甲骨文🔣=🔣(酉，酒坛)+🔣(人，酿酒师)+🔣(三点指事符号，代表酿酒师往酒坛里投放发酵剂料)，表示酿酒师调放剂料。造字本义：根据酒坛内酒米、酒水的容量比例，调放酒曲，发酵制酒。有的甲骨文🔣省去三点指事符号🔣。金文🔣误将甲骨文的"人"🔣写成"右耳旁"🔣，篆文🔣则将金文的"人"🔣写成"已"🔣。

5.配主，选配房柱。

6.虽，繁体字"雖"。唯，既是声旁也是形旁，表示答应。雖，金文雖=唯(唯,答应)+虫(虫),表示会应答人的呼声的动物。造字本义:传说中一种会应答人的呼唤的动物。篆文雖承续金文字形。俗体楷书虽省去正体楷书雖的"隹"隹,变成"虫"与局部"唯"的合体字。引申连词:即使,纵使,尽管。

7.旬,勻,既是声旁也是形旁,表示相等、相同。金文旬=勻(勻,相同)+日(日,日子),表示等分一个月的时间周期:古人以每月三十天为假设基础,将第一日到第十日称为"上旬";将第十一日到第二十日称为"中旬";将第二十一日到第三十日称为"下旬"。实际使用时,"下旬"可能包含八天,可能包含十天,也可能包含十一天。造字本义:名词,古代将一个月进行三等分的计日单位,以十天为一旬,每月分为上、中、下三旬。有的金文旬误将"勻"写成"勹"。篆文旬将金文字形中曲形的"又"写成"人"。隶书旬将篆文的"人"写成"勹"。

8.尚,尊崇、坚持。

六二:丰其蔀,日中见斗,往得疑疾,有孚发若?吉。

[译文]筮:丰京宗庙要用席棚顶,正午时分,有光线透过,似星斗闪烁,有质量问题,让奴隶们返工吗?占:必须。

注释:六二爻辞"丰其蔀,日中见斗,往得疑疾,有孚发若"为叙、问辞,"吉"为断辞。

字词解释:

9.蔀,搭棚用的席。古历法的计算单位,十九年为一章,四章为一蔀,这里指前者。

10.斗,二十八星宿之一。北方玄武七宿的第一宿,有六颗星,通称为"南斗",也有指北斗七星,这里泛指星斗。

11.疑疾,是古汉语词汇,解释为"多疑的病、疑难病症"。"往得疑疾"这里指"发现质量问题"。

12.发,合并字"發"。發(fā),甲骨文發=發(两只脚)+殳(手持标枪),表示助跑投枪。造字本义:手持标枪,双足飞奔,借惯性将标枪投向野兽或敌人。金文加"弓",表示弓子弹射子弹。篆文承续金文字形。本处字义:返工。

13.若,像、相似、与一致。意指"达到质量要求"。

九三:丰其沛,日中见沫,折其右肱？无咎。

[译文]筮:在丰京宗庙左右两边插上旌旗,正午时分,刮起白色水雾,折断了右边的旌旗(征兆如何)？占:没有灾祸。

注释:九三爻辞"丰其沛,日中见沫,折其右肱"为叙、问辞,"无咎"为断辞。

字词解释:

14.沛,,既是声旁也是形旁,是"肺"的省略,表示呼吸器官。沛,篆文=(水,洼)+("肺"的省略,呼吸器官),水之肺,比喻作为大地水分调节器官的沼泽。造字本义:沼泽,多水草之地。隶书将篆文的写成。古同"旆",旌旗。

15.沫,末,既是声旁也是形旁,表示事物尾端。沫,篆文=(水,浪)+(末,尾端),表示水浪之末。造字本义:浪花落在水面形成的一层细小水泡。隶书将篆文的写成。本处字义:白色水雾。

16.右肱,胳膊上由肘到肩的部分。古代称强大、得力的助手为右肱。

九四:丰其蔀,日中见斗,遇其夷主？吉。

[译文]筮:用席棚顶,在正午时分,如光线透过屋顶,似星斗闪烁,有质量问题,正好选配东边房柱、要引以为鉴吗？占:必须。

注释:九四爻辞"丰其蔀,日中见斗,遇其夷主"为叙、问辞,"吉"为断辞。

字词解释:

17.夷主,东边的柱子。

六五:来章,有庆,誉？

[译文]筮:有乐人演奏,来庆祝宗庙建成,并予以表彰吗？

注释:六五爻辞"来章,有庆,誉"为叙、问辞,无断辞。

字词解释：

18.来章,安排乐人演奏。

19.庆,庆祝。

上六：丰其屋,蔀其家,窥其户,阒无一人,三岁不觌？凶。

[译文]筮：丰京宗庙的房间很宽大,室内全用席棚顶,窥看房内,寂静得没有一个人,诸侯们三年也不祭拜吗？占：凶险。

注释：上六爻辞"丰其屋,蔀其家,窥其户,阒无一人,三岁不觌"为叙、问辞,"凶"为断辞。

字词解释：

20.屋,人们居住的地方,意思是房内,房间。屋的本义是"幄"。

21.阒,寂静。

第五十六火山《旋》卦䷷

䷷卦文字抽象事义：旅居。下卦为艮、为少男,上卦为离、为火,男儿传播火种。

周灭商后,分封天下,所封诸侯在其封地与当地部落难以融合,施政困难。周王室欲效仿"王亥托于有易、河伯仆牛"之旅居管理方式,加快与地方融合、逐步达到诸侯施政、管理地方的目的,《旅》卦即是这一事件的筮占记录。

本经：旅,小亨,旅,贞：吉？

[译文]筮：出发前,少数人参加,祭祀并祷告先祖,以旅居方式管理封地,美好吗？

注释：本经中"小亨,旅"、初六爻辞中"旅琐琐,斯其所取灾"、六二爻辞中"旅即次,怀其资,得童仆"、九三爻辞中"旅,焚其次,丧其童仆"、九四爻辞中"旅于处,得其资斧,我心不快"、六五爻辞中"射雉,一矢亡,终得誉命"、上九爻辞中"鸟焚其巢,旅人先笑后号啕,丧牛于易"的文辞说明诸侯欲效仿"王亥托于有易、河伯仆牛"史例,通过财物资助、通婚联姻等措施,旅居管理封地,结果是困难很大、效果很差,甚至财产和人身安全都无法保障。这也是周公旦决定东征,以武力解决统治、管理问题的出发点。

本经"旅,小亨,旅,吉"为叙、问辞,无断辞。

字词解释:

1.旅,甲骨文 = ▯(旗帜)+▯(从,追随),表示士兵们追随在飘扬的战旗下。造字本义:士兵追随着战旗,行军征战。金文▯承续甲骨文字形。有的金文▯在"旅"▯的字形上加"辵"▯(行进),强调部队行军远征。有的金文▯在"旅"▯的字形上加"车"▯(战车),强调部队带战车行军。篆文▯基本承续金文字形▯,将金文字形中的旗帜形象▯写成▯。隶书▯将篆文的"从"▯写成▯。楷书旅将隶书的"从"▯写成▯,"人"形消失。引申字义:出行、旅居管理。

初六:旅琐琐,斯其所取灾?

[译文]筮:旅居管理非常细碎,这是自找苦难和危险吗?

注释:初六爻辞"旅琐琐,斯其所取灾"为问辞,无断辞。

字词解释:

2.琐,细小、零碎。琐琐:非常细碎。

3.斯,这是。

4.其,旅居管理。

5.所,自找。

6.灾,苦难和危险。

六二:旅即次,怀其资,得童仆?贞:

[译文]筮:旅居入住馆舍,拿着钱,需要购买家童和仆人吗?

注释:六二爻辞"旅即次,怀其资,得童仆"为叙、问辞,无断辞。

字词解释:

7.即,入住。次,馆舍。

8.怀,繁体字"懷"。褱,金文▯=▯(衣,胸襟)+▯(流泪),表示将哭泣流泪的孩子抱在胸前,以示爱护与安慰。当"褱"作为单纯字件后,篆文▯再加"心"▯(慰藉)另造"懷"代替,强调大人慰藉伤心的幼儿。造字本义:父母将哭泣流泪的幼儿抱在怀里加以安慰。隶书 将篆文的"心"写成 。本处字义:拿着。

9.童仆,家童和仆人。

九三:旅,焚其次,丧其童仆,贞:厉?

[译文]筮:旅居封地,馆舍会被焚烧、损失掉家童和仆人,严厉吗?

注释:九三爻辞"旅,焚其次,丧其童仆,厉"为叙、问辞,无断辞。

九四:旅于处,得其资斧,我心不快?

[译文]筮:旅居封地,在于跟当地部落相处,需要钱财和兵器,武士心情压抑吗?

注释:九四爻辞:"旅于处,得其资斧,我心不快"为叙、问辞,无断辞。

字词解释:

10.处,跟大家一起。

11.资斧,钱财和兵器。

12.快,妄为、放肆、纵情。

六五:射雉,一矢亡,终得誉命?

[译文]筮:射雉,有一箭不中,但能得到命中注定的荣誉吗?

注释:六五爻辞"射雉,一矢亡,终得誉命"为叙、问辞,无断辞。

六五爻辞"射雉,一矢亡,终得誉命",是旅居封地的管理者参加当地部落"比武招亲",就像殷商先祖王亥在其封地,参加有易氏部落聚会,大跳"万字舞"获得有易氏女青睐一样。

比武招亲,从上古就有,在弱肉强食的年代,男人孔武有力,自然就可以抱得美人归。《诗经·郑风·羔裘》里有诗:"羔裘豹饰,孔武有力。彼其之子,邦之司直",说的是孔武有力的人才能放心地去让他参与政事治理国家。佛经记载,古印度善觉王须波弗的女儿名叫裘夷,长得非常好,有八个国家的君主都来求婚,须波弗与女儿商量决定,采取比武招亲的方式择得佳婿。最后净饭王的太子悉达多赢得了比赛,而这位胜利者,就是后来的释迦牟尼佛祖。中国历史上真实的比武招亲,有三个人比较出名。这三个人分别是唐高祖李渊、汉王陈友谅、明朝末年秦良玉的夫婿马千乘。北周时上柱国大司马窦毅为女择婿,采取比武招亲方式。窦毅在屏风上画了两只孔雀,规定同时射中两只孔雀眼睛的人胜出,结果参赛的公子王孙没有一个达到条件。轮到唐高祖李渊时,两箭射中两只孔雀的眼睛,于是唐高祖如愿娶得窦氏女,同时也救了窦氏一门。因为北周很快被隋朝取代,而李渊与隋文帝是亲戚关系,窦氏一门也便成了皇亲国戚,免遭杀身之祸。后来李渊做了唐朝的皇帝,窦氏又成了国母。除了李渊以外,元末与朱元璋争夺天下的汉王陈友谅,也是通过比武招亲抱得美人归的。他娶的是"白富美"潘金花。另一位明末的英雄马千乘(东汉伏波将军马援之后),通过比武招亲方式,娶得了一位历史上最有名的巾帼英雄秦良玉,而这位秦良玉是历史上唯一一位作为王朝名将被单独立传记载到正史将相列传里的巾帼英雄,生前被封为二品诰命夫人,死后被追封为忠贞侯。

字词解释:

13.雉,泛指"野鸡",通常比武招亲时用为"箭靶"。

14.誉命,命中注定的荣誉。

上九:鸟焚其巢,旅人先笑后号咷,丧牛于易?凶。

[译文]筮:鸟儿的巢窝被焚烧,回想"分封"时高兴,后来号咷大哭啊!将会像王亥河伯仆牛那样,在"易"地丧失一切吗?占:危险。

注释:上九爻辞"鸟焚其巢,旅人先笑后号咷,丧牛于易"为叙、问辞,"凶"为断辞

字词解释:

15.巢,金文 = (甾,像鸟窝)+木(木,树)上的。篆文误将金文的鸟窝形状 写成 。造字本义:名词,巢窝。

第五十七《巽》卦 ☴☴

☴☴卦文字抽象事义：选拔。下卦为巽、为齐、为入，上卦为巽、为长、为高，在众人中寻找优者。

《巽》卦是周公旦欲征讨"三监"，选拔"武人、史、巫"等人才，并为他们发放薪资、配置武器的筮占记录。

《周礼·天官冢宰》记载："一曰天官，其属六十，掌邦治……二曰地官，其属六十，掌邦教……三曰春官，其属六十，掌邦礼……四曰夏官，其属六十，掌邦政……五曰秋官，其属六十，掌邦刑……六曰冬官，其属六十，掌邦事。"其分工大致为：

天官冢宰，大宰及以下共有六十三种职官，负责宫廷事务；地官司徒，大司徒及以下共七十八种职官，负责民政事务；春官宗伯，大宗伯及以下共七十种职官，负责宗族事务；夏官司马，大司马及以下共七十种职官，负责军事事务；秋官司寇，大司寇及以下共六十六种职官，负责刑罚事务；冬官百工，涉及制作方面共三十种职官，负责营造事务。

以上六官，均有额定的人员人数编制。

如，《周礼·夏官司马·叙官》："惟王建国，辨方正位，体国经野，设官分职，以为民极。乃立夏官司马，使师其属而掌邦政，以佐王平邦国。政官之属：大司马，卿一人。小司马，中大夫二人。军司马，下大夫四人。舆司马，上士八人。大司马，中士十有六人。旅，下士三十有二人、府六人、史十有六人、胥三十有二人、徒三晨有二十人。凡制军，万有二千五百人为军，王六军，大国三军，次国二军，小国一军，军将皆命卿。二千有五百人为师，师帅皆中大夫；五百人为旅，旅帅皆下大夫；百人为卒，卒长皆上士；二十五人为两，两司马皆中士；五人为伍，伍皆有长。一军则二府、六史、胥十人、徒百人……"

再如，《周礼·春官宗伯》："筮人掌三易。……一曰巫更，二曰巫咸，三曰巫式，四曰巫目，五曰巫易，六曰巫比，七曰巫祠，八曰巫参，九曰巫环,以辨吉凶。"

可见,三千年前西周"天、地、春、夏、秋、冬共六部"的人事编制是很健全严谨的。

本经:巽,小亨,利。有攸往,利。见大人?

[译文]筮:选拔少数人才,祭祀并祈祷先祖吗?占:有利。再筮:成年人都可参加选拔吗?占:肯定。

注释:本经中"巽""见大人"、初六爻辞中"进退?武人之"、九二爻辞中"用史巫纷若"、九三爻辞中"频巽"、六四爻辞中"田获三品"、九五爻辞中"无初有终。先庚三日,后庚三日"、上九爻辞中"丧其资斧"的文辞,展现了周公旦实际考察、采取优胜劣汰的选人用人制度。同时,还必须化解因发放薪酬、配置武器而造成的财政压力。对比初六爻辞"进退""武人之"和九二爻辞"用史巫纷若",应是周公旦重视"武人",但"史巫"更加流行。

本经"巽,小亨"为叙、问辞,"利"为断辞。"有攸往""见大人"为问辞,"利"为断辞。

字词解释:

1.巽,选的本字,意指"选拔"。

初六:进退?利。武人之,贞:

[译文]筮:选拔武士,有录用的、还要有辞退的吗?占:是。

注释:初六爻辞"进退?武人之"为问、叙辞,"利"为断辞。

字词解释:

2.进,录用。

3.退,罢免、辞退。

九二:巽在床下,用史巫纷若?吉;无咎。

[译文]筮:选拔在宫廷议事大厅进行,要选用较多史、巫人才吗?占:美好;没有灾祸。

注释:九二爻辞"巽在床下,用史巫纷若"为叙、问辞,"吉;无咎"为两次筮占断辞。

字词解释:

4.床,周王室宫廷。床下,周王室宫廷议事大厅。

5.史、巫,官职名。

6.纷若,数量较多。

九三:频巽?吝。

[译文]筮:匆忙地选拔人才吗?占:担心。

注释:九三爻辞"频巽"为问辞,"吝"为断辞。

字词解释:

7.频,匆忙。

六四:悔亡。田获三品?

[译文]筮:通过田猎、实际考察、选取三个级别的人才吗?占:消除悔恨。

注释:六四爻辞"田获三品"为问辞,"悔亡"为断辞。

字词解释:

8.三品,三个级别。

九五:贞:吉?悔亡。无不利。无初有终。先庚三日、后庚三日?吉。

[译文]筮:选拔人才不讲形式,只看结果,美好吗?占:消除悔恨;没有任何不利。再筮:选拔时间定在丁日至己日、辛日至癸日吗?占:美好。

注释:九五爻辞"吉?无初有终"为问、叙辞,"悔亡。无不利"为两次占问断辞。"先庚三日、后庚三日"为问辞,"吉"为断辞。

字词解释:

9.庚,甲骨文=(倒写的"人",即"屰",逆向的人)+(倒写的"其",簸箕),表示逆风扬箕。造字本义:逆风扬箕,扬去或筛去谷物、粮食中的碎屑或糙壳。金文承续甲骨文字形。有的金文、篆文将倒写的"人"误写成"干",将倒写的"其"误写成双手状。有的篆文加"广"(建筑),表示在室内劳作。隶化后楷书将篆文字形

中的双手 ⼿ ⼿ 简化成一只手"彐" 彐。本义消失后,引申为序数词:天干第七位,与地支配合纪时,古时庚日同现在的"星期天",为休息日。

上九:巽在床下,丧其资斧,贞:凶?

[译文]筮:选拔在议事大厅进行,要为他们发放薪酬和配备战斧,困难吗?

注释:上九爻辞"巽在床下,丧其资斧,凶"为叙、问辞,无断辞。

战国及以前,还没有所谓军饷的概念,但是有军功阶层和军爵。以军爵体系最为极端的秦国为例,兵就是农,农也是兵,可以说是全民皆兵,全国男性到适龄年龄要先耕种三年左右,把自己的"军饷"种出来,然后拿着军饷和自备装备服兵役。没有不参军的选项,除非你是贵族,逃兵役杀全家。国家会先训练你一段时间,然后就上阵砍人了。砍人越多获得的爵位越多,砍不到人就无法获得爵位,战死沙场就能保住爵位;爵位越大越有能力打造更好的装备和家人耕种更多的粮食(也可以理解成军饷了),提升战场生存率和砍头数,如此形成正向循环。如果说军饷是固定工资的话,军爵就是纯绩效工资并只以股权形式发放。

商周时期,贵族、武士日常是可以佩带武器的,上战场时,轻武器都是自己购置,即使在北魏、隋、唐时也是如此。士兵携带的兵器有轻兵器(或称小威力兵器)和重兵器(或称大威力兵器)之分。士兵需要自己买的是弓箭、刀、斧等轻兵器,而甲、弩、矛等重兵器是政府发给士兵的。为什么这么说呢?因为轻兵器允许民间制造,而重兵器不允许民间制造。既然轻兵器市场上有卖,那么政府也就不需要花财力制造轻兵器了,而让士兵自己买轻兵器。《唐永淳二年田未欢领器仗抄》中有记载:"薴彪彪付田未欢胡禄、弓、箭一具,横刀一口。其钱并付了。永淳二年三月四日田未欢领。"唐永淳二年即公元683年,大致意思是说,士兵田未欢从工匠薴彪彪那里买了弓箭、横刀等轻兵器,并付了钱。由此看出,唐代士兵需要自己购买轻兵器。北魏到唐朝的府兵制,武器、马匹都自己买,《木兰诗》里"东市买骏马,西市买鞍鞯"就是这一制度的写照。

《巽》卦是周公旦选拔出征人才,并非义务制兵员,估计周王室是要发放薪资和配置武器,所以,这也是一笔不小的支出。

字词解释:

10.资,薪资、军饷。

第五十八《兑》卦 ☱

☱卦文字抽象事义:协商。下卦上卦皆为兑、为口舌、为毁折,言语发生争执。

《兑》卦是周公旦不愿同室操戈,被武庚利用,希望通过谈判劝降,分化瓦解叛军的筮占记录。

《司马法》:

> 古者,以仁为本,以义治之之谓正。正不获意则权。权出于战,不出于中人。是故杀人安人,杀之可也;攻其国,爱其民,攻之可也;以战止战,虽战可也。故仁见亲,义见说智见恃,勇见方,信见信。内得爱焉,所以守也;外得威焉,所以战也。

相传,《司马法》是先秦时期重要的军事著作之一。据唐朝宰相李靖所说,《司马法》据说出自姜太公之手,商周、秦汉的大司马可以理解为现代的国防部长。《司马法》从字面上解释就是国防部颁发的作战条例,而姜太公曾担任周文王的大司马,故有周之《司马法》出自姜太公之说,可见周公旦、姜太公非常重视战争期间的政治和外交策略。

本经:兑、亨?利。贞:

[译文]筮:要与叛军谈判、祭祀、祈祷先祖吗?占:有收获。

注释:本经中"兑亨"、初九爻辞中"和兑"、九二爻辞中"孚兑"、六三爻辞中"来兑"、九四爻辞中"商兑,未宁?介疾,有喜"、九五爻辞中"孚于剥"、上六爻辞中"引兑"的文辞及逻辑,阐明了周公旦平叛,始以"伐交",从"和兑""孚兑""来兑""商兑""孚于剥"和"引兑"的步骤来看,希望和平解决,毕竟是王室成员发动了叛乱,其中管叔还是周公旦的同母亲兄,所以不到最后,决不轻言战争。依九四爻辞"商兑,未宁?介疾,有喜"判断,武庚的士卒出现了传染病,估计要到六月结束,这也是谈判的有利因素。

本经"兑亨"为叙、问辞,"利"为断辞。

字词解释:

1.兑,甲骨文 ᙁ = 八(八,表示发音,参见"只")+ ᙁ(兄,念叨祝祷),造字本义:祝祷颂神,为祈求而许诺。金文 ᙁ 写作"兄"。篆文 ᙁ 承续甲骨文字形。"兑"的"颂神许诺"本义消失后,再加"言"另造"说"代替。本处字义:劝降、谈判。

初九:和兑?吉。

[译文]筮:谈判、和平解决叛乱吗? 占:美好。

注释:初九爻辞"和兑"为问辞,"吉"为断辞。

字词解释:

2.和,本字"和"。禾,既是声旁也是形旁,是"龢"的省略,表示吹奏用芦管编成的"排笛",造成不同声部的乐音美妙谐调共振。和,金文 ᙁ = ᙁ(口,说话)+ ᙁ(禾,"龢",吹奏多管的排笛,造成谐音振),比喻不同人的言论相互响应、相互协调、合拍。金文异体字 ᙁ 以"言"ᙁ(说话)代替"口"ᙁ(说话),明确"言论不同而协调"的含义。造字本义:动词,言论、观点不同,但主调合拍,宗旨一致。篆文 ᙁ 承续金文字形。隶书 ᙁ 将篆文字形中的 ᙁ 写成 禾。在汉语词语"和谐"中,"和"与"谐"近义而有所不同:"和"表示不同声音、不同观点因相合拍、相融合而产生共鸣,强调诸异而致同;"谐"表示相同的声音、相同的观点因一致而统一,强调诸同而大同。"和"的统一性比"谐"更为丰富。

九二:孚兑?吉;悔亡。

[译文]筮:能劝降奴隶叛乱者吗? 占:美好;悔恨消除。

注释:九二爻辞"孚兑"为问辞,"吉;悔亡"分别为两次筮占断辞。

字词解释：

3.孚,俘虏、奴隶。

六三：来兑？凶。

[译文]筮：对方会主动前来谈判吗？占：困难。

注释：六三爻辞"来兑"为问辞，"凶"为断辞。

九四：商兑,未宁？介疾,有喜。

[译文]筮：与"武庚"谈判,他们的士卒出现了传染病,对我方有利,估计要到六月结束吗？

注释：九四爻辞"商兑,未宁？介疾,有喜"为叙、问辞,无断辞。

字词解释：

4.商,指"武庚"。

5.介,名词,士卒,武夫。

6.有喜,高兴的事、有利的事。

九五：孚于剥？有厉。

[译文]筮：可以分化瓦解叛军吗？占：困难。

注释：九五爻辞"孚于剥"为问辞,"有厉"为断辞。

字词解释：

7.剥,分裂、分化瓦解。

上六：引兑？

[译文]筮：进攻之前,做最后劝降吗？

注释：上六爻辞"引兑"为问辞,无断辞。

字词解释：

8.引,甲骨文 = （弓）+ （持箭）,造字本义：拉弓持箭,张弦未发。有的甲骨文 = （弓）+ （大,人）,强调人与弓的关系。金文 像一人右手持弓。篆文 引 是对甲骨文 字形的省略,省去持箭的手 。在甲骨文中,箭支竖立弓后为"引" ；箭支横穿弓子为"射" 。本处字义：做好进攻准备。

第五十九风水《涣》卦 ䷺

☵卦文字抽象事义:风顺。下卦为坎、为水,上卦为巽、为风、为木,船行水上有风顺。

《涣》卦是周公旦率军平叛,激励将士、抢占军事战略要地、更改成王年号等事件的筮占记录。

本经:涣?亨,王假有庙,利。涉大川?利。贞:

[译文]筮:周成王在宗庙祭祀、祈祷先祖,以激励将士吗?占:有利。再筮:能渡越大河吗?占:顺利。

注释:本经"王假有庙""涉大川"、初六爻辞"用拯马壮"、九二爻辞"涣奔其机"、六三爻辞"涣其躬"、六四爻辞"涣其群""涣有丘?匪夷所思"、九五爻辞"涣汗其大号,涣王居"、上九爻辞"涣,其血,去逖,出"的文辞,体现了周公旦身先士卒、激励将士,兵贵神速、抢夺战略要地的作风和军事部署。政治上以"涣汗其大号,涣王居",表明自己尊奉周成王,绝无篡权之心。这对争取民心、使叛乱者失去行为道义,发挥了至关重要的作用。

本经"涣?亨,王假有庙"为问叙辞,"利"为断辞。"涉大川"为问辞,"利"为断辞。

字词解释:

1.涣,奂,既是声旁也是形旁,是"换"的本字,表示交换、易手。涣,篆文=氵(水)+奂(奂,即"换",交换),造字本义:水向四处漫流。隶书涣将篆文的氵写成氵;将篆文的"奂"写成奂。"涣"本意描述水灾。但爻辞中"涣奔其机?悔亡""涣其躬?无悔""涣其群,元吉""涣,其血,去逖,出?无咎"却与"涣"本意逻辑不符。古时,涣、焕、奂、换互通,根据涣卦经文和爻辞逻辑上的辨析,本处的"涣"同"焕",为"鼓励、激励、精神焕发、焕然一新、身先士卒"之意。

初六:用拯马壮?吉。

[译文]筮:尽快将战马调整到作战状态吗?占:美好。

注释:初六爻辞"用拯马壮"为问辞,"吉"为断辞。

九二:涣奔其机? 悔亡。

[译文]筮:将士精神焕发、奔向各个战略要地吗? 占:悔恨消除。

注释:九二爻辞"涣奔其机"为问辞,"悔亡"为断辞。

字词解释:

2.奔,金文=(走,逃跑)+(走,逃跑)+(走,逃跑),表示众人一齐逃跑。有的金文误将三个"止"的写成三个"中"的"卉",导致字形费解。造字本义:战败之际,众人一齐逃跑。篆文将金文字形中的写成,将金文字形中的写成。隶化后楷书误将篆文字形中的"夭"写成"大",将篆文字形中的写成。众人齐跑为"奔";众犬齐跑为"猋";众马齐奔为"骤";众鸟雨中齐飞为"霍";众鸟齐栖为"集";众车齐发为"轰"。

3.机,战略要地。

六三:涣其躬? 无悔。

[译文]筮:将帅要身先士卒吗? 占:没有悔恨。

注释:六三爻辞"涣其躬"为问辞,"无悔"为断辞。

六四:涣其群,元吉。涣有丘? 匪夷所思。

[译文]筮:群情激昂,难以想象,能夺取较多城邑吗? 占:最为美好。

注释:六四爻辞"涣其群,涣有丘? 匪夷所思"为叙、问辞,"元吉"为断辞。

字词解释:

4.群,君,既是形旁也是声旁,表示主宰、统治。群,甲骨文=(众多羊只)+(攴,鞭策、驱赶)+(口,吆喝),表示牧羊者吆喝着将四处散落的羊只驱赶到一起。金文将甲骨文字形中的写成"君",其中"君"既是形旁也是声旁,表示主宰、统治。造字本义:牧羊者吆喝驱赶,将羊只聚集在一起。篆文承续金文字形。引申副词:成批的,成伙的,集体的。

5.丘,意指"较多城邑"。

九五:涣汗其大号,涣王居？无咎。

[译文]筮:将君王的新立年号快速传谕天下,王宫也要焕然一新吗？占:没有过失。

注释:九五爻辞"涣汗其大号,涣王居"为叙、问辞,"无咎"为断辞。

字词解释:

6.涣汗,传谕君王的旨意。

7.大号,君王的新立年号。

8.王居,王宫。

上九:涣,其血,去逖,出？无咎。

[译文]筮:激发斗志,饮(如鸡)血酒,消除恐惧,大军出征吗？占:没有过失。

注释:上九爻辞"涣,其血,去逖,出"为叙、问辞,"无咎"为断辞。

字词解释:

9.血,饮动物(如鸡)血酒。

10.逖,通"惕"。

11.去逖,意指"消除恐惧"。

第六十水泽《节》卦䷻

䷻卦文字抽象事义:节制。下卦为兑、为泽,上卦为坎、为泽、为海,百川入海。

《节》卦是周公为防止叛乱者互相串联,发动袭击,从而实施"军事管制"的筮占记录。

本经:节,亨,苦节？不可。贞:

[译文]筮:实施"军事管制",祭祀、祈祷先祖,实施使百姓困苦的"军事管制"吗？占:不提倡。

注释:《节》卦本经中"节,亨,苦节"、初九爻辞中"不出户庭"、九二爻辞中"不出门庭"、六三爻辞中"不节若,则嗟若"、六四爻辞中"安节"、九五爻辞中"甘节"、上六爻辞中"苦节"的文辞,阐明了周公旦实施"军事管制",阻断谣言的传播和叛乱者的串联。按照先严后松的步骤,取得了百姓的认可和配合,这也是中国军事史上最早的"军事管制"。

本经"节,亨,苦节"为叙、问辞,"不可"为断辞。

字词解释:

1.节,金文 = ▲▲(竹)+ ▲(即,就餐),表示竹制餐具。造字本义:远古时代用于进餐盛具的竹碗,以竹节为天然碗底。像一些陶器(如缶)作为打击乐器一样,远古时代的竹碗也被作为打击乐器。篆文承续金文字形。有的隶书 ▲ 将"竹" ▲▲ 连写成"廿" ▲,表示"节"为植物的特征。俗体楷书节依据草书字形,将正体楷书的"即" ▲ 省略成"卩" ▲。引申动词:紧缩、节制、约束。本处字义:"军事管制"。

初九:不出户庭？无咎。

[译文]筮:不允许走出房屋厅堂吗？占:没有过失。

注释:初九爻辞"不出户庭"为问辞,"无咎"为断辞。

字词解释:

2.户,最早字形见于商代甲骨文。"户"的古字形像一扇门的形状,本义指单扇的门,由本义引申为房屋的出入口。一家人住在一个门内,"户"又引申为家庭单位。户庭,本处指"房屋厅堂"。

九二:不出门庭？凶。

[译文]筮:不允许走出院子大门吗？占:危险。

字词解释:

3.门庭,"门"始见于商代甲骨文及商代金文,其古字形像两扇的大门。门本义指房屋两扇的外门,与做内门的户相对。本处指"房屋院子大门"。

九二爻辞"不出门庭"问辞,"凶"为断辞。

六三:不节若,则嗟若?无咎。

[译文]筮:要不实施"军事管制",人们联系就得大声喊话吗?占:没有过错。

注释:六三爻辞"不节若,则嗟若"为叙、问辞,"无咎"为断辞。

字词解释:

4.嗟,大声喊话、大声呼唤。

六四:安节?亨。

[译文]筮:"军事管制"平安稳定吗?占:祭祀并祈祷先祖。

注释:六四爻辞"安节"为问辞,"亨"为断辞。

九五:甘节,吉。往有尚?

[译文]筮:自愿服从"军事管制",随后会被效仿吗?占:美好。

注释:九五爻辞"甘节,往有尚"为叙、问辞,"吉"为断辞。

上六:苦节,贞:凶?悔亡。

[译文]筮:即使百姓困苦的"军事管制",危险吗?占:悔恨消除。

注释:上六爻辞"苦节,凶"为叙、问辞,"悔亡"为断辞。

第六十一风泽《中孚》卦

卦文字抽象事义:合围。下卦为兑、为毁折,上卦为巽、为齐,老阳围老阴。

《中孚》卦是周公旦、召公分别率军逼近"敌军",进攻管叔、蔡叔、霍叔及武庚的筮占记录。

本经:中孚,豚鱼?吉;利。涉大川?利。贞:

[译文]筮:阵前能俘获敌人,要准备猪和鱼吗?占:美好;顺利。再筮:能渡越大河吗?占:顺利。

注释:本经中"中孚""涉大川"、初九爻辞中"虞?有它"、九二爻辞中"鸣鹤在阴,其子和之"、六三爻辞中"得敌,或鼓、或罢、或泣、或歌"、六四爻辞中"月幾望,马匹亡"、九五爻辞中"有孚挛如"、上九爻辞中"翰音登于天"的文辞,表现了周公旦的战略部署和作战思想,尤其是针对不同的军事对手,采取不同的作战方式。对武庚作战,必须采取"鼓"的猛烈方式;对三监作战,毕竟是同宗同族,采取了"或罢、或泣、或歌"的作战策略。

本经"中孚,豚鱼"为叙、问辞,"吉;利"为两次筮占断辞。"涉大川"为问辞,"利"为断辞。

字词解释:

1.中孚,意指"与敌交战、俘获敌人"。

2.豚鱼,食物(猪和鱼)。

3.大川,本处指"黄河"。

初九:虞?吉。有它,不燕。

[译文]筮:有毒蛇,不安全,要举行虞祭安神吗?

注释:初九爻辞"虞""有它、不燕"为叙、问辞,"吉"为断辞。

字词解释:

4.虞,古代一种祭祀名。既葬而祭叫虞,有安神之意。

5.燕,甲骨文像一种翅膀尖长、尾巴剪形的候鸟,秋南春北。造字本义:一种喜欢在民居筑巢、呢喃蜜语的候鸟。篆文将鸟头和鸟喙写成,将鸟的两翼写成。隶书误将篆文的鸟尾形象当作"火"写成"四点底",候鸟形象完全消失。古时也假借为"安"。如今在中国农村还有"家有燕巢,吉祥如意"的风俗。

九二:鸣鹤在阴,其子和之,我有好爵,吾与尔靡之?

[译文]筮:困在网里的老鹤鸣叫,小鹤会循声而来,武士们的爵里倒满美酒,我要与大家共享吗?

注释:九二爻辞"鸣鹤在阴,其子和之,我有好爵,吾与尔靡之"为叙、问辞,无断辞。

九二爻辞暗示要采取"围点打援"的战术,这是典型的"围其根本,打其必援"的阳谋。

字词解释:

6.阴,"侌"是"霒"和"陰"的本字。侌,三体石经(今,即

"含",包含)+🔲(云层),表示天空多云。造字本义:天空多云,没有阳光。"侌"的籀文🔲写成"云在日下",表示云层遮挡阳光;篆文🔲承续金文字形🔲。当"侌"作为单纯字件后,金文🔲再加"阜"🔲(山地)另造"陰"代替,表示山地背阳的北坡。"陰"的篆文🔲基本承续金文字形🔲。隶书🔲将篆文的"阜"🔲写成"左耳旁"🔲,将篆文的"侌"🔲写成🔲。俗体楷书阴用"月"🔲(夜晚的月光)代替正体楷书陰的"侌"(白天云层遮挡阳光)。引申字义:不见光的笼子或网。

7.爵,甲骨文🔲像一个有盖🔲、有嘴🔲、有手把🔲的酒器,有三足🔲。有的甲骨文🔲有所变形。金文🔲不辨其形。篆文🔲继续变形,字形复杂。造字本义:类似鼎的酒器。

8.靡,米,既是声旁也是形旁,表示黍米。糜,篆文🔲=🔲(麻,"磨"的省略)+🔲(米,黍米),表示磨碎黍米。造字本义:将黍米磨碎或捣烂。糜通靡。意耗费,浪费。引申字义:享用。

六三:得敌,或鼓、或罢、或泣、或歌?

[译文]筮:围困住了敌人,对顽固的军队要击鼓攻击,对军心动摇、准备投降的军队要停止战斗,对蒙蔽受骗的军队要哭劝归降,对期望和平的军队要赞美他们吗?

注释:六三爻辞"得敌,或鼓、或罢、或泣、或歌"为叙、问辞,无断辞。

字词解释:

9.罢,篆文🔲=🔲(网,抓捕)+🔲(能,有才的人,指官吏),表示抓捕官吏。造字本义:抓捕位高权大的官吏。隶书🔲将篆文的"网"🔲写成"四"🔲。引申字义:停止战斗。

10.泣,苦劝归降。

六四:月幾望,马匹亡? 无咎。

[译文]筮:察看月神昭示的天机,战马要猛然地发起冲击吗?占:没有过失。

注释:六四爻辞"月幾望,马匹亡"为叙、问辞,"无咎"为断辞。

字词解释：

11.匹，猛然。《京本通俗小说·西山一窟鬼》："教授看见，大叫一声，匹然倒地。"《警世通言·崔待诏生死冤家》："（秀秀）道罢起身，双手揪住崔宁，叫得一声，匹然倒地。"

九五：有孚挛如？无咎。

[译文]筮：捕获了俘虏并亲近他们吗？占：没有过失。

注释：九五爻辞"有孚挛如"为问辞，"无咎"为断辞。

字词解释：

12.挛，亲近、眷念。《汉书》卷九七《外戚传上·孝武李夫人传》："夫以色事人者，色衰而爱弛，爱弛则恩绝。上所以挛挛顾念我者，乃以平生容貌也。"

上九：翰音登于天，贞：凶？

[译文]筮：用鸡来敬献上天神灵，凶险吗？

注释：上九爻辞"翰音登于天"为叙、问辞，"凶"为断辞。

字词解释：

13.翰音，鸡也。《礼记·曲礼》："凡祭宗庙之礼：牛曰一元大武，豕曰刚鬣，豚曰腯肥，羊曰柔毛，鸡曰翰音。"本处词义：意指"殷顽俘虏"。

14.登，豆，既是声旁也是形旁，表示盛器。登，甲骨文=（双脚）+（豆，盛器）+（两手），表示双手捧着装满祭品的豆器走上祭台，"豆"中加一横指事符号，表示豆器内盛满食物。有的甲骨文省去双手。造字本义：手捧装满丰收粮食的盛器，走上祭台敬献神灵。金文承续甲骨文字形。籀文、篆文承续甲骨文字形。

第六十二雷山《小过》卦

卦文字抽象事义：连带。天地老阴，人位老阳；下卦为艮、为少男，上卦为震、为长男，老阴困老阳。

《小过》卦是周公旦打败三监和武庚叛军后，仅对少数与三监亲近的叛乱人员予以惩处的筮占记录。

公元前1042年,周公率殷八师入中原平乱,召公带偏师回封国郾,挡住蔡叔。做好部署后,周公率殷八师从洛邑出发向东攻管国,杀管叔及其子,除管国。随后攻破朝歌,杀武庚。周公率主力南下和召公汇合连兵攻破上蔡,流放蔡叔度及蔡国世子,除蔡国。此后,召公领偏师向西攻破霍国。

战后将商朝旧民一部分交给纣王庶兄微子启,建立宋国,定都睢阳城;将武庚统治的地区和三叔占据的三城合并为卫国,由文王第九子封为国君定都于朝歌。周公、召公分陕而治,陕地以西由周公总领,陕地以东是召公负责。

这次叛乱根源是商朝残余势力趁周王朝内讧发动的一次复辟行为,武庚和管叔兵败被杀。管叔鲜是周公旦同母兄,周人尤其在乎血缘,尊长兄为父。管叔活着周公掌权不具备合法性,这是他必死而蔡叔度和霍叔处却没丧命的原因,这也体现了周公旦惩恶即首的大局观。

本经:小过,亨,利。贞:可小事、不可大事?飞鸟遗之音,不宜上,宜下?大吉。

[译文]筮:祭祀、祈祷先祖,建议对少数叛乱者予以惩处、不提倡全面追究吗?占:有利。再筮:对(武庚)追随者,不宜扩大、要轻淡处理吗?占:大为美好。

注释:本经中“小过,可小事、不可大事?飞鸟遗之音,不宜上、宜下”、初六爻辞“飞鸟?以凶”、六二爻辞“弗过,防之 ,从或戕之”、九三爻辞“过其祖,遇其妣,不及其君,遇其臣”、九四爻辞“弗过,遇之?往,厉、必戒”、六五爻辞“公弋取彼在穴”、上六爻辞“弗遇,过之,飞鸟,离之”的文辞,阐明了周公旦仅对少数叛乱者予以处置和施刑,并弋杀武庚。这样,有利于笼络人心,稳定局势。从九三爻辞“过其祖”和上六爻辞“弗遇,过之”分析,周公旦还是有所“株连”。

本经中“小过,亨”“可小事、不可大事”为叙、问辞,“利”,为断辞;“飞鸟遗之音,不宜上、宜下”为叙、问辞,“大吉”为断辞。

字词解释：

1.可小事,意指"建议对少数叛乱者予以惩处"。

2.不可大事,意指"不提倡大范围追究"。

3.飞鸟,意指"武庚"。在传说中,商代有很多的祖先人物,并且都与鸟有一定的关系。

4.遗,贵,既是声旁也是形旁,表示价值高的。遗,金文▨=彳(彳,前行)+▨(贵,价值高的),表示持有价值的好东西前往赠送他人。造字本义:双手持贝,前往馈赠。有的金文▨以"辵"▨代"彳"彳。篆文▨基本承续金文字形。隶书▨误将▨(双手持物)写成▨。

遗,出自《韩非子·五蠹》："相遗以水。"《史记·魏公子列传》："欲厚遗之。"《史记·廉颇蔺相如列传》："秦昭王闻之,使人遗赵王书,愿以十五城请易璧。"后转义指丢失;漏掉;丢失的东西,漏掉的部分;余、留。

5.音,"音"与"言"同源,后分化。音,甲骨文在"言"字上加几点,表示所言说的内涵,即"言"里的心声。造字本义:说出的话,话语中包含的心声。金文则将一点加在"言"字的"口"中。篆文承续金文字形。隶书将篆文的舌状写成"立"。《说文解字》:音,人声。生于内心的形象,在外形成节奏旋律,称之为"音"。宫、商、角、徵、羽,表示的是五个声调;丝、竹、金、石、匏、土、革、木等不同质地乐器发出的,叫作"音"。引申字义:言论。

初六:飞鸟？以凶。

[译文]筮:鸟儿会飞走(武庚会逃跑)吗？占:带来危险。

注释:初六爻辞"飞鸟"为问辞,"以凶"为断辞。

六二:弗过,防之,从或戕之？凶。

[译文]筮:不要大范围追究,但要防止他们,要处死叛乱者死党吗？占:凶险。

注释:六二爻辞"弗过,防之,从或戕之"为叙、问辞,"凶"为断辞。

字词解释：

6.防,古钵字形𨸏=𨸏(阜,高山险地)+方(方,被发配守边者)+土(土,城障),造字本义:在边塞凭险置关,用以阻止外敌入侵,捍卫领土主权。篆文防与古钵字形𨸏相同。篆文异体字防承续金文字形防。隶书防将篆文的"阜"𨸏写成"左耳旁"阝。引申动词:防止、预备、抵御、事先阻止发生。

7.戕,爿,既是声旁也是形旁,是"床"的本字,表示卧具。戕,甲骨文戕=爿(爿,床,睡卧)+戈(戈,兵器,击杀),表示刺杀于卧床,谋杀于不备。造字本义:刺杀于卧床,谋杀于不备。金文戕、篆文戕承续甲骨文字形。隶化后楷书戕将篆文字形中的爿写成爿,将篆文字形中的戈写成戈。白话版《说文解字》:戕,处死、残害、施刑。

8.从或戕之,是"或从戕之"的倒装句。

九三:过其祖,遇其妣,不及其君,遇其臣?无咎。

[译文]筮:要株连叛乱者宗亲,外亲中只追究参与者;不惩处不知情君主,但要追究参与叛乱的臣下吗? 占:没有过错。

注释:九三爻辞"过其祖,遇其妣,不及其君,遇其臣"为叙、问辞,"无咎"为断辞。

由此看来,周公旦"株连"施刑,是中国有历史记录的第一。"株连"要从族刑说起:一人犯罪,诛及家族,甚至整个宗族都被消灭,这就叫作族刑。秦始皇在下令焚书坑儒时曾谓"以古非今者族",此"族"不是别的,正是灭族。然而族刑的发明权,还并不属于秦始皇;《史记·秦本纪》载,其祖秦文公早已实施过"夷三族"。《前汉书》谓:"秦用商鞅,连相坐之法,造参夷之诛。"所谓"参夷",也就是诛三族。显然,历史上最先把诛三族的族刑法典化的是商鞅。那么三族的范围是什么?是指父母、兄弟、妻子。有秦一代,被诛三族者,历历可数。《史记·李斯传》:"父子相哭,而夷三族。"可见,李斯这位宰相的三族,都惨死于秦二世的屠刀之下。秦王朝的刑法,不仅有诛三族,而且还实施商鞅发明的"连坐",一人犯法,株连无已,以致由诛三族发展到诛七族。史书有谓:"荆轲湛七族。"看来,刺杀秦始皇未遂的荆轲,其七族之人都被秦始皇开刀问斩了。何谓七族？即:父之姓,姑之子,姊妹之子,女之子,母之姓,从子及妻父母,凡七族也。"株连九族"即对外祖父、外祖母、从母子、妻父、妻母、姑之子、姊妹之子、女之子,己之同族也。

字词解释:

9.祖,名词,亲生父母的亲生父母。这里指"宗族"。

10.妣,名词,子女对亡母的谦称,这里指"外亲"。

11.及,甲骨文=（人）+（又,抓）,像一只手从背后抓住前面的人。造字本义:赶上并抓住。金文将"手"与"人"连写;有的金文写成上下结构。篆文基本承续金文字形。隶书将"人"与"又"连写。引申动词:到达,赶上。不及,意指"不追究"。

12.遇其臣,意指"追究参与叛乱的臣下"。

九四:无咎。弗过,遇之？往,厉、必戒？勿用。永贞:

[译文]筮官永筮:不株连叛乱者宗亲,只追究参与者吗？占:没有过失。再筮:随后,必须设立严厉的戒规吗？占:没必要。

注释:九四爻辞中"弗过,遇之"为叙、问辞,"无咎"为断辞。"往,厉、必戒"为叙、问辞,"勿用"为断辞。

六五:密云不雨,自我西郊,公弋取彼在穴？

[译文]筮:悄然追击、不得暴露,所有人要住在城郊,敌酋藏匿在洞穴里,周公要用弋射杀吗？

注释:六五爻辞"密云不雨,自我西郊,公弋取彼在穴"为叙、问辞,无断辞。

字词解释:

13.彼,皮,既是声旁也是形旁,表示表面、外部。金文用"皮"代"彼"。彼,篆文=（彳,前行）+（皮,外部）,造字本义:前往千里之外的地方。隶书将篆文的"皮"写成。立足之地为"此",前往之地为"彼"。取彼意指"射杀"。本处应指"武庚"。

14.穴,藏匿的洞穴。

上六：弗遇，过之，飞鸟，离之，凶。是谓灾眚？

[译文]筮：不能只追究参与者，要予以株连，鸟儿会飞走，须罗网捕获，天灾人祸会降在他们身上吗？占：凶险。

注释："弗遇，过之，飞鸟，离之，是谓灾眚"为叙、问辞，"凶"为断辞。

第六十三水火《既济》卦 ䷾

䷾卦文字抽象事义：潜行。下卦为离、为龟，上卦为坎、为水，龟在水下行。

《既济》卦是周公旦为彻底肃清东南殷商势力和诸夷，挟打败三监和武庚之势，率军东征，从今河南省新乡市长垣县东渡北济的筮占记录。

本经：既济，亨，小？利。贞：初吉、终乱？

[译文]筮：渡越济水，祭祀、祈祷先祖，在河道狭窄处渡越北济吗？占：顺利。再筮：开始平安有序、抢滩后混乱吗？

注释：本经中"既济""初吉、终乱"、初九爻辞中"曳其轮，濡其尾"、六二爻辞中"妇丧其茀"、九三爻辞中"高宗伐鬼方，三年克之，小人勿用"、六四爻辞中"繻有衣袽"、九五爻辞中"东邻杀牛，不如西邻之禴祭"、上六爻辞中"濡其首"的文辞，充分体现了周公旦渡越济水组织工作的严谨细致。运输方式采取了将渡船装在轮车上，用茀拽拉，就连船只开始摆放、抢滩登陆停靠的要求都非常具体。

本经"既济，亨，小"为叙、问辞，"利"为断辞。"初吉、终乱"为问辞，无断辞。

字词解释：

1.济，繁体字"濟"。齊，既是声旁也是形旁，表示动作一致，节奏相同。济，金文 = 氵（水，渡河）+ 齊（齐，相等，统一），造字本义：众人在同一船上喊着号子，以统一节奏发劲，整齐划桨，强渡激流。篆文承续金文字形。俗体楷书济依据草书字形，将正体楷书濟的"齊"类推简化为"齐"。

济,济河,又称济水,古水名,古代四渎之一,是黄河下游的重要河流。济水流域满布着先民生活聚落——仰韶、大汶口、龙山、岳石等文化遗址,是中原先民文明的发祥地。先秦时期,它包括黄河南北两部分:《尚书·禹贡》:"导沇水,东流为济,入于河",这是河北部分;下文的"溢为荥,东出于陶丘北,又东至于菏,又东北,会于汶,又北东,入于海",这是河南部分。

《汉书·地理志》记载,济水"过九郡,行千八百四十里"。河北部分源出河南省济源市西王屋山,下游屡经变迁。河南部分本是从黄河分出来的一条支流,因分流处与河北济水入河口隔河相对,古人把它视为济水的下游,济水于隋时趋于消失。

在古代,济水地位非常煊赫。《尔雅》中提到的四渎:江、河、淮、济,就是古代四条独流入海的河流,"济"指的就是济水。古代皇帝祭祀名山大川,即指五岳和四渎。唐代以大淮为东渎,大江为南渎,大河为西渎,大济为北渎。

2.小,河道狭窄处。

3.初,副词,第一次,开始。

4.乱,混乱。

初九:曳其轮,濡其尾? 无咎。

[译文]筮:用轮车把渡船拉到河边,并将船尾浸在水里吗? 占:没有过失。

注释:初九爻辞"曳其轮,濡其尾"为叙、问辞,"无咎"为断辞。

下图为古代运输设备、物资的双轴四轮轮车之一的复原图。其实,在汽车未出现之前,大型轮车是运输的主要装备。

字词解释：

5.轮,繁体字"輪",金文⊗是象形字,字形像一个圆圈通过众多条辐连接车毂。篆文"輪"写成会意字:輪=車(車,毂)+侖(侖,多而有序),表示有序的条辐构成的车的配件。造字本义:名词,众多条辐连于车毂所构成的圆环,可以围绕穿过其中心的车轴旋转。隶化后楷书輪将篆文字形中的車写成車,将篆文字形中的侖写成侖。简体楷书轮依据类推简化规则,将正体楷书字形中的車简写成车,将正体楷书字形中的侖简写成仑。本处字义:轮车。

6.曳,拉。

六二：妇丧其茀,勿逐,七日得？

[译文]筮:家妇提供大绳而不让追要,七天要主动送回吗？

注释:六二爻辞"妇丧其茀,勿逐,七日得"为叙、问辞,无断辞。

字词解释：

7.茀,通"绋"。古代出殡时拉棺材用的大绳。

九三：高宗伐鬼方,三年克之,小人勿用？

[译文]筮:殷高宗讨伐鬼方,用三年时间才打败他们;兵力少了,就不会成功吗？

注释:九三爻辞"高宗伐鬼方,三年克之,小人勿用"为叙、问辞,无断辞。

《竹书纪年》中"武丁三十二祀伐鬼方,次于荆",荆指的并非荆楚大地的荆,而是陕西的荆山。《汉书·地理志》称:"荆山在冯翊怀德县也。"《史记》上记载着一个黄帝铸鼎的故事,就在关中的荆山,东汉孔安国注"荆在岐东,非荆之荆也"。唐代张守节《史记正义》说:"荆山在雍州富平县。今名掘陵原。岐山在岐州岐山县东北十里……按雍州荆山,即黄帝及禹铸鼎地也。"也就是现在陕西阎良和富平交界处的荆山塬。《后汉书·西羌传》载:"及殷室中衰,诸夷皆叛。至于武丁,征西戎鬼方,三年乃克。"表明抵御外族入侵成为武丁继位之后殷商王朝急需解决的问题,而征伐鬼方则是当时十分艰巨持久的一个重大战役。商朝对北方民族用兵的记录,即每次用兵一般为三千至五千人不等。要知道,武丁可是殷商的中兴之主,他都要用三年时间征伐鬼方,而且还不能完全将其击败或消灭,可见当时鬼方还是十分强大的。

周公旦东征,并没有百分百的胜算,借鉴《师》卦姜太公首次伐崇失败的教训,用"高宗伐鬼方,三年克之,小人勿用"的史例,提醒周王室,东夷还是很强大,战争需要三年,如果兵力不足,就会失败。

六四:繻有衣袽,终日戒?

[译文]筮:用帛制成的通行证缝在上衣里,用以日常身份确定吗?

注释:六四爻辞"繻有衣袽,终日戒"为叙、问辞,无断辞。

字词解释:

8.繻,古时用帛制成的出入关卡的凭证。例句:"军从济南当诣博士,步入关,关吏予军繻。"

9.衣,甲骨文🜚 = 𠆢(人)+ 🜚(像有两袖 、两襟互掩 的上装),表示两臂插入两袖,穿起上装。造字本义:两臂插入两袖、穿起上装。金文 、篆文 承续甲骨文字形。隶书 将篆文字形中的"人" 简化成一点一横的 。晚期隶书 变形较大,两袖两襟的形象 消失。白话版《说文解字》:衣,人们遮羞蔽体所依赖的东西。上身穿的叫

"衣",下身穿的叫"裳"。

10.衻,衣(上衣)+如,《说文解字》:依从顺随,意指"缝"。

九五:东邻杀牛,不如西邻之禴祭,实受其福?

[译文]筮:殷人用大牲隆重祭祀,不如周人禴祭真诚,实实在在地蒙受福佑吗?

注释:九五爻辞"东邻杀牛,不如西邻之禴祭,实受其福"为叙、问辞,无断辞。

字词解释:

11.受,甲骨文⋯⋯=⋯⋯(两只手⋯⋯,表示运送与接收)+⋯⋯(舟,两岸间运送货物的工具),表示用船只在两岸间运送。造字本义:用船只往返两岸,为隔岸的人运送物品。金文⋯⋯承续甲骨文字形。篆文⋯⋯误将金文的"舟"⋯⋯写成"冂"⋯⋯。隶书⋯⋯将篆文的"爪"⋯⋯写成⋯⋯。"受"的"输送"本义消失后,篆文再加"手"另造"授"。主动给出为"授",被动接收为"受"。引申字义:蒙受。

上六:濡其首?厉。

[译文]筮:船头还浸在水里就下船抢滩吗?占:严厉。

注释:上六爻辞"濡其首"为问辞,"厉"为断辞。

字词解释:

12.濡,浸在水里。

13.首,指"船首"。

第六十四火水《未济》卦

卦文字抽象事义:渡越。下卦为坎、为水,上卦为离、为龟、为未时之始,龟沐阳光水上行。

《未济》卦是周公旦从水流较浅的"狐"地渡越南济的筮占记录。

将《既济》卦和《未济》卦辞和爻辞的对比表

卦辞	卦辞	初爻辞	二爻辞	三爻辞	四爻辞	五爻辞	上爻辞
既济	亨,小?利。贞:初吉、终乱?	曳其轮,濡其尾?无咎	妇丧其茀,勿逐,七日得?	高宗伐鬼方,三年克之,小人勿用?	繻有衣袽,终日戒?	东邻杀牛,不如西邻之禴祭,实受其福?	濡其首?厉
未济	亨,小,狐汔济,濡其尾?无攸利	濡其尾?吝	曳其轮,贞:吉?	未济,征,凶;利。涉大川?	贞:吉?悔亡。震用伐鬼方,三年有赏于大国	贞:吉?无悔。君子之光、有孚,吉	有孚于饮、酒,无咎。濡其首,有孚失是?

就二卦卦名来看,"既"本义是指"饭后离开","未"指"下午一点至三点","济"指渡济水。从卦辞对比看,卦辞完全相同的是"亨,小";辞义表达宏观和具体差别的是"初吉、终乱"和所对应的"狐汔济,濡其尾",断辞分别是"利"和"无攸利",两卦地才(初爻、二爻)爻辞"曳其轮""濡其尾"相同。人才(三爻、四爻)爻辞"高宗伐鬼方,三年克之,小人勿用"和所对应的"震用伐鬼方,三年有赏于大国"的性质相近;天才(五爻、上爻)爻辞"濡其首"相同,"东邻杀牛,不如西邻之禴祭,实受其福"和所对应的"有孚于饮、酒""有孚失是"性质相近。再看具体《既济》中"妇丧其茀,勿逐,七日得""繻有衣袽,终日戒"的爻辞,在《未济》卦中没有出现,说明渡越南济时已具有了"茀、繻",两次渡河是同一支队伍。

通过以上对比分析,《既济》卦和《未济》卦辞和爻辞大多相同或相近,再结合下图,《既济》卦和《未济》卦是周公旦从长垣县先渡北济、后渡南济(七天时间)、再趋定陶、征讨东南殷遗和诸夷的连续两次渡河行动。

下图为西周时期黄河、济水流经图,济水在原阳和巨野之间分南、北河道。

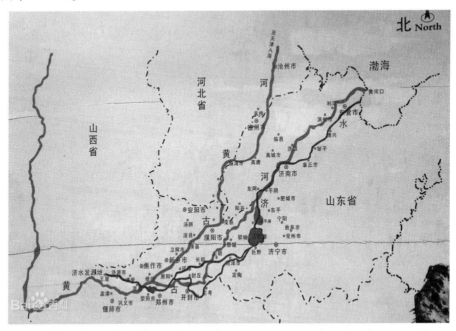

本经:未济,亨,小,狐汔济,濡其尾?无攸利。

[译文]筮:未时渡越济水,祭祀、祈祷先祖,在河道狭窄、水浅的"狐"地渡越南济,要将船尾浸在水里吗?占:没有任何好处。

注释:本经中"未济,亨,小,狐汔济,濡其尾"、初六爻辞中"濡其尾"、九二爻辞中"曳其轮"、六三爻辞中"涉大川"、九四爻辞中"震用伐鬼方,三年有赏于大国"、六五爻辞中"君子之光、有孚"、上九爻辞中"有孚于饮、酒""濡其首"的文辞和逻辑,对比《既济》卦,共同点一是周人小范围举行祭祀、祷告先祖;二是用轮车把船拉到河边;三是开始把船尾停在水里利于河水检验新船(《未济》是二次渡济水,"濡其尾"就是"吝");四是登陆抢滩时把船头停在水里,有利于抢夺时间。将《未济》卦上九爻辞"有孚于饮、酒""有孚失是"与《既济》卦九五爻辞"东邻杀牛"结合来看,商人凡事讲排场,好酒,酒后又误事。传说帝辛、苏妲己造有"酒池肉林",可能属实,而周人从文王时就颁发戒酒令。

本经"未济,亨,小,狐汔济,濡其尾"为叙、问辞,"无攸利"为断辞。

字词解释:

1. 小,河道狭窄。

2. 狐,本处指地名。

3. 汔,接近干涸、水浅。

初六:濡其尾? 吝。

[译文]筮:要把船尾浸在水里吗? 占:有遗憾。

注释:初六爻辞"濡其尾"为问辞,"吝"为断辞。

九二:曳其轮,贞:吉?

[译文]筮:用轮车把船拉到河边,美好吗?

注释:九二爻辞"曳其轮,吉"为叙、问辞,无断辞。

六三:未济,征,凶;利。涉大川?

[译文]筮:未时兵发济水,能渡河成功吗? 占:凶险;顺利。

注释:六三爻辞"未济,征,涉大川"为叙、问辞,"凶;利"为两次筮占断辞。

字词解释:

4. 未济,未时渡越济水。未时,是对方举行酒祭,饮酒正酣之时。

九四:贞:吉? 悔亡。震用伐鬼方,三年有赏于大国。

[译文]筮:武乙让周侯季历讨伐鬼方,用时三年,大获全胜,得到殷商的奖赏,我们要效仿此法平叛,美好吗? 占:悔恨消除。

注释:九四爻辞"吉""震用伐鬼方,三年有赏于大国"为问、叙辞,"悔亡"为断辞。

九四爻辞提到《竹书纪年》记载的事件:"武乙三十五年,周王季伐西落鬼戎,俘十二翟王,遂被商王文丁命为殷牧师,即商朝西部诸侯之长,赐九命,授圭瓒秬。"周公旦暗喻周王室要借鉴史例,让微子启率领部族随同东征,招降遗商,攻打东夷。借此战功,微子启封于宋(公元前 1040 年—公元前 286 年),这也是周王室承诺微子启"世为长侯,守殷常祀,相奉桑林,宜私孟诸"的兑现。《汉书·地理志》云:"宋地,房、心之分野也,今之沛、梁、楚、山阳、济阴、东平及东郡之须昌、寿张,皆宋。"宋国版图跨有今河南省东部、江苏省西北部、安徽省北部和山东省西南端之间,面积约有十万平方公里,皆膏腴之地。

字词解释:

5."震用"是"用震"的倒装句,震,指周侯季历。

六五:贞:吉? 无悔。君子之光、有孚,吉。

[译文]筮:君王及宗族长发扬光大、抓获俘虏,能成功吗? 占:没有悔恨、美好。

注释:六五爻辞"吉,君子之光、有孚"为问、叙辞,"无悔""吉"为两次筮占断辞。

字词解释:

6.光,引申字义:发扬光大。

上九:有孚于饮、酒,无咎。濡其首,有孚失是?

[译文]筮:对方举行酒祭、将士饮酒,船头还浸在水里就下船抢滩,敌军会失去了警戒吗? 占:没有过失。

注释:上九爻辞"有孚于饮、酒,濡其首,有孚失是"为叙、问辞,"无咎"为断辞。

字词解释:

7.有孚,敌方、敌方军队。

8.是,从日从正,会意,以日为正则曰是。可以是认定、断定、承认、接受时的一种状态;也可以是肯定的意思、是的、一定是,与"否"相对。引申字义:正道。

9.失是,意指"做错了事、失去了警戒"。

主要参考文献

1. 尚书[M].胡亚军,译注.南昌:21世纪出版集团,2016.
2. 竹书纪年解谜[M].倪德卫,译注.上海:上海古籍出版社,2018.
3. 周礼 仪礼 礼记[M].扬州:广陵书社,2007.
4. 山海经[M].李润英,陈焕良,译注.长沙:岳麓书社,2006.
5. 诗经精注精译精评[M].江力,译注.北京:线装书局,2016.
6. (秦)吕不韦.吕氏春秋[M].陆玖,译注.北京:中华书局,2011.
7. (汉)司马迁.史记[M].韩兆琦,译注.北京:中华书局,2010.
8. (汉)董仲舒.春秋繁露[M].张世亮,等译注.北京:中华书局,2018.
9. (东汉)许慎.说文解字[M].徐铉校定,王宏源勘正.北京:社会科学文献出版社,2005.
10. (晋)孔晁.逸周书[M].朱右曾,编校.台北:世界书局,2009.
11. (明)王阳明.王阳明全集[M].吴光,等编校.上海:上海古籍出版社,2012.
12. (清)严可均:全上古三代文卷.
13. (清)郝懿行.尔雅义疏[M].北京:中华书局,2019.
14. (清)陈廷敬,张玉书,等编撰.康熙字典[M].上海:上海辞书出版社,2007.
15. 梁启超.中国上古史[M].北京:商务印书馆,2016.
16. 熊国英.中国象形字大典[M].天津:天津古籍出版社,2012.
17. 刘剑.新甲骨文编(增订本)[M].福州:福建人民出版社,2014.
18. 洛书,韩鹏杰.周易全书[M].北京:团结出版社,1998.

19. 邹博. 周易全书[M]. 北京:线装书局,2010.

20. 吕思勉. 中国史[M]. 北京:中国华侨出版社,2010.

21. 宋镇豪,常玉芝. 商代史（八卷）[M]. 北京:中国社会科学出版社,2010.

22. 杨宽. 西周史[M]. 上海:上海人民出版社,2019.

23. 黄凡. 周易——商周之交史事录[M]. 汕头:汕头大学出版社,1995.

24. 李西岐. 大周原[M]. 西安:陕西旅游出版社,2016.

25. 苗威. 箕子朝鲜史[M]. 北京:中国社会科学出版社,2019.

26. 顾颉刚. 三监人物及其疆地——周公东征史事考证[M],中华书局,1984.

主要参考(网络文档)专题研究

1. 余行达. 《说文解字》引用书籍及通人简表[J]. 阿坝师专学报,1997（1）.

2. 吴玉琨. 《春秋繁露》中龙的文化哲学内涵[J]. 濮阳职业技术学院学报,30:(5).

3. 陈昌远. 周公东征的原因及其意义[J]. 河南师大学报,1983（1）.

4. 杨华. 先秦血祭礼仪研究——中国古代用血制度研究[J]. 世界宗教研究,2003（3）.

5. 李志刚. 以神为宾、商周丧祭礼制中人神关系的新考察[J]. 史学月刊,2014（4）.

6. 张玉金. 殷商时代宜祭的研究[J]. 殷都学刊,2007（2）.

7. 葛兰言. 古代中国媵妾制[J]. 厦门大学人类学读书会秋季学期(5),2020(11).

8. 尚丽新. 《诗经》媵嫁诗与周代媵婚文化[J]. 上海师范大学学报,31:(1). 王依娜. 西周金文兼语句研究[J]. 殷都学刊,2017（4）.

-383-

9. 曹福敬. 易经"贞"字析义[J]. 齐鲁学刊,1987(5).

10. 罗国辉. 象形字研究,网络文档,2013(3).

11. 刘夫德. 周人早期图腾[J]. 兰州大学学报,1986(3).

12. 朱彦民. 清华简"武王勘黎"考辨,网络文档,2015(11).

13. 马世之. 文王伐崇考、兼论崇的地望问题[J]. 史学月刊,1989(2).

14. 唐封叶. 周文王怎样打天下——文王伐九国,网络文档,2019(10).

15. 李保国. 古济水源头之谜探析[J]. 济源职业技术学院学报,18∶(3).

16. 龚德才. 青铜器的铸造工艺,网络文档,2014(3).

17. 河北省文物研究所. 河北满城要庄西周水井,网络文档,2014(12).

后　记

天地万物,健行厚载惟道轮转;芸芸众生,往来有无难逾消息(或定数、定命)。坦率地说,自己也不清楚学习易学的原动力发于何处,但会针对书中的一些字、某些辞和有些事,用几天,甚至旬、月,及至年计地旁证推敲,更有自己逆、顺试证相关论断的挑战。现在回想起来,可以用一个"厉"字来说明心情。当得到通过还原六十四卦的初始本来,表达了古圣先贤关于"大道至简"的思想、观点,将《永贞周易》这本书敬献亲爱的读者,还是十分地愉悦。愿诸位不吝赐教,多提批评意见。

易曰:小人,勿用。是说人少了,得不到帮助和支持,任何事情都不能成功。这些,怎一个"缘"字了得。

本书编著和出版,与王荣先生的鼓励分不开,也给了不少建议和支持,从他身上看到的那股朝气和闯劲,使我受益匪浅。

在此,特别感谢西北大学出版社马来和马平二位先生,使我理解了"知音"的真正含义。

马来社长在出版过程中展现了很强的认知意识、把握能力和组织水平,让各项工作高效开展。

拙著品质的大幅提升,受益于马平编审以渊博的文、史、哲知识倾心支撑和精心审校,使本书得以及早问世。

本人诚惶诚恐,需要解释的是,由于自身原因,本书中借用相关人士的观点论断,事先并没有取得联系。鉴于此,在此公开道歉、告知并乞宽恕谅解,恭候来音。

最后,本人真诚渴望结识更多的良师益友,携手共进!

作　者

2022 年 10 月 25 日